CB056942

\+ de 5000 palavras

365 CAÇA PALAVRAS

PÉ da letra

Inglês

001

K	R	L	Q	D	Q	U	F	P	W	A	O	M	H	A
T	V	X	C	K	L	P	O	S	D	O	O	R	S	X
A	U	A	A	X	L	E	T	D	I	S	K	S	X	Z
W	K	M	R	C	L	A	U	S	E	M	F	M	U	R
V	D	I	V	Y	F	I	N	B	K	P	N	U	S	P
W	E	I	E	Z	K	O	N	I	B	D	E	V	L	N
F	D	C	D	A	O	I	G	K	U	Z	Y	N	I	L
U	T	M	D	W	Q	E	T	I	D	C	X	Z	D	F
F	X	O	J	C	G	H	X	X	A	E	V	C	E	G
K	U	F	K	M	J	V	L	T	C	N	L	V	S	V
O	P	R	O	N	U	N	C	I	A	T	I	O	N	H
P	Y	N	C	P	U	R	E	G	H	E	L	Q	M	E
V	L	H	J	K	P	M	R	L	L	U	X	A	N	D
I	L	E	N	G	S	O	B	A	T	H	R	I	R	L
H	A	W	Q	E	L	F	S	E	U	O	L	O	K	B
Y	P	M	T	A	K	B	N	I	Q	I	B	H	R	I
J	P	Q	S	O	S	C	X	J	T	O	I	R	T	R
K	T	S	A	D	M	Q	H	L	A	E	P	X	Q	H
P	H	Z	W	U	F	A	Z	F	Q	U	C	Q	X	F
I	C	T	J	W	Y	S	M	C	W	S	W	D	A	O

AXLE	DISKS	OPPOSITE
BATH	DOORS	ORGAN
CARVED	FULL	PRONUNCIATION
CLAUSE	LINE	RAM
DEPEND	LINK	SLIDES

J	Y	S	T	O	V	E	M	E	H	W	T	M	K	F
S	R	A	Z	T	T	D	X	Q	O	J	R	V	N	L
Y	F	A	D	M	A	S	T	E	R	E	L	C	K	D
S	C	V	A	G	T	Y	T	I	N	V	W	S	K	T
D	W	I	P	F	Q	U	E	U	S	G	N	U	K	T
G	C	M	P	V	W	G	D	U	N	A	C	G	H	P
F	J	A	R	R	Q	A	F	M	B	L	S	E	I	Z
N	C	D	O	F	G	L	I	S	T	E	N	I	N	G
L	X	M	X	Q	C	Q	N	T	B	I	K	R	E	Y
I	H	I	I	A	S	L	O	U	D	W	D	G	D	N
Q	V	N	M	D	P	I	M	I	D	G	U	Y	E	L
A	T	I	A	C	C	P	T	L	B	S	D	H	I	S
C	W	S	T	T	H	X	I	M	Q	T	Z	R	S	X
X	S	T	E	Z	J	V	T	M	Y	Q	G	L	W	F
Y	P	R	L	A	Q	W	C	A	F	L	E	F	H	G
Y	G	A	Y	N	P	M	A	G	T	E	M	H	A	W
G	M	T	U	I	M	K	G	B	A	W	E	R	Q	X
L	I	I	A	I	W	C	Z	N	H	C	E	B	T	R
O	K	O	Z	N	B	F	A	P	R	R	T	J	A	C
L	M	N	H	V	T	H	K	S	L	C	S	S	G	Z

ACT	HIS	STOVE
ADMINISTRATION	HORNS	STUN
APPROXIMATELY	LOUD	TAG
BANS	MASTER	TIDY
GLISTENING	RAG	WAIT

003

X	E	F	I	P	I	Q	I	D	Z	A	P	T	J	S
W	M	H	K	J	G	T	T	C	X	V	Y	A	P	N
M	G	U	T	N	S	Q	V	J	H	J	C	O	Y	N
S	M	J	R	S	K	Y	G	Y	R	Q	R	S	N	S
V	E	F	L	O	O	K	E	D	Z	C	Y	O	L	H
R	O	R	U	L	E	Y	J	K	I	W	I	P	Z	V
P	B	U	S	V	N	Z	C	L	Q	T	L	V	R	G
W	T	E	E	J	R	O	L	Q	A	B	T	X	V	J
H	K	M	X	X	D	A	N	C	E	D	U	M	V	B
G	B	H	Q	P	Z	M	I	T	S	R	H	T	Z	L
Y	V	L	S	N	R	L	E	S	X	Q	W	B	F	R
Z	Z	S	D	S	P	E	T	T	R	F	O	B	H	G
E	M	X	H	I	W	K	S	N	V	P	C	I	X	R
N	S	Y	T	K	W	I	U	S	J	R	Y	I	L	C
L	L	L	E	Q	W	M	L	I	I	H	A	D	J	L
R	U	A	F	D	M	U	H	D	S	O	Y	M	J	A
M	V	B	A	L	V	D	Y	R	N	A	N	T	E	W
E	C	Y	V	Q	Z	Q	Z	X	R	M	E	R	U	B
I	R	M	O	U	E	C	E	X	C	H	A	N	G	E
B	R	E	R	C	B	A	A	D	E	I	B	E	L	T

AREA
BELT
CLAW
CROPS
DANCED
DOCK
EXCHANGE
EXPRESSION
FAVOR
LOOKED
MULTIPLICATION
PAYS
RUB
USE
X-RAY

Z	C	Q	F	E	N	R	L	R	Z	S	I	M	V	Z
I	K	H	O	P	E	Z	D	Z	O	H	G	D	D	S
V	E	I	N	T	E	R	E	S	T	D	L	N	P	Z
Z	I	B	N	O	W	Y	U	C	A	O	S	S	M	X
S	L	E	T	A	R	U	T	T	T	L	I	K	E	S
K	H	R	L	L	M	V	U	N	T	O	N	L	I	Z
K	M	N	S	P	Z	U	Y	I	E	A	J	L	Z	P
I	E	A	C	M	K	R	V	G	K	N	E	G	V	Y
Z	C	T	Q	L	C	Y	K	E	J	V	V	C	S	H
H	E	E	A	R	N	E	S	T	E	L	I	Q	F	I
S	V	S	P	P	J	M	E	L	U	R	V	T	Q	D
G	M	G	L	G	Z	A	E	S	Z	E	W	U	L	D
U	K	E	N	P	B	W	R	A	C	T	S	W	E	E
S	M	K	Q	W	E	A	M	U	Q	S	A	S	Q	N
E	K	V	L	A	L	R	H	S	F	U	S	Y	P	W
I	B	O	Y	A	S	W	D	M	W	I	E	N	E	I
G	V	Z	X	L	Q	Y	V	P	M	M	C	U	Q	N
B	K	Q	H	U	W	F	E	D	K	C	H	E	E	K
M	Y	D	U	N	E	I	B	G	A	X	W	R	J	S
V	E	T	O	E	S	S	N	J	I	H	A	I	J	A

CHEEK
DUNE
EARNEST
ENTER
HIBERNATES
HIDDEN
INTEREST
LEVEL
LIKES
MISSED
QUEUES
SKIP
TOLD
VETOES
WIN

005

E	N	C	Y	C	L	O	P	E	D	I	A	R	C	D
U	C	P	Q	T	V	X	H	F	A	S	W	S	L	G
K	Y	W	I	S	X	S	O	M	Q	F	R	O	C	T
W	A	K	A	N	F	Y	X	A	M	L	I	S	N	E
W	M	M	A	W	T	V	D	S	E	N	I	O	R	M
D	C	H	Z	I	K	E	X	D	P	D	Q	F	I	B
Z	Z	P	R	Y	F	Z	L	I	G	W	Q	A	P	W
M	D	M	I	W	U	T	A	L	U	A	V	Z	E	V
S	E	J	V	G	W	F	O	D	I	M	V	G	K	B
D	I	V	Q	T	G	P	J	E	X	G	A	R	V	L
H	N	T	O	S	K	E	J	T	O	C	E	H	P	N
M	B	N	Y	C	J	T	D	E	D	P	E	N	E	B
O	G	A	A	U	V	M	A	F	C	M	X	E	C	V
B	L	R	C	L	Q	V	Z	Z	S	U	B	S	M	E
P	T	Z	A	K	J	Z	O	D	O	H	T	P	L	R
S	T	A	R	T	S	H	N	V	A	E	I	W	Q	R
S	D	Y	B	A	T	E	D	Q	S	I	B	E	I	O
W	S	T	Z	V	L	R	O	P	M	L	D	S	T	R
V	B	P	E	L	K	L	U	Y	O	Y	O	S	R	J
M	R	U	M	G	S	H	Q	F	Z	G	X	W	B	K

BACKS
BAT
CAGE
ENCYCLOPEDIA
ERROR
INTELLIGENCE
KIT
LENDS
PIGGED
PLAYS
SENIOR
STARTS
TRACK
UPSET

R	W	J	E	P	Q	Z	U	Z	O	C	G	K	Q	I
N	O	M	A	N	U	F	A	C	T	U	R	E	R	S
R	D	A	G	M	I	R	B	B	C	V	B	L	N	A
Q	D	H	W	K	C	E	G	X	G	N	X	Z	Z	M
L	X	N	I	V	K	S	S	S	D	E	T	J	S	B
O	G	M	J	Z	B	P	C	Z	S	L	X	D	O	I
S	H	T	L	G	T	O	S	T	D	I	L	X	N	T
Z	Y	L	B	A	R	N	C	L	Y	D	V	P	H	I
W	M	B	R	B	T	S	H	E	K	Q	P	Q	J	O
D	B	Y	V	E	Y	I	T	A	Q	A	Q	O	P	U
W	C	Z	I	O	O	B	S	S	Y	L	S	P	U	S
A	P	P	R	E	C	I	A	T	I	O	N	E	K	A
W	M	P	O	C	R	L	E	S	Y	Q	F	R	Z	P
L	P	Z	C	N	R	I	R	U	H	C	K	S	U	O
K	L	R	Q	N	G	T	R	R	J	S	M	C	I	U
E	K	H	X	A	H	Y	W	B	V	H	H	Z	O	R
K	O	O	B	K	E	Q	P	Y	U	D	B	I	F	S
G	S	B	B	Z	R	V	S	E	F	R	K	G	F	J
R	U	B	E	W	H	P	X	H	T	G	Y	W	I	T
A	B	Y	P	H	O	T	O	G	R	A	P	H	I	C

AMBITIOUS	LEAST	POURS
APPRECIATION	MANUFACTURERS	QUICK
BAG	OFF	RESPONSIBILITY
BURY	PET	SHIFT
HOBBY	PHOTOGRAPHIC	WIT

R	Y	R	C	A	M	U	V	S	S	A	C	W	Y	D
E	T	R	N	A	T	T	P	T	P	K	Z	M	E	Q
P	A	R	N	O	O	M	B	C	I	I	Y	T	U	F
R	A	B	E	V	D	A	U	W	J	C	A	A	A	R
E	B	L	W	D	I	N	V	N	B	R	K	N	S	Y
S	B	H	M	I	A	U	M	N	T	N	K	D	M	G
E	D	M	R	S	F	F	T	N	Q	V	Z	G	I	M
N	Y	Q	D	T	D	A	E	K	F	K	S	F	L	R
T	J	C	T	S	P	C	W	X	G	R	E	L	E	P
A	S	P	S	S	N	T	Y	H	A	D	M	S	V	D
T	C	F	P	O	C	U	T	F	F	C	T	D	C	V
I	K	H	C	C	E	R	F	A	I	M	U	X	D	Q
V	Y	X	I	H	Z	I	E	U	N	A	X	C	Q	D
E	V	V	Y	P	M	N	X	S	H	C	K	Q	E	A
B	G	H	I	S	S	G	P	T	N	H	N	P	L	E
Y	N	Y	E	F	Y	I	H	M	A	J	P	Z	Q	V
M	C	F	X	K	G	C	U	Q	O	O	D	V	Y	K
O	M	B	N	E	C	S	I	M	T	K	A	L	D	L
P	Y	Y	G	D	Q	P	Z	S	H	O	R	T	Y	N
E	X	P	E	R	I	M	E	N	T	I	N	G	E	Q

ARC
CHIPS
CONCENTRATED
DYE
EXPERIMENTING

FIG
FRY
MANUFACTURING
NOD
PALMS

REPRESENTATIVE
SHORT
SMILE
STOPPED
TICK

E	W	J	S	O	Y	I	V	X	J	S	C	V	A	M
Q	O	G	B	M	J	E	D	Y	J	P	O	N	V	I
X	B	E	Y	C	A	N	A	D	A	E	A	A	Q	E
B	E	E	A	W	G	S	W	F	C	C	Y	D	K	E
K	W	C	U	N	D	E	R	L	Y	I	N	G	I	G
N	X	I	L	O	A	F	L	C	A	A	F	D	R	I
I	N	D	A	O	Q	K	Y	B	Y	L	R	S	I	J
N	B	T	K	X	S	W	W	W	G	I	C	Y	J	Q
V	E	D	F	O	P	E	O	M	O	Z	X	J	L	S
E	E	J	A	Z	T	B	U	N	Y	E	E	W	I	T
S	W	E	B	S	D	O	M	I	T	D	K	Y	A	X
T	R	N	J	V	T	O	S	B	X	N	U	D	G	O
I	D	Y	G	C	K	R	Y	M	O	I	A	H	J	J
G	T	B	S	X	W	E	O	U	Y	A	R	T	Y	Z
A	D	C	P	E	P	K	C	N	N	Q	R	C	Q	X
T	H	E	V	T	G	E	T	P	A	O	W	N	E	B
I	P	W	H	Y	Q	A	R	V	L	U	X	U	V	Z
O	U	E	Y	W	B	Q	O	O	Y	O	T	X	X	V
N	J	G	Q	Y	N	P	C	Z	Y	C	T	S	C	C
R	L	I	E	H	H	M	K	F	L	M	J	F	U	R

ART
ASTRONAUTS
CANADA
CLOSE
COLOR
DIE
FUR
INVESTIGATION
PLOT
ROCK
SAY
SOAK
SPECIALIZED
UNDERLYING
WONT

H	Y	G	O	P	E	D	D	Y	V	E	D	K	O	T
A	F	U	Y	V	E	X	H	R	U	J	K	I	N	G
S	F	K	O	K	A	L	E	U	A	N	A	E	E	O
J	N	M	T	C	L	L	A	R	K	H	M	D	L	O
D	R	W	O	Y	B	Q	R	Z	G	E	N	Q	D	A
B	M	P	O	Q	S	R	D	G	G	Z	R	X	N	B
N	C	O	R	Z	V	R	E	A	O	A	I	J	S	U
A	O	I	H	C	O	U	R	G	L	M	U	E	C	W
O	Z	A	R	H	K	U	W	U	M	T	R	U	B	K
L	X	M	V	C	O	C	C	O	M	N	X	X	L	B
S	P	F	O	C	U	A	N	O	Q	P	Q	S	X	Y
S	C	O	N	W	T	M	O	R	R	R	G	W	B	E
X	N	E	Q	C	E	Z	S	G	F	J	S	G	H	G
C	F	S	E	Q	V	K	Y	T	Q	T	O	R	G	F
Z	Z	P	D	A	U	D	W	E	A	R	R	I	F	T
Z	S	H	V	K	N	K	I	Z	K	N	H	I	C	C
M	N	Y	Q	O	B	O	A	Z	E	J	C	U	P	W
O	K	X	V	L	A	T	E	L	Y	Q	V	E	F	S
O	A	T	A	N	G	R	Y	H	S	Z	O	Q	S	W
N	K	U	X	N	C	X	I	B	C	X	T	Q	M	Z

ADD
ANGRY
WEAR
CIRCUMSTANCES
EGG
ENCOURAGEMENT
HEARD
LATELY
MOON
MOVE
ONE
OVAL
OWE
SPECTACULAR
TRIPS

010

F	G	K	O	W	Q	U	D	N	X	A	A	N	T	Y
F	L	F	Z	S	P	T	K	X	C	A	G	E	V	A
P	A	O	K	P	I	S	Z	W	S	D	U	K	W	I
R	J	W	X	U	R	N	S	J	O	Q	E	L	I	W
E	T	K	C	E	M	Y	P	L	U	Q	K	Y	T	L
Y	F	R	D	O	G	N	T	I	E	D	K	O	E	I
E	I	R	S	L	A	P	J	A	G	M	S	U	Q	F
C	O	N	V	E	R	S	A	T	I	O	N	S	G	T

AGE
CIRCUIT
CONVERSATIONS
EYE
LIFT
ORDERS
PREY
TIED
YOU

011

K	K	Z	Z	A	Y	M	P	N	F	Q	K	F	K	T
P	E	A	R	T	H	Q	U	A	K	E	S	V	S	F
Q	U	F	H	R	E	Z	E	Y	K	H	O	G	O	R
C	E	L	W	D	A	Z	X	S	W	D	R	Y	J	O
A	P	M	L	E	S	S	Y	H	E	J	A	Y	C	U
S	A	D	B	L	E	J	E	O	Z	B	W	Y	I	U
T	B	I	Q	O	L	T	V	I	H	A	U	L	C	S
L	K	O	M	V	B	B	C	L	F	N	D	T	I	D

AIM
BUT
CAST
EARTHQUAKES
EASEL
HAUL
LESS
PULL
RAW

D T D A P S B W V F Q F P G S
C L C C R I T I C S R E L E I
P E Y C W C P R A I Y F J M L
M W C I N E B P A M Z U X A M
D F A D Q E L D G I N K U R C
O V M E L L Q G C L G Q F B I
Y F Z N M L D J O A L H G X N
Y B Z T V G N N N R O Q T L T
O U F A M B E W S I K W S G R
G P Y L A M P M T T F U U N O
O L U L Q X C Z R I T F C G D
U V E Y R B I H U E J Z C V U
B B M O A C D S C S H D A A C
G H J J P R W A T M H P Z Q I
Z M W B M A N E I G L E A V N
E L Y Y S U V U O U V L F H G
M I R O G J F E N Q G Y O U K
U O P E W G A E D V S W O R N
D N B Q S B J R A Q H O K G O
Q S O L W Y T I Y K D F A E W

ACCIDENTALLY
BEGUN
CONSTRUCTION
CRITICS
DAY
INTRODUCING
KNOW
LAMP
LIONS
PAVED
SIMILARITIES
STRAIGHT
URGE
WORN
YARN

Y	E	H	Y	I	S	R	A	E	L	A	Y	S	A	Y
J	F	Q	Z	M	N	Q	F	X	Y	L	S	E	L	A
F	I	I	R	U	R	M	E	I	L	C	J	T	E	S
R	H	A	R	H	D	Y	E	A	P	H	F	Y	V	S
E	F	T	R	J	L	Q	M	R	T	O	O	N	T	O
S	C	B	T	U	P	R	E	A	S	B	T	W	L	C
J	Y	R	S	M	O	C	D	G	U	G	M	S	P	I
T	U	V	W	N	S	I	S	I	B	D	W	I	J	A
A	A	D	N	C	H	G	O	S	M	C	H	R	C	T
U	Z	M	R	G	D	A	H	N	V	D	P	X	P	E
L	O	L	V	P	Q	H	N	Z	V	P	M	N	N	P
U	D	A	D	M	I	R	A	T	I	O	N	E	E	P
G	N	A	S	T	U	U	B	T	E	J	K	T	I	P
F	G	Z	I	I	N	W	U	T	G	S	L	T	M	F
U	H	V	G	G	I	Y	K	W	O	O	C	Q	P	F
Q	R	U	N	V	S	P	E	I	D	Y	T	R	E	C
A	J	G	E	B	N	S	G	H	M	P	V	X	O	O
E	K	S	D	C	O	M	D	P	H	P	Q	I	I	P
I	N	G	J	T	W	C	Z	R	B	J	A	M	K	G
X	U	A	U	H	Y	V	R	B	A	Y	A	L	A	W

ADMIRATION
ARMS
ASSOCIATE
CROP
ICE
ISRAEL
LAW
NET
NORMALLY
POTS
SIGNED
SNOWY
SOFTLY
TIP
YEA

O	S	S	F	Y	L	S	R	S	N	Y	C	W	V	D
V	C	M	H	I	B	S	R	M	K	Z	Z	P	P	A
K	I	Y	J	A	N	A	F	S	B	G	A	H	L	C
J	Q	Q	W	A	M	U	S	I	N	G	K	O	X	C
S	X	V	E	Y	A	P	W	Z	B	X	Q	T	N	O
D	H	C	V	Y	G	M	O	U	T	H	L	O	V	M
Q	O	O	L	S	O	F	A	O	N	D	G	B	L	P
G	C	N	N	S	O	Z	Y	S	S	J	Y	R	N	L
N	O	G	M	N	K	K	D	M	R	P	Z	R	E	I
Y	L	R	H	L	D	S	L	E	Y	I	H	B	I	S
R	A	A	G	L	R	O	Z	M	I	M	P	X	G	H
H	W	T	Z	A	V	N	P	D	F	U	N	G	H	M
D	E	U	C	V	N	U	W	V	D	H	R	B	B	E
Z	B	L	F	T	O	I	T	Q	T	B	G	J	O	N
L	X	A	V	U	N	W	Z	S	B	R	Y	W	R	T
Q	I	T	T	E	B	U	N	A	X	H	V	L	H	S
E	G	I	U	H	G	P	L	E	T	O	L	E	O	P
H	I	N	C	I	D	E	N	T	D	I	N	U	O	K
I	S	G	P	Y	W	G	J	U	H	F	O	K	D	D
B	U	Y	V	U	F	Z	Q	E	I	C	W	N	O	F

ACCOMPLISHMENTS
AMUSING
CONGRATULATING
HARMS
INCIDENT
MARS
MOUTH
NEIGHBORHOOD
OCEANS
ONLY
ORGANIZATION
OWNED
PHOTO
SHAMPOOS
SOFA

H	Z	Q	R	M	E	X	X	H	Q	O	A	Q	A	Q
C	H	W	M	B	N	W	P	O	Z	H	Y	I	F	E
A	I	T	E	G	C	O	R	F	H	Q	K	P	D	D
X	I	K	A	H	Y	O	B	U	L	B	S	N	G	U
S	O	N	Z	B	C	M	Q	D	O	J	A	Z	W	C
K	Q	C	E	J	L	O	O	T	E	V	K	O	S	A
H	Q	N	V	E	O	C	N	V	T	T	J	H	U	T
Z	K	A	I	R	P	O	R	T	G	I	S	C	R	I
Q	G	D	M	S	E	F	N	P	R	I	T	S	P	O
M	L	F	Q	N	D	C	M	E	L	A	A	C	R	N
M	A	I	F	S	I	D	J	Q	U	A	S	I	I	A
S	S	T	G	I	A	Y	C	M	N	Z	N	T	S	L
D	Z	C	H	X	S	I	F	D	P	R	Y	P	I	M
W	O	O	G	E	U	Q	V	Q	X	J	H	B	N	E
E	H	G	G	P	M	T	W	H	F	N	S	E	G	T
K	S	H	E	M	S	A	D	Q	W	F	Z	F	L	A
G	O	P	I	L	E	D	T	O	L	B	U	K	Y	L
O	B	R	R	X	S	S	N	I	C	Q	C	D	C	S
K	K	S	J	M	O	K	X	G	C	E	E	N	D	N
C	O	M	P	A	R	I	S	O	N	S	Q	J	J	P

AIRPORT
BULBS
COMPARISONS
CONTRAST
DOG
EDUCATIONAL
ENCYCLOPEDIAS
END
KNOWN
MATHEMATICS
METALS
NECK
PILED
SKI
SURPRISINGLY

O	F	D	C	A	M	N	T	B	F	Y	T	V	L	X
Z	D	J	C	W	Q	F	F	Q	A	I	C	G	J	Y
A	L	J	C	T	P	N	U	L	F	I	I	Q	V	U
U	D	T	I	M	A	N	O	R	B	C	R	F	N	K
V	L	I	R	L	O	S	Y	U	I	K	P	W	E	G
N	T	P	C	I	F	A	C	E	D	L	Z	I	T	W
G	Z	J	U	D	C	A	C	E	A	E	I	K	O	R
M	C	L	M	G	B	H	L	I	N	U	Z	H	R	P
X	O	H	F	U	M	B	L	Y	O	O	Z	L	E	M
F	U	M	E	S	P	W	Z	Y	D	S	H	V	P	O
W	E	X	R	N	T	R	U	O	D	J	Z	O	R	C
B	K	J	E	X	X	E	I	N	E	Z	X	T	E	C
O	J	E	N	J	G	X	L	B	D	B	U	A	S	U
S	Y	I	C	D	P	H	N	G	K	G	Z	J	E	P
T	I	X	E	D	D	P	Q	U	A	X	T	T	N	A
R	M	W	S	E	W	R	P	E	Y	O	A	I	T	T
G	J	H	W	G	U	O	A	E	N	T	K	A	I	I
T	X	O	C	Y	P	V	K	Y	I	O	J	Z	N	O
A	L	K	V	L	O	E	X	M	A	R	C	H	G	N
P	G	W	V	Z	V	D	I	B	P	J	Y	K	E	S

CIRCUMFERENCE	IMITATE	OCCUPATIONS
CUBIC	LAY	PLOWED
EDGE	MARCH	PROVED
FACED	MOM	REPRESENTING
FUMES	NODDED	RICHLY

T	Q	Y	W	B	T	O	E	N	Y	C	Z	P	B	U
J	G	D	X	Y	T	G	O	R	J	N	Z	C	U	X
J	F	H	A	U	A	F	M	N	H	N	Z	P	S	S
W	F	S	B	K	B	X	R	T	U	U	U	E	Y	Y
N	S	C	C	O	V	E	R	O	T	Y	V	Y	I	C
E	U	A	B	Y	T	Y	Y	E	N	L	H	O	X	X
I	P	T	W	N	X	G	R	B	E	T	H	Y	E	S
Q	S	R	E	H	A	S	W	S	P	I	E	O	S	X
A	H	C	L	W	X	V	R	V	G	O	H	O	Z	L
G	N	Y	X	B	R	U	U	I	C	D	R	D	D	Z
E	F	D	R	P	O	C	X	T	T	C	K	R	V	Z
F	I	S	T	Y	E	R	X	R	F	M	I	P	Z	E
Q	Q	E	P	V	M	O	C	P	P	E	O	O	S	V
I	J	V	D	E	S	U	P	N	W	P	R	A	L	Q
C	Z	N	V	J	P	P	M	L	Y	O	C	I	C	H
L	N	Y	K	G	K	K	Y	A	E	R	Q	X	Z	S
E	F	D	U	Z	C	A	P	N	N	O	J	H	B	W
F	O	Q	F	B	M	D	F	I	E	V	L	Z	D	M
U	Z	C	U	N	D	Y	E	G	J	O	V	E	P	E
X	M	B	T	Z	J	M	B	I	G	H	A	S	H	T

ASH
BIG
CASE
CENTER
COVER
CROSS
ESSAY
FIST
FRONT
MET
PACKAGE
PEOPLE
WEIRD
YOURSELVES
YO-YO

W	J	G	V	S	L	Y	A	T	V	W	P	C	S	L
N	R	C	L	R	Z	R	E	S	J	E	R	O	E	L
E	V	O	R	I	S	S	W	W	G	U	N	L	E	G
F	O	H	F	V	S	C	G	M	Y	U	X	M	E	M
T	U	J	S	E	L	T	L	Q	Q	T	E	B	A	O
F	N	G	A	R	F	U	O	P	O	D	D	J	S	F
J	S	S	T	S	M	V	C	X	E	F	E	W	S	J
I	H	I	S	O	P	M	L	T	D	A	E	Z	W	W
Q	M	H	T	H	P	G	C	I	E	Y	T	D	H	Z
D	H	S	A	Q	X	U	A	U	C	R	U	C	O	D
E	U	C	L	I	R	Z	A	F	X	P	G	U	M	S
C	C	E	S	T	A	B	L	I	S	H	M	E	N	T
W	P	V	S	W	I	D	U	B	M	N	A	P	F	E
D	P	N	Y	J	D	X	S	S	N	Q	W	T	U	M
B	O	P	Q	A	M	R	U	D	I	U	S	G	S	Q
C	D	P	Y	L	O	W	Y	A	L	E	Q	K	W	B
W	Z	N	B	V	R	N	T	T	K	X	S	B	Y	U
H	Q	B	C	I	V	J	C	D	O	A	A	T	C	N
A	P	T	C	F	T	U	R	H	V	V	H	V	R	K
T	W	P	T	Y	P	X	W	H	M	J	W	R	Z	K

BEG
BUNK
BUSIEST
CONSTRUCTED
CUSTOM
DUE
ESTABLISHMENT
FED
LIST
POEM
RIVERS
STEM
TOOLS
WHAT
WHOM

T	S	X	U	K	U	Y	W	F	P	J	G	P	G	S
Y	V	R	H	Y	A	I	A	Q	D	U	B	O	Z	I
L	K	T	O	A	S	F	O	S	Q	M	D	M	R	Q
H	V	A	M	A	I	E	D	S	P	J	K	Y	C	N
N	D	C	E	M	A	N	C	E	W	E	C	M	E	Y
L	I	T	R	X	O	F	X	E	Z	F	B	N	O	R
E	C	Y	P	P	V	R	L	D	M	P	N	B	Q	K
F	T	X	Z	C	C	O	D	C	U	O	L	F	W	R
V	I	R	P	Z	A	R	K	B	L	I	O	Z	U	E
N	O	L	O	Y	I	Q	P	I	T	K	T	Q	G	F
D	N	E	P	Y	K	P	P	I	I	S	I	Z	C	R
Y	A	L	W	Q	U	S	R	M	P	F	S	J	K	I
P	R	A	W	W	X	W	A	D	L	H	H	Z	B	G
Z	I	R	K	B	I	P	I	N	I	H	S	I	R	E
I	E	E	C	L	D	R	S	L	E	V	Y	H	E	R
U	S	S	C	J	E	X	E	Y	D	U	K	L	F	A
W	V	F	A	E	A	W	R	D	V	H	R	K	L	T
A	D	V	E	R	T	I	S	E	M	E	N	T	A	O
Q	W	W	V	R	O	O	T	L	J	E	S	W	G	R
R	P	E	Q	J	I	F	V	H	T	M	U	Z	H	W

ADVERTISEMENT
ASIA
AWE
BOY
DICTIONARIES
FLAG
HOME
IDEA
MULTIPLIED
PIECE
PONDS
PRAISE
REFRIGERATOR
TEAS
WIRED

F	W	E	U	E	K	N	W	B	M	H	A	P	R	G
O	P	J	L	U	M	Z	L	L	E	Q	N	Z	O	D
K	E	G	T	W	L	Q	V	F	E	K	A	I	Z	P
N	O	R	P	R	H	G	I	U	N	N	X	Y	W	Q
O	F	T	E	D	S	S	F	M	B	Y	D	W	I	Q
P	K	B	R	H	R	W	T	P	Q	B	I	Y	J	N
S	G	T	P	E	J	V	G	U	W	A	Z	Y	R	T
L	S	S	E	S	X	D	O	U	P	S	Y	O	X	E
O	L	A	N	D	I	J	Q	C	T	I	G	M	E	L
X	W	T	D	Q	B	S	O	Z	R	C	D	A	J	L
F	L	U	I	W	Z	Q	N	V	E	D	I	T	S	W
P	E	R	C	H	E	D	B	F	D	S	I	S	U	A
V	V	D	U	V	R	I	G	D	R	C	C	H	K	M
X	L	A	L	J	G	J	C	G	X	I	Y	A	X	A
W	T	Y	A	I	K	M	D	S	P	L	A	K	M	Z
O	M	S	R	S	P	I	E	E	R	B	S	E	O	E
H	G	M	E	N	X	M	I	A	I	L	Y	N	N	M
O	E	T	K	H	B	B	E	B	U	X	L	X	R	E
B	A	S	E	S	A	N	F	T	E	D	D	Y	T	N
I	I	R	R	L	A	T	A	V	L	F	M	X	B	T

AMAZEMENT
BASES
CAME
GAS
HAT
LEND
NEARLY
PERCHED
PERPENDICULAR
POP
SATURDAY
SHAKEN
STUPID
TEDDY
TELL

021

R	W	E	Q	M	V	A	U	D	R	U	L	S	Q	B
N	H	K	N	J	E	N	R	K	L	W	W	L	T	N
O	Q	A	W	J	C	H	V	I	D	E	X	J	K	I
R	U	K	P	Q	N	U	W	I	N	S	B	P	O	M
M	W	T	L	F	B	A	C	F	S	K	I	Y	B	P
W	T	U	O	W	W	P	N	K	P	I	R	Y	E	A
Q	V	T	S	J	S	A	M	D	O	G	U	M	T	C
K	J	Q	E	R	L	N	T	K	N	O	C	K	S	T

AND
BETS
CUCKOO
IMPACT
KNOCK
LOSE
NEWS
RINK
WINS

022

W	D	T	C	E	O	N	M	Q	B	J	W	T	C	A
G	I	G	U	V	V	I	F	R	I	E	D	F	O	Z
G	N	I	S	O	J	C	T	S	I	H	U	Q	R	K
V	M	G	L	A	F	B	N	V	R	H	G	M	D	G
U	W	C	Y	B	L	E	E	D	I	N	G	G	C	N
Y	U	X	P	F	P	E	T	E	U	K	L	S	A	Z
T	K	X	K	F	T	Z	S	S	S	E	X	T	N	A
J	J	U	W	B	C	Z	T	T	A	C	D	P	T	Z

BEES
BLEEDING
CAN'T
CORD
FRIED
SALES
SEX
TAN
VIEW

023

V	H	Q	T	L	V	G	L	Y	T	X	R	C	P	U
D	U	I	V	R	E	G	E	T	S	A	L	O	K	R
P	R	H	W	T	T	Z	N	Y	P	B	E	N	C	H
O	S	U	N	Z	H	H	S	P	C	A	C	S	S	X
E	U	W	F	Q	V	S	E	E	Z	N	E	I	S	Q
U	W	N	E	I	L	L	D	W	M	B	S	D	I	J
P	E	K	N	E	F	E	A	R	S	D	E	E	B	S
N	T	Y	Q	M	S	K	G	I	A	V	Q	R	I	M
S	D	Z	I	O	W	L	S	T	R	Y	A	A	Z	C
H	X	H	Z	V	J	G	T	E	A	Y	E	T	T	O
E	N	P	F	A	B	S	S	R	P	T	C	I	X	M
Q	Q	D	Q	G	P	E	R	S	N	A	I	O	Y	P
S	G	F	Q	N	R	M	A	G	K	F	H	N	X	E
X	O	B	W	E	C	G	G	M	Q	P	W	R	T	T
Q	O	S	T	N	Z	O	B	B	O	D	H	Q	G	I
C	L	A	S	S	I	F	I	C	A	T	I	O	N	T
I	A	N	I	W	K	B	H	U	W	O	U	L	D	I
C	O	D	O	U	Y	V	N	H	F	D	L	X	I	O
A	U	Y	C	K	Z	E	O	D	X	E	P	N	F	N
A	W	S	L	T	V	K	X	J	H	X	S	M	U	S

BEAM
BENCH
CLASSIFICATION
COMPETITIONS
CONSIDERATION
EARS
GETS
HELL
ILL
OWLS
RESERVED
RIM
SANDY
THE
TYPEWRITERS

J	C	X	C	G	R	B	H	S	F	F	Q	E	G	D
R	Q	N	X	M	B	F	A	G	O	M	S	T	Q	I
G	M	M	S	U	O	N	L	D	Z	O	E	B	Q	J
K	N	C	Y	K	S	S	B	G	O	E	A	I	T	G
D	Y	U	S	W	A	U	S	T	R	A	L	I	A	C
Y	U	H	A	A	V	R	O	V	F	C	R	V	M	A
R	F	L	U	E	U	L	P	E	R	C	H	O	Z	X
J	C	E	S	W	L	E	A	K	D	U	Y	Y	W	M
F	N	I	V	S	V	T	A	N	L	S	F	T	E	K
D	J	T	E	I	Q	P	T	M	V	E	B	N	L	R
F	Z	D	N	T	M	A	Q	E	B	S	L	I	P	J
U	U	N	J	X	S	R	E	N	F	M	M	N	D	N
R	Y	D	P	D	O	L	G	G	H	W	F	E	R	E
G	J	U	D	R	M	I	X	A	S	U	F	U	L	I
J	O	G	B	K	E	A	B	D	F	B	L	T	Q	N
N	N	I	L	A	T	M	O	S	P	H	E	R	I	C
C	X	I	S	S	H	E	T	T	S	F	D	A	M	J
M	G	S	X	A	I	N	T	T	U	G	G	L	B	A
M	I	J	T	J	N	T	J	V	N	F	D	U	C	Q
M	A	N	Y	R	G	S	P	C	K	B	I	P	E	I

ACCUSES
AGO
ATMOSPHERIC
AUSTRALIA
CLAWS
FLED
LEAK
MILK
MISS
NEUTRAL
PARLIAMENTS
PERCH
SEAL
SOMETHING
SUNK

025

I	X	R	L	R	A	D	A	P	T	S	N	H	O	N
D	A	X	C	L	P	E	X	P	L	O	S	I	O	N
E	C	B	I	G	R	L	A	J	I	Z	J	P	Z	E
N	Y	F	I	B	K	A	M	T	Y	Q	V	M	Y	R
T	L	M	A	Y	R	Y	C	K	Q	S	C	E	I	V
I	V	X	P	L	A	E	Q	T	G	O	O	N	K	E
F	J	V	T	C	S	D	E	U	B	G	H	T	F	S
I	Z	I	J	R	G	I	S	M	K	V	X	E	U	Q
C	H	R	E	R	D	X	V	O	A	R	S	R	A	P
A	R	T	Y	N	Z	S	A	Y	M	Z	G	T	B	D
T	N	T	B	O	L	Z	G	F	I	B	M	A	X	B
I	F	R	W	N	H	R	P	O	X	Z	M	I	R	D
O	J	V	A	D	P	K	Z	O	U	H	X	N	N	D
N	N	S	I	M	E	J	I	J	J	T	K	E	M	N
R	U	Z	R	C	L	T	X	I	O	Y	P	D	B	M
U	L	M	B	P	U	R	U	K	T	I	W	O	E	C
L	F	E	G	E	Q	B	Z	I	T	L	N	W	T	R
X	D	I	T	Q	U	F	L	C	Y	S	Z	S	U	I
I	K	H	F	Q	H	L	Y	V	T	F	Q	D	R	S
J	A	T	N	F	N	A	N	K	P	A	L	Y	O	P

ADAPTS
AIR
CRISP
DELAYED
DIET
EAR
ENTERTAINED
EXPLOSION
IDENTIFICATION
INN
INTERSECTION
JOINS
NERVES
OARS
POT

F	I	O	Z	S	E	O	G	H	A	D	A	Z	S	L
N	Z	X	O	C	L	B	E	D	E	T	V	D	U	K
Y	R	G	B	H	N	O	S	B	N	U	K	C	J	B
U	N	V	J	M	A	Y	T	N	Q	E	K	U	R	B
S	Z	I	L	L	I	R	W	Q	M	Q	F	F	P	Q
E	W	G	N	V	L	O	M	J	E	K	U	C	C	U
B	Q	C	F	C	H	A	R	T	O	X	A	Z	B	Y
X	U	Z	P	K	M	C	G	V	S	N	D	N	A	V
M	K	N	N	T	Z	K	B	V	D	E	O	K	S	M
O	G	I	W	E	Y	Y	U	B	A	H	O	X	I	I
C	L	S	B	Q	Z	M	M	Q	Q	F	D	U	C	U
C	T	K	S	G	S	J	O	M	M	I	N	R	Q	K
U	I	O	J	M	P	N	S	E	E	N	M	A	Q	W
R	E	G	H	K	A	D	B	U	E	R	E	C	V	E
G	L	A	D	G	R	S	F	X	M	M	A	K	C	Y
D	F	I	B	S	K	M	E	U	M	L	K	U	L	E
G	O	K	T	A	J	U	J	A	R	D	I	D	R	D
A	R	O	B	N	L	F	H	F	S	B	L	E	E	D
U	O	L	U	K	D	R	C	B	M	Z	C	S	E	W
R	E	B	G	A	N	N	B	G	F	L	H	Q	X	X

BASIC
BED
BLEED
BUG
CHART
EYED
GLAD
LIE
NAIL
NAVY
OCCUR
ROOTS
SEAS
SEW
SPARK

B	M	S	K	V	O	X	O	K	H	X	Y	H	T	C
A	C	O	N	T	I	N	E	N	T	A	L	C	O	B
Q	E	U	E	N	X	P	B	V	E	R	M	L	O	M
I	E	Y	D	S	Y	Q	Q	F	I	H	T	I	Y	S
G	L	L	M	A	S	V	R	V	G	U	V	Y	S	K
T	K	L	O	N	G	E	G	E	J	F	O	B	D	O
M	C	P	U	K	U	K	N	B	O	S	T	I	A	L
G	F	N	U	S	L	M	Q	T	H	K	A	R	P	D
K	F	F	U	U	T	K	E	C	I	G	N	O	R	E
D	W	S	O	A	S	R	D	R	K	A	Q	E	V	S
D	N	F	W	W	X	S	A	V	A	P	L	R	L	T
V	G	A	S	M	R	B	P	T	D	L	A	K	E	T
Q	E	T	D	Q	P	X	T	E	I	W	F	M	M	R
N	L	P	E	S	G	U	D	G	B	O	B	E	B	U
Q	H	E	E	X	T	G	N	J	Y	B	N	L	S	L
I	A	L	S	Q	R	R	A	I	S	E	I	S	Y	E
U	H	Z	F	D	A	B	A	J	Z	S	N	Z	H	J
S	B	H	N	K	I	U	Y	P	I	A	T	O	U	P
T	X	E	E	D	L	L	T	Q	L	U	A	O	X	R
D	Z	J	C	P	E	D	S	P	A	S	S	I	N	G

AID
CONTINENTAL
ESSENTIAL
IGNORE
ILLUSTRATIONS
KNELT
LAKE
NUMERAL
OLD
PASSING
PLANS
RAISE
RULE
STRAP
TRAIL

Q	G	T	C	N	B	D	J	P	H	C	U	E	K	I
T	X	X	J	E	T	O	T	I	U	S	B	Z	R	N
U	M	K	A	X	L	G	B	A	J	B	A	F	V	T
S	S	W	S	P	L	P	Z	F	P	D	V	W	G	E
Z	F	P	S	L	E	P	R	K	Z	E	B	K	U	R
G	G	B	Q	Q	O	S	R	K	L	U	S	L	B	P
E	P	D	W	Z	B	N	S	E	Q	N	G	Q	F	R
G	D	L	X	Q	B	A	E	S	F	F	W	T	N	E
W	O	D	X	Z	O	V	R	L	U	I	T	E	C	T
M	A	N	S	D	J	O	H	G	I	Z	X	Z	Q	A
H	K	T	O	I	Y	V	Q	X	E	N	H	X	S	T
W	T	Y	Z	L	I	Z	C	A	B	S	E	S	T	I
F	H	J	L	B	I	V	O	I	C	E	N	S	H	O
L	U	W	X	K	W	Y	H	M	I	O	C	A	S	N
E	M	B	N	K	L	A	O	I	Q	D	H	Z	P	D
O	P	Q	S	E	P	J	U	S	J	C	V	N	U	Z
P	X	X	R	F	J	J	S	U	E	Y	N	O	S	E
X	E	E	V	G	T	G	E	E	M	E	P	A	L	E
Z	M	B	I	L	L	U	S	T	R	A	T	I	O	N
W	R	A	P	P	E	D	C	L	Z	R	Y	C	T	X

BARGES
CABS
GLUE
ILLUSTRATION
INTERPRETATION
LONELINESS
MERELY
NOSE
PALE
PREFIX
SLOT
THUMP
VOICE
WRAPPED
YEAR

029

S	U	P	E	R	M	A	R	K	E	T	S	N	W	B
X	D	E	S	N	O	L	P	N	G	T	J	D	S	X
Y	A	M	A	J	Y	B	C	A	Q	M	B	G	M	W
K	G	Z	W	X	M	X	K	C	S	B	O	G	T	A
J	M	B	P	Y	I	Y	B	Y	F	N	C	D	G	O
R	S	C	X	P	N	Z	G	X	H	U	E	X	L	Q
S	I	Z	E	D	E	G	L	D	S	H	P	A	L	O
I	O	C	O	B	R	L	Z	A	U	I	N	S	L	C
V	O	I	A	G	A	N	R	A	N	O	D	M	N	M
G	B	I	L	L	L	R	O	M	I	K	K	E	Q	I
X	M	V	T	C	C	M	F	T	X	W	H	K	S	V
E	G	U	U	C	E	U	A	P	L	G	X	Q	Q	P
M	I	D	S	T	A	N	L	B	A	L	L	C	B	B
K	S	S	O	Y	R	S	F	A	B	S	O	O	O	E
Y	Y	G	Q	E	S	A	L	L	T	C	S	W	X	D
Z	P	L	T	G	U	I	H	H	H	O	U	S	E	R
W	D	N	B	Y	D	B	R	E	X	A	R	V	R	O
E	I	T	B	S	H	Q	J	D	B	X	T	S	R	O
G	E	C	M	H	P	X	X	I	R	F	F	F	V	M
K	H	Q	P	T	N	P	V	B	N	E	D	C	H	S

ALL
BEDROOMS
BILL
BOXER
CALCULATORS
HOUSE
INTERNATIONAL
MIDST
MINER
PASS
RAN
SIDES
SIZED
SOIL
SUPERMARKETS

030

I	Y	S	B	B	B	C	O	N	T	E	X	T	N	H
H	J	M	A	P	E	P	S	O	A	T	R	H	T	V
W	Z	H	P	W	V	P	W	G	Q	L	T	B	I	U
N	L	N	U	J	U	F	K	V	Q	N	F	W	Q	K
W	W	Z	M	H	S	D	P	U	E	W	Y	U	T	V
A	I	I	C	P	K	R	S	T	C	S	J	I	I	U
W	D	H	N	M	U	H	X	G	M	A	N	S	H	J
E	F	U	U	D	T	Q	Z	J	D	W	R	V	I	S
K	E	Q	N	P	Y	X	R	J	U	M	P	E	D	U
N	H	H	V	J	Y	I	P	L	Z	M	H	H	I	F
Q	B	K	I	X	N	P	S	E	H	Q	O	G	N	O
C	X	O	Y	P	E	L	R	P	T	I	N	D	G	I
Z	R	F	H	R	F	Y	P	E	A	M	E	T	B	S
M	J	K	Z	N	E	H	X	I	P	C	D	B	Q	R
C	X	R	P	I	Y	U	D	A	V	Y	E	R	O	J
Z	F	B	E	O	G	H	A	J	U	Q	F	D	E	N
O	L	M	R	K	G	P	C	Q	S	N	O	D	T	V
C	G	F	B	T	Q	N	A	O	B	C	A	A	K	D
X	O	O	G	R	O	C	E	R	Y	K	S	A	L	T
I	F	E	X	J	W	H	I	S	K	E	R	U	U	Y

CONTEXT	MANS	SALT
DEN	ODOR	SPACED
GROCERY	PARK	TENTH
HIDING	PER	WHISKER
JUMPED	PHONED	WINDY

C	Y	H	Z	L	K	L	I	H	S	Q	Q	Z	V	D
A	E	S	N	L	O	X	N	H	O	L	O	Y	Y	G
T	K	T	U	U	G	J	I	Z	L	G	R	M	O	W
L	Q	B	S	H	V	C	R	M	G	O	O	Z	U	C
G	X	V	A	T	U	S	K	U	T	Y	F	E	L	H
W	R	O	N	G	L	Q	Q	C	X	S	A	H	L	A
O	H	G	S	U	N	Q	A	E	C	Y	Q	Z	O	R
J	S	Q	T	L	B	F	C	O	Y	H	J	S	L	A
W	C	B	R	Y	S	C	P	J	J	A	T	U	N	C
S	L	N	D	I	W	M	B	J	F	X	Y	Q	B	T
E	N	H	T	U	P	H	K	E	A	C	A	N	D	E
N	T	A	P	E	R	I	L	O	I	M	I	E	A	R
L	S	U	S	E	S	O	K	J	X	Q	K	G	R	I
L	H	N	V	D	M	A	I	L	D	C	Q	L	W	S
S	I	T	D	F	S	U	F	F	I	C	I	E	N	T
R	R	S	C	A	W	D	S	P	J	O	T	H	I	I
C	T	H	S	F	I	L	C	T	Q	X	D	Q	B	C
C	S	W	N	U	N	M	J	S	D	U	N	N	H	R
S	E	H	Z	D	E	W	I	Z	G	L	S	O	Q	P
X	P	J	E	L	W	F	I	O	E	S	P	D	I	S

BULK
CHARACTERISTIC
HAUNTS
ISSUE
MAIL
MOLE
MUST
PICKED
SATISFACTORY
SUFFICIENT
TAPE
T-SHIRT
USES
WRONG
YOU'LL

032

U	Z	S	K	P	R	E	P	A	R	A	T	I	O	N
S	U	R	R	O	U	N	D	I	N	G	S	Q	B	M
H	S	T	Y	L	E	N	P	K	C	O	C	T	F	L
R	S	H	D	A	E	I	Y	D	A	C	N	Y	W	T
P	O	D	F	T	I	D	L	K	L	A	B	Q	F	W
Q	F	C	W	V	E	Z	L	B	L	E	Z	C	R	M
K	T	G	Q	P	N	K	L	Q	Q	R	Y	S	G	U
K	X	O	X	P	B	A	C	K	G	R	O	U	N	D

ANT
BACKGROUND
CALL
MUD
PREPARATION
SOFT
STYLE
SURROUNDINGS
TEND

033

R	M	H	W	D	D	K	O	O	A	T	U	L	C	C
K	Q	O	S	L	J	Q	E	K	N	M	Q	O	N	P
N	S	D	O	A	L	S	O	E	X	Q	R	I	M	O
O	T	I	M	D	G	H	C	R	D	S	U	A	G	L
W	M	T	D	F	C	E	R	I	Y	Z	R	Z	N	E
N	R	B	F	E	R	E	M	I	N	D	I	N	G	K
N	X	V	O	L	A	X	V	A	Y	T	C	T	J	V
S	U	E	C	F	U	A	P	T	H	G	Y	L	W	X

ECHO
ELF
ICY
MOOD
POLE
RANK
RECENT
REMINDING
SIDE

J	H	Y	J	K	C	C	L	H	R	F	H	H	A	H
K	S	Q	R	N	E	U	O	H	L	C	P	F	R	R
T	R	Q	G	F	W	A	M	W	X	P	V	U	G	E
Y	K	J	S	M	F	M	I	W	P	S	C	U	Z	P
A	K	Y	D	J	F	Q	F	F	R	C	J	I	W	R
R	S	C	D	V	S	X	G	Z	H	H	D	B	T	O
S	A	T	I	S	F	A	C	T	I	O	N	C	G	D
L	J	R	B	Y	G	W	P	A	T	O	B	L	W	U
U	A	E	T	U	F	O	T	P	S	L	H	F	Z	C
Y	X	N	M	Z	C	Y	L	L	E	X	G	Q	A	T
Z	E	O	D	P	R	G	G	T	K	A	U	O	I	I
L	I	R	O	S	G	T	R	J	P	Q	L	P	Z	O
Z	J	X	S	A	E	B	K	O	H	O	G	I	F	N
F	H	V	O	V	C	P	B	F	U	W	X	F	N	N
J	X	V	C	W	A	C	Y	I	E	P	O	L	T	G
F	M	A	D	W	R	L	N	K	H	T	E	X	D	R
V	M	X	A	O	K	F	V	I	H	F	E	D	F	K
W	B	U	V	J	F	Y	C	E	K	D	C	G	F	O
M	J	Z	M	S	R	K	W	E	M	J	O	G	F	B
M	J	W	F	S	U	N	D	E	R	N	E	A	T	H

APPEALING
COW
GROUPED
HOG
JUG
LANDS
LENT
MUMS
PAT
REPRODUCTION
SATISFACTION
SCHOOL
UNDERNEATH
VALVE
VET

R	O	F	X	T	Q	B	I	B	B	H	E	W	A	R
X	E	K	F	Z	K	H	D	L	N	F	I	P	B	I
M	G	C	S	V	K	U	S	A	T	S	P	P	B	T
G	X	H	I	I	T	U	D	U	T	O	R	L	R	A
A	Y	I	R	T	N	Q	I	V	U	K	E	I	E	P
U	J	L	H	E	E	G	O	F	O	E	F	S	V	Z
Z	Y	D	B	K	A	S	P	F	Q	F	V	T	I	A
Q	A	F	M	B	F	D	Z	D	I	A	C	M	A	L
U	N	E	C	E	S	S	I	T	Y	F	O	Q	T	P
R	E	F	E	R	S	I	S	U	H	A	N	M	I	H
O	Y	C	Z	B	S	H	Q	R	T	S	G	J	O	A
O	B	K	I	E	K	Y	P	N	S	Z	R	Z	N	B
C	P	X	M	M	V	R	N	A	G	U	A	E	W	E
U	S	H	O	O	T	S	B	Z	L	A	T	B	P	T
K	E	Y	M	N	S	U	Y	B	O	S	U	K	L	I
C	S	P	X	D	G	V	I	X	R	T	L	M	Z	C
T	H	J	J	H	V	S	I	O	Y	X	A	E	A	A
O	A	N	N	B	I	F	T	M	O	H	T	I	L	L
N	J	V	G	F	B	D	F	D	Y	O	E	S	R	V
E	B	P	O	N	I	E	S	B	W	P	S	D	O	T

ABBREVIATION
ALPHABETICAL
BASS
CHILD
CONGRATULATES
DOT
GLORY
NECESSITY
PONIES
RECITES
REFERS
SHOOTS
STIFF
TOES
TONE

U	D	H	F	Q	U	Q	Z	R	G	W	T	J	J	B
Z	H	X	G	W	P	W	X	U	Y	P	O	U	S	U
Q	K	K	G	R	A	N	D	P	A	R	E	N	T	S
A	P	V	J	G	K	P	T	S	N	O	Z	U	D	H
H	M	I	U	N	C	Y	I	W	M	X	Z	M	S	E
Z	Z	M	E	V	N	B	S	D	V	F	Z	B	U	S
V	X	U	M	G	C	D	U	I	L	P	N	E	M	K
Z	R	E	E	L	M	C	F	A	I	A	L	R	M	D
B	H	P	X	Y	T	Q	C	U	Y	Q	I	S	E	E
Z	F	J	M	P	N	N	V	V	E	B	T	A	R	L
Q	B	S	N	P	O	B	C	W	E	W	X	W	S	I
X	B	F	D	I	J	S	M	H	E	M	T	L	B	B
H	P	T	T	F	R	T	E	L	N	N	T	K	I	E
L	N	O	E	X	A	Y	T	D	R	B	D	P	T	R
K	M	V	Q	Q	C	P	E	J	O	N	K	U	R	A
X	I	R	A	L	I	E	A	W	A	E	Q	S	R	T
P	L	T	B	K	N	G	L	F	M	W	K	K	L	E
Q	E	A	F	N	G	N	D	B	G	A	H	B	O	L
H	S	G	M	E	T	H	O	U	O	Q	K	O	H	Y
S	G	Z	U	Z	T	M	A	G	P	W	X	F	Q	P

APT
BUSHES
DELIBERATELY
ELBOW
ENDURE
EXPOSED
GRANDPARENTS
MILES
MOTION
MUG
NUMBER
RACING
ROAM
SUMMERS
THOU

R	W	O	M	L	K	G	K	H	R	B	C	O	S	K
H	T	M	W	R	S	T	A	J	S	X	A	G	B	U
M	J	O	E	C	F	C	P	V	G	Q	S	K	K	N
P	T	I	H	N	X	M	P	B	Z	O	H	A	Q	Z
P	R	J	P	N	L	E	R	N	W	M	O	R	H	R
D	V	X	Q	L	M	H	O	X	R	M	T	D	A	E
C	X	Y	D	E	Z	R	P	R	I	N	Q	Q	S	P
O	V	K	Z	B	T	P	R	P	P	C	J	A	D	R
N	C	R	E	C	F	A	I	H	Q	R	W	I	E	E
C	O	X	G	Z	X	B	A	N	S	Q	M	S	V	S
E	W	F	Y	A	Y	D	T	R	E	S	B	Y	E	E
N	F	K	N	R	Y	M	E	U	L	E	J	P	L	N
T	T	L	L	E	U	Z	T	S	U	O	V	M	O	T
R	J	F	J	S	D	V	F	C	H	L	X	I	P	A
A	W	P	N	T	Y	Y	T	T	W	N	R	L	M	T
T	L	M	I	I	X	D	A	X	Z	B	A	K	E	I
I	H	T	K	N	A	I	T	R	H	O	S	B	N	V
O	O	I	V	G	L	R	N	F	O	D	I	R	T	E
N	L	K	N	Y	W	V	H	N	N	B	U	E	S	S
K	H	A	P	T	W	J	O	S	O	I	L	S	Z	J

APPROPRIATE
CASH
CONCENTRATION
DEVELOPMENTS
DIRT
DRIER
GOODS
HINT
PINE
REPRESENTATIVES
RESTING
ROB
SOILS
SUM
WAS

038

S	C	A	G	N	I	X	R	T	Y	H	S	F	I	C
A	M	L	C	R	A	U	P	Z	N	R	C	S	T	O
Y	W	P	N	G	S	Z	C	L	B	Z	R	S	X	O
S	S	I	R	K	K	A	Y	D	B	A	T	N	Y	P
L	L	A	F	N	T	R	I	U	L	S	Q	R	R	E
V	O	H	A	W	K	F	L	L	O	V	A	V	Q	R
V	G	F	F	H	P	P	I	C	C	N	W	Z	T	A
G	R	O	V	Y	Y	P	Z	S	O	K	M	D	U	T
R	F	X	V	S	R	G	A	I	H	Z	H	Y	H	I
N	Q	U	Z	E	H	T	T	S	H	E	C	A	R	N
P	G	H	T	N	E	U	J	F	T	H	S	F	G	G
X	C	A	I	J	L	H	W	J	C	R	J	T	M	Q
B	C	D	Y	O	Y	I	S	W	G	Q	Y	W	U	O
G	K	V	V	Y	G	L	T	W	J	L	J	E	F	W
A	M	E	N	A	S	I	F	B	L	Y	S	B	Q	Q
U	R	R	Z	B	V	E	W	F	U	N	D	S	M	V
J	F	B	A	L	L	C	F	E	Y	I	K	T	X	S
V	P	S	Y	E	O	M	N	S	L	A	N	Y	K	S
B	X	H	P	R	A	R	I	O	F	M	W	I	J	S
Z	K	U	W	M	U	T	S	Y	Q	C	G	F	T	S

ADVERBS
ANY
CAR
CATERPILLARS
COOPERATING
COSTS
EAT
ENJOYABLE
FISHES
FUND
HAWK
JET
PASTRY
REVOLUTIONARY
SOLID

S	Z	X	U	R	R	P	N	A	X	J	S	E	P	E
T	M	D	Z	N	A	W	D	T	T	V	Y	T	T	R
R	O	A	T	U	C	P	G	T	Y	L	N	R	O	E
E	I	F	Q	V	O	B	E	V	Q	Y	E	R	R	P
A	W	G	O	Y	X	H	V	R	G	L	R	M	L	L
M	G	W	Q	J	A	D	X	T	A	Z	M	B	X	A
Y	S	F	G	C	E	B	C	R	O	B	Q	L	K	C
I	M	S	I	S	W	Q	W	A	M	T	G	T	P	E
N	S	R	G	Z	E	G	Z	N	I	D	E	A	L	M
H	F	Z	U	O	J	A	M	S	B	Y	K	S	W	E
A	V	T	U	Y	I	J	S	F	S	Z	O	E	R	N
B	T	W	B	N	Q	A	Q	O	A	G	N	G	S	T
I	A	M	I	M	Y	N	Y	R	N	T	Z	V	A	Y
T	E	Q	R	T	U	C	D	M	H	S	V	H	P	O
A	I	I	D	E	X	J	B	E	W	G	T	I	L	T
N	O	T	S	C	S	Y	A	D	C	L	C	R	F	T
T	V	X	M	T	D	P	I	S	I	W	T	H	A	D
S	S	J	S	H	J	V	O	K	E	Q	P	M	A	X
F	X	Z	S	Z	Z	Z	O	N	B	L	B	P	S	R
R	U	G	Q	P	M	Z	K	L	D	E	J	Q	Z	D

AFRICA
ALERT
BIRDS
IDEAL
INHABITANTS
JAMS
KNEW
PAD
REPLACEMENT
RESPOND
SEASONS
STREAM
TILT
TRANSFORMED
YOGA

040

N	A	L	E	Q	H	G	F	B	K	Z	Q	Q	G	B
Z	B	N	F	U	T	V	A	G	T	A	M	I	P	E
X	P	R	K	F	F	F	B	W	P	Z	K	P	O	A
B	Q	O	J	O	R	X	S	W	A	M	J	O	F	T
Y	H	O	R	Q	U	T	K	P	I	Y	A	R	V	T
K	H	F	R	P	N	T	A	J	J	M	Z	L	D	I
O	A	S	P	E	Q	L	T	S	T	G	C	S	G	L
T	A	B	T	N	L	Q	E	J	V	J	U	L	E	A
O	X	N	F	O	R	N	S	Y	R	P	V	M	S	T
C	O	N	G	R	A	T	U	L	A	T	E	D	G	M
C	O	N	T	I	N	U	O	U	S	L	Y	N	C	G
Z	I	Z	A	G	P	L	G	Z	Y	I	I	W	C	F
Y	S	H	A	D	E	I	S	B	K	G	W	G	I	D
D	K	M	D	E	A	N	C	J	N	R	U	V	Z	O
L	X	O	J	W	O	D	X	E	F	G	B	D	O	S
R	A	O	R	I	E	N	L	T	J	R	P	D	S	T
Y	J	Y	T	U	W	L	H	G	I	O	V	U	N	U
C	R	C	S	P	A	C	E	S	H	I	P	T	P	N
V	E	O	C	H	I	M	N	E	Y	S	C	Z	O	T
S	Y	T	C	J	P	X	H	M	M	W	I	W	X	Y

AWAY	CONTINUOUSLY	SECTIONS
CHALLENGING	COT	SHADE
CHIMNEYS	DAD	SKATES
CONGRATULATED	LAYS	SPACESHIP
CONTENTS	ROOFS	TOY

R	M	A	U	W	N	V	E	W	F	P	V	Q	B	H
E	X	Z	W	U	G	F	I	T	E	U	C	J	R	B
Y	B	T	L	Z	G	N	V	B	I	H	Y	E	W	F
O	I	J	A	D	P	A	U	I	C	U	P	Z	O	V
H	F	U	K	C	Q	K	J	I	W	M	L	R	L	P
Q	U	L	M	Y	P	J	A	H	E	R	D	J	U	F
I	N	T	R	O	D	U	C	T	I	O	N	X	N	E
I	N	O	D	G	D	D	F	M	H	E	Q	C	C	L
Y	E	F	B	K	S	N	Z	M	B	Y	M	D	O	L
R	L	Y	T	B	A	T	M	J	D	L	U	U	M	W
B	O	M	P	J	Q	O	O	V	C	B	T	V	F	E
J	S	U	W	Q	Z	N	I	C	X	A	A	U	O	G
Q	B	U	N	C	Y	N	U	Y	Z	P	G	D	R	U
Z	P	T	R	A	W	S	G	U	W	N	B	H	T	N
D	N	A	N	E	T	H	E	D	W	S	S	G	A	S
Q	J	M	R	C	B	E	L	G	F	V	I	H	B	W
A	E	E	O	X	E	E	M	E	I	F	E	N	L	N
H	G	D	G	O	P	P	I	K	L	D	B	B	E	D
L	L	M	E	K	C	H	X	Y	S	C	D	C	V	I
G	C	S	G	U	C	J	R	U	K	S	G	Y	C	D

BAD
BUD
CHIEFS
DID
FELL
FUNNEL
GIDDY
GUNS
HUM
INTRODUCTION
SHEEP
TEMPER
THY
TURN
UNCOMFORTABLE

F	N	O	Q	V	E	R	F	B	A	B	I	E	S	U
F	V	S	J	A	V	G	D	I	R	E	I	S	Y	G
M	X	F	U	D	T	P	V	T	N	T	I	I	N	I
W	D	E	Y	X	J	S	H	H	N	O	I	G	I	P
L	B	N	N	O	S	S	A	J	H	R	T	I	S	N
O	K	L	A	W	K	Y	P	G	R	G	R	F	W	O
F	S	M	J	N	H	V	S	Z	T	A	V	O	H	K
L	G	G	J	E	S	Z	E	W	K	N	I	I	U	J
P	I	Q	F	F	H	D	C	P	Y	I	I	O	R	I
Z	W	W	Q	B	N	Z	I	C	Z	Z	I	N	C	L
V	L	K	X	O	U	F	Z	R	R	A	M	R	A	K
I	V	Y	I	P	J	E	B	I	A	T	L	A	S	S
Y	Q	N	W	M	K	A	Y	L	D	I	T	Q	Y	D
W	U	I	D	O	U	R	W	O	H	O	N	W	W	K
F	O	X	U	S	V	M	M	L	Q	N	D	A	J	B
O	M	I	H	A	J	E	X	H	B	S	Q	B	T	A
A	O	I	W	I	M	S	T	A	U	H	S	U	R	I
Y	I	Y	I	E	L	D	H	B	R	O	C	W	Q	T
R	X	I	Y	E	A	V	T	I	Y	A	V	J	B	W
H	Y	K	O	J	D	G	Z	T	P	C	B	V	O	L

ARAB	FEAR	SHIP
ATLAS	HABIT	TIE
BABIES	MUM	UNION
BAIT	ORGANIZATIONS	YIELD
CUT	OWN	ZINC

043

C	P	R	O	F	E	S	S	I	O	N	A	L	S	E
Y	H	F	M	E	G	P	F	E	Q	S	T	D	R	Q
M	L	H	S	U	P	Y	L	S	J	I	K	A	W	R
E	K	N	G	O	M	Y	O	E	G	T	B	Q	P	N
L	A	W	Z	T	J	A	W	F	D	C	L	S	I	D
M	L	R	R	N	S	V	S	V	A	N	S	R	U	S
I	B	D	I	O	Z	J	T	M	Y	M	I	S	S	H
L	P	W	H	A	P	P	R	O	X	I	M	A	T	E

APPROXIMATE
ARE
FLOWS
JAW
PROFESSIONAL
SEE
SHE
SIT
VANS

044

F	L	A	Q	A	U	G	J	G	P	L	K	U	E	F
Z	B	M	N	E	L	I	M	I	N	A	T	E	V	D
Z	A	U	B	P	Z	Y	Q	L	A	I	Y	I	G	R
X	F	N	Z	S	V	J	V	B	S	T	M	W	M	A
K	U	N	T	U	A	Q	W	L	Z	M	H	Z	D	I
H	A	N	W	R	J	S	A	U	S	A	G	E	S	N
K	J	O	P	E	R	A	D	E	L	I	V	E	I	Q
C	H	E	Q	W	W	K	A	J	F	Z	R	W	R	O

BLUE
DRAIN
ELIMINATE
HOW
LIVE
OPERA
SAUSAGES
SIR
SURE

D	Y	R	F	U	K	H	W	I	Z	L	N	A	M	L
N	U	G	M	D	G	T	N	D	D	X	C	K	V	X
F	J	R	V	I	F	V	D	I	B	U	P	G	E	C
A	Z	G	K	S	J	A	I	S	D	A	M	P	U	P
B	T	J	C	C	H	A	P	T	E	R	S	N	R	Z
F	V	L	U	O	J	G	F	I	K	T	O	J	Z	Z
B	V	S	X	V	U	L	M	N	W	G	T	B	K	C
S	C	K	J	E	Y	G	W	G	G	Q	K	L	X	A
H	S	F	B	R	U	B	S	U	C	A	K	F	E	E
J	E	R	A	I	Y	D	U	I	Q	H	L	N	O	N
Y	A	U	T	N	O	T	Z	S	S	B	A	P	H	G
L	F	I	J	G	N	R	S	H	A	R	E	S	Z	I
D	W	P	M	G	D	R	C	E	G	E	Y	S	E	N
J	W	D	K	N	L	A	V	D	D	N	B	K	N	E
R	U	W	W	G	M	C	U	Q	E	E	F	C	H	E
N	U	N	N	O	D	M	W	D	I	D	I	T	N	R
I	N	S	T	R	U	M	E	N	T	S	R	W	P	L
C	D	S	Q	D	E	S	N	P	G	Q	B	S	A	W
Q	U	V	E	Q	A	P	F	Z	F	S	O	O	U	K
E	J	F	H	Z	X	P	P	N	I	N	J	L	P	E

BUS
CHAPTERS
CHASE
DAMP
DEEP
DISCOVERING
DISTINGUISHED
ENGINEER
FOG
GODS
INSTRUMENTS
SAW
SETTLE
SHARES
STOMACH

F	J	Y	I	Z	Q	L	Y	E	N	I	A	D	X	Z
K	L	R	B	F	I	N	T	J	O	S	K	K	A	C
N	S	A	R	R	T	Z	J	T	R	X	U	Q	K	D
Q	H	A	P	P	O	I	N	T	M	E	N	T	K	X
H	O	S	I	S	K	R	M	F	A	K	E	G	K	B
I	E	T	N	S	W	O	O	C	L	N	Y	J	U	N
L	A	A	E	W	N	N	M	D	X	J	B	Z	M	X
N	P	U	U	A	H	N	D	Z	S	E	N	E	B	K
S	I	Q	E	J	H	A	G	H	J	H	W	L	O	Y
H	J	G	H	J	T	J	P	G	A	R	M	N	I	K
J	G	O	G	N	R	N	D	O	U	M	N	A	S	K
N	O	U	P	T	J	P	P	N	S	I	G	B	T	A
T	X	G	O	Z	K	P	L	A	N	T	S	K	R	S
L	K	G	C	E	X	D	J	A	K	Q	M	X	M	M
Y	A	G	R	P	U	F	R	J	N	F	H	E	C	K
G	G	T	A	R	R	S	V	A	I	N	O	C	N	M
M	A	C	A	D	F	Y	E	R	W	B	E	X	A	T
V	H	G	I	C	Q	V	Y	C	H	N	S	D	S	I
I	I	Z	B	C	U	K	A	S	F	J	H	N	K	S
C	S	Q	D	E	X	P	Q	N	X	Y	W	S	S	D

APPOINTMENT
ARM
ASKS
CIGAR
CUP
DAM
DRAWN
FLAPS
MATS
NORMAL
PLANNED
PLANTS
POSTMEN
RODS
SPAN

047

Z	Z	L	V	L	C	R	T	S	Q	U	A	S	H	J
V	O	O	E	C	Y	K	Y	U	V	Z	X	N	H	M
I	S	E	I	J	O	Q	C	C	P	U	G	X	H	H
D	C	W	D	R	N	S	C	H	O	I	R	E	G	S
J	N	E	A	S	K	J	D	H	T	A	X	I	Y	V
D	M	U	X	N	L	O	S	D	X	G	P	W	W	A
W	O	R	S	E	A	E	Z	N	R	G	X	C	A	P
I	U	H	Y	Q	B	A	E	H	V	N	A	C	C	P
C	N	H	L	U	O	A	M	S	X	M	T	S	S	A
E	O	T	T	J	R	P	O	B	F	X	U	Q	T	R
H	H	M	I	S	A	K	F	S	Y	H	Y	T	L	E
F	V	W	P	W	T	Z	F	X	X	A	S	A	D	N
K	S	Q	Z	A	O	I	L	J	H	Q	E	I	E	T
F	S	U	X	I	R	E	C	S	A	H	N	V	J	L
G	L	R	C	N	I	A	O	K	R	S	Y	H	X	Y
V	Q	E	U	U	E	S	T	G	S	E	S	Z	A	K
U	X	Z	C	B	S	Q	V	I	I	A	K	U	V	D
C	Q	P	M	G	C	K	E	T	V	T	M	A	M	P
B	Q	X	P	F	Q	X	B	K	R	E	T	U	A	E
Y	P	C	O	N	T	R	I	B	U	T	I	O	N	S

APPARENTLY
ASSUME
CAP
CHOIR
COMPARATIVE
CONTRIBUTIONS
HAD
HEAL
LABORATORIES
SEAT
SQUASH
STICKS
TAXI
TUBES
WORSE

048

P	Q	V	S	X	P	K	H	D	T	G	T	B	I	V
M	S	O	Y	X	V	I	R	C	O	G	M	O	A	T
W	V	I	M	Q	M	E	Z	L	H	Z	I	I	U	Y
R	M	S	Z	J	M	S	I	V	V	L	O	Q	A	E
C	W	Z	F	H	P	K	M	N	L	N	T	I	D	L
A	L	V	O	W	I	K	P	A	V	O	S	G	V	L
Z	H	D	N	R	Y	B	R	I	S	C	H	Y	E	O
S	T	E	W	U	P	V	O	H	V	H	G	K	R	W
V	O	K	A	Y	F	O	V	I	E	A	E	S	T	X
P	T	Y	S	D	D	C	E	U	H	U	G	D	I	I
M	T	R	W	D	M	I	D	K	N	U	N	R	S	C
B	P	R	M	J	J	I	M	Q	M	O	V	I	E	Q
Y	I	V	H	X	Z	E	S	G	H	V	V	R	M	E
N	A	V	M	D	J	K	Z	T	S	O	E	Z	E	M
G	P	X	D	U	V	Q	H	Z	R	C	N	A	N	E
J	K	F	U	R	L	D	X	F	R	E	E	D	T	F
F	K	E	E	B	H	Q	C	O	Z	I	S	S	S	B
R	U	L	G	O	U	U	M	O	M	G	Q	S	H	P
Y	U	A	Z	U	I	Z	D	M	H	A	N	G	S	R
R	G	Y	J	D	O	P	Z	L	Z	D	P	R	T	F

ADVERTISEMENTS
AGREE
BAY
BUZZ
DOZEN
FREED
HANGS
HEADMISTRESS
IMPROVED
MOVIE
MUGS
RULER
SMASHED
VEIN
YELLOW

I	R	T	O	U	R	G	J	P	P	A	W	I	S	E
W	G	U	Y	Z	W	F	L	A	S	K	L	S	P	W
S	R	O	P	E	R	S	P	I	R	A	T	I	O	N
M	S	G	X	Y	H	J	I	H	S	O	A	D	P	I
T	M	X	Y	F	W	Z	U	N	E	A	S	Y	V	B
U	O	J	M	T	I	Y	D	U	D	W	L	C	R	B
K	J	F	L	H	L	U	M	I	E	I	J	A	G	L
M	P	N	C	M	D	G	K	S	X	E	M	D	D	E
M	S	K	E	H	E	Z	A	S	P	T	O	J	Y	D
L	R	P	S	U	R	I	F	T	L	O	G	E	H	D
I	K	H	Y	F	N	K	K	S	A	P	R	C	B	Z
X	I	U	S	T	E	O	E	A	N	O	E	T	H	L
L	R	N	F	H	S	T	T	F	A	R	P	I	I	V
M	B	Z	W	Q	S	R	O	Q	T	O	M	V	X	C
M	J	I	S	I	O	H	A	X	I	J	R	E	J	B
I	Z	U	Q	P	D	S	F	D	O	A	A	S	M	E
G	H	N	M	D	H	I	Y	O	N	C	P	R	O	X
H	J	I	P	E	Z	P	L	E	L	X	E	R	X	T
T	Q	R	T	E	W	M	S	S	D	T	V	K	Z	R
G	Z	H	P	R	A	A	G	J	V	B	O	A	K	N

ADJECTIVES
DOES
EXPLANATION
FLASK
IMPORT
MIGHT
NIBBLED
PEA
PERSPIRATION
SALAD
SPORT
TERM
UNEASY
WILDERNESS
WISE

U	A	P	P	L	I	C	A	T	I	O	N	Z	F	S
N	U	O	X	A	S	T	R	U	C	T	U	R	A	L
Y	U	B	L	O	P	R	Z	F	F	W	S	S	P	I
P	W	O	A	G	N	E	J	T	A	L	L	E	S	T
Y	W	T	X	S	S	C	R	E	W	S	H	V	R	V
J	C	F	E	E	C	H	Z	T	X	Z	J	O	K	E
J	R	Q	Z	F	T	U	M	D	U	J	Y	F	Y	W
U	H	B	M	N	H	Q	E	P	G	H	Z	M	Q	L
E	C	Q	X	O	D	U	T	J	P	A	Y	X	Q	I
G	N	E	C	R	U	S	T	A	Q	K	E	Z	K	U
V	M	U	D	I	L	F	R	Q	W	F	E	T	F	I
L	Q	N	K	X	J	G	B	D	Q	U	X	U	N	T
A	P	G	I	R	O	Y	S	S	T	G	J	R	I	A
Z	Y	H	R	T	Q	N	H	E	O	R	F	U	Y	L
I	E	F	O	U	K	O	G	N	W	C	E	F	W	I
E	P	H	T	Y	Y	U	Y	J	D	I	P	E	Y	C
Z	P	L	I	X	P	T	P	A	F	T	Q	L	W	I
J	L	P	I	K	D	F	K	J	A	S	K	B	S	Z
V	P	R	J	P	R	I	Z	E	K	Q	C	Z	D	E
Q	O	Z	H	F	S	T	N	E	U	M	B	G	T	D

APPLICATION
ASK
CRUST
ITALICIZED
JOKE
LIPS
OUTFIT
PAPER
PHOTOGRAPHY
PRIZE
SCREWS
SLIT
STRUCTURAL
TALLEST
TREE

051

K	X	A	C	H	I	E	V	E	M	E	N	T	S	W
I	C	J	R	I	G	J	H	D	W	D	E	P	I	K
A	O	M	A	P	L	Y	Z	D	D	V	Q	H	I	T
X	N	E	F	G	J	X	W	M	L	S	Y	P	L	Z
I	S	Y	G	Q	P	X	S	G	E	T	H	Y	X	S
I	E	K	Y	K	O	X	P	M	Y	P	E	X	L	L
V	R	Q	P	E	L	C	O	R	D	T	N	R	A	J
F	V	G	N	E	D	H	N	F	H	Q	C	E	T	A
G	A	H	F	U	F	G	J	L	I	R	E	W	H	A
K	T	R	N	E	A	X	R	G	K	Z	S	U	V	N
K	I	N	I	V	S	F	X	U	G	P	K	U	C	M
N	O	T	N	S	H	Z	N	P	U	U	W	C	O	V
C	N	U	A	T	I	B	L	F	E	X	E	G	N	L
U	G	R	C	P	O	P	G	K	S	N	N	I	F	I
C	I	E	F	I	N	U	Z	G	C	K	S	L	U	Q
V	V	M	X	S	E	I	G	H	T	H	L	X	S	Y
C	D	W	U	C	D	Y	X	M	Z	L	I	S	I	V
E	I	I	H	A	A	E	R	Z	Z	U	T	N	N	K
C	O	O	P	E	R	A	T	I	O	N	R	F	G	S
A	X	L	Y	I	W	O	F	Y	A	G	J	D	E	W

ACHIEVEMENTS
ANTS
CHIN
CONFUSING
CONSERVATION
COOPERATION
DEW
EIGHTH
HENCE
HIT
HOMES
LUNG
OLD-FASHIONED
UNTIE
WARM

Z	O	T	A	G	L	U	V	M	V	G	B	Q	J	F
O	G	D	Q	A	T	I	P	P	M	U	M	Q	G	I
V	W	I	G	B	N	J	D	D	T	M	N	L	F	R
A	N	N	O	U	N	C	E	M	E	N	T	C	U	E
A	J	Z	N	P	A	C	T	S	C	E	M	A	R	W
R	U	W	Z	N	S	A	S	M	X	G	G	W	T	O
V	U	K	F	Z	T	C	P	E	X	T	P	H	H	R
B	W	C	M	E	Y	R	W	F	A	S	P	E	E	K
S	F	V	T	R	N	S	M	B	D	X	K	R	R	S
S	E	G	B	X	H	I	F	N	T	F	K	E	M	F
W	C	L	N	R	S	O	U	P	Z	Y	Z	F	O	L
E	A	F	E	W	V	O	L	Z	Q	E	R	Q	R	E
H	T	E	S	D	P	G	I	D	P	G	L	E	E	N
S	H	U	M	E	A	S	U	R	E	M	E	N	T	S
C	W	H	Z	T	B	Z	F	X	G	X	Z	C	P	B
H	C	L	W	C	A	E	R	Z	L	E	I	B	B	T
A	T	G	J	X	B	U	E	U	I	O	A	T	Y	V
S	W	H	H	X	Q	I	F	S	T	Q	O	V	S	K
H	Q	A	U	T	O	M	A	T	I	C	A	L	L	Y
P	K	G	P	X	U	N	L	P	N	K	B	A	X	F

ACTS
ANNOUNCEMENT
AUTOMATICALLY
CHEER
EXITS
FIREWORKS
FURTHERMORE
HOLD
LENS
MEASUREMENTS
NASTY
POUNDS
TUB
TYRE
WHERE

W	A	V	E	S	A	C	A	B	I	N	S	C	V	B
X	B	Z	S	R	G	E	W	E	I	I	K	J	T	S
H	B	W	W	N	B	J	B	K	C	D	K	S	H	Q
K	J	S	G	U	L	U	M	R	I	S	E	S	S	P
U	P	R	M	D	J	Y	L	R	K	J	P	U	W	Y
T	W	U	J	H	E	Q	L	I	I	W	M	L	S	B
A	B	T	B	C	I	S	J	D	X	M	W	X	T	B
F	Y	Q	Q	X	X	S	T	R	O	N	G	N	V	Y
H	T	O	N	V	A	T	N	I	D	E	E	T	C	Q
Y	B	K	E	L	T	B	T	T	N	T	A	M	C	M
V	Z	M	D	Y	M	P	S	B	A	A	N	Q	E	G
A	D	A	D	S	S	X	A	L	D	O	T	T	Q	C
S	O	R	H	Z	P	Z	U	V	I	Y	R	I	I	H
P	B	G	T	E	R	T	P	T	P	V	V	L	O	U
I	X	A	X	H	A	S	I	U	J	Z	M	Y	H	N
W	K	R	Y	R	Y	S	M	L	N	W	K	C	T	H
L	J	I	G	Q	O	Z	T	C	W	F	T	L	D	J
T	H	N	Y	P	S	O	X	W	N	I	E	O	B	F
R	O	E	P	E	T	Y	D	B	W	F	J	Q	O	T
C	W	O	T	N	S	T	S	K	G	Y	F	I	Z	Q

BID
CABINS
CONGRATULATE
DESTINATION
FELT
ISN'T
MARGARINE
OPPOSITION
RISES
SPRAY
STRONG
TENT
WAVES
WITCH
YES

054

N	F	V	A	W	U	D	S	Y	Q	T	O	O	W	A
T	R	A	N	S	F	E	R	R	E	D	H	V	V	Y
B	Y	N	C	R	O	P	L	W	R	I	T	I	N	G
A	M	R	D	I	S	Q	I	S	W	Z	A	B	K	U
C	R	O	A	K	N	X	D	O	E	I	X	G	C	B
O	U	C	H	R	X	G	E	O	U	U	U	K	M	E
N	G	X	J	Y	I	J	S	Q	S	T	B	E	N	T
N	L	S	E	Q	A	T	E	I	R	J	E	H	C	S

ATE
BACON
BENT
ELSE
FACING
TRANSFERRED
TUG
WET
WRITING

055

J	G	B	R	T	L	Y	G	C	D	Z	I	S	C	H
X	O	F	L	I	P	S	T	I	C	K	S	L	A	L
Z	J	G	P	X	F	R	A	M	E	S	M	I	R	B
D	P	E	C	J	T	O	Y	W	T	N	N	G	E	R
A	M	R	D	E	E	I	L	V	I	L	W	H	Y	E
B	P	H	E	Q	G	S	M	D	G	J	I	T	M	A
E	U	F	M	P	Q	A	C	E	E	E	L	Y	U	D
D	Z	O	U	G	G	W	I	S	R	O	L	L	E	D

BREAD
CARE
FRAMES
LIPSTICKS
ROLLED
SLIGHT
TIGER
TIME
WILL

Y	Y	Y	Q	W	C	R	E	O	H	K	U	H	I	W
D	F	V	N	O	Z	T	K	C	Q	P	F	U	M	C
Q	O	T	Y	C	M	Y	K	I	T	I	O	T	O	R
Q	R	U	W	B	R	Q	E	E	J	E	J	R	B	H
O	G	L	K	A	D	X	X	Y	W	V	O	A	X	Y
L	E	L	M	F	A	U	L	T	A	O	H	N	R	T
A	T	F	V	E	N	P	R	H	L	T	Z	J	V	H
A	A	U	A	B	Z	W	P	F	O	F	S	Q	D	M
D	X	P	L	O	E	A	E	Q	Q	Y	C	C	R	N
B	Y	U	C	O	T	R	U	W	O	Z	I	W	O	J
W	J	V	D	L	N	D	J	N	W	C	K	I	W	T
G	E	Q	U	E	B	A	X	D	Z	J	T	F	N	S
N	S	D	S	D	Q	L	S	G	P	A	P	P	S	I
O	D	O	D	I	U	G	L	U	Z	S	T	T	U	K
X	H	E	L	P	E	R	O	I	V	N	E	C	S	V
I	O	M	O	A	S	B	L	K	K	U	E	S	G	B
H	T	X	O	H	H	I	L	O	U	E	F	Z	T	F
I	I	Z	Y	R	V	M	Z	E	I	P	O	C	U	P
F	Z	H	D	I	P	P	E	D	W	R	P	G	N	F
Z	E	V	C	C	A	T	Y	H	L	E	O	A	E	Z

BLEW
CIVILIZATION
DIPPED
DROWNS
FAULT
FLOOR
FORGET
HELPER
HOSE
HOT
LIKE
RHYTHM
TUNE
UPWARD
WED

G	L	N	G	Z	D	M	B	T	T	W	A	N	T	S
Q	R	E	S	O	L	U	T	I	O	N	S	Z	Y	U
T	L	A	O	D	O	I	N	J	U	R	E	S	K	P
U	B	F	N	Y	S	X	W	K	P	Y	P	K	K	W
N	Y	A	O	D	Z	R	Y	H	T	U	F	L	Y	V
B	R	Y	T	H	M	Z	O	V	M	U	L	D	T	K
E	X	W	I	Z	J	O	E	K	Q	V	E	G	W	K
L	Q	C	C	K	L	T	T	X	O	J	R	K	G	E
I	E	Z	I	I	E	B	L	H	Z	T	P	X	D	N
E	F	H	N	I	E	K	N	J	E	L	S	A	L	E
V	O	S	G	K	G	E	O	M	N	R	C	C	K	V
A	R	B	T	I	Q	H	G	V	O	E	M	I	D	E
B	M	G	V	Q	L	D	U	Z	D	H	B	A	N	R
L	B	F	A	X	M	G	T	P	D	A	Z	H	R	Y
E	M	C	H	O	I	C	E	B	L	O	J	E	C	H
P	T	F	L	V	V	V	O	V	Y	V	N	C	Z	S
Y	M	K	E	X	E	A	X	T	U	R	K	I	S	H
M	B	W	V	Q	I	O	N	E	O	J	X	T	G	Y
M	N	I	W	P	W	K	L	C	B	C	V	H	B	Z
A	R	E	T	U	N	Z	W	E	S	J	W	R	G	J

BAN
CHOICE
CORNER
DECADE
EVERY
GRANDMOTHER
INJURES
NOTICING
ODDLY
RESOLUTIONS
SALE
SHY
TURKISH
UNBELIEVABLE
WANTS

T	F	J	D	C	W	R	T	N	F	A	I	T	H	L
K	J	N	F	L	U	K	K	J	D	H	P	H	M	U
P	B	T	A	I	I	B	A	T	A	G	D	E	P	E
F	Y	Q	Q	N	Y	U	O	D	P	F	K	C	A	F
X	Y	G	P	G	K	Y	G	I	K	U	A	S	P	R
K	Z	P	E	R	P	D	G	S	K	N	D	V	V	V
X	T	N	X	E	Z	B	T	T	I	B	Q	Z	Y	M
L	Z	S	P	D	B	U	D	R	L	Q	Z	S	P	H
Y	W	I	D	I	Z	H	I	I	O	P	T	F	Z	K
W	W	A	B	E	W	C	W	C	G	A	J	P	N	C
L	I	F	E	N	N	Y	V	T	R	B	T	N	E	V
I	W	G	C	T	A	T	R	S	A	P	R	G	T	B
T	I	T	T	S	K	G	A	J	M	U	N	E	H	V
F	U	T	U	W	B	N	X	L	S	U	G	R	E	F
D	F	V	W	F	P	L	R	D	I	M	B	A	R	K
K	D	V	I	L	L	A	G	E	R	S	A	P	L	U
M	V	T	H	I	R	D	D	W	Y	Y	E	M	A	C
E	L	B	Q	C	P	S	K	N	O	W	S	Q	N	K
A	C	Z	M	I	X	E	I	U	L	L	Z	K	D	C
I	G	L	E	X	E	T	A	X	X	G	V	E	S	Q

BAR	KILOGRAMS	PEAR
DENTAL	KNOWS	SET
DISTRICTS	LIFE	THIRD
FAITH	MIX	TINY
INGREDIENTS	NETHERLANDS	VILLAGERS

X	M	B	C	S	R	K	R	F	Z	C	X	C	P	B
G	J	S	I	D	W	R	Y	H	H	K	W	L	K	D
N	F	H	T	V	E	E	M	S	Q	D	E	M	B	T
M	P	R	C	K	O	S	I	J	D	S	R	W	S	B
Q	U	D	T	O	U	L	P	L	S	N	U	L	E	T
D	W	H	W	T	W	X	M	E	R	F	H	H	R	T
Q	P	K	H	Y	D	K	V	I	R	K	Q	O	V	D
T	X	U	E	Y	A	X	D	R	R	A	M	D	E	W
I	K	J	Z	H	B	F	Q	A	H	R	T	D	H	M
C	E	L	L	A	R	V	P	Y	A	R	N	E	A	X
V	O	Q	U	N	Y	P	S	W	N	A	K	H	L	E
W	N	M	H	R	O	M	K	U	P	N	P	P	E	Y
G	Y	T	F	K	D	F	L	X	Z	G	S	K	U	R
B	Z	W	Q	O	R	E	E	R	B	E	T	G	R	B
I	G	H	W	F	R	Y	E	D	H	M	V	Q	F	Q
I	L	J	Z	H	J	T	H	S	Z	E	V	Z	O	I
E	V	F	U	Q	I	J	A	L	H	N	S	I	M	K
T	V	F	E	R	H	L	P	B	D	T	M	A	O	O
J	W	R	W	M	C	G	O	Y	L	S	R	O	T	F
H	K	Z	B	I	C	W	Q	T	D	Y	L	A	B	W

ARRANGEMENTS
CELLAR
CLASHES
COMFORTABLY
DESPERATELY
EXPANDED
GUY
HAM
HER
LET
MOB
PUB
SERVE
VESSEL
WRITER

060

K	A	O	U	C	X	O	K	P	G	P	I	G	S	R
N	V	G	D	V	S	S	X	D	S	U	B	D	R	O
D	O	B	J	Y	Z	V	T	O	R	C	S	J	V	T
Y	J	I	N	Y	W	O	R	N	N	L	D	V	P	U
H	G	N	N	K	B	J	Q	I	J	D	L	E	R	N
O	U	K	T	E	K	I	B	O	L	T	I	R	N	D
F	X	Y	U	L	D	I	P	G	D	C	Q	Z	E	E
P	A	I	W	B	L	A	Z	E	U	E	H	O	V	R
M	U	L	G	F	A	Y	F	M	X	E	E	Z	B	S
B	S	A	Q	T	G	R	N	L	N	L	M	V	J	T
B	H	T	J	E	R	C	B	F	Q	P	A	M	X	A
P	A	Q	Y	A	N	U	C	U	G	N	I	A	U	N
C	D	O	Q	I	N	C	R	E	A	S	I	N	G	D
O	E	Y	G	W	E	Z	I	U	Y	Y	U	M	O	I
S	S	N	W	N	T	B	N	D	T	V	O	A	S	N
C	A	B	I	T	O	H	O	R	G	W	A	D	R	G
B	V	V	L	L	S	W	I	O	C	G	I	E	F	O
M	A	L	G	C	B	D	U	H	U	C	S	I	C	O
B	N	F	T	R	A	N	S	P	A	R	E	N	T	Z
D	I	S	A	P	P	O	I	N	T	M	E	N	T	V

ACIDS	DISAPPOINTMENT	SHADES
BANG	FUNNY	TRANSPARENT
BLAZE	INCREASING	UNDERSTANDING
BOLT	MAN-MADE	VAN
DIRTY	PIGS	VINE

C	T	K	U	C	D	Y	U	P	G	R	P	D	X	X
E	P	X	E	T	H	X	E	Y	K	I	A	Z	O	S
B	U	O	D	F	E	B	G	Q	I	F	R	F	S	D
E	G	J	H	C	A	Z	A	B	D	U	E	T	E	A
Q	H	P	B	O	D	J	Y	H	I	K	N	T	A	S
G	M	W	Q	N	T	Z	J	U	P	I	T	E	R	E
S	P	W	O	W	E	X	K	W	C	O	H	X	R	C
Z	O	I	S	R	A	Y	X	X	D	T	E	M	E	Z
W	L	D	N	E	C	C	U	G	W	S	S	J	L	S
R	P	A	M	U	H	H	E	N	P	L	E	C	A	W
J	O	P	H	B	E	S	E	N	E	M	S	O	T	O
J	J	C	N	B	R	Z	S	S	V	L	A	I	I	R
G	L	C	V	N	X	B	G	X	T	H	O	G	O	L
H	D	Q	H	A	Y	P	I	N	S	R	I	G	N	D
D	H	J	Z	A	K	P	H	V	S	V	A	Z	S	G
A	W	U	E	X	Q	U	S	K	I	G	Y	S	H	M
S	P	K	Q	L	O	V	R	Q	B	V	K	T	I	O
H	D	P	Z	S	N	S	M	I	E	Y	G	T	P	U
S	C	H	O	O	L	G	I	R	L	S	K	I	S	S
C	I	G	M	U	A	V	T	M	A	X	T	M	U	K

DASH
DOTTED
FOX
GAY
HEAD TEACHER
JUPITER
KISS
LION
LOGS
ORCHESTRAS
PARENTHESES
PIN
RELATIONSHIPS
SCHOOLGIRLS
WORLD

M	D	P	Z	Y	Q	R	C	W	S	Q	D	A	O	E
H	A	W	J	G	V	J	L	U	G	J	K	L	T	Z
V	H	Q	W	R	J	R	J	N	N	F	U	A	S	V
P	D	F	U	B	A	N	G	S	F	X	C	S	V	Y
T	P	X	G	J	X	A	F	K	X	I	U	T	S	S
J	Z	B	E	T	Z	X	F	B	N	J	B	E	B	M
V	K	B	N	Y	Y	V	S	U	I	O	O	D	V	B
I	O	N	O	Z	A	I	M	N	D	Q	I	M	S	R
Z	T	G	W	O	H	M	N	X	I	X	F	A	M	I
X	N	V	L	D	O	L	F	G	B	U	X	C	A	C
N	Z	Q	F	C	A	X	R	S	B	I	Y	H	S	K
P	Q	C	E	N	T	U	R	I	E	S	S	X	H	S
U	Z	O	Q	X	C	Q	I	P	B	N	V	K	R	M
I	T	I	B	M	H	L	H	I	P	Q	M	U	R	U
U	H	S	Z	G	U	H	B	P	S	F	A	U	S	Y
I	Z	V	W	I	I	B	Z	E	S	Z	E	Z	H	C
Q	N	M	Z	F	Z	G	I	Z	R	U	P	L	B	O
C	I	K	A	M	G	D	P	G	L	I	N	K	E	D
O	C	L	S	F	E	S	X	A	Z	H	I	L	K	D
T	E	T	O	P	J	B	V	Y	M	D	P	L	A	Y

BANGS
BRICKS
CENTURIES
COMMUNICATE
INKS
LASTED
LINKED
NICE
ODD
PIPE
PLAY
SMASH
TYING
VALUE
ZIP

L	K	U	K	X	G	O	Y	Y	K	D	U	O	W	S
L	A	Y	N	R	T	V	H	O	V	C	U	B	S	D
X	F	Z	L	G	R	C	A	R	G	U	E	D	V	O
W	G	Y	M	I	C	D	F	C	Q	H	R	Q	U	A
N	D	I	S	T	R	I	B	U	T	I	O	N	R	P
Q	X	U	K	V	Q	K	P	M	N	I	D	S	X	X
P	R	O	T	E	C	T	I	V	E	G	O	X	T	S
I	P	D	N	F	T	Y	Y	V	N	D	B	N	I	S
P	L	T	Q	D	O	B	G	O	I	V	H	O	S	R
J	A	H	T	N	R	T	M	H	N	Q	X	X	N	E
O	S	Z	T	G	S	A	Q	Q	E	T	V	R	V	C
Y	T	J	H	E	Y	N	R	T	T	P	W	L	U	O
V	E	P	G	B	Q	H	S	K	Y	V	I	H	E	G
X	R	I	M	I	M	A	G	I	N	A	T	I	O	N
P	F	C	Y	V	P	F	H	Q	K	J	G	K	B	I
P	A	T	N	R	U	P	S	L	Y	C	Y	A	J	T
W	Y	U	S	W	V	R	H	A	Z	A	N	C	A	I
C	K	R	S	V	I	R	U	F	U	S	Y	R	P	O
K	E	E	F	E	C	N	A	R	R	O	W	S	A	N
K	T	Z	H	A	B	P	D	F	P	W	Y	K	N	K

ACTIONS
AMONG
ARGUED
DISTRIBUTION
GHOSTS
IMAGINATION
JAPAN
NARROWS
NINETY
PAUSE
PICTURE
PLASTER
PROTECTIVE
RECOGNITION
WIND

064

D	H	K	P	A	I	P	Y	F	K	E	N	K	S	A
L	T	V	S	M	W	S	U	G	P	G	Y	L	U	A
F	W	M	L	U	V	G	L	X	N	L	L	W	F	Y
O	V	O	L	G	N	P	I	I	T	O	E	X	F	B
J	K	U	U	E	L	W	C	S	D	V	K	Z	I	E
R	U	N	E	R	V	O	U	S	R	U	H	H	C	L
O	D	T	S	F	O	M	T	Q	L	N	A	C	I	I
X	F	A	Y	G	T	I	C	A	H	Q	O	K	E	E
C	K	I	R	V	B	A	U	V	K	C	T	N	N	F
W	P	N	O	T	I	H	C	S	P	T	E	O	T	C
A	D	S	S	K	N	B	E	T	L	C	D	E	L	K
Q	K	I	Z	O	Q	E	H	K	E	N	L	O	Y	C
Y	Q	D	M	E	A	J	M	W	O	D	W	D	M	H
B	I	E	Z	E	Y	G	C	Q	I	B	I	A	B	I
R	M	Q	K	W	T	E	J	Z	C	L	E	B	E	L
Z	Z	R	G	E	D	L	F	X	Y	O	Y	S	E	D
W	E	E	P	H	R	D	H	A	L	I	P	E	A	H
Y	L	X	O	W	Z	D	D	G	I	K	M	F	M	O
P	R	A	V	I	Z	C	S	H	A	L	V	E	D	O
R	E	A	D	R	U	P	T	O	F	P	J	I	M	D

ACTED
BEE
BELIEF
CHILDHOOD
DOLLS
FAIL
GAP
HALVED
LAD
MOUNTAINSIDE
NERVOUS
NOT
READ
SLID
SUFFICIENTLY

065

G	J	E	I	A	J	O	V	E	S	Z	N	F	J	W
O	G	U	P	L	A	N	T	E	A	E	B	V	G	B
E	C	E	E	Q	O	Z	G	R	M	F	A	R	E	S
S	J	H	N	U	L	A	H	S	G	B	K	T	N	A
W	W	M	S	Z	S	N	R	Z	C	S	S	X	U	M
N	F	R	Q	S	D	P	S	L	T	E	A	M	I	O
A	N	W	A	W	B	Z	U	E	Z	U	F	R	N	X
O	P	P	O	R	T	U	N	I	T	I	E	S	E	Y

FARE
GENUINE
MEN
MRS
NETS
OPPORTUNITIES
PASSAGES
PENS
PLANT

066

T	R	U	H	E	S	K	A	D	M	R	C	P	E	G
F	A	A	C	E	Y	S	Y	R	I	N	K	V	S	R
I	G	K	Y	L	H	L	T	B	F	Z	R	N	W	E
E	T	E	P	H	U	G	E	O	S	W	Y	U	Z	T
L	O	E	R	Q	G	V	F	R	R	K	E	S	N	J
D	W	V	M	W	X	A	U	I	W	Y	S	L	V	T
B	C	Z	S	S	T	O	I	R	X	G	Y	J	C	S
X	Y	C	U	B	F	R	M	B	G	B	W	D	U	L

CUB
EYES
FIELD
FOURS
HUGE
ITEMS
PEG
RAY
STORY

Q	C	E	C	K	I	F	P	M	K	C	G	Z	I	P
T	O	O	I	R	R	G	F	J	T	Z	R	W	G	I
P	H	R	N	Z	F	L	D	G	E	B	L	E	Z	B
L	P	C	A	S	Q	K	D	F	I	I	N	E	E	C
A	R	H	W	B	T	E	Y	H	N	D	B	G	J	P
I	A	A	G	H	F	I	J	V	Q	Q	U	Q	G	E
O	C	R	U	I	X	G	T	W	K	W	C	O	S	W
G	T	D	L	M	F	U	T	U	H	U	G	E	C	W
U	I	Q	P	Q	R	E	R	P	T	R	N	A	O	F
V	C	D	X	F	L	P	T	P	A	I	K	L	N	H
K	I	Y	F	S	S	J	K	C	H	S	O	L	S	H
J	N	M	J	I	X	Q	B	C	H	D	M	N	T	O
Y	G	W	L	K	J	B	C	J	A	F	U	Q	R	P
T	T	H	S	N	D	E	K	F	Q	R	Q	J	U	S
R	M	E	S	T	R	V	V	D	N	I	T	M	C	U
M	A	P	A	A	A	J	H	U	A	D	D	B	T	M
M	A	Z	U	K	U	M	S	S	M	A	M	Y	I	S
V	O	Q	R	J	F	X	Q	N	D	Y	S	M	N	T
T	S	B	E	O	U	Y	M	G	S	I	N	K	G	W
O	G	F	C	O	V	I	P	S	J	N	I	Z	P	G

BIT
CARGO
CART
CHINESE
CONSTITUTION
CONSTRUCTING
CREEP
FETCH
FRIDAY
ORCHARD
PRACTICING
SINK
SQUARE
SUMS
TEA

P	R	E	H	I	S	T	O	R	I	C	G	N	M	M
U	Y	J	J	I	U	Z	A	F	U	G	T	Q	O	F
U	Y	P	K	L	U	M	Q	Y	T	Z	M	R	Y	B
Y	M	Q	Y	L	K	H	A	T	S	C	B	D	Y	M
J	B	X	E	N	P	X	D	T	I	C	G	E	W	I
O	V	E	R	S	N	J	E	P	W	L	S	M	Q	M
W	Y	R	I	T	B	E	M	P	H	A	S	I	S	P
P	L	J	T	R	N	E	O	C	U	T	S	T	N	R
Q	J	C	W	A	T	F	N	G	C	M	A	U	S	O
W	L	A	Y	W	K	L	S	E	Z	J	R	E	A	V
C	T	X	L	B	Y	N	T	Z	F	D	C	I	P	E
Q	H	B	V	E	Y	J	R	B	M	I	S	T	S	M
Z	R	M	S	R	Y	U	A	H	W	C	T	J	F	E
X	E	N	K	R	P	Z	T	B	U	T	A	M	E	N
G	A	R	T	I	V	F	I	H	V	I	B	L	Z	T
T	T	A	D	E	X	F	O	V	N	O	Y	J	K	B
E	E	I	K	S	P	C	N	H	E	N	M	U	G	Q
U	N	C	R	M	F	G	J	T	B	A	L	N	L	V
J	F	B	E	E	V	Z	O	E	U	R	I	U	Q	J
H	Z	G	W	X	W	X	Z	I	Z	Y	G	G	M	C

BENEFIT
CUTS
DEMONSTRATION
DICTIONARY
EMPHASIS
ICES
IMPROVEMENT
MISTS
OVER
PREHISTORIC
RISE
STRAWBERRIES
THREATEN
TIRE
TRY

O	C	R	T	B	H	N	E	R	Q	Z	Q	B	A	L
N	J	Q	U	D	E	R	F	B	P	P	H	J	L	G
L	A	I	J	K	Z	L	X	C	O	U	L	A	J	M
J	I	N	A	B	S	W	O	D	D	Y	S	S	Q	G
A	N	F	M	W	E	B	A	W	T	L	Z	H	Z	G
Y	E	I	O	A	L	R	R	V	A	D	B	X	U	D
P	Z	Q	D	W	E	S	S	I	Z	E	Y	S	A	R
B	E	L	C	Y	C	U	A	W	C	W	W	E	A	A
Z	H	M	U	O	T	B	K	K	J	R	R	E	R	D
U	P	Y	S	U	I	K	H	N	I	B	F	S	N	A
A	Z	C	P	Y	O	D	J	C	R	M	J	D	N	R
Z	G	Q	L	X	N	I	K	E	K	L	E	D	G	E
M	O	K	G	A	S	U	G	K	E	G	Q	T	P	F
E	Z	M	R	P	Z	N	K	A	P	I	K	C	A	U
O	N	B	D	C	I	E	U	J	I	C	W	N	C	F
N	K	A	N	G	N	Z	A	C	L	S	A	G	E	C
K	D	G	Y	G	J	Q	U	U	K	G	S	K	A	H
H	S	U	W	C	V	V	Z	S	O	T	H	E	R	S
N	J	K	B	L	G	J	V	M	P	N	G	R	P	K
Q	B	K	H	O	O	B	N	U	S	E	D	B	L	X

BELOW
BRAND
ERA
GINGERBREAD
LEDGE
OTHERS
PACE
PUSH
RADAR
SAD
SEES
SELECTIONS
SIZE
USED
WASH

C	R	C	H	E	Y	S	M	B	Z	H	C	H	O	E
E	X	C	I	T	E	M	E	N	T	D	B	M	T	A
D	T	N	Z	H	O	T	R	R	C	K	X	M	O	B
K	D	O	L	E	V	G	U	Z	W	G	L	Q	S	B
Z	O	F	O	C	K	R	N	Q	U	E	K	V	E	R
Z	E	U	A	J	J	Z	G	S	K	N	D	K	A	E
P	M	V	Z	W	D	C	H	F	M	E	B	E	M	V
V	I	J	B	G	E	B	U	V	V	R	B	I	P	I
L	R	M	V	N	A	Z	P	I	V	A	F	O	U	A
V	B	E	M	A	S	V	J	C	O	L	D	J	O	T
D	O	A	O	E	E	W	T	T	Y	L	K	I	T	I
C	O	L	V	T	D	D	N	B	U	Y	K	L	C	O
Q	Z	N	R	R	E	I	T	S	O	R	F	J	I	N
K	U	U	E	W	A	D	A	O	K	S	L	F	D	S
F	Y	U	C	K	A	W	S	T	S	B	S	K	R	V
L	J	N	S	O	Y	Y	Q	Y	E	V	E	Y	I	K
D	V	K	O	V	C	B	I	P	S	L	S	T	N	Y
D	P	T	N	V	O	O	J	N	O	U	Y	T	G	E
C	M	E	G	V	R	E	V	O	L	U	T	I	O	N
P	Y	P	E	E	G	L	Z	W	C	L	G	M	L	L

ABBREVIATIONS
BEAR
BET
BOSS
DONE
EASE
ENVY
EXCITEMENT
GENERALLY
IMMEDIATELY
INTO
MEAL
REVOLUTION
RING
SONG

071

H	F	X	E	T	E	E	X	J	V	C	Z	Q	L	P
B	F	N	M	Y	Y	A	X	N	L	L	N	Z	J	X
G	H	L	D	C	F	G	X	H	K	M	T	V	O	U
C	R	F	D	U	S	T	Y	B	P	O	U	A	E	N
A	Y	U	W	J	T	K	U	X	O	D	Q	R	X	F
O	O	S	K	E	O	D	C	W	S	L	J	W	O	O
A	S	F	A	G	C	M	O	E	S	P	A	V	R	R
Q	G	W	F	H	I	C	M	X	I	O	M	G	Z	T
Y	H	Z	E	I	E	W	M	D	B	Z	B	D	G	U
N	L	K	S	J	E	B	U	Q	I	R	K	T	N	N
Y	T	I	I	A	A	F	N	U	L	N	G	O	V	A
N	Y	A	Q	A	D	T	I	B	I	D	T	L	H	T
X	K	S	A	P	B	A	C	K	T	H	U	Z	P	E
I	L	X	F	P	I	U	A	K	I	C	J	F	S	L
D	H	J	Y	M	E	I	T	Q	E	R	C	H	U	Y
A	U	N	T	C	E	H	I	H	S	X	A	U	J	E
K	T	G	G	A	Y	M	O	H	F	N	I	J	U	G
E	A	I	Z	C	H	M	N	R	E	U	A	R	W	L
E	N	R	C	X	A	I	A	M	U	R	F	I	R	E
N	C	L	C	S	C	B	M	P	T	C	B	C	L	E

BACK
CAB
COMMUNICATION
DUSTY
FIRE
GIRL
HIM
INK
KEEN
MAP
POSSIBILITIES
SNAIL
TAX
TON
UNFORTUNATELY

072

Q	W	T	S	J	S	N	M	R	L	R	B	C	R	Y
I	S	U	R	C	L	N	S	J	R	W	V	O	X	S
M	R	J	E	D	K	N	A	R	W	Z	U	N	F	P
C	O	G	M	S	T	N	U	A	O	E	D	S	G	L
O	E	G	E	J	X	Y	E	T	N	E	P	I	U	S
N	X	P	M	F	I	D	R	O	K	A	Q	D	A	C
S	P	O	B	W	Q	E	L	V	D	F	T	E	F	Y
E	E	S	E	W	R	V	B	Y	J	K	D	R	A	G
Q	R	S	R	P	L	S	J	D	O	I	Y	A	V	M
U	I	I	I	P	G	X	L	E	R	F	V	B	W	I
E	M	B	N	C	V	G	V	Q	F	J	M	L	P	V
N	E	I	G	M	K	M	A	U	U	G	Y	E	R	F
C	N	L	D	P	Y	E	R	D	T	T	C	W	J	C
E	T	I	Y	G	X	M	C	N	I	U	I	O	G	L
S	S	T	Y	Q	C	I	U	P	V	R	G	N	D	G
H	P	Y	J	F	Y	O	Q	S	M	T	L	P	I	L
H	Y	Y	N	G	C	B	Q	X	M	Q	E	F	M	B
G	V	U	X	P	D	U	O	A	E	H	C	A	A	Q
I	U	Q	I	O	U	T	E	N	S	Z	L	O	R	C
Q	K	N	F	C	G	T	P	U	D	S	S	Q	C	V

BOND
CONSEQUENCES
CONSIDERABLE
COUNT
CRY
DRAG
DUG
EXPERIMENTS
GUN
IDEAS
POSSIBILITY
REMEMBERING
TEAM
TEAR
TENS

T	J	T	K	K	Y	O	N	D	J	W	K	M	J	H
M	O	E	P	D	A	G	X	I	H	U	L	O	N	S
A	J	M	O	Y	N	N	N	P	A	A	M	U	R	B
N	E	B	I	I	I	N	D	I	C	A	T	I	O	N
U	H	O	K	Q	O	G	S	M	C	G	A	M	Q	K
F	F	O	O	H	L	T	I	F	Y	T	H	K	A	W
A	O	Y	X	J	S	L	W	E	S	O	M	W	G	D
C	I	N	N	I	A	G	L	N	S	G	I	B	E	B
T	C	F	F	Z	V	X	W	J	H	Z	O	T	W	B
U	G	R	P	M	P	O	Q	M	A	M	S	R	Z	V
R	E	V	O	Q	D	M	N	Y	Y	E	A	B	I	R
E	H	V	L	T	N	D	F	T	R	W	H	M	E	D
D	S	C	F	P	I	D	K	M	O	A	K	L	H	D
L	G	Z	Y	Z	U	C	Z	B	D	H	Q	Y	O	O
N	O	H	Z	R	H	K	X	W	T	L	G	F	P	N
Z	Q	H	G	T	Z	K	K	T	X	Y	N	H	U	T
O	M	S	B	M	F	V	S	X	P	U	E	A	E	O
K	M	L	J	N	T	C	U	B	H	O	W	L	P	N
E	Y	R	O	N	H	U	G	G	W	N	E	H	L	J
G	T	B	D	Y	X	E	F	U	F	J	R	Y	N	N

BODY
CALM
COOKING
DOWNSTAIRS
FISTS
HOP
HOWL
HUT
INDICATION
MANUFACTURED
NAP
NEWER
ONTO
RESTED
WEB

F	V	W	B	J	C	R	A	G	P	C	M	T	I	Z
X	K	B	O	J	O	W	P	V	H	O	U	R	Z	V
P	S	U	P	R	M	U	G	Z	C	S	R	A	D	P
X	P	B	A	E	M	N	Q	A	K	H	J	K	Z	O
P	D	H	L	I	U	Z	A	E	V	S	V	P	S	L
O	E	A	T	T	N	B	C	A	T	S	H	B	M	E
R	C	A	T	D	I	G	I	T	S	K	F	E	N	S
S	W	P	K	E	C	O	R	D	G	F	S	I	L	Y
N	Q	H	O	S	A	R	W	E	Y	K	G	E	V	F
X	Q	O	A	V	T	E	O	C	Q	D	Y	C	P	E
X	L	V	V	L	I	P	S	O	P	B	G	S	W	C
I	M	C	M	N	O	R	H	R	Y	E	Y	I	B	L
Y	N	V	X	E	N	E	U	A	N	H	Z	N	W	V
U	F	D	F	Q	S	S	V	T	V	P	E	B	Z	N
D	R	U	K	L	E	E	L	I	F	Y	N	O	G	B
C	E	O	L	D	K	N	E	O	Z	D	A	Q	C	I
Z	C	J	K	C	C	T	M	N	I	C	A	V	O	O
V	E	R	A	V	U	E	R	S	H	O	O	Y	H	R
D	V	R	T	Z	T	D	S	V	H	K	Z	W	V	D
D	D	A	O	Q	R	D	J	A	R	Z	T	E	X	T

CATS
COMMUNICATIONS
DECORATIONS
DIGITS
FIVE
JAR
JAZZ
PEAKS
POLES
PORK
REPRESENTED
SCALE
SHELF
TEXT
WHO

075

X	H	K	Z	O	H	O	H	P	Z	Y	P	I	N	Z
Z	E	S	T	T	E	Q	Y	L	L	N	N	P	V	N
D	B	H	Z	S	S	O	D	F	F	Z	K	Q	I	V
I	X	A	J	J	Q	X	B	F	E	A	R	R	O	W
O	X	D	S	F	H	G	T	P	X	I	I	B	P	N
Y	V	L	P	G	Z	N	R	S	Y	F	U	S	U	A
K	D	E	H	E	M	M	H	O	N	E	B	F	R	B
A	M	P	R	J	A	N	C	H	C	A	D	K	B	X
C	T	G	I	W	T	S	O	I	L	N	C	V	Y	V
O	C	D	P	W	H	G	M	T	M	C	T	O	W	N
N	W	T	E	B	F	E	P	E	U	H	B	D	R	Q
S	E	K	N	P	D	F	L	C	L	Z	I	J	E	X
E	S	C	R	E	W	L	I	M	X	T	I	A	D	R
Q	Q	D	I	K	S	F	C	O	I	R	E	K	P	V
U	A	G	K	P	D	O	A	N	W	N	Y	W	B	E
E	I	U	W	K	V	W	T	L	M	X	G	R	I	A
N	Z	A	M	U	F	I	E	W	K	I	G	O	N	G
T	S	S	I	Y	N	M	D	C	J	A	R	Y	G	K
L	E	N	T	U	K	O	F	F	C	O	A	I	R	O
Y	V	G	F	M	N	G	R	A	S	O	B	Y	I	B

ARROW
BIN
COMPLICATED
CONSEQUENTLY
FLY
FUN
GRAB
JOB
NOR
OVERWHELMING
PEAS
RED
RIPEN
SCREW
TOWN

076

B	G	M	X	T	G	S	E	Y	W	V	U	G	J	N
A	N	H	K	S	K	Z	E	O	Z	Q	A	R	N	F
C	H	J	W	A	I	Y	K	B	Q	A	T	O	M	J
L	N	Z	L	C	Q	H	H	E	O	L	T	S	E	M
U	L	D	V	F	H	A	E	Y	Q	W	E	F	A	F
D	S	O	S	B	C	T	R	S	J	A	N	Z	D	O
A	R	G	I	P	G	E	S	U	P	Y	D	E	G	O
W	C	C	U	P	Q	R	C	B	N	S	C	M	A	D

ALWAYS	BOW	HERS
ATOM	FOOD	OBEYS
ATTEND	HATE	RUN

077

A	O	L	S	O	G	Y	Y	N	D	O	M	P	J	V
X	H	P	P	V	T	R	V	O	Z	L	I	E	B	E
C	B	K	M	H	T	O	M	D	K	C	L	U	K	X
S	A	M	W	A	K	L	I	T	L	U	X	O	S	A
P	J	R	R	M	F	L	A	S	H	K	R	M	Q	M
B	R	X	D	M	S	S	I	U	Z	B	L	D	W	I
O	I	N	S	S	A	W	F	B	F	O	O	L	S	N
F	X	M	I	Q	T	F	Q	X	M	H	E	A	X	E

BROKE	FIX	RAT
CARDS	FLASH	ROLLS
EXAMINE	FOOL	SAT

Z	D	O	X	G	O	X	C	O	K	Y	O	R	G	A
L	Y	D	Y	Y	A	T	K	R	H	M	M	M	D	I
J	F	R	M	C	T	P	E	N	N	L	P	E	I	N
B	Q	B	Z	R	A	V	O	I	C	Y	M	W	S	D
B	U	E	V	E	E	R	P	Y	Q	A	L	G	A	E
N	M	P	V	F	M	I	X	G	N	X	P	T	P	P
M	L	A	Q	A	K	D	H	B	P	S	W	E	P	E
G	H	O	N	N	D	Y	V	B	I	K	Z	M	E	N
A	J	U	D	T	A	N	D	Q	I	Y	P	P	A	D
G	C	G	Z	F	M	M	T	P	T	J	T	E	R	E
V	O	W	F	J	I	N	L	S	L	C	L	R	I	N
B	N	J	U	W	Q	N	G	U	F	O	A	A	N	T
P	S	E	E	X	W	C	A	G	P	T	W	T	G	L
R	I	G	E	M	P	Q	W	N	S	P	S	U	C	K
O	D	P	G	D	Z	J	L	K	C	W	U	R	S	K
M	E	U	A	X	S	M	V	A	A	I	A	E	E	Y
I	R	C	K	B	E	C	I	D	S	V	A	S	U	D
S	I	Z	P	H	A	Z	E	S	E	T	L	L	O	P
E	N	K	E	H	P	U	F	A	W	T	D	R	B	O
D	G	J	F	A	O	G	D	Y	S	G	K	V	B	V

CONSIDERING
DISAPPEARING
FEVER
FINANCIAL
HAZE
HEM
INDEPENDENT
LAST
NAME
NEEDS
PROMISED
ROD
SEWS
STAR
TEMPERATURES

S	Z	M	G	Y	D	T	X	P	U	F	M	R	V	V
K	N	N	N	O	S	O	A	Y	F	Z	E	M	R	A
V	W	A	C	L	A	D	G	D	K	K	Y	R	I	Y
F	G	Q	A	T	E	N	W	O	R	L	P	Y	G	Q
Q	Y	E	V	D	I	V	D	T	D	I	N	L	K	Y
N	D	M	H	K	Y	F	L	Z	V	X	W	V	I	I
I	O	C	C	A	S	I	O	N	A	L	L	Y	O	T
B	K	I	O	V	N	W	N	N	Z	V	N	F	H	Q
Z	K	X	M	R	I	D	A	C	O	L	J	H	R	N
I	K	D	P	Q	Z	C	K	P	I	R	A	T	E	P
X	J	B	O	E	K	C	J	E	L	J	Y	F	H	X
L	Q	X	S	U	L	N	P	Q	R	C	H	K	K	E
A	Y	G	I	S	G	G	Z	W	L	C	J	B	D	A
N	E	U	T	M	Y	S	X	R	R	L	H	X	W	U
K	Z	V	I	X	X	S	W	I	P	E	D	I	J	E
L	S	K	O	Q	E	N	O	S	S	A	U	T	E	B
E	W	N	N	S	K	C	T	T	U	D	T	S	N	F
Z	Y	S	S	E	X	P	E	R	I	E	N	C	E	S
Z	P	A	V	F	F	T	L	B	L	R	B	I	M	M
C	M	G	O	R	U	C	G	B	X	I	O	T	Y	X

ANKLE
COMPOSITIONS
ENEMY
EXPERIENCES
HANDKERCHIEF
IDEALS
ITS
KICKING
LEADER
LIT
MASSES
OCCASIONALLY
PIRATE
WIPED
WRIST

U	G	B	X	E	L	E	C	T	R	I	C	I	T	Y
E	M	P	S	M	G	X	M	E	Q	I	Y	M	Y	D
O	N	B	A	V	L	B	V	Z	U	E	W	Y	G	P
E	L	T	M	D	L	O	I	P	X	J	Q	U	L	D
C	L	O	H	X	T	W	N	T	T	J	K	D	L	D
V	E	G	T	U	E	X	Q	H	A	B	P	D	P	Z
W	E	L	Z	S	S	F	A	C	P	E	O	B	E	O
M	D	Y	S	I	L	I	S	Q	S	R	V	G	D	Q
Z	X	Q	X	L	S	T	A	N	E	N	S	E	N	W
Z	L	R	F	K	P	G	T	S	A	D	N	S	H	R
Z	I	Z	O	B	E	K	W	F	T	E	M	B	F	A
A	H	K	U	S	Z	W	B	Q	T	I	N	N	Q	S
N	I	C	R	R	E	K	Y	H	D	X	C	P	I	W
Y	U	F	S	X	X	S	G	Q	W	H	J	M	E	L
L	F	W	H	K	H	I	E	U	A	Z	T	F	Z	K
F	O	Q	I	E	A	C	E	E	Z	N	S	L	U	Q
Y	W	I	R	R	U	M	A	E	A	T	I	E	L	O
Y	L	Z	T	A	S	I	M	R	K	O	L	E	A	W
I	S	S	S	V	T	P	G	Z	K	E	L	T	P	L
H	Q	G	Y	L	W	V	M	B	X	I	Y	W	A	Y

ELECTRICITY	GRANT	SAUCE
ENTHUSIASTIC	LAP	SHIRT
EXHAUST	OWL	SILLY
FEW	QUEER	STRAIGHTENED
FLEET	ROSES	WAY

180

S N G J Z E Z S Y U B M E O T
A J T P I T E M O D R I E D B
O K J P A D J U F K A Y D X T
H U B B O E G E S J P D P U B
J B D G W F C A R R H E O B B
X I C R I B P P O M E P F N F
P A V O R H G C P L E S O L B
C W A U O P O L S O G C A X U
Y P B N T W L A W N H H Y Z D
G K F D C K R W C G E A Z R V
V X E Q Z I X R D L W K P F K
T V Z M O O Z W B D E G Q P M
G U O C R K J I B D W K P Z Y
Z D E E D S S P D W E F X H H
T R R Q F N D S E L Z T F F C
Z Z V U O A M L J A J P X F C
A T A P G P Z D Z Q K Y G M V
T V S D A P O X A Z X H O K P
I E G N E E O R A L T L D B I
R K Z M L D Q I E K J A Y T T

ASLEEP
DEED
DRIED
DRUG
GROUND
HALF
HAPPY
ITEM
LAWN
ORE
OUT
PIE
PIT
RESPONSIBLE
SNAPPED

A	L	G	E	T	S	B	L	S	N	T	A	B	Y	K
O	U	N	B	H	B	W	T	B	Y	P	N	A	L	L
F	E	T	V	E	A	R	A	T	U	T	Z	L	Y	P
G	C	H	O	L	A	I	V	B	W	V	W	Y	T	I
Z	T	P	D	M	B	O	R	D	E	R	A	P	M	N
X	U	H	I	W	A	Y	B	I	R	B	O	H	A	H
N	D	A	F	X	N	T	T	W	L	U	T	T	T	I
H	E	B	F	K	T	P	I	F	D	R	E	S	E	T
Z	X	J	I	S	X	H	T	C	R	V	T	N	J	Z
J	P	W	C	K	S	R	X	O	Z	R	H	N	D	A
W	L	A	U	C	E	O	T	A	S	Z	O	G	B	I
L	A	K	L	L	T	A	Q	I	H	T	R	R	A	A
X	N	I	T	C	U	H	C	G	E	U	N	E	R	W
N	A	I	I	Q	B	S	T	Q	O	T	G	W	B	G
T	T	U	E	J	G	E	A	B	P	G	V	R	E	I
T	I	N	S	R	T	L	F	C	D	W	K	L	C	N
V	O	B	Z	Q	P	E	M	U	E	T	X	G	U	M
X	N	T	J	Z	I	X	U	O	E	O	D	W	E	P
Y	S	N	V	Z	W	N	X	U	B	Y	A	C	S	I
G	Z	Z	I	U	P	L	D	J	I	S	L	C	D	G

ARTS
AUTOMATIC
BARBECUES
BOX
DIFFICULTIES
EQUATOR
EXPLANATIONS
GIN
GUM
MATE
MOBS
ORDER
PIG
THORN
TITLE

P	A	R	T	I	C	U	L	A	R	L	Y	U	B	Y
D	K	Q	W	F	Y	Y	L	O	S	H	F	K	I	U
D	K	W	L	I	B	Z	I	X	U	A	C	X	W	K
V	J	Z	I	A	C	O	G	C	I	M	N	K	B	L
G	D	I	D	N	K	C	D	C	V	Q	X	G	M	E
U	F	P	L	M	D	K	L	L	U	M	X	P	G	S
F	I	B	K	W	G	S	O	O	E	R	B	Q	K	N
V	A	A	K	U	U	X	H	M	E	A	L	A	U	Q
R	O	E	F	S	I	P	A	I	V	O	D	S	H	G
O	V	F	E	C	Q	Z	L	E	E	L	N	S	W	K
K	I	X	G	D	R	U	D	F	P	L	M	Q	F	L
Z	T	I	I	Y	O	I	I	I	F	Z	D	L	A	N
J	W	G	Y	S	J	T	V	I	F	H	G	R	O	E
Y	I	W	A	B	P	M	X	K	A	N	A	W	D	I
O	L	Q	N	H	V	R	Z	H	B	P	X	R	J	G
S	I	H	V	V	R	Y	M	C	P	R	O	D	I	I
E	G	R	I	Q	I	W	O	F	G	W	N	E	E	D
S	H	B	H	N	Q	D	C	I	G	I	Z	E	O	L
C	T	E	B	D	X	D	S	B	T	H	U	S	I	E
R	M	B	V	P	E	R	M	A	N	E	N	T	L	Y

CURLS
IDLE
LEADS
NEED
OIL
PARTICULARLY
PERMANENTLY
SANG
SOUL
SUN
THUS
TWILIGHT
WINDSHIELD
WON
WORD

084

E	R	R	C	D	U	S	K	W	W	O	D	Z	O	B
U	U	F	S	C	O	D	E	A	T	K	C	G	Z	M
S	D	O	C	T	O	R	S	O	P	J	D	K	D	H
M	E	O	N	N	C	G	N	Y	L	M	P	P	R	L
L	L	U	S	L	K	O	U	F	V	V	A	U	Y	C
L	E	L	C	I	F	R	O	N	O	P	I	H	N	C
I	R	K	F	O	I	T	L	C	S	P	H	E	S	R
L	V	G	P	B	J	A	M	W	Z	U	D	U	E	E
F	Y	E	O	I	C	B	N	G	V	Y	C	F	L	C
A	V	N	Q	L	G	Z	T	C	H	J	E	K	E	O
D	C	Y	I	R	H	Y	Z	X	N	K	P	P	C	M
C	G	O	D	B	M	U	R	C	A	K	E	J	T	M
T	M	Q	T	Y	S	T	O	T	K	F	Q	Y	B	E
V	F	L	M	A	T	P	E	B	E	S	V	J	N	N
M	Z	S	H	S	P	A	C	E	C	R	A	F	T	D
W	M	P	B	F	J	S	C	A	R	G	A	P	L	E
S	J	E	S	A	X	H	K	E	N	E	R	G	Y	D
X	K	A	Z	P	M	P	I	X	Y	M	H	A	H	L
K	C	R	U	S	H	E	D	K	F	P	Z	N	D	F
W	F	U	L	Z	Z	C	J	I	E	L	M	B	I	E

CREW
CRUSHED
DOCTORS
DUSK
ENERGY
GRADE
HIKE
RECOMMENDED
SELECT
SPACECRAFT
SPEAR
SUCK
TAKE
TAPS
UNTO

K	D	W	M	S	N	G	G	W	N	X	R	R	F	N
Y	C	X	H	T	U	J	K	I	C	T	G	R	I	P
R	A	C	E	S	Z	Y	S	E	R	S	F	W	A	D
U	U	L	J	H	S	H	P	U	S	B	H	L	Y	Y
K	J	M	E	S	F	I	U	J	P	C	F	C	Q	B
Y	D	K	U	F	C	V	D	Q	I	L	C	L	A	E
D	Z	P	X	M	D	G	K	O	F	X	W	U	K	N
E	E	W	W	D	S	O	K	A	L	S	R	E	M	T
H	T	K	Q	E	B	O	I	L	D	F	A	S	P	E
M	C	O	N	S	I	D	E	R	A	B	L	Y	E	R
J	O	A	U	C	E	I	R	K	C	W	D	D	F	T
S	D	M	W	R	Y	A	W	Y	X	L	V	U	I	A
N	E	Y	L	I	N	F	O	R	M	A	L	W	P	I
C	J	V	Y	P	Y	Y	E	H	G	V	T	Y	R	N
B	T	N	W	T	T	I	U	B	A	Y	S	C	U	M
Y	Y	V	O	I	P	E	Q	X	H	P	P	D	S	E
L	P	W	L	O	B	U	I	J	L	S	I	D	S	N
V	E	A	M	N	E	H	B	J	Q	Q	P	Z	I	T
J	E	D	S	S	J	M	Y	W	R	O	C	Z	A	G
R	Y	P	R	C	Y	D	K	T	U	S	Z	O	N	H

CLUES
CODE
CONSIDERABLY
DESCRIPTIONS
DIG
ENTERTAINMENT
GRIP
INFORMAL
PUSSY
RACES
REALITY
RID
RUSSIAN
SEA
TYPE

W	T	I	A	B	P	G	X	L	P	D	H	D	S	I
N	G	F	M	U	Q	F	D	B	N	T	H	X	O	F
T	O	M	O	P	R	E	C	M	G	D	G	E	E	B
R	B	D	H	S	M	T	P	N	M	S	N	I	R	A
R	B	W	D	R	R	W	E	I	Y	D	L	N	C	S
G	T	D	O	R	Q	L	K	I	X	A	B	S	P	J
M	P	F	I	B	T	C	G	U	R	X	G	U	D	E
L	O	M	F	A	F	C	M	U	D	P	C	L	Y	A
P	H	C	A	F	W	X	T	W	R	L	J	T	V	V
W	N	V	B	L	A	L	R	Z	R	A	H	S	C	P
X	W	S	R	S	U	A	G	C	S	A	I	M	P	J
M	H	R	W	C	M	F	B	E	T	R	I	N	A	A
R	A	D	I	C	S	U	B	T	R	A	C	T	E	D
R	N	R	N	D	Z	N	R	J	N	H	W	N	N	D
D	G	A	V	I	E	J	D	M	J	H	G	W	W	S
A	U	T	E	E	V	T	A	B	T	N	M	O	V	M
G	A	J	S	W	L	C	X	I	I	V	Z	B	U	J
M	D	R	T	Q	L	O	D	K	L	C	I	R	L	Q
Z	H	N	N	H	K	M	U	Y	E	E	N	T	R	Y
Q	O	M	S	A	V	N	J	S	Z	J	D	Q	I	R

AGRICULTURAL
CUPS
ENTRY
FORMED
INSULTS
INVEST
KING
LED
LENGTH
MAD
MARVELOUS
MAT
RAINED
RIDE
SUBTRACTED

087

K	N	E	E	D	D	H	O	T	E	L	U	Q	O	Q
M	I	P	W	Z	Q	Z	X	I	N	R	W	N	M	H
Q	Y	D	S	L	Y	Z	B	X	O	C	W	F	A	Y
H	M	F	P	F	P	N	W	J	V	F	K	V	N	A
B	S	J	O	A	P	Z	X	Y	E	O	O	Z	W	S
G	L	Y	T	U	E	E	V	W	L	Y	I	N	I	I
F	Z	U	S	W	F	L	A	V	F	F	N	H	N	D
V	L	S	E	Z	W	O	Q	K	Q	I	T	V	G	E

ASIDE
HOTEL
KID
KNEE
NOVEL
PEAK
SPOTS
THIS
WING

088

I	K	N	F	K	W	V	H	L	K	Z	H	W	I	U
H	W	Q	U	J	I	O	S	A	G	C	G	F	A	S
I	W	X	V	D	W	R	U	W	I	R	M	P	K	R
M	B	E	W	L	B	A	L	Y	E	L	N	N	S	G
V	X	D	E	Y	E	Y	R	B	G	G	R	R	C	D
N	M	U	E	F	L	S	E	C	R	C	W	R	A	V
T	R	T	K	J	L	C	H	X	H	V	S	L	D	R
C	O	N	T	R	I	B	U	T	I	O	N	R	B	C

ARCH
BELL
CONTRIBUTION
CRUEL
HAIL
ICEBERG
RAYS
WAR
WEEK

089

G	L	Z	G	Z	R	V	Z	J	P	B	U	Y	X	E
V	G	M	T	M	E	D	R	D	K	O	N	C	R	S
W	E	L	B	B	G	D	V	X	G	O	K	A	D	W
T	N	N	J	U	Q	R	C	I	S	T	P	F	N	C
N	E	J	D	N	U	B	T	E	Q	S	C	E	L	L
E	B	F	V	X	E	L	B	Z	R	Z	Q	Q	H	Y
X	C	E	X	Y	F	H	I	K	Y	Q	K	R	T	C
T	I	W	N	X	J	I	K	S	N	X	B	E	F	N
R	H	E	X	G	R	H	Q	J	T	S	X	E	P	E
A	V	K	E	I	F	E	T	N	R	E	K	A	L	N
O	Z	S	N	X	L	Q	X	N	R	T	D	S	Z	V
R	F	L	T	W	N	M	O	M	U	H	B	I	K	I
D	V	L	O	W	F	B	T	M	A	A	A	L	O	R
I	L	U	V	J	Y	L	L	O	M	T	L	Y	M	O
N	B	B	I	Y	C	R	C	H	V	U	L	T	Z	N
A	S	W	R	R	T	Y	R	O	O	L	S	C	R	M
R	Q	K	W	P	C	A	G	B	A	O	J	T	T	E
Y	G	O	D	U	E	W	G	N	S	Y	K	F	E	N
Y	D	G	G	R	K	G	C	O	M	U	A	S	A	T
N	Y	X	P	S	K	H	A	X	T	M	K	H	K	R

ALLY	ENVIRONMENT	LISTED
BALLS	EXTRAORDINARY	OVEN
BOOTS	FAR	REAR
BUY	GOT	SON
EASILY	HOOKS	SPARE

T	M	Q	K	M	A	Z	S	K	T	F	U	M	A	X
E	C	Q	Y	H	J	O	L	O	G	Q	C	D	N	K
E	Q	K	R	U	A	E	K	N	X	D	G	Z	R	I
E	F	D	O	Q	U	B	H	I	F	J	G	P	X	I
R	H	U	S	X	F	X	P	T	X	Q	Q	F	G	S
N	D	D	R	Q	M	T	B	F	Z	X	S	D	E	I
N	T	A	I	G	P	C	P	N	V	H	Z	S	J	U
I	M	Z	E	Z	K	U	H	X	I	U	U	N	M	N
U	I	V	F	S	V	M	A	E	P	C	X	L	G	F
T	S	R	S	U	K	N	S	O	X	A	S	K	R	O
G	C	A	P	C	A	T	H	E	D	R	A	L	U	R
D	E	M	O	C	A	C	A	F	L	R	B	H	A	T
I	L	T	C	E	E	Q	P	Z	S	Z	N	X	Y	U
P	L	C	J	S	F	X	E	F	G	F	T	Z	L	N
Y	A	R	S	S	C	Q	X	S	I	M	W	Z	V	A
I	N	B	N	F	G	P	M	M	G	B	U	F	Z	T
K	E	Y	C	U	Y	R	W	K	H	R	T	T	E	E
H	O	B	E	L	A	T	N	C	T	V	E	V	I	L
M	U	J	B	L	Z	U	K	I	L	L	S	G	O	N
X	S	P	A	Y	J	G	E	A	V	S	T	A	C	K

ALARMS	JUNK	STACK
CATHEDRAL	KILLS	SUCCESSFULLY
CHOP	MISCELLANEOUS	TEST
EVIL	PAY	TIN
EXCUSES	SHAPE	UNFORTUNATE

D	V	E	H	Y	G	F	F	N	U	T	Z	L	N	P
F	O	R	L	F	L	G	J	U	Y	E	N	S	P	R
W	Q	T	L	R	M	L	S	R	I	M	A	R	K	S
W	H	J	E	N	H	I	A	S	C	M	V	E	B	Y
F	Z	V	U	F	L	I	C	Z	C	A	N	O	E	E
H	O	F	X	S	T	U	W	Z	R	C	M	X	C	W
L	G	G	S	X	O	V	B	W	Z	R	Z	I	O	R
S	L	Y	C	E	P	Q	Q	B	Z	P	R	Q	M	T
Z	I	V	P	S	Q	E	M	T	C	J	R	L	I	E
I	G	G	F	I	N	T	E	R	E	S	T	I	N	G
G	R	A	N	R	Q	Z	T	P	L	Q	A	V	G	R
U	X	N	L	I	A	M	F	R	Q	W	Q	E	Y	I
Z	Q	Q	R	E	F	N	J	S	V	Y	Y	R	W	N
S	Z	R	W	K	J	I	T	I	O	T	R	E	A	T
O	V	E	D	G	M	S	C	I	Z	H	V	J	S	B
A	H	H	D	Z	I	X	B	A	C	L	N	E	T	P
P	L	B	L	X	P	O	O	L	N	A	Z	F	R	P
T	L	X	E	F	W	T	G	Y	C	C	L	X	E	M
L	V	P	G	Q	Y	R	Q	P	Q	H	E	L	C	D
S	F	R	P	E	R	F	E	C	T	I	O	N	Y	L

BECOMING
EXISTS
FRANTICALLY
GRIN
INTERESTING
LIVER
LOVER
MARKS
PEEP
PERFECTION
POOL
RICE
SIGNIFICANCE
SKY
TREAT

B	K	V	D	X	B	S	T	S	Q	Q	O	N	F	A
O	G	S	O	R	E	Q	H	Z	B	O	O	D	X	E
J	I	I	K	M	Z	P	L	O	T	I	W	P	I	N
P	Z	E	C	H	G	Z	U	V	T	I	X	O	F	J
N	V	V	C	V	Z	Y	I	A	L	S	J	M	L	O
Q	T	J	H	D	I	Q	N	F	H	E	A	R	S	Y
V	H	Z	U	E	A	I	Z	A	Q	M	V	F	U	R
U	K	P	J	T	B	Y	K	R	K	S	Z	L	F	J
M	P	W	K	M	W	K	U	V	Z	A	A	X	R	V
A	C	K	O	Z	A	L	J	A	J	W	G	D	V	K
P	W	C	G	O	T	E	Y	W	H	E	R	E	A	S
Z	Y	O	A	P	J	H	U	B	Y	G	I	O	C	I
X	L	Y	K	D	J	C	I	A	O	M	C	V	R	J
O	A	O	R	E	W	T	K	I	P	Z	U	C	A	M
T	V	E	N	H	F	F	D	I	D	U	L	R	W	S
D	A	M	J	I	J	P	A	G	E	Z	T	I	L	N
L	O	K	Q	N	A	J	J	A	D	F	U	D	E	V
J	A	W	U	N	G	C	Q	F	Y	D	R	V	L	K
B	N	D	G	E	V	E	F	C	F	Y	E	L	I	D
I	E	Y	E	R	R	Y	T	Y	V	L	P	Y	G	C

AGRICULTURE	GET	PAGE
COMBINATION	HEAR	SHOTS
CRAWL	INNER	TOO
ENJOY	LID	WHEREAS
EVEN	OAK	WOKE

D	W	B	D	U	F	O	R	M	I	D	A	B	L	E
N	R	H	I	O	P	D	F	J	B	T	Y	B	H	O
L	G	X	F	G	S	H	F	H	X	R	L	W	P	J
A	I	H	F	U	F	L	O	E	T	V	E	E	I	Y
O	K	V	E	N	E	N	H	G	U	G	V	M	P	B
G	T	J	R	Q	X	P	S	D	E	M	A	N	D	N
V	Y	M	E	T	Z	E	U	S	L	A	P	U	R	J
G	N	V	N	S	N	R	Y	M	F	P	O	Q	G	O
M	C	O	C	K	V	S	V	E	N	R	R	F	D	E
C	B	L	E	Y	I	O	U	M	P	S	A	J	P	M
Q	T	H	S	T	X	N	Q	A	M	A	T	A	M	Y
S	O	O	K	G	G	A	A	N	R	A	E	R	K	E
T	Z	N	U	A	V	L	X	U	T	F	W	C	A	M
A	B	Y	Y	G	X	I	U	F	B	L	I	L	F	Y
B	J	H	D	W	H	T	Q	A	Q	R	R	G	P	Y
Q	K	H	Y	N	Z	Y	I	C	T	Q	K	I	L	E
R	S	R	T	O	Q	V	R	T	I	K	S	D	P	K
B	D	N	N	X	I	Y	P	U	X	G	N	M	P	E
U	Q	U	Z	E	X	U	R	R	Y	I	T	K	R	X
O	C	B	A	Z	N	T	Y	E	K	R	O	P	E	D

DEMAND
DIFFERENCES
EVAPORATE
FORMIDABLE
GAUGE
KINDLY
MANUFACTURE
PERSONALITY
PROUD
RIPE
ROPED
SLAP
STRAY
TOUGH
TRICKY

T	V	F	W	Y	W	D	Z	A	D	I	S	E	B	N
U	S	K	S	B	N	M	D	C	A	T	Z	F	R	W
H	A	Q	N	O	Y	J	H	I	W	F	I	S	V	F
C	D	S	P	Y	S	N	F	J	D	K	Z	P	P	L
K	R	I	U	D	A	I	W	M	B	C	G	W	A	O
P	N	C	L	H	I	W	V	Q	A	H	H	F	M	W
D	U	O	T	R	X	I	W	E	H	T	N	O	B	N
T	M	S	S	W	W	I	D	E	S	P	R	E	A	D
K	J	E	E	H	I	H	N	F	E	D	G	G	Y	M
K	S	A	Z	V	A	T	A	G	I	B	M	A	N	B
P	R	E	T	E	N	D	E	D	C	A	M	F	A	T
F	U	X	Y	Z	U	E	E	X	F	H	B	S	H	J
N	T	C	B	F	K	L	Z	U	T	R	U	S	T	T
U	Q	H	Y	L	V	H	U	K	L	U	B	G	U	J
D	D	A	O	O	L	N	Q	H	H	F	P	O	B	L
L	M	T	R	O	A	R	M	S	Z	W	T	V	N	R
R	Q	C	D	D	S	D	A	R	A	S	T	A	N	E
A	U	H	U	I	M	R	Y	A	G	U	Q	R	H	J
F	N	O	R	Z	C	R	K	A	O	N	L	N	Z	Y
B	C	P	N	N	W	Z	O	T	V	I	O	K	F	T

CAT
CRASH
FAT
FLOOD
FLOWN
GYM
HATCH
MOLDS
POND
PRETENDED
SPY
STOUT
TRUST
WIDESPREAD
YEAH

A	S	T	O	N	I	S	H	M	E	N	T	I	J	L
C	T	S	G	L	V	P	R	W	G	C	L	C	A	R
X	K	I	Y	C	P	K	M	O	G	N	O	T	C	A
S	S	K	A	O	K	Z	H	Q	S	N	N	T	Z	E
V	P	U	T	O	W	X	O	N	M	E	U	Z	Y	P
E	N	A	D	L	Q	I	A	D	M	K	T	Z	W	O
P	S	Z	D	S	L	P	F	I	K	E	P	T	W	P
D	K	M	N	R	X	N	R	W	Z	S	J	S	Q	I
T	V	M	Q	E	J	E	F	X	H	Z	N	T	N	N
B	R	A	H	X	P	A	N	W	I	I	U	O	C	C
R	F	O	R	X	X	B	Z	I	N	P	L	Q	B	R
L	J	F	E	C	B	H	D	A	R	E	U	E	K	E
D	Z	N	N	E	L	M	Q	M	J	K	S	X	C	A
N	U	M	S	X	B	P	J	K	Q	A	H	R	D	S
F	D	P	W	F	R	M	Y	R	V	F	M	E	F	I
S	Q	I	D	D	Y	S	F	I	I	A	A	U	A	N
P	H	O	E	U	I	Y	L	P	N	B	O	R	U	G
W	S	X	L	O	W	Z	X	K	E	P	B	T	G	L
D	I	S	N	B	I	H	E	E	S	T	D	S	L	Y
M	Z	A	G	Z	D	Z	D	R	D	N	C	H	Y	P

ASTONISHMENT
COOLS
DARE
EGGS
EXPERIMENTAL
INCREASINGLY
KEPT
MIXED
NOISY
PANS
PUT
RUG
UGLY
VINES
WHILE

Z	A	V	H	B	L	J	S	B	A	Y	Y	G	T	O
T	U	T	R	V	C	B	B	P	P	L	U	Z	E	Q
R	Q	C	X	B	L	F	B	A	P	X	V	Q	C	Z
Q	O	Z	G	U	L	E	N	K	R	F	T	Z	H	T
D	I	N	R	T	K	R	U	E	O	G	D	S	N	R
V	X	L	U	U	H	S	C	S	A	K	A	I	I	K
U	J	M	A	N	Y	A	X	H	C	X	K	A	Q	G
C	I	C	A	F	L	E	W	V	H	E	F	Q	U	O
J	B	R	I	P	Y	W	K	I	I	C	V	Y	E	U
M	T	F	K	I	B	N	C	H	N	X	J	D	S	T
F	G	X	C	S	P	D	M	O	G	A	E	D	D	S
H	N	J	J	Z	A	O	F	Z	O	U	E	E	R	T
B	Y	I	J	U	E	U	M	B	R	N	N	E	M	A
Q	U	F	P	J	S	I	T	T	A	R	T	F	A	N
H	V	M	A	F	P	O	R	U	U	A	V	N	N	D
C	L	V	D	E	O	F	X	T	E	A	S	Y	X	I
O	V	N	N	R	D	X	E	H	U	L	E	H	Y	N
Z	W	H	F	P	A	R	T	Q	O	Z	Z	O	H	G
S	C	V	U	J	O	Q	X	K	Y	X	J	J	K	O
V	S	T	I	R	M	R	E	G	U	L	A	R	L	Y

APPROACHING	OUTSTANDING	ROOT
EASY	PART	TAR
FAIR	PLACE	TECHNIQUES
FLEW	REGULARLY	THEATERS
JOY	RETURNED	TRUE

097

H	A	R	E	O	Z	X	W	P	L	K	H	G	I	Z
K	K	G	O	B	S	E	R	V	A	T	I	O	N	S
V	C	T	Z	K	T	F	B	E	A	C	P	P	S	E
X	K	B	I	P	E	P	M	I	G	N	R	O	T	C
L	C	J	F	A	A	G	R	V	U	B	L	E	E	U
U	X	Q	A	W	D	P	O	R	Z	C	N	G	A	R
X	R	U	P	N	Y	C	I	A	D	W	L	U	D	E
S	X	D	Y	K	E	O	R	T	S	T	F	A	A	X
A	S	X	I	F	Z	R	E	D	E	T	I	A	S	B
L	E	R	G	Z	E	R	E	U	F	J	A	W	K	S
A	X	A	G	W	H	E	E	L	B	A	R	R	O	W
J	G	O	O	Z	N	S	G	J	Y	X	W	E	E	Q
A	Z	L	H	Q	L	P	A	F	A	J	N	S	C	D
C	F	D	A	O	E	O	C	D	L	I	P	T	T	Y
F	O	P	R	G	N	N	Z	B	Q	K	R	R	L	M
W	F	L	U	Y	Z	D	W	A	F	A	Z	A	O	B
N	Y	F	H	W	I	I	W	Z	T	D	J	I	A	A
X	E	V	F	M	N	N	Z	W	V	V	N	N	F	Z
R	G	D	A	C	V	G	G	M	H	L	R	B	Q	O
K	V	S	K	M	Y	I	P	A	N	U	M	D	L	Z

ACRE
CLASS
CORRESPONDING
DRYING
FLOWER
INSTEAD
LOAF
OBSERVATIONS
REFUGE
RELY
RESTRAIN
SECURE
STARED
STEADY
WHEELBARROW

098

C	S	W	E	A	R	L	O	R	M	D	I	G	R	H
I	S	T	Y	L	D	U	I	J	Z	D	V	B	O	M
R	G	H	E	E	L	N	L	R	V	D	G	A	R	L
Q	Q	F	C	R	T	A	A	U	A	A	Y	U	L	V
Y	R	A	D	K	G	R	A	N	P	F	B	T	H	S
C	Q	F	I	U	Q	W	R	F	O	W	T	R	S	B
O	D	A	M	W	M	O	P	H	R	J	E	S	H	E
S	K	N	W	N	H	Q	U	K	R	A	D	C	S	E

DIM
FAN
GRAN
HORN
LUNAR
RAFTS
SWEAR
VAPOR
YET

099

B	L	A	S	T	K	T	J	C	K	E	X	D	S	T
Z	E	D	F	W	S	J	L	Q	H	L	B	F	W	H
W	G	N	R	Y	H	A	K	A	X	U	A	I	O	R
S	E	G	D	O	M	Z	L	T	U	U	B	L	H	Q
M	I	I	Z	J	V	X	O	Y	V	H	A	M	J	H
P	J	P	X	K	M	E	D	Q	Y	D	A	D	D	Y
F	D	I	S	T	I	N	C	T	I	O	N	W	U	M
L	T	P	N	W	I	N	S	T	I	N	C	T	B	N

BEND
BLAST
DADDY
DISTINCTION
DROVE
FILM
HYMN
INSTINCT
TIDAL

100

F	K	W	U	I	J	R	J	F	I	Y	C	F	N	Y
S	O	H	W	I	B	A	Z	L	P	B	B	O	Z	E
L	U	C	K	Y	O	I	R	Z	M	F	P	G	R	Z
T	U	H	T	Y	X	I	E	S	E	E	P	D	W	K
F	N	H	R	K	E	M	I	S	Y	S	S	F	O	N
P	H	R	D	Y	W	Y	N	W	D	E	P	C	O	I
V	E	A	R	U	K	B	D	Y	S	S	U	M	E	Q
F	L	O	E	C	K	J	E	K	J	H	U	F	B	J
E	E	H	I	T	B	W	P	M	A	R	J	M	O	C
B	S	T	E	E	R	J	E	Q	U	D	C	G	G	R
I	S	H	H	N	O	A	N	D	Y	S	C	U	S	P
H	N	N	I	I	J	D	D	R	Y	X	I	R	R	U
Q	V	A	G	G	N	J	E	T	L	V	A	C	X	E
T	R	Z	I	J	P	R	N	O	S	E	S	B	N	S
B	T	F	P	P	F	I	C	N	P	V	N	K	S	I
U	F	H	W	O	A	H	E	P	R	T	B	L	N	A
G	K	B	O	P	I	P	A	R	J	S	O	U	N	D
H	J	U	R	U	G	S	I	B	U	A	C	G	K	F
D	F	V	D	B	I	Q	V	W	C	P	D	Q	Z	C
M	K	A	R	D	K	R	Z	O	X	Y	V	Z	D	V

BRAIN
CORK
CURE
DISAPPEARS
FERRY
FOR
INDEPENDENCE
LOW
LUCKY
MUSIC
NOSES
SOUND
STEER
STICKY
THIN

K	W	G	S	H	Q	T	G	E	W	B	G	H	L	Y
I	D	G	N	R	V	X	C	P	F	T	K	L	W	D
A	L	O	W	E	R	E	D	X	T	V	M	G	E	L
G	J	J	X	I	F	U	B	I	Y	O	U	W	T	V
T	W	B	Z	Q	S	J	D	Q	W	V	O	E	H	J
O	C	J	P	S	X	H	P	C	D	R	U	G	K	F
H	X	H	D	E	S	C	E	N	D	A	N	T	S	Y
W	C	E	Y	E	P	K	X	D	Q	S	M	D	L	H
A	I	K	N	G	M	E	X	D	A	S	E	N	E	E
C	N	S	B	S	P	B	D	A	R	K	P	S	E	E
O	W	M	L	S	K	Q	L	A	R	C	R	Y	L	D
N	W	B	L	M	I	D	E	O	L	R	E	P	C	L
U	E	H	Z	G	S	T	W	A	E	S	J	G	R	L
A	D	Y	T	O	H	M	E	T	T	N	U	H	O	B
T	Y	Y	Y	X	A	Q	E	H	Y	S	D	K	W	T
R	S	A	Z	K	R	J	L	U	Y	A	I	P	N	S
V	S	A	N	H	K	Q	L	G	A	F	C	J	A	Y
X	B	A	Y	B	R	N	Z	L	R	C	E	H	B	W
R	L	K	M	C	J	D	O	Q	S	J	D	V	T	J
B	R	V	K	H	O	J	T	C	F	A	K	E	X	S

BLANK
CROWN
DARK
DESCENDANTS
EATS
HAS
LOWERED
PAW
PEDALS
PREJUDICED
SHARK
TEARS
WISHED
WORKED
YACHTS

102

Z	W	Z	N	Y	R	V	O	Q	I	W	S	H	Q	L
E	T	P	O	H	P	G	J	V	W	N	H	X	A	G
U	Z	F	J	R	N	C	N	H	X	U	O	R	R	M
F	J	S	Z	I	F	A	Y	C	L	Z	O	G	C	U
C	G	M	W	K	Y	K	G	H	A	I	T	L	H	X
Q	R	E	S	T	A	U	R	A	N	T	S	J	I	H
B	S	M	V	F	F	Y	Z	G	B	R	L	S	T	N
M	R	L	U	B	B	E	D	T	I	M	E	I	E	I
Q	Y	V	R	A	V	F	S	I	E	A	Y	W	C	O
K	B	B	A	C	O	A	T	I	P	N	Q	V	T	Z
N	S	L	D	I	V	I	D	E	P	U	Y	C	U	F
M	W	P	A	X	J	V	V	E	N	F	Z	G	R	C
X	Y	K	L	S	R	R	P	R	E	A	D	Y	E	O
S	X	G	U	I	B	D	B	J	S	C	Z	Z	D	I
Z	L	F	S	F	V	L	Q	A	T	T	G	E	X	L
W	F	H	B	I	Z	Y	B	Y	L	U	L	L	I	P
H	S	G	C	A	T	V	I	V	Q	R	Z	Y	Z	Z
W	Q	F	L	V	G	O	Y	E	U	E	S	X	N	E
Q	O	F	V	N	H	H	S	H	O	R	T	E	S	T
D	H	V	T	X	B	M	H	L	Y	A	K	A	F	A

ARCHITECTURE
BEDTIME
COAT
COIL
DIP
DIVIDE
HURLED
LIP
MANUFACTURER
ORAL
READY
RESTAURANTS
SEWING
SHOOT
SHORTEST

K	Q	S	G	O	G	X	P	G	T	A	K	X	C	H
N	P	E	E	U	V	N	T	S	R	L	A	N	C	W
F	L	I	Y	U	X	M	K	T	I	W	T	K	R	X
V	V	N	E	T	J	E	B	R	K	I	S	E	E	M
S	X	K	G	S	E	K	S	A	R	J	E	E	S	Z
T	Y	A	N	R	B	D	N	V	J	D	Z	Y	E	W
F	Z	N	G	Q	N	W	O	D	I	C	S	J	R	D
U	M	U	O	A	H	L	F	A	Y	C	U	U	V	F
X	F	J	R	U	D	H	D	O	O	J	D	I	A	B
S	I	B	G	A	Q	Q	F	D	U	S	Q	P	T	P
S	E	P	C	G	S	R	Q	E	G	N	U	U	I	Y
U	X	T	S	N	G	Q	V	N	N	H	D	S	O	U
O	A	N	T	X	S	K	I	I	F	K	M	V	N	W
R	N	L	R	L	J	R	B	D	B	R	V	A	Q	U
S	C	A	R	F	E	H	E	H	A	Z	B	F	B	D
Z	Y	R	F	V	Z	M	M	F	B	J	H	E	B	R
Z	Q	I	I	A	J	Y	E	S	B	I	E	U	E	R
Q	L	L	J	M	Y	C	L	N	E	O	Q	D	H	N
C	E	C	Q	S	M	T	O	E	T	M	G	Q	R	A
D	E	M	A	N	D	S	E	R	S	S	F	D	A	Q

BEEN
BRANDS
CLIFF
DELIVERING
DEMANDS
FARMS
FOUND
GREEKS
LEG
PIES
RESERVATION
SCARF
SEED
SETTLEMENTS
WAX

Q	G	N	U	E	S	T	B	V	E	I	U	W	Y	R
B	E	K	D	P	T	F	D	X	L	Y	I	I	Z	F
T	H	S	A	S	S	O	C	I	A	T	E	D	P	W
S	U	M	C	V	M	R	G	I	R	Y	U	F	Y	Q
M	U	H	P	A	V	M	N	U	B	F	U	M	D	C
I	D	I	S	A	P	P	O	I	N	T	E	D	H	T
L	V	M	N	G	U	E	X	P	V	S	X	R	B	L
E	Y	E	I	I	G	S	D	R	J	C	S	P	H	L
D	I	O	D	I	S	A	P	P	E	A	R	E	D	J
K	W	G	W	N	D	Z	M	T	S	Z	Q	U	V	D
I	L	U	Q	F	E	T	E	A	W	V	G	U	E	W
B	W	E	J	A	X	S	Q	S	Y	D	A	L	T	B
V	R	M	T	N	E	J	M	F	V	V	V	H	K	N
N	V	J	S	T	O	E	D	V	B	T	G	W	C	E
H	Q	T	W	S	E	V	W	M	D	I	F	J	L	T
P	O	G	E	E	V	R	X	O	V	G	W	T	O	M
H	O	S	E	U	F	F	S	K	N	I	T	G	L	U
P	B	K	T	H	C	N	A	I	S	I	K	B	N	W
H	T	A	S	K	Y	U	S	E	L	E	S	S	O	H
Z	T	G	W	Q	W	V	W	J	A	I	F	W	W	Z

ASSOCIATED
DISAPPEARED
DISAPPOINTED
ESCAPED
HOST
INFANTS
LETTERS
LITTLE
MAPS
NOW
SING
SMILED
SWEET
TASK
USELESS

105

M	Y	H	Z	D	S	Y	J	C	J	V	C	R	Z	T
H	O	F	R	N	A	L	Y	X	G	Z	O	M	O	K
R	P	P	A	H	Y	J	A	D	S	P	P	T	Y	W
R	Q	F	P	V	H	J	P	W	M	H	H	W	R	G
W	I	S	I	O	Z	C	E	G	U	B	W	H	M	L
G	M	X	D	D	R	Q	B	O	K	T	T	B	C	K
B	V	D	L	E	S	T	T	O	H	X	A	G	R	A
X	P	Z	Y	T	O	E	U	V	X	A	K	E	G	S
S	N	C	D	Q	H	C	Z	N	C	Q	J	L	E	K
F	J	T	E	A	G	J	P	Z	I	Y	J	F	M	G
E	D	P	J	J	X	R	L	G	Z	T	N	X	T	T
F	Q	H	N	C	H	A	P	T	E	R	Y	E	Z	M
S	Z	U	I	T	O	G	S	V	Q	W	Y	W	C	Y
S	W	S	A	F	E	N	I	O	F	R	K	F	E	D
N	A	T	Z	L	B	C	G	G	D	O	H	Y	F	G
X	I	A	Q	B	S	P	H	R	J	S	G	O	J	M
I	T	R	H	Q	V	H	H	N	E	E	O	S	Y	Q
X	S	E	C	Y	M	W	A	A	K	S	C	K	X	Y
E	G	H	S	D	S	A	K	Y	T	P	S	F	W	J
O	W	S	P	Y	K	K	Q	R	T	H	R	U	S	T

CHAPTER
CONGRESS
DRY
EQUALS
FANS
HATH
HAY
OPPORTUNITY
RAPIDLY
ROSE
ROW
SIGH
STARE
THRUST
WAITS

U	C	T	Z	P	D	N	A	A	X	F	B	Q	A	G
V	U	T	V	E	F	Q	V	M	G	I	T	A	N	A
Q	T	U	T	T	D	I	Z	K	Z	O	B	I	N	Z
H	J	A	U	L	O	Y	N	L	A	A	E	A	Y	L
S	E	T	M	L	H	A	F	F	G	E	N	U	K	N
H	L	P	A	C	S	T	U	N	S	A	Q	O	T	D
X	N	N	S	O	F	T	E	R	B	L	I	D	E	S
K	S	I	J	M	Q	I	P	M	P	A	Y	S	R	G
I	A	R	H	F	Y	T	I	R	Y	I	A	E	U	K
I	O	Q	X	O	B	U	M	P	X	E	T	A	L	L
F	O	F	X	R	V	D	B	N	C	P	E	A	F	Y
Y	W	Q	U	T	A	E	M	N	O	W	N	X	R	N
X	O	L	V	A	J	S	E	C	H	O	E	S	G	V
U	E	P	L	B	X	U	I	K	I	Z	G	Y	O	U
R	S	F	P	L	Q	L	L	T	F	U	N	O	S	J
L	Y	U	R	E	E	A	I	K	X	L	V	J	A	N
B	U	P	S	H	W	D	E	N	A	P	M	N	Y	L
C	V	N	P	A	A	H	Q	H	C	T	B	I	L	D
F	O	L	W	R	T	H	A	J	D	L	J	E	C	B
C	U	H	T	V	N	V	Z	N	Z	X	A	A	R	M

ATTITUDES
BANANA
BUMP
CEASED
COMFORTABLE

CONSEQUENCE
ECHOES
GOAL
HEATED
HELICOPTERS

SEEING
SOFTER
STUNS
TALL
TRADITIONAL

M	W	B	D	N	B	N	Q	Y	D	I	E	N	C	H
E	P	F	B	Q	R	H	M	O	R	N	B	M	G	T
U	T	R	C	L	V	C	L	E	H	T	C	S	L	H
Z	C	G	O	P	T	O	G	M	X	E	B	Z	A	A
V	F	H	W	B	M	N	H	G	K	N	D	L	O	C
C	P	Z	Y	J	A	E	P	G	N	S	P	M	C	O
F	N	H	U	S	H	B	L	W	N	I	L	A	O	M
V	F	P	C	J	K	Y	I	O	J	T	L	K	N	M
E	E	N	M	N	Q	D	I	L	C	Y	C	I	T	U
P	N	L	J	X	R	S	O	Z	I	O	F	T	E	N
T	C	R	C	O	S	K	C	U	T	T	T	H	M	I
S	E	H	B	E	G	D	D	S	J	G	Y	E	P	T
X	M	R	R	A	O	E	G	S	N	P	F	J	O	I
G	A	P	Z	P	L	A	M	D	V	K	S	H	R	E
H	M	G	U	N	Q	K	C	M	M	T	N	O	A	S
I	S	H	B	F	D	T	K	K	S	L	H	H	R	I
V	O	W	A	A	Q	V	Y	K	A	I	C	I	Y	H
L	Q	S	I	G	N	G	B	N	T	Z	N	P	Q	G
U	L	S	Y	S	A	D	T	U	Z	X	K	C	V	V
D	D	E	H	S	X	Q	S	U	I	M	L	J	E	I

ANGER
BANDS
COMMUNITIES
CONE
CONTEMPORARY
FENCE
HARBOR
HUSH
IMPRESSIONS
INTENSITY
OFTEN
PROBABILITY
SINCE
STOCK
ZOO

108

D	Z	H	L	V	U	F	T	U	S	H	U	M	D	Y
H	A	T	S	E	K	U	G	Y	B	X	K	U	I	V
G	Z	I	D	Y	H	H	T	R	S	X	S	V	M	I
N	D	O	R	O	Q	S	K	N	S	W	H	R	P	S
K	P	A	S	I	R	V	H	B	R	L	A	U	R	P
E	C	O	N	V	E	N	I	E	N	C	E	M	O	Q
S	J	U	S	A	G	G	J	A	Q	E	M	C	V	F
I	R	Z	G	E	J	G	Q	A	L	O	N	E	E	V
A	A	M	Z	G	Y	U	W	L	E	L	X	L	M	L
Z	X	T	K	P	L	I	J	S	F	Y	U	K	E	I
L	V	L	R	K	U	L	O	F	Q	O	E	L	N	F
R	F	U	M	G	C	A	G	F	Q	M	B	C	T	E
X	E	E	J	A	I	S	N	J	B	A	I	M	S	B
F	W	L	G	E	R	B	H	K	S	T	L	N	S	O
A	Q	U	R	V	S	S	F	U	T	F	U	B	U	A
T	D	C	A	C	W	J	H	A	W	M	E	N	N	T
H	U	K	I	K	I	A	P	R	J	R	V	Q	O	S
E	I	I	N	N	I	Q	I	G	U	U	B	K	N	W
R	B	L	A	C	K	B	O	A	R	D	H	F	E	D
W	J	Y	C	C	B	F	O	G	X	Y	V	H	S	Y

ABLE	FATHER	MARSH
ALONE	GRAIN	NUT
ATTIC	IMPROVEMENTS	ONES
BLACKBOARD	LIFEBOATS	SCARY
CONVENIENCE	LUCKILY	SWAM

109

R	I	H	G	D	L	D	F	O	T	S	B	P	H	E
I	L	Z	P	S	I	E	M	L	U	Q	A	L	K	W
D	N	H	J	W	P	T	C	G	J	R	Q	Q	O	R
C	D	E	T	E	R	M	I	N	A	T	I	O	N	P
O	U	L	Q	D	A	C	T	I	V	I	T	Y	O	G
N	W	T	X	E	A	T	E	N	W	O	O	D	B	U
S	H	E	T	N	A	C	O	M	B	E	T	Q	L	Y
T	E	Q	H	T	M	D	S	T	X	E	X	E	E	I

ACTIVITY
COMB
DETERMINATION
EATEN
NOBLE
OUR
SWEDEN
VOTE
WOOD

110

R	W	I	Z	Y	V	D	C	D	N	I	F	J	H	D
I	E	N	R	V	O	S	R	Y	R	F	J	L	P	I
O	K	V	T	J	L	I	T	U	I	P	E	O	A	A
K	L	T	H	O	U	G	H	T	F	U	L	L	Y	G
E	L	A	L	X	M	H	Z	T	G	C	U	J	I	O
G	O	H	W	X	E	I	G	S	E	A	S	O	N	N
X	R	N	M	N	V	N	H	H	I	N	I	B	G	A
D	Q	I	E	K	S	G	T	W	R	E	P	G	V	L

CANE
DIAGONAL
LAWNS
NIB
PAYING
SEASON
SIGHING
THOUGHTFULLY
VOLUME

A	V	S	H	R	D	P	T	J	M	N	O	T	E	N
G	H	T	H	E	R	M	O	M	E	T	E	R	N	M
I	P	I	X	O	C	W	O	R	E	V	N	K	O	L
B	B	L	N	R	H	K	Q	G	F	N	W	E	A	B
I	R	L	D	I	T	R	I	N	C	N	L	T	I	U
Q	M	G	Q	V	J	K	Y	Q	K	D	I	P	Y	S
U	G	K	P	U	A	Z	T	B	W	Q	D	L	E	I
X	F	J	R	I	D	J	I	F	H	E	R	O	I	N
D	W	S	I	L	Q	G	V	Q	M	E	A	S	I	E
R	J	X	U	I	N	P	I	D	G	H	V	M	M	S
L	M	B	N	X	M	C	D	A	M	K	L	I	G	S
I	D	J	D	Q	V	V	E	Q	B	M	S	C	T	M
V	Y	U	E	F	U	Z	O	M	E	J	S	R	N	E
E	A	J	R	B	R	L	F	H	L	K	I	O	U	N
D	E	K	G	E	E	G	Q	S	C	J	G	P	A	L
P	D	H	R	Z	O	P	X	L	S	P	H	H	K	S
Z	U	I	O	U	O	L	H	B	D	O	T	O	X	N
D	U	M	U	M	M	J	U	F	I	V	S	N	J	L
J	Q	X	N	J	X	L	N	J	P	M	S	E	Q	O
O	N	J	D	H	C	N	G	S	Y	S	Y	S	P	T

BUSINESSMEN
CLUBS
EAGERLY
HUNG
LIVED
LOT
MICROPHONES
NOTE
PEN
SIGHTS
STILL
THERMOMETER
UNDERGROUND
VIDEO
WORE

112

K	O	K	Q	E	N	H	B	M	Z	O	T	X	S	Z
G	H	Q	F	T	M	I	Y	K	W	W	W	C	A	P
U	A	S	E	B	I	N	A	T	N	E	O	P	C	Y
U	Y	M	V	I	H	H	L	G	Z	E	E	W	H	C
Z	G	F	R	E	X	E	I	S	R	F	T	W	I	N
I	V	K	K	Y	S	E	O	W	W	E	T	T	E	U
A	I	F	O	P	R	Z	B	I	R	J	E	C	V	F
R	O	F	K	D	U	P	N	T	N	M	W	D	E	J
W	L	F	C	U	H	M	G	Z	E	R	F	N	J	H
E	X	P	M	H	B	D	I	E	P	S	H	E	E	T
E	Z	B	Y	H	C	N	E	R	R	Z	A	E	M	S
U	B	B	A	W	H	X	G	L	R	Q	R	E	S	A
R	L	J	Z	C	W	Q	M	A	D	E	O	C	C	F
I	O	A	O	L	M	R	F	N	O	A	F	Z	D	Q
E	W	O	K	O	U	O	I	D	G	G	T	E	Q	E
M	B	S	G	W	N	L	T	W	H	U	G	F	A	W
P	O	Z	T	N	B	E	D	H	H	A	K	E	L	J
C	A	H	U	U	B	V	I	J	S	H	S	W	T	R
C	J	L	O	X	N	L	S	C	F	L	K	A	O	S
V	J	Y	X	W	I	T	H	D	R	A	W	N	E	B

ACHIEVE	DISH	TOE
AGED	REIGN	TWIN
AGREED	SHEET	TWO
BLIND	STUNT	WHY
CLOWN	SWITZERLAND	WITHDRAWN

113

K	E	Y	F	N	E	F	V	U	Z	T	U	K	I	S
Y	N	J	R	L	W	J	J	R	V	C	M	A	L	S
I	K	H	I	G	D	G	O	T	K	P	T	V	Y	B
I	P	T	G	F	Y	O	M	Y	I	A	A	O	T	R
C	V	G	H	V	R	T	P	L	X	P	B	E	K	N
T	L	U	T	S	C	E	S	E	J	W	L	M	N	U
Q	H	T	E	X	U	V	F	V	O	J	E	N	N	M
W	B	O	N	N	P	Z	O	C	O	B	W	E	B	S
Q	Q	A	U	V	Q	A	U	Y	G	B	O	E	W	Z
W	L	C	N	R	H	F	K	F	O	H	U	D	J	K
Z	T	F	V	P	L	I	J	D	H	E	K	U	K	K
B	W	D	O	F	L	Y	B	P	O	N	Y	T	B	N
M	R	E	P	U	A	A	O	R	F	W	S	B	D	X
G	Q	R	L	G	B	J	C	O	E	N	Q	B	T	W
V	F	I	D	C	P	F	C	E	E	Y	D	P	Y	S
J	V	V	M	D	X	E	U	D	D	W	J	A	W	S
S	D	E	J	D	N	V	R	E	V	O	L	T	O	E
N	X	D	W	O	V	A	S	K	O	D	Q	W	C	Q
X	K	E	T	S	G	T	H	U	A	O	Q	F	X	C
S	U	S	E	X	P	E	R	I	E	N	C	E	D	B

COBWEBS
COWBOYS
DERIVED
EXPERIENCED
FRIGHTEN
GARDENS
HOURLY
JAWS
OCCURS
PLACED
REVOLT
SLIP
STONE
TABLE
TILE

114

K	T	R	W	V	I	A	L	M	O	E	G	F	I	Q
U	B	S	U	X	H	V	L	B	N	Q	L	Z	K	S
H	U	A	O	E	O	G	Y	E	B	O	T	T	L	E
C	B	J	D	M	E	F	M	E	G	O	A	Y	D	V
T	J	A	Z	V	V	R	V	D	J	G	M	V	I	E
K	G	Z	Z	G	E	W	P	T	S	S	N	B	S	R
Y	V	E	F	H	G	N	J	U	Z	U	U	S	C	E
P	K	Y	S	Y	T	M	T	V	I	Y	Q	I	O	W
C	D	I	E	T	W	W	J	U	K	K	N	W	V	R
S	F	Z	V	G	U	L	J	P	R	D	I	Z	E	B
F	A	M	N	N	I	R	Z	R	C	O	C	T	R	L
A	J	O	H	D	F	B	E	A	X	C	U	T	I	V
I	O	N	J	U	O	W	V	C	X	T	T	S	E	T
K	I	T	I	Z	R	X	Q	T	O	U	E	I	S	C
N	S	H	Q	B	A	C	X	I	U	T	S	U	F	D
J	U	S	F	Q	B	N	V	C	A	W	D	O	R	H
Q	A	D	I	Z	Z	L	L	A	C	H	G	A	P	N
B	N	O	R	N	J	A	E	L	E	Z	Y	E	P	K
U	F	P	N	X	P	B	D	I	E	X	C	E	S	S
R	E	C	T	A	N	G	U	L	A	R	V	X	I	G

ADVENTUROUS
BOTTLE
CUTE
DISCOVERIES
DUST
EXCESS
FISHERMEN
GESTURE
GOLF
MONTHS
NIBBLE
PRACTICAL
RECTANGULAR
SEVERE
YARD

D	O	T	H	W	D	K	C	O	P	W	A	B	U	D
A	P	J	G	P	C	F	G	R	C	Y	A	K	J	K
E	J	H	I	U	Z	X	D	T	X	A	J	T	W	K
L	D	T	L	G	L	O	W	W	S	J	W	T	C	O
D	I	P	I	J	S	E	K	X	D	C	C	M	E	H
X	Z	D	P	J	E	A	N	S	Q	W	L	L	A	M
G	F	F	J	V	C	H	W	S	U	C	H	E	N	N
G	S	Q	D	N	T	T	J	S	O	X	F	Q	A	I
P	X	H	Z	R	N	N	D	Z	P	I	B	F	D	N
C	B	B	L	E	R	D	D	H	C	S	H	R	Y	S
Y	O	W	P	Q	W	P	Z	O	D	S	Q	O	S	T
G	R	S	S	R	W	O	X	N	N	F	U	A	Z	R
Q	A	S	S	O	C	I	A	T	I	O	N	J	I	U
H	E	F	M	I	A	T	I	A	H	D	N	B	N	C
L	I	K	Q	E	S	U	Y	J	P	A	H	I	Z	T
Q	E	N	P	R	H	T	Y	G	Q	R	E	B	V	I
K	Z	O	E	R	A	B	D	V	H	M	C	F	B	O
Q	R	D	A	J	M	N	P	X	Y	T	C	G	U	N
V	N	Y	S	B	E	A	E	H	P	D	X	V	U	S
U	R	U	T	V	D	T	T	S	K	A	Q	Q	P	N

ASHAMED
ASSOCIATION
CLEAN
EAST
GLOW
INSTRUCTIONS
JEANS
JIGSAWS
MAN
PLUCK
ROPE
SPENT
SUCH
UNDERSTANDS
WATCH

I	P	E	P	V	C	V	B	W	R	R	L	S	B	A
N	N	R	J	F	S	P	Q	Q	S	T	A	L	K	S
S	I	L	Y	I	J	H	S	U	F	H	Y	M	P	J
T	Y	L	R	P	H	S	M	I	C	U	U	K	N	L
R	A	Z	S	A	G	P	R	S	K	K	O	H	E	U
U	E	O	I	A	Y	D	I	I	R	S	H	B	J	T
C	I	H	J	D	M	C	N	N	G	H	C	K	H	E
T	L	M	E	N	D	A	T	V	F	K	C	P	E	N
I	S	L	W	R	X	Z	E	M	I	X	O	K	T	Y
O	M	N	K	B	D	B	R	X	G	T	N	P	P	S
N	T	M	R	O	W	S	R	S	O	M	V	N	R	U
V	S	H	Q	N	X	W	U	H	H	F	E	L	A	P
X	O	G	W	U	P	A	P	Q	C	C	R	T	C	E
I	B	T	T	T	V	D	T	X	Q	O	S	D	T	R
P	E	D	Q	Y	S	R	E	U	I	E	A	L	I	V
H	G	C	J	U	B	P	D	R	N	Q	T	R	C	I
S	B	V	K	D	J	H	L	V	Y	N	I	M	A	S
O	U	C	S	F	E	T	T	X	M	D	O	C	L	I
M	F	C	F	L	E	G	S	N	V	B	N	X	L	N
E	K	S	R	C	F	C	D	D	B	K	J	K	Y	G

CONVERSATION
DRIFT
HERDS
INSTRUCTION
INTERRUPTED
KEY
LEGS
NEST
OAR
PRACTICALLY
SOME
STALKS
SUPERVISING
TEN
TOP

P	N	N	T	V	S	L	E	D	V	R	P	L	U	M
N	V	C	J	S	U	R	S	P	P	N	D	P	D	D
Y	L	T	O	S	O	H	A	T	K	K	I	H	I	O
C	A	L	A	F	T	Z	M	S	E	J	E	S	U	S
A	O	S	H	N	M	O	A	C	L	Y	P	U	Q	O
A	A	M	O	V	C	P	P	A	H	U	C	P	N	Z
K	B	M	E	P	T	V	K	X	V	E	C	O	Q	A
J	Q	K	Q	Z	H	L	S	L	V	I	E	P	J	C
Q	A	C	P	W	O	H	S	I	I	S	R	R	E	C
C	U	T	K	V	W	X	T	S	V	U	U	N	S	O
X	L	E	F	T	B	C	G	S	U	G	F	B	E	M
I	P	K	S	M	N	D	Z	R	I	I	Q	H	H	P
K	V	S	I	I	B	G	Q	S	S	H	T	C	F	A
R	L	E	T	Q	R	C	V	A	P	H	T	R	Q	N
U	W	S	C	B	J	T	S	F	O	I	A	I	W	I
M	I	V	V	I	C	D	M	O	D	V	L	D	W	E
D	U	M	F	Q	V	Q	Y	F	R	J	C	E	N	D
O	X	I	R	H	Y	G	V	H	I	R	I	S	H	T
N	F	E	S	M	H	S	E	N	U	R	S	H	I	D
R	C	Q	U	N	C	C	L	O	U	D	S	R	J	D

ACCOMPANIED	DITCH	LEFT
CHEERS	HADN'T	MONTH
CLOUDS	HID	RIDES
COME	IRISH	STOP
DISTINCTIVE	JESUS	SUIT

118

V	M	W	E	L	E	C	T	R	O	N	I	C	S	P
G	P	E	R	F	E	C	T	L	Y	R	A	G	A	L
V	M	S	N	U	J	C	G	B	N	L	A	L	G	E
K	W	E	F	X	H	N	Y	C	O	F	F	I	N	A
B	R	Y	F	D	I	M	L	I	I	E	M	L	W	D
O	B	G	T	R	K	M	B	G	H	N	B	M	I	E
R	I	N	A	F	C	L	T	M	X	S	Y	Q	N	D
T	L	E	E	M	H	G	D	Y	V	X	R	N	N	V
M	H	L	K	G	G	N	P	P	Y	D	G	I	V	E
K	E	R	W	G	R	V	Y	B	H	T	G	O	B	D
P	N	O	E	C	M	Q	R	R	R	I	J	C	J	S
D	K	S	O	A	C	T	E	W	R	D	N	U	G	L
Q	Y	O	Y	N	T	L	X	O	H	D	G	J	Y	X
M	B	L	F	X	H	E	N	R	Z	W	P	T	Z	X
D	G	K	H	P	V	K	N	R	Z	D	A	G	M	Z
E	M	A	K	E	B	E	L	I	E	V	E	L	G	P
O	E	L	R	Y	C	Z	H	E	N	V	V	J	P	L
D	Q	N	A	K	Q	F	T	S	Z	G	F	L	I	R
C	K	A	I	W	M	Z	O	Y	I	C	H	I	H	S
P	S	J	N	K	S	L	S	P	P	X	K	G	T	X

COFFIN
ELECTRONICS
FIT
FLAP
HEARING

LAWS
MAKE-BELIEVE
ORIGIN
PERFECTLY
PLEADED

RAIN
RIBS
SIX
THREATENING
WORRIES

119

A	L	A	P	L	K	W	G	K	U	G	Y	O	G	C
S	P	L	P	O	I	F	L	R	X	D	E	R	V	R
S	L	G	M	R	L	Q	B	C	X	L	D	R	O	Q
W	U	O	U	U	P	P	S	G	V	O	Q	D	M	J
J	A	R	W	Z	R	A	C	E	C	W	O	T	J	E
G	L	I	V	E	S	E	V	D	B	G	W	N	O	F
S	W	W	P	P	R	Y	I	C	A	M	P	R	M	G
W	L	E	A	R	A	B	B	X	S	D	K	R	I	D
O	X	D	E	S	C	R	I	P	T	I	V	E	J	O
S	X	R	Z	D	O	Z	W	V	T	E	J	S	D	V
J	R	U	Y	X	R	D	V	J	K	V	C	O	L	D
K	R	X	P	U	A	F	I	Z	Y	E	H	R	S	U
O	P	Y	A	D	L	B	W	U	E	V	L	T	L	Z
L	O	L	E	E	Z	T	H	S	M	Q	L	S	Y	C
I	L	S	B	L	T	P	E	L	O	K	V	N	E	W
V	A	W	A	L	N	U	T	H	E	X	K	B	O	I
E	R	L	U	F	R	U	Y	L	P	N	I	T	U	M
A	J	L	N	H	A	U	N	T	U	R	M	B	Q	S
D	B	Y	K	E	R	R	O	R	B	W	S	U	X	O
P	U	C	U	M	S	R	D	M	L	O	X	S	B	I

CAMP
DESCRIPTIVE
DRUNK
GERM
GOD

HAUNT
NEW
OLIVE
POLAR
RACE

RESORT
SLOWER
SODIUM
TOW
WALNUT

120

R L N C W M N G C X O M P L M
S A S I C X E N F U H Z D N N
P E A E B P E V I T A M I N O
D S J J O R S I K Z R X E X A
Z I L L A W V R U I D X O S Y
R Y S C I K O U A S E Y Y E V
P A S T I W Q Q H T R A V N X
L C V V G D V S T R E A K T V

HARDER	SCARE	STREAK
PAN	SENT	VITAMIN
PAST	SLOPE	WORK

121

I N C O M P L E T E U J W G L
Y S B O Y E Y N L Z A L T R R
Y R R B P E O R O E D N X U H
J P F R E M E R G E N C I E S
B G U T A E U B F S E N L E Z
N T V V U N Y A N R M W G A D
Y H L A Y T G O H I E A C H Y
L R B W V X H B G O P E Y C G

AGES	EMERGENCIES	LOG
CLAY	FREE	MAY
EACH	INCOMPLETE	RANG

J	I	J	S	Z	L	N	V	Q	V	R	T	P	R	Q
H	P	L	H	D	J	H	Q	Y	T	E	O	C	I	E
G	E	S	F	C	M	D	A	X	Q	K	G	G	T	M
J	Y	P	A	L	O	J	O	C	B	M	H	A	P	Z
L	M	U	M	A	R	T	D	U	H	O	G	T	U	E
Z	C	V	O	B	K	Q	T	A	I	L	S	H	B	K
J	Q	R	T	C	M	L	C	O	A	L	F	E	X	F
Y	W	E	D	I	T	Z	U	U	D	Q	S	R	K	V
H	N	Q	S	J	G	K	Q	J	S	E	O	I	F	D
D	M	I	E	U	T	E	B	H	I	I	X	N	J	I
N	K	U	G	J	S	S	R	R	W	E	T	G	B	N
L	B	O	H	P	Q	Q	F	S	I	A	E	M	Y	I
K	B	A	G	K	U	M	J	Q	S	R	A	D	F	N
B	R	E	F	R	I	G	E	R	A	T	O	R	S	G
C	I	Q	W	R	E	L	U	C	T	A	N	T	L	Y
W	O	M	P	U	T	C	B	C	C	I	Q	Z	Z	N
R	Y	O	F	R	R	V	T	Q	A	L	Y	F	G	Y
F	C	J	L	L	Z	Q	G	M	S	T	R	A	W	S
D	P	A	R	A	C	H	U	T	E	S	J	G	K	F
E	D	W	I	A	Y	S	B	E	J	E	E	T	A	P

COAL	GATE	RELUCTANTLY
COOL	GATHERING	STRAWS
DINING	PARACHUTES	TAILS
EQUAL	QUIET	TAP
FRIES	REFRIGERATORS	TIGERS

123

O	R	J	W	W	P	S	Z	Z	N	X	O	P	W	T
X	I	M	P	A	T	I	E	N	T	L	Y	C	K	Q
C	I	A	O	J	D	T	O	A	G	R	Y	O	F	W
L	N	W	H	E	K	N	H	H	D	C	P	V	O	Q
O	J	E	N	M	Z	F	O	G	Z	N	F	Q	N	N
O	I	M	Y	L	Y	R	B	Z	S	U	X	T	O	N
S	D	D	D	O	I	O	D	Z	D	A	B	U	C	L
E	R	C	R	I	S	K	O	E	W	S	E	I	Z	E
N	M	I	A	G	B	Y	E	D	L	H	N	J	L	V
Q	K	Y	R	C	R	F	M	D	D	O	A	N	R	E
M	D	S	U	G	G	E	S	T	I	O	N	S	W	R
S	E	M	F	V	S	O	D	E	L	Z	J	J	S	Z
C	M	B	U	Q	J	Z	Q	Z	H	W	B	W	S	F
L	U	U	Z	Z	Q	Q	G	R	I	N	S	N	E	B
I	G	N	R	Z	M	D	S	E	H	N	P	T	D	A
N	N	Z	V	W	C	A	A	H	G	J	O	N	W	L
G	R	O	W	N	O	U	I	E	I	N	T	W	N	L
C	T	N	R	B	U	V	E	N	C	V	N	K	Y	G
C	E	L	E	B	R	A	T	I	O	N	E	O	T	P
Z	W	W	O	O	T	T	H	W	A	C	I	R	P	M

BALL
CELEBRATION
CLING
COURT
GRINS

GROWN
IMPATIENTLY
LEVER
LIKED
LOOSEN

MAIN
RISK
SEIZE
SHIVER
SUGGESTIONS

124

Y	C	Q	S	M	B	E	H	Q	H	O	Y	O	W	Z
P	V	M	G	D	O	U	N	C	E	S	S	Z	Z	M
I	I	Q	V	Z	V	N	T	A	L	E	N	T	T	U
D	U	Z	F	N	E	U	Q	D	S	D	G	D	M	L
E	S	K	K	I	H	U	G	S	I	M	V	E	B	T
R	M	R	K	T	K	R	P	K	Y	H	R	J	W	I
P	Q	K	H	S	Z	D	B	U	P	R	S	F	I	P
B	H	R	H	G	J	J	X	Y	F	N	F	O	K	L
T	V	T	L	G	W	P	L	V	I	F	C	T	D	Y
D	Q	G	N	R	O	C	G	K	F	E	M	S	Y	I
Z	B	D	L	S	N	F	U	Z	G	G	F	S	L	N
N	B	E	A	N	S	S	L	E	E	V	E	L	R	G
Q	U	N	D	Y	X	O	S	V	B	E	D	S	K	H
Y	V	O	I	X	I	W	L	Q	E	E	D	N	S	Z
U	D	U	Z	Y	W	S	U	K	V	T	I	O	S	N
X	K	N	S	A	H	H	C	L	E	W	F	D	A	B
H	F	C	U	P	D	O	O	L	N	X	C	E	L	R
Y	B	I	V	S	O	V	C	L	T	Q	T	L	Q	F
C	M	N	Y	C	N	E	C	G	E	I	I	E	W	O
C	U	G	Q	I	M	L	M	A	S	K	E	D	V	H

BEANS
BEDS
DENOUNCING
EVENT
HUTCH
INVOLVED
KILL
MASKED
MULTIPLYING
OUNCES
SHOVEL
SLEEVE
TALENT
WHOLE
WINK

C	Z	G	T	D	G	T	S	E	U	P	W	A	R	Y
O	S	G	Q	B	I	V	T	S	A	W	D	B	E	V
M	M	X	K	M	H	M	L	G	B	E	L	L	S	J
I	K	F	O	I	L	L	U	S	T	R	A	T	E	D
A	J	A	O	P	D	I	N	N	V	B	A	J	O	F
A	D	F	A	P	O	F	E	S	M	J	B	M	A	L
Q	W	V	A	T	C	S	V	T	R	S	I	T	B	X
T	E	I	E	S	E	L	E	G	T	B	V	B	K	Y
X	F	W	W	R	Y	C	N	T	S	R	E	U	A	Q
U	P	M	P	X	T	M	Z	B	Y	J	P	M	N	V
T	F	A	C	M	F	I	P	V	W	W	U	C	L	K
Q	C	Y	Y	Q	D	S	Z	M	F	S	Y	X	V	A
U	Y	Q	I	L	D	H	C	I	Z	C	U	F	V	Y
Y	A	X	R	Y	I	A	C	N	N	C	G	N	A	V
U	M	X	C	H	G	G	T	H	I	G	F	W	O	J
O	E	B	A	O	V	G	H	E	N	Q	R	M	S	S
T	K	J	L	I	E	Y	E	T	S	O	S	B	Z	W
O	X	W	M	D	R	I	V	I	N	G	P	L	A	N
M	D	U	S	O	Y	A	R	D	S	R	S	H	L	F
A	A	Y	U	F	S	C	I	E	N	T	I	S	T	S

ADVERTIZING
BELLS
DATES
DRIVING
ILLUSTRATED
LIGHT
NORWAY
OMIT
PLAN
PRESENTED
SCIENTISTS
SHAGGY
UNEVEN
VERY
YARDS

126

Y	Y	M	Z	F	F	L	N	S	E	H	O	A	G	M
X	D	H	J	F	S	L	R	S	G	V	N	C	C	D
S	G	Y	L	N	A	F	E	A	C	I	D	C	A	U
P	D	J	H	U	S	F	K	M	A	U	F	O	T	W
J	C	E	Q	B	S	R	L	T	K	V	L	M	C	A
G	T	L	W	H	I	E	K	O	Q	N	V	P	H	I
Y	B	W	M	G	S	G	K	T	U	C	S	A	E	L
H	M	A	B	V	T	D	X	E	W	R	I	N	S	H
M	Z	L	M	E	A	A	B	H	H	W	N	I	C	L
N	C	H	W	M	N	Q	T	Q	R	A	K	M	E	U
H	K	E	T	A	C	P	V	T	T	H	S	E	P	X
P	B	M	M	R	E	D	V	G	Y	M	W	N	A	R
A	B	U	P	D	A	T	K	D	D	U	Y	T	I	X
I	A	F	C	O	L	D	I	E	L	R	V	O	N	T
S	A	E	S	K	G	U	I	J	D	M	L	N	L	A
M	Y	T	O	J	E	L	Z	T	I	B	H	N	G	K
R	E	T	L	F	P	T	W	G	I	M	N	O	J	I
K	O	F	A	K	V	R	S	S	S	O	A	R	H	C
W	D	J	R	I	A	J	L	F	U	Y	N	V	C	U
F	A	S	C	I	N	A	T	I	N	G	Y	S	V	B

ACCOMPANIMENT
ACID
ASSISTANCE
BUCKETS
CATCHES
COLD
DEPTH
FASCINATING
FLOUR
PAIN
SINKS
SOLAR
TRADITIONS
UNLOAD
YOLK

R	H	C	U	N	W	G	E	L	E	T	N	K	L	A
A	N	M	R	V	W	N	C	L	W	B	B	N	I	H
C	U	R	I	I	N	T	E	R	P	R	E	T	E	D
C	H	A	R	A	C	T	E	R	I	S	T	I	C	S
G	K	D	U	N	I	V	E	R	S	I	T	I	E	S
R	X	J	I	N	Z	N	D	D	M	V	J	G	B	J
E	Q	O	U	S	R	U	E	I	H	N	J	T	S	Y
E	X	T	R	A	T	P	Y	I	Q	L	I	G	O	B
N	R	X	B	N	E	R	I	Z	P	S	Z	R	C	Z
H	D	A	L	D	Z	F	I	M	F	U	P	A	I	F
O	N	W	B	I	V	M	W	B	F	Z	L	S	A	K
U	T	D	F	S	A	G	V	D	U	E	L	P	L	I
S	B	R	Y	C	K	T	H	Y	A	T	D	G	E	L
E	A	D	C	O	U	S	D	V	Y	V	E	C	D	O
B	H	I	Y	U	G	P	Z	E	C	A	M	D	E	G
P	U	W	L	R	V	N	A	I	C	M	T	J	A	R
W	R	U	W	A	J	X	Z	Y	V	I	V	H	R	A
G	X	S	H	G	N	G	W	C	U	A	L	R	W	M
Q	E	W	F	E	Z	M	Z	A	S	V	V	H	K	M
Q	M	E	Y	D	H	P	X	N	N	Z	M	D	K	E

BARN	EXTRA	PULP
CHARACTERISTICS	GRASP	SAIL
DEAR	GREENHOUSE	SOCIAL
DISCOURAGED	INTERPRETED	UNIT
DISTRIBUTED	KILOGRAMME	UNIVERSITIES

T	J	K	W	B	I	L	W	V	Y	K	T	M	S	O
X	K	U	Z	X	O	K	E	C	X	G	X	K	Y	T
N	N	G	S	W	Q	N	D	X	Y	V	W	X	B	V
Q	S	U	N	D	I	N	U	G	L	O	V	E	S	N
I	N	J	L	W	L	A	D	W	F	Y	L	A	U	K
H	M	H	H	T	B	X	J	R	A	L	L	Y	R	K
B	E	X	M	K	A	I	E	N	F	X	B	D	H	Y
U	L	T	T	J	C	K	E	H	R	M	M	Z	E	U
L	I	D	E	N	R	T	W	E	L	N	O	U	O	L
O	C	C	B	N	T	B	R	W	J	J	M	V	A	A
G	A	K	J	I	D	L	C	T	A	Y	Y	T	E	Y
U	S	K	K	I	Y	E	L	Z	B	D	N	R	K	S
T	U	L	U	D	E	J	D	E	B	O	B	V	D	V
I	A	J	E	P	P	B	W	W	Z	N	W	E	F	Q
M	L	R	F	Q	U	C	J	I	Y	U	R	N	G	J
F	O	J	C	H	Q	U	R	E	M	U	U	D	E	G
H	A	K	Z	R	G	O	M	S	T	N	Q	I	N	R
M	U	L	D	N	H	W	P	P	K	I	T	N	F	P
L	Z	P	L	Q	P	I	A	E	G	T	R	G	C	X
B	F	B	A	S	O	C	R	I	N	S	G	S	Z	B

CAPTURED
CASUAL
ENDINGS
FALLS
GLOVES
HORIZONTAL
KITTEN
MOVES
OPEN
OWNER
RALLY
TENDED
UNITS
VARY
WINE

R	B	L	T	E	M	Q	X	P	U	Z	A	U	N	F
L	T	H	I	S	R	G	L	C	O	Z	H	A	D	C
F	K	J	S	V	V	W	E	R	Z	M	F	Y	Q	U
L	Z	W	W	L	I	S	A	E	P	G	B	L	M	U
R	K	X	B	R	J	N	P	I	T	Y	S	U	O	Z
E	F	E	B	U	P	F	G	R	H	T	S	X	M	D
L	D	A	J	H	P	E	Q	Z	J	F	E	H	L	L
K	E	Y	H	X	P	K	Q	D	G	C	R	S	F	C
E	P	N	I	U	W	C	K	S	A	C	K	A	P	P
B	A	B	D	O	Z	W	R	W	P	Q	N	F	I	Z
V	R	L	D	Y	F	J	V	A	L	S	L	A	M	L
U	T	P	I	S	F	X	B	F	E	I	O	T	R	E
A	M	F	N	K	P	I	C	T	U	R	E	S	A	X
C	E	E	L	S	E	S	M	S	P	E	L	L	U	P
Z	N	V	T	Q	T	G	P	F	D	N	L	C	W	E
H	T	I	D	R	J	R	Q	I	E	T	H	U	M	B
K	S	T	P	N	E	X	W	X	T	J	X	T	E	Z
K	A	E	K	O	W	S	S	X	Q	S	I	E	L	O
N	X	Z	W	W	X	H	N	P	W	X	R	M	L	O
S	U	B	S	T	I	T	U	T	E	D	U	D	K	I

ALIKE	LEAP	SACK
DEPARTMENTS	LIVING	SPELL
EXIT	METRES	SUBSTITUTED
FRAIL	PICTURES	THUMB
FUEL	PITY	WIDE

130

V	A	R	G	O	G	X	Y	R	S	V	V	R	Q	O
T	T	B	N	V	I	J	D	W	S	C	S	N	W	Q
W	U	V	X	E	D	P	G	T	C	E	T	G	W	A
P	M	H	O	A	S	V	V	I	I	K	I	N	L	G
P	R	Y	M	A	V	M	T	R	K	O	S	F	B	U
W	C	O	P	W	H	I	T	E	F	M	E	Z	U	D
N	O	O	V	N	Y	B	F	S	A	F	W	G	K	E
Q	H	R	N	E	S	Z	T	E	N	P	D	K	V	S
X	R	E	R	E	S	O	T	D	V	B	F	Y	K	C
A	V	A	K	Y	S	R	I	N	K	S	O	G	L	R
X	E	N	P	G	D	O	T	S	V	V	V	N	T	I
O	Y	G	T	O	W	D	M	H	K	D	V	I	Y	P
O	Y	X	V	C	L	S	E	N	Q	Q	J	R	G	T
W	R	U	M	X	X	O	I	F	C	V	F	L	W	I
D	B	C	P	B	L	P	G	B	D	D	Z	O	H	O
M	A	I	A	I	U	I	E	I	H	N	O	T	O	N
A	E	K	R	U	X	A	P	K	Z	W	Q	V	Y	F
G	N	V	D	F	U	R	P	W	F	I	I	J	A	I
Q	J	M	U	T	P	B	V	U	D	S	N	Y	W	R
S	L	K	H	B	Y	X	Y	G	Y	Q	Y	G	N	M

APOLOGIZING
BONY
CONES
DESCRIPTION
DOTS
FIRM
PINK
PROVES
RINKS
TEAMS
TIRES
TRIES
WHITE
WORRY
YAWN

131

K	V	V	Z	P	Y	W	U	Y	F	L	B	S	K	P
L	U	H	R	I	F	P	H	E	E	Y	R	B	I	M
R	H	U	A	Q	A	P	P	E	T	I	T	E	S	W
U	T	R	E	P	R	A	N	L	L	E	Y	A	S	E
C	F	N	R	C	H	R	B	I	G	U	Y	N	E	P
P	O	H	U	M	U	R	A	S	E	E	K	P	S	T
L	T	I	T	B	E	J	D	F	B	Y	M	P	O	E
F	G	H	Z	U	Q	Q	U	N	E	X	S	W	A	N

APPETITES
BEAN
BURN
JAIL
KISSES
LONE
SEEK
SWAN
WEPT

132

L	T	P	W	E	W	Q	T	X	O	T	O	O	H	X
X	B	O	A	P	P	O	I	N	T	I	N	G	Y	J
J	I	J	O	E	J	K	F	F	N	O	F	C	S	I
E	H	P	V	T	Y	M	A	B	D	U	M	B	T	G
Z	D	L	G	U	H	I	N	V	E	N	T	O	R	S
I	O	H	Z	F	O	E	C	W	K	Y	I	J	W	A
S	G	H	U	Q	I	D	Y	K	G	R	E	Y	S	W
T	F	X	Q	B	G	C	B	D	R	S	L	D	B	X

APPOINTING
DUMB
FANCY
GREYS
INVENTOR
JIGSAW
RIOT
SOLVE
THEY'D

Z	Q	T	H	T	X	G	X	O	L	K	S	V	W	O
S	Q	C	E	U	H	O	Z	Z	S	H	E	L	L	S
G	R	Z	H	E	A	D	Q	U	A	R	T	E	R	S
Z	D	R	Y	B	T	N	P	B	A	A	O	G	L	F
I	X	G	I	M	Y	H	A	O	E	Q	U	Y	C	L
E	J	P	O	M	Y	I	Z	H	T	L	O	P	H	A
F	D	I	N	T	E	L	L	I	G	E	N	T	O	Q
L	J	H	F	T	H	L	Y	V	M	L	H	I	K	C
O	K	E	Q	H	J	V	V	Y	I	N	L	A	N	D
Q	R	O	Z	M	V	I	W	P	Q	J	D	N	L	S
G	S	W	K	E	U	W	D	S	N	S	X	B	N	T
B	E	N	D	I	N	G	I	B	B	Z	A	V	H	R
L	W	V	Y	Y	Z	G	S	D	O	C	G	P	D	I
S	F	K	J	Z	O	C	T	P	R	Q	K	N	Z	P
H	Q	C	C	X	X	F	I	C	D	I	A	A	A	S
X	X	I	G	A	M	W	N	V	G	P	K	M	W	B
B	D	N	B	A	X	O	C	M	X	H	N	E	V	U
P	U	L	B	T	V	X	T	E	C	E	A	S	B	I
C	O	P	A	U	B	E	L	G	S	X	V	K	O	L
W	I	K	T	N	R	N	Y	Z	R	Q	Z	H	U	T

BENDING	GAVE	NAMES
BUILT	HEADQUARTERS	OXEN
DISTINCTLY	HILL	SHELLS
EGYPTIAN	INLAND	TEETH
EXPAND	INTELLIGENT	TRIP

L	Y	G	K	M	Y	I	X	O	K	O	K	Q	D	V
J	H	R	V	J	L	O	B	I	F	A	V	Z	S	L
B	E	E	Z	X	W	B	W	I	I	H	O	O	R	Z
P	K	Q	C	P	G	X	O	Y	B	P	D	V	D	R
O	T	H	R	I	H	F	J	E	F	L	W	M	B	N
U	N	F	E	K	O	I	U	P	H	H	E	J	G	B
E	M	U	S	T	N	T	L	F	W	H	T	U	X	D
S	E	N	T	D	D	I	S	O	D	P	S	R	V	J
T	N	T	R	Z	T	X	X	M	S	Y	Y	E	M	Z
V	N	Y	A	T	T	P	V	N	M	O	O	A	L	X
A	C	I	I	L	O	R	W	O	T	O	P	C	Y	C
M	J	N	N	E	Q	O	N	M	F	E	M	H	J	J
G	T	G	I	H	L	T	D	O	H	G	S	E	E	E
W	M	U	N	C	M	E	L	B	N	G	U	S	G	R
G	V	A	G	D	V	C	G	V	R	I	A	H	L	H
B	C	N	E	W	H	T	C	D	I	V	I	N	E	N
D	O	R	L	L	M	D	G	R	I	N	D	O	S	L
R	O	Y	W	O	T	D	C	S	X	P	L	N	A	Y
B	K	S	F	P	C	A	U	S	E	D	B	E	J	J
C	M	E	D	I	T	E	R	R	A	N	E	A	N	S

BIBLE
BORED
CAUSED
CLOWNS
COOK
DIVINE
GRIND
MEDITERRANEAN
MUSTN'T
NONE
PHILOSOPHER
PROTECT
REACHES
RESTRAINING
UNTYING

M	F	Z	H	Q	P	S	N	S	B	N	B	J	F	R
S	A	H	A	J	C	L	A	S	S	I	F	I	E	D
L	Y	Z	P	V	O	Z	B	Q	M	L	P	O	E	H
A	T	L	J	P	E	R	F	O	R	M	A	N	C	E
M	D	G	L	R	S	D	Y	U	Y	V	V	P	M	O
M	Y	W	J	Q	U	I	L	T	F	G	W	R	X	E
E	O	U	I	Y	U	M	Y	R	I	Y	L	K	M	S
D	H	U	O	M	K	A	T	P	D	M	Z	Y	E	Z
E	C	O	N	O	Y	P	C	D	R	O	T	U	F	P
W	W	Z	I	T	B	D	H	K	E	T	H	T	F	U
N	A	P	L	A	A	Q	G	O	S	R	D	A	E	R
L	P	S	I	D	J	I	R	M	N	P	K	L	C	X
Z	A	G	C	C	I	I	N	L	A	I	W	K	T	W
S	G	Y	Z	E	P	D	D	O	K	D	N	S	I	E
D	I	A	B	G	N	I	E	Z	U	Z	E	G	V	D
F	H	K	D	F	I	T	Y	N	L	S	J	Y	E	T
H	Q	V	W	L	B	U	W	L	Z	K	V	V	L	R
I	L	L	U	S	T	R	A	T	E	S	O	O	Y	A
E	S	P	E	C	I	A	L	L	Y	M	O	N	G	D
L	N	T	G	D	B	X	U	M	J	W	K	I	L	E

CLASSIFIED
EFFECTIVELY
ESPECIALLY
ILLUSTRATES
MOUNTAINOUS
MOVED
PERFORMANCE
PHONING
QUACKS
QUILT
SCENT
SLAMMED
TALKS
TRADE
WOOL

Y	J	T	D	M	I	B	F	S	K	S	T	B	N	N
J	U	M	J	Z	T	Q	D	D	Z	W	F	U	Y	P
I	C	I	O	R	D	N	U	K	U	K	G	U	X	C
Y	K	A	Q	Z	U	X	B	E	C	G	I	S	K	O
Z	A	I	M	O	S	Y	J	W	S	T	A	N	D	W
E	J	T	R	E	Q	U	N	K	Y	B	D	D	G	K
M	Z	R	K	X	T	T	U	L	D	C	W	S	U	S
H	U	F	R	H	X	H	J	Y	R	K	J	A	R	P
S	J	F	T	H	K	A	O	J	I	S	L	Z	L	A
Z	Q	Y	G	M	C	T	V	D	Z	R	Q	G	I	R
V	S	U	B	T	R	A	C	T	I	N	G	S	D	T
A	A	W	I	S	G	S	G	A	R	E	E	S	O	N
L	J	H	B	H	S	A	W	W	D	T	P	W	R	E
C	T	U	I	I	W	E	I	B	U	S	I	N	G	R
A	U	D	W	R	L	Q	D	N	G	Z	R	A	F	S
Y	L	S	C	T	W	R	I	L	S	O	K	D	S	H
L	G	B	V	S	N	M	L	G	R	A	N	D	G	I
N	F	F	X	N	L	Y	A	B	T	Y	D	N	S	P
L	G	C	N	T	Y	H	F	S	T	A	T	E	S	H
T	R	O	A	A	K	T	S	F	Y	C	C	Y	L	B

ADDS
GAINS
GRAND
LAUGH
METHOD
MINUTES
PARTNERSHIP
STAND
STATES
SUBTRACTING
SURROUNDS
SWISS
THAT
T-SHIRTS
USING

137

H	C	R	I	T	S	N	G	R	T	M	Q	L	E	F
N	E	G	N	L	Q	G	N	Q	H	Q	L	O	I	V
Z	Y	E	L	D	P	W	W	I	D	T	H	C	V	H
L	H	S	F	F	H	J	V	L	E	T	S	S	J	U
M	W	T	B	S	J	C	W	A	V	B	O	P	H	A
T	G	V	M	C	X	R	F	Y	E	Y	L	R	A	X
B	H	L	P	T	T	V	Y	U	L	M	A	E	N	L
D	N	W	B	S	V	H	Y	N	O	T	B	A	D	O
C	U	Q	L	B	P	J	E	J	P	N	R	D	W	O
L	O	D	Q	U	R	V	X	B	H	D	O	K	R	M
M	L	M	A	F	E	T	G	D	R	A	W	K	I	J
J	X	W	P	C	A	Q	I	N	H	G	G	N	T	E
M	L	K	T	E	M	L	L	D	G	C	H	V	I	X
V	E	Y	C	C	T	K	T	S	W	A	J	Q	N	P
Q	E	U	B	W	F	I	T	O	P	M	E	U	G	E
B	L	K	D	C	X	A	T	V	D	Y	I	N	G	C
G	O	G	R	K	Y	C	J	I	F	A	M	L	M	T
R	Z	X	G	P	W	Z	I	G	O	M	Y	I	G	I
T	I	Q	Y	K	J	B	K	A	B	N	S	K	I	N
U	E	S	T	A	B	L	I	S	H	E	D	E	Y	G

COMPETITION	EVENLY	SPREAD
DEVELOP	EXPECTING	TODAY
DRAW	HANDWRITING	TORN
DYING	LOOM	UNLIKE
ESTABLISHED	SKIN	WIDTH

V	A	T	E	O	U	S	X	T	B	R	U	X	K	W
D	G	P	H	Z	T	S	Q	W	G	D	A	T	I	G
N	C	G	G	I	I	U	B	V	S	L	J	L	C	D
V	G	D	U	W	T	H	S	K	R	S	V	P	F	I
F	H	S	H	J	G	R	L	Y	U	X	Y	N	S	Z
L	M	U	Y	E	C	L	W	Z	N	H	Q	F	N	C
X	Y	C	E	R	M	S	H	T	G	O	G	W	C	O
K	J	O	T	E	R	Q	E	B	J	N	N	Y	J	N
S	O	U	N	P	P	H	E	M	I	C	T	Y	I	S
X	D	N	K	S	V	Q	L	B	G	Y	C	D	M	Z
N	W	T	L	U	T	R	B	Q	I	E	H	H	L	B
F	V	R	L	S	K	O	A	T	H	S	Y	O	E	S
U	T	Y	H	M	R	C	R	D	U	D	C	R	E	F
D	A	S	Z	O	P	B	R	M	P	I	B	I	D	W
J	R	I	F	L	H	S	O	N	S	Z	L	Z	W	Y
A	H	D	U	G	F	X	W	I	F	F	Z	O	S	J
H	Z	E	U	B	Q	H	S	G	L	S	R	N	Z	I
Q	Y	S	P	R	W	A	V	I	N	G	P	X	Q	U
Y	A	S	T	R	O	N	O	M	E	R	S	U	X	K
Z	F	G	F	S	A	Y	S	X	A	B	S	E	N	T

ABSENT
ASTRONOMERS
BOIL
COUNTRYSIDE
FLIES
HORIZON
OASIS
ROBBING
SONS
SPUN
STORM
SUITS
SYNONYM
WAVING
WHEELBARROWS

139

B	Q	M	R	O	K	G	H	C	W	I	P	Z	U	N
P	N	S	P	G	Y	S	F	S	P	I	N	S	X	J
L	F	E	R	B	R	R	H	W	R	V	E	P	F	P
L	M	Q	A	M	L	O	E	D	R	N	A	I	M	S
I	L	B	E	E	I	V	A	F	I	K	C	F	K	Z
W	L	G	G	U	R	Y	G	N	U	D	Z	K	X	N
H	W	A	P	V	U	N	M	E	E	B	I	H	H	Z
I	R	H	L	H	W	J	I	A	G	D	Y	X	J	C
S	C	O	H	E	I	R	H	R	M	U	N	I	V	M
P	M	H	O	L	A	B	S	E	J	L	R	S	X	J
E	W	A	Z	J	R	S	E	R	E	P	Q	O	Y	R
R	P	P	E	W	P	T	Y	R	H	E	N	C	U	Q
I	W	I	J	L	S	P	X	A	N	M	L	K	F	T
N	H	F	Y	S	H	V	V	L	L	A	S	I	T	S
G	F	P	H	G	E	Y	H	D	D	P	T	F	R	Z
K	O	U	V	B	F	W	S	Q	J	E	M	I	E	S
I	C	I	G	P	G	G	E	K	B	R	A	R	N	I
S	E	D	Y	G	Q	O	R	D	G	Z	K	E	D	G
F	J	Q	U	M	I	N	N	A	A	V	A	D	M	H
M	Y	B	X	T	U	E	V	R	H	I	Z	W	K	T

AIMS
DRIP
FIRED
GONE
GROANED
HIBERNATING
NEARER
NINES
SEWED
SIGHT
SITS
SOCK
SPIN
TREND
WHISPERING

140

W	G	L	E	J	C	L	A	B	J	P	A	D	B	Q
H	G	I	V	T	J	N	T	W	U	V	T	V	E	E
O	S	O	S	I	E	M	G	H	G	R	M	T	V	Y
I	N	I	I	H	N	Y	W	T	T	C	J	S	B	X
V	H	Q	T	A	W	M	T	R	U	V	W	S	U	C
G	U	R	U	F	R	A	M	V	A	V	O	H	V	U
Z	S	S	A	J	Q	H	I	L	L	S	R	L	F	B
K	A	R	T	B	A	Q	U	D	T	F	L	C	S	S
R	F	K	I	E	Z	R	X	I	F	Y	D	E	H	S
M	A	H	O	Y	E	Y	A	W	L	B	S	R	R	X
K	T	R	N	G	F	L	G	E	F	I	O	E	O	V
C	U	S	S	O	M	J	T	S	J	S	V	A	O	S
A	A	A	N	Y	W	A	Y	B	L	O	O	L	H	H
M	Z	K	U	A	N	M	F	A	C	E	Y	S	F	O
V	P	J	X	U	C	P	E	P	N	I	T	Q	Q	U
H	G	T	T	V	Z	K	E	Y	P	W	X	Y	P	T
T	U	R	N	I	N	G	S	R	N	O	E	W	J	W
E	O	V	Y	I	H	H	D	W	I	D	D	L	M	B
F	K	B	W	P	O	Z	G	X	X	O	J	C	A	R
M	F	R	G	A	T	H	T	W	O	N	D	E	R	Z

ALSO
ANYWAY
CEREALS
COVERS
CUBS
FORTUNATELY
HILLS
PERIOD
SHOUT
SITUATIONS
SNACKS
STEEL
TURNING
WONDER
WORLDS

I	H	Y	I	H	A	N	A	D	M	I	T	T	E	D
H	Z	S	V	H	E	W	T	E	P	I	W	Q	K	W
I	T	G	I	D	X	A	I	S	Y	N	M	V	Y	M
J	B	D	O	N	R	U	Z	T	Y	G	Y	O	Y	J
T	I	O	C	I	V	P	L	R	W	F	I	D	B	X
Z	W	D	O	E	R	U	T	U	E	E	B	V	R	K
A	T	J	Z	O	C	P	M	C	G	A	L	Q	E	M
W	M	L	T	I	F	X	J	T	V	X	W	V	T	S
L	P	J	F	F	O	P	D	I	N	Y	V	I	E	O
C	F	F	D	W	R	O	B	O	G	O	O	G	P	T
V	I	O	T	K	G	I	A	N	R	Q	O	O	Y	B
D	J	I	R	T	O	E	I	B	M	J	J	R	S	D
U	H	Y	Q	T	T	D	R	V	U	O	X	O	O	C
N	H	G	A	U	D	Z	B	W	H	J	J	U	P	A
R	J	E	J	E	N	G	E	E	L	S	F	S	E	B
Y	R	F	W	N	N	W	I	K	F	D	O	L	N	I
U	W	E	O	O	X	G	E	X	Q	M	R	Y	S	N
R	Q	D	M	L	T	S	B	D	X	D	M	O	R	E
M	C	E	J	H	D	S	L	D	A	D	S	G	M	E
M	N	W	I	Y	M	S	H	G	R	W	X	D	V	U

ADMITTED
CABIN
DESTRUCTION
DIFFICULTY
FOLDS
FORGOT
FORMS
FORT
GIVES
MORE
OPENS
TWELVE
VIGOROUSLY
WEDDING
WOODEN

142

F	E	W	C	L	W	B	L	U	E	B	E	R	R	Y
T	I	F	R	W	W	L	K	O	X	D	H	W	R	H
U	X	N	D	C	K	I	S	W	E	E	T	S	J	Y
L	A	T	E	A	T	S	N	D	C	L	T	R	S	L
A	N	W	Z	R	Y	M	D	F	U	D	H	I	Z	X
Y	N	A	T	U	R	A	L	S	T	E	V	M	H	M
T	W	Y	Y	G	J	C	E	M	E	N	T	F	V	A
Z	L	A	J	X	D	K	Z	W	D	U	S	Q	L	D

ADDED
BLUEBERRY
CEMENT
EXECUTED
FINER
LATE
NATURAL
SMACK
SWEETS

143

T	R	A	I	N	S	N	E	A	R	B	Y	E	W	O
Q	I	F	F	G	I	S	J	Q	W	P	N	U	H	B
W	O	C	A	E	Y	N	E	X	T	B	I	N	X	T
U	H	K	K	S	L	Y	X	H	R	W	W	P	H	Q
Q	E	A	P	L	Z	U	F	T	G	D	B	G	H	U
S	B	T	R	O	Y	A	L	T	Y	U	U	J	U	E
R	J	U	N	D	E	R	S	T	O	O	D	L	H	U
C	O	N	T	R	A	S	T	I	N	G	S	N	A	E

BAKE
CONTRASTING
NEAR-BY
NOUGHT
QUEUE
ROYALTY
TICKLY
TRAINS
UNDERSTOOD

J	B	L	K	B	A	D	V	E	N	T	U	R	E	S
K	K	C	R	Y	G	Z	I	C	L	H	M	M	S	F
A	X	F	A	F	C	M	A	E	O	O	L	E	J	B
T	Z	Q	G	G	O	O	D	T	W	S	T	P	J	W
J	N	Y	S	B	S	U	U	S	W	E	P	E	E	L
J	Q	D	M	R	Q	O	C	P	G	K	R	O	O	F
A	F	C	A	N	B	G	T	K	U	E	E	T	M	G
I	S	E	S	A	X	X	S	J	V	U	Q	K	G	F
H	Y	F	D	L	N	C	Z	E	L	L	S	V	U	F
F	N	K	C	C	G	I	C	T	Z	M	V	O	J	A
B	E	C	S	O	V	C	I	M	J	N	C	T	U	P
H	P	O	Z	U	N	Z	U	L	L	X	D	G	Y	P
T	C	U	E	E	P	N	U	P	V	L	N	F	V	R
Q	Q	I	O	Q	Q	O	E	S	Y	Q	L	I	F	O
Y	W	P	V	R	Y	P	H	C	H	F	K	D	Z	A
I	F	V	V	I	E	R	Y	H	T	P	A	W	O	C
P	R	I	V	I	L	E	G	E	S	I	Q	O	R	H
O	R	N	P	N	M	P	E	S	Q	I	O	U	F	E
D	E	P	R	E	S	S	I	O	N	V	P	N	A	S
M	C	X	X	C	B	Q	W	N	T	B	V	D	A	O

ABOUT
ADVENTURES
APPROACHES
CIVIL
CONNECTION
DEPRESSION
EVER
GOOD
PEEL
PRIVILEGES
ROOF
THOSE
VIADUCTS
WOUND
YEARS

A	I	T	J	W	H	D	W	E	M	U	P	W	T	J
F	P	Q	C	O	E	W	H	C	Y	P	M	H	V	T
T	F	P	Z	K	P	G	B	L	F	L	R	A	E	V
E	K	Z	R	J	O	J	L	E	C	E	G	B	D	F
R	A	V	M	E	E	A	E	Q	G	D	P	P	F	E
W	M	I	K	M	C	N	D	R	W	M	A	M	U	O
A	P	P	C	I	C	I	A	W	G	U	F	L	S	T
R	S	S	S	L	J	L	A	C	C	M	X	Q	A	B
D	J	Y	N	R	F	C	J	T	Q	B	F	Y	T	Y
X	H	W	O	Q	M	N	M	K	E	Z	L	C	E	S
P	Q	D	Z	O	O	S	N	I	D	E	I	P	L	T
H	G	Y	E	I	F	I	E	L	N	R	J	X	L	M
A	Z	A	I	R	H	R	S	O	U	A	U	L	I	H
O	N	W	G	T	D	R	L	G	X	S	Q	L	T	I
Z	B	G	F	N	E	Y	V	R	E	I	B	H	E	Q
V	Q	J	B	K	B	Y	N	A	M	N	N	A	S	S
H	G	Y	A	W	K	V	L	M	I	G	X	I	N	R
K	V	M	R	Q	N	Y	E	M	Q	R	I	Z	R	D
M	P	H	K	Q	Z	K	Z	E	J	O	K	H	D	L
N	A	J	T	L	Q	W	N	S	S	G	K	C	A	G

AFTERWARD
APPRECIATE
BAND
BARK
BLED
ERASING
KILOGRAMMES
LARGER
LONELY
MADE
MAKERS
PHYSICALLY
RULES
SATELLITES
THINK

146

D	N	E	D	T	M	D	U	C	I	J	N	L	B	S
B	S	O	L	W	O	K	K	L	L	T	W	Q	T	Z
F	W	E	K	L	I	G	F	B	V	S	P	I	T	A
O	S	F	G	O	V	G	M	W	K	U	F	E	O	Q
W	Z	U	U	O	Y	W	A	S	N	T	E	U	K	S
T	A	G	A	X	O	D	H	E	I	S	R	F	N	M
B	M	R	Q	S	O	R	X	P	W	I	T	O	O	F
C	U	C	V	D	E	X	S	C	F	X	I	O	C	E
X	X	L	K	U	F	C	Z	P	X	T	L	H	K	P
S	G	R	B	G	B	B	V	R	A	Y	E	A	E	L
X	T	W	C	U	H	T	I	N	J	S	G	M	D	A
R	Y	K	C	P	U	U	I	I	H	H	S	L	S	N
U	F	J	N	J	B	B	N	U	X	L	U	E	W	T
L	S	Q	U	C	M	P	A	T	H	S	U	K	S	A
E	U	Z	S	O	Q	R	Y	O	T	S	E	E	E	T
R	V	E	C	T	S	F	O	E	S	V	Q	J	K	I
S	K	J	A	S	T	O	N	I	S	H	I	N	G	O
Q	Q	C	L	E	R	A	I	C	L	V	E	O	S	N
I	R	G	E	R	N	W	A	L	L	S	T	N	H	S
V	H	G	S	Z	X	X	O	B	V	B	H	T	O	S

ASTONISHING	KNOCKED	SCALES
COMBINATIONS	PASSES	SIXTY
FERTILE	PATHS	SPIT
FITS	PLANTATIONS	WALLS
ISSUES	RULERS	WASN'T

U	I	U	W	B	F	J	M	S	L	O	R	X	R	Q
A	K	U	L	E	W	Y	V	W	F	S	Q	G	O	Q
P	X	Y	V	U	T	Q	L	B	N	V	A	P	X	J
S	T	A	E	Y	T	M	Y	O	Z	I	Z	V	Z	M
U	E	K	G	N	J	D	I	K	F	U	E	G	Z	O
L	F	A	F	B	C	S	P	W	S	Q	K	J	N	F
S	T	N	Z	T	S	S	C	A	T	T	E	R	E	D
O	L	B	H	E	Q	H	K	P	E	H	D	A	D	V
K	G	D	R	S	R	Q	U	T	W	W	R	S	Q	V
H	I	P	S	I	O	C	C	A	S	I	O	N	A	L
I	X	Y	R	O	M	J	X	X	E	D	J	E	L	T
E	Q	J	Z	K	R	X	S	P	P	A	T	R	O	L
I	S	C	O	U	T	Z	O	S	J	V	C	T	B	A
R	U	H	B	U	V	C	B	U	D	J	F	U	Y	T
C	N	H	U	D	S	T	R	G	D	H	R	V	E	T
R	W	I	B	O	Z	U	E	H	D	P	Q	X	V	E
P	I	J	R	E	R	B	A	S	T	W	N	C	P	R
S	O	C	K	S	A	V	S	L	D	U	K	P	E	Q
G	I	Y	T	P	R	T	T	T	G	V	I	R	O	Y
M	U	L	E	A	R	X	S	F	L	Y	U	V	F	Z

BEATS
BREAST
EXPRESSIONS
HIPS
LATTER
LEAVE
MICROSCOPE
MULE
OCCASIONAL
PATROL
SCATTERED
SCOUT
SOCKS
STEW
USUAL

148

G	O	V	E	R	N	M	E	N	T	E	N	C	Z	M
Z	N	W	T	G	B	S	D	K	I	D	D	W	H	F
L	C	G	B	E	V	L	P	Q	Z	O	U	H	F	S
Q	A	P	E	X	M	A	K	U	J	P	I	W	B	S
S	C	K	P	R	X	P	Y	E	C	E	T	J	E	W
X	C	J	U	F	G	P	E	U	E	L	O	S	T	Y
W	O	Q	P	C	V	E	C	R	O	P	U	T	D	A
C	M	K	C	L	W	D	T	Q	A	O	I	L	E	D
Z	P	R	D	H	M	F	U	K	H	T	S	J	D	A
H	L	K	B	P	C	S	R	N	Q	R	U	A	X	Y
Q	I	S	N	Y	O	V	E	A	E	K	G	R	D	J
N	S	R	C	G	U	E	V	N	J	J	E	P	E	S
G	H	L	W	B	R	G	G	U	G	C	R	A	R	E
S	E	G	P	G	S	I	V	N	K	Q	X	E	R	A
C	D	L	O	Y	E	Y	S	B	L	D	N	O	H	N
E	J	H	K	R	F	C	E	O	C	O	E	U	O	Y
C	U	C	O	T	Y	H	F	P	S	V	I	X	M	B
B	A	F	N	V	T	U	Q	I	C	N	S	R	T	O
U	F	W	C	T	N	X	R	E	V	E	A	L	E	D
W	X	U	O	C	K	P	S	S	V	O	F	H	Y	Y

ACCOMPLISHED
ANYBODY
ARMY
COURSE
FOREIGNERS
GOVERNMENT
GREENHOUSES
KEEP
LOST
OILED
PRISONERS
RARE
REVEALED
SLAPPED
TEMPERATURE

C	O	N	V	E	N	T	I	O	N	A	L	U	C	W
O	G	T	C	O	V	X	B	I	Z	H	L	H	L	H
S	R	Q	R	X	L	H	R	U	G	S	U	F	G	O
W	H	I	U	R	U	S	T	L	R	C	X	P	Q	P
Q	H	O	R	I	Z	W	G	V	M	T	N	B	P	S
D	I	E	E	Y	N	T	R	D	I	X	W	U	H	B
B	A	C	E	P	N	O	R	T	H	E	A	S	T	G
M	L	L	U	U	C	O	G	T	C	Y	D	H	Q	G
B	S	S	A	N	L	L	Y	Z	D	K	L	E	M	K
M	Z	O	R	E	Q	U	I	R	E	M	E	N	T	S
K	D	S	A	U	O	W	W	L	N	J	T	I	X	Q
E	T	M	L	T	T	Y	S	N	H	G	T	D	T	I
V	R	O	C	K	S	Y	O	Y	F	R	D	C	O	P
D	K	K	M	Z	N	I	D	Y	B	V	T	N	E	Z
Z	P	E	F	K	S	E	D	M	W	R	R	L	M	G
C	I	H	I	U	Q	T	U	R	W	R	F	K	Z	O
L	U	S	F	S	H	Y	S	T	J	I	R	W	E	Z
I	I	N	Z	U	H	W	C	D	R	B	W	A	Q	Z
M	O	O	Q	H	J	U	A	E	R	Z	X	A	T	C
C	O	W	B	O	Y	K	T	Y	J	T	S	T	S	L

AUNT
BUSH
CONFUSION
CONVENTIONAL
COWBOY
HOPS
IRON
LORD
NORTH-EAST
REQUIREMENTS
RIFLE
ROCKS
RUST
SMOKE
SNOW

150

S	U	R	R	O	U	N	D	I	N	G	T	R	Q	S
D	P	E	E	Z	P	T	U	W	O	R	R	T	L	B
Q	Y	N	M	C	N	E	S	T	C	T	J	R	S	N
W	U	J	L	R	G	F	V	S	S	S	G	A	U	M
L	N	W	S	G	D	H	T	S	E	N	K	M	M	D
T	D	V	S	M	B	V	I	G	Q	H	T	P	U	L
Y	B	G	S	E	Q	C	D	Q	T	W	H	O	O	C
D	B	Q	H	U	T	E	Q	I	R	D	Y	L	Y	G
G	K	D	A	M	B	A	V	C	A	E	M	I	D	S
P	H	S	D	S	V	T	J	R	I	G	E	N	Z	P
J	T	K	E	Y	U	G	R	K	L	B	R	E	Q	H
H	L	W	D	I	Z	O	U	A	S	C	O	A	C	H
U	U	C	W	V	W	X	P	Z	C	H	I	P	M	L
M	C	U	L	C	E	J	X	V	G	T	E	K	W	S
B	J	Z	W	O	Q	I	I	N	E	W	I	S	H	F
L	B	D	R	T	Z	U	I	V	E	M	R	O	P	I
E	G	T	E	M	Q	V	F	U	I	A	X	I	N	G
V	T	N	V	V	A	L	U	E	S	T	R	J	L	R
H	O	R	F	S	X	E	K	R	X	Q	G	Z	R	J
G	V	V	X	I	G	Y	J	C	X	L	J	H	J	U

CHIP	NEAR	SURROUNDING
COACH	NUTS	TRAILS
DIAGRAMS	SAVING	TRAMPOLINE
EDGES	SHADED	VALUES
HUMBLE	SUBTRACTION	YOU'D

151

E	K	Y	Z	A	X	C	C	M	H	C	U	J	K	G
Y	B	M	S	A	E	T	W	Q	S	Y	R	F	E	L
C	M	K	T	O	T	F	Y	O	L	X	R	L	O	M
V	A	M	E	A	S	U	R	E	M	E	N	T	W	T
M	B	Y	N	W	F	F	A	N	J	E	M	F	P	K
W	V	K	V	L	Q	Z	C	I	B	N	N	I	R	H
N	E	W	O	C	E	J	K	C	A	D	F	D	C	G
I	T	A	S	B	L	X	E	H	R	S	T	N	P	M
N	H	S	I	F	G	Y	T	T	R	A	I	N	P	A
V	W	O	Q	D	E	F	E	P	E	N	O	S	H	O
E	Z	X	O	C	L	W	J	M	L	Z	H	K	R	W
S	N	T	X	A	C	L	A	S	S	I	F	Y	R	M
T	W	T	H	W	C	L	F	J	A	C	U	F	R	F
I	R	M	I	Y	Q	T	I	I	Q	K	F	E	L	V
G	Z	Q	J	D	C	P	I	C	Q	C	P	I	G	K
A	L	C	Z	Q	R	A	J	V	E	E	U	E	I	G
T	F	A	B	E	A	C	K	Y	E	Y	E	Q	D	E
E	A	S	D	W	Q	N	G	L	E	X	O	X	Q	A
X	J	E	S	D	P	L	S	B	E	L	L	Y	A	P
B	B	S	W	H	N	I	O	M	K	A	B	A	O	K

ACTIVE	ENDS	OBEY
BARREL	INCH	RACKET
BELLY	INVESTIGATE	SLEEPER
CASES	LAME	TRAIN
CLASSIFY	MEASUREMENT	WOMEN

152

V	N	Q	W	N	P	V	Z	I	J	K	R	F	V	U
O	D	N	G	Q	B	E	T	X	C	I	L	Z	H	T
C	Y	D	K	V	L	Y	R	U	A	Y	Y	H	Y	I
A	N	N	E	G	A	O	R	F	I	T	Q	U	P	J
B	K	C	G	P	Y	T	C	Z	O	M	N	L	O	O
U	L	J	Y	H	T	C	H	C	X	R	F	O	T	G
L	G	A	O	M	K	B	V	S	L	J	M	E	H	S
A	D	O	P	T	E	D	Y	P	T	A	D	S	E	B
R	B	B	U	M	Y	L	F	R	Y	T	N	D	S	P
Y	Z	Q	L	O	L	D	M	G	M	S	Q	E	I	O
N	I	V	K	E	L	P	P	E	O	V	A	T	S	R
V	H	S	W	F	Z	R	A	T	S	Q	H	E	C	E
O	K	C	O	P	Q	Y	O	Q	I	C	G	R	O	W
R	R	T	R	S	Y	S	H	K	J	R	D	M	F	S
B	U	N	K	F	C	P	R	H	P	G	I	I	Q	L
N	D	G	S	B	U	U	I	Y	Z	I	O	N	I	X
U	E	N	A	B	L	E	L	A	I	L	J	I	G	D
R	P	S	Z	Z	A	E	L	R	N	U	K	N	E	K
S	Z	B	F	A	L	L	E	S	S	O	F	G	I	D
E	K	C	L	U	A	E	D	P	U	W	L	E	N	G

ADOPTED
DETERMINING
ENABLE
FUELS
GROW
HYPOTHESIS
NURSE
PERFORMS
PIANO
RATS
TIRING
TRUCK
VOCABULARY
WELL
WORKS

V	X	T	R	U	S	H	D	U	X	J	Z	P	V	R
I	O	L	Y	C	H	N	P	G	Q	U	P	M	N	X
C	O	C	O	A	A	E	U	R	T	M	R	H	V	S
I	K	A	A	L	D	G	R	S	E	X	K	D	V	A
O	A	S	S	L	Y	F	J	F	L	C	T	G	K	J
U	N	I	N	B	I	N	W	I	T	H	I	N	P	H
S	M	C	H	F	G	B	C	X	E	N	A	P	U	O
N	E	C	O	X	Q	A	R	E	A	S	I	T	E	M

153

AREAS
COCOA
ISLAND
RECIPE
SANK
SHADY
VICIOUS
VOCAL
WITHIN

P	G	S	K	H	T	J	E	I	J	T	B	U	A	Z
Q	M	H	W	U	X	O	B	R	I	E	J	O	B	S
C	S	K	F	H	M	X	P	N	M	A	D	H	L	R
H	S	T	Z	H	Y	J	K	D	S	C	Y	R	U	U
A	M	F	E	A	W	P	C	Y	S	H	L	Y	N	J
I	I	B	V	E	E	U	L	K	L	I	R	O	T	W
U	W	O	F	P	P	M	K	O	O	N	R	U	I	U
L	F	P	E	I	W	P	T	X	W	G	B	R	M	J

154

BLUNT
JOBS
KNIT
PLOW
PUMP
SLOW
STEEP
TEACHING
YOUR

155

P K H K Y J O P A X I S I I R
R P M S X H J O F S W D V E E
O H R S T Q E S Q W U V V I A
P U K M G W Y I R D D L W J S
O H J G L P D T P O I W C S O
R K G M I E D I V S M X T V N
T O Q S U J E V V H F A L B J
I E T J I P M E W J P H N C O
O G V V M F O L R E J M A S K
N Q W I F Y N Y Q P J N I R I
S A L Z U X S U W H G I M E N
I J O B D Y T V B Y T X V V G
X H X F O C R P N S F W Z E D
Y Y T C C M A A E B W R F R F
M C R Y W W T D Y K A I L Y W
N V L P L V E C M G T O M T I
V J Z F C A A H G Z R V I H Y
U A U D L V H E W E A E D I B
I D Z X G P B S T U C K M N U
B E S N F J N N A W E S M G K

AXIS
BEGGAR
DEMONSTRATE
EVERYTHING
JOKING
MASK
OURS
POSITIVELY
PROPORTIONS
REASON
ROMANS
SILVER
STUCK
SWIM
TRACE

S	O	I	T	S	P	Z	K	F	M	W	I	K	Q	S
K	A	Q	Z	G	M	F	L	P	G	R	D	D	U	R
L	W	C	K	S	G	X	A	J	V	W	P	P	Q	K
B	I	O	K	P	M	X	S	Y	G	K	A	Y	D	F
X	W	M	C	S	O	P	D	N	X	R	I	Q	N	E
S	I	P	C	O	N	S	C	I	E	N	C	E	J	K
U	E	A	E	H	N	D	F	Z	S	J	D	G	C	M
B	S	R	P	K	U	T	V	J	D	R	Z	Q	N	W
S	O	A	Z	K	I	M	R	M	Y	C	E	T	R	X
T	A	T	S	P	P	T	G	A	A	U	B	Y	G	W
I	B	I	W	A	U	V	X	I	C	M	O	L	X	Q
T	H	V	M	K	N	X	N	H	O	T	U	Z	R	Q
U	O	E	H	U	C	C	I	R	V	A	I	G	O	O
T	L	L	D	D	T	T	E	T	P	G	C	O	U	V
E	D	Y	W	S	U	D	X	D	I	L	K	K	N	I
B	S	A	E	A	A	A	R	E	K	G	X	B	D	N
D	C	M	O	U	T	S	U	I	L	X	I	J	P	E
U	I	X	U	Y	I	C	R	N	V	V	V	T	Z	G
T	I	E	S	C	O	H	W	Z	E	E	R	I	Y	A
Y	V	D	U	O	N	I	T	R	O	G	E	N	J	R

COMPARATIVELY
CONSCIENCE
CONTRACTION
DRIVE
DUTY
HOLDS
NITROGEN
PUNCTUATION
ROUND
SACKS
SUBSTITUTE
TIES
TIMES
TORE
VINEGAR

157

G	O	D	N	W	C	N	F	M	P	W	Q	S	J	I
W	Y	W	K	F	I	B	J	F	M	Z	I	S	T	M
X	K	Y	T	N	Q	E	Y	P	A	E	E	P	V	S
S	C	L	I	N	S	P	E	C	T	I	N	G	N	S
I	G	T	I	Z	R	U	W	U	S	A	Z	S	K	Y
R	I	W	B	Q	R	S	X	I	T	M	K	R	B	M
E	R	O	L	J	C	E	A	C	P	T	O	A	H	P
P	N	M	D	H	Y	D	O	N	R	E	B	Y	T	H
I	O	R	R	R	P	M	Y	Y	M	U	E	C	K	O
F	Y	P	H	V	A	R	P	O	X	I	N	E	G	N
V	E	T	U	H	T	G	T	M	H	M	C	N	R	Y
J	M	E	Z	L	T	D	Y	C	K	S	G	T	E	A
Y	H	C	G	E	A	B	H	G	G	O	Y	I	L	R
E	X	P	T	E	C	R	I	W	U	R	Q	M	V	S
N	B	O	L	T	H	X	I	L	U	E	G	E	A	P
U	Q	P	N	L	B	U	X	T	W	V	I	T	S	L
X	D	R	T	W	C	O	N	Z	Y	Q	U	E	E	N
X	Z	F	O	J	J	E	T	S	C	H	A	R	T	S
L	N	Q	Y	Q	C	U	G	E	M	T	H	S	B	S
J	R	L	N	B	H	L	J	C	X	D	G	I	H	P

ATTACH	DAISIES	QUEEN
BABY	INSPECTING	RUNNER
CENTIMETERS	JETS	SYMPHONY
CENTURY	MEN'S	VASE
CHARTS	POPULARITY	WIPE

Z	H	I	O	M	N	S	J	G	A	W	D	E	O	E
R	I	W	S	R	A	P	W	D	D	Q	M	T	L	S
R	J	T	T	N	U	P	G	O	X	B	A	U	M	Q
B	F	F	C	R	A	C	K	S	S	X	D	R	K	G
I	D	G	R	A	N	D	F	A	T	H	E	R	N	K
N	W	A	X	I	B	C	T	R	D	G	F	Q	U	Z
O	H	A	C	E	N	U	W	B	U	R	T	J	K	Y
C	O	V	P	A	D	T	G	P	G	L	F	T	M	D
U	K	W	K	H	W	Q	R	S	L	Q	R	C	D	K
L	C	D	J	Y	V	Q	L	A	C	G	R	H	C	A
A	W	M	A	T	H	E	M	A	T	I	C	A	L	N
R	R	R	E	W	T	S	C	R	H	H	P	O	D	S
S	O	N	Q	E	O	J	V	T	N	Z	Y	H	I	F
G	B	U	V	R	W	A	M	B	P	G	T	A	N	I
D	C	D	J	C	T	V	K	D	U	I	C	N	Y	M
D	A	R	R	X	E	E	E	S	W	U	D	D	C	S
W	U	G	F	C	S	K	M	I	X	M	M	S	J	I
L	S	T	N	T	O	O	W	B	N	F	E	J	A	T
C	E	S	X	M	A	N	A	G	E	M	E	N	T	E
X	S	M	S	X	J	Y	J	E	I	N	S	E	C	T

BINOCULARS
BUGS
CAUSES
CRACKS
GERMS
GRANDFATHER
HANDS
INSECT
MANAGEMENT
MATHEMATICAL
PACK
SITE
SMALL
SMOKED
WITH

F	R	E	N	C	H	F	R	I	E	S	C	O	H	G
M	D	E	S	I	R	E	D	J	F	Y	U	J	N	G
K	L	G	C	U	U	V	R	O	G	L	S	I	O	F
X	A	J	M	B	Y	S	P	Z	W	Z	D	T	Y	F
B	X	V	N	L	T	K	C	E	O	N	A	B	Y	A
Q	W	X	Z	V	X	I	P	M	E	M	D	H	D	T
R	I	N	E	G	E	M	B	P	O	V	M	I	O	C
R	D	G	S	L	G	P	S	T	T	S	J	I	F	Y
E	T	P	X	N	Y	U	P	I	L	D	T	B	L	X
E	S	Q	J	U	S	H	K	E	D	S	M	W	Z	H
N	B	X	Z	W	W	X	A	S	S	G	O	K	U	S
H	P	E	L	E	N	W	W	Q	G	L	E	W	O	J
Q	C	I	E	A	R	H	A	W	S	Q	N	S	S	I
H	W	Q	Y	S	N	Q	D	Y	S	S	F	T	V	H
P	I	A	P	H	X	D	Y	G	I	W	F	D	J	Y
J	S	U	F	L	O	W	E	D	M	L	A	N	C	Z
X	Q	C	X	M	U	V	K	D	K	F	Z	M	P	E
X	O	G	J	Z	F	N	Q	G	L	U	E	S	P	C
G	L	B	Q	B	U	I	G	K	L	N	Y	M	V	S
T	U	S	Y	S	L	M	Q	E	T	K	N	M	N	E

BAGS	FRENCH FRIES	SKIM
DESIRED	GLUES	SLOWLY
DOWN	LANDED	SUSPENDING
EMPTIES	MOST	SWAMPS
FLOWED	PLUNGE	TOMATO

W	A	K	X	U	R	B	S	B	B	Y	M	K	K	C
X	O	J	V	Z	Z	N	H	F	M	X	H	A	W	U
P	Q	W	P	S	R	M	A	H	P	A	A	Q	G	L
D	Z	F	D	N	C	X	A	O	M	Y	Y	W	K	T
X	C	O	A	S	B	W	F	G	C	V	H	B	O	I
C	O	P	P	M	B	M	E	G	R	C	P	B	E	V
F	V	X	S	X	E	M	M	S	R	A	Y	U	A	A
E	P	Z	Y	O	E	O	L	W	L	A	V	P	G	T
E	Y	S	M	Y	V	J	G	D	R	U	S	E	N	E
L	Z	H	D	N	D	R	D	P	O	S	T	S	L	D
I	F	W	A	J	K	B	W	Q	E	E	T	C	E	E
N	E	J	W	L	V	C	R	L	S	G	L	N	L	S
G	G	L	I	C	T	N	E	A	A	P	K	Z	X	A
B	M	G	T	I	N	H	E	R	I	T	E	D	Z	P
E	Y	L	A	E	T	L	T	Y	I	C	I	R	N	D
H	K	I	J	R	P	G	A	Q	F	F	B	N	G	K
K	G	J	E	N	G	L	A	N	D	O	A	E	Z	C
E	M	V	S	X	Z	Y	E	T	B	Y	N	D	C	H
H	E	O	T	R	A	N	S	P	O	R	T	E	D	Z
N	O	X	J	R	G	A	Z	N	H	W	A	L	C	G

CULTIVATED
ENGLAND
FAME
FEELING
FOODS
GRASSES
GRAVEL
HALT
INHERITED
LATIN
MAYBE
NEVERTHELESS
PLEASE
POST
TRANSPORTED

161

H	W	B	V	A	A	R	O	Y	Z	N	W	T	X	I
K	I	M	X	E	D	N	S	K	O	X	M	X	X	F
W	T	Q	V	E	L	D	E	R	I	O	V	R	S	B
R	Y	U	I	P	I	U	I	E	B	W	N	Q	O	X
V	Q	N	S	R	B	I	C	T	I	H	R	M	R	L
H	V	F	Q	B	U	J	O	K	I	E	V	Q	E	Z
Y	D	F	M	S	I	B	J	T	I	O	E	D	U	V
M	C	T	B	N	Q	T	W	W	G	E	N	R	U	L
J	Q	N	M	V	Z	K	D	S	W	U	S	O	N	K
W	K	D	A	C	Q	D	N	A	O	Q	J	T	D	X
P	B	X	P	H	K	Z	N	P	N	K	J	C	O	W
S	X	K	F	T	Z	H	G	O	C	C	N	Z	U	U
P	W	B	V	B	V	M	I	A	O	A	E	F	B	P
N	W	Z	Z	J	N	T	R	Z	P	D	R	R	T	O
S	K	H	D	O	A	L	L	O	K	U	C	E	E	S
F	J	D	S	T	N	W	Z	T	T	Z	L	O	D	S
O	B	D	E	K	D	S	H	F	Y	W	O	N	L	C
L	I	G	H	T	H	O	U	S	E	S	E	E	Y	A
K	E	E	X	O	V	D	V	F	B	S	E	I	B	R
V	V	P	R	D	L	B	C	H	U	H	T	T	J	S

ADDITION
CARED
CARS
DANCER
ELDER
FOLK
HEELS
KIDS
LIGHTHOUSES
LUCKIEST
POUND
SENDS
SORE
UNDOUBTEDLY
VEGETATION

162

C	O	N	V	E	N	T	I	O	N	R	I	L	E	T
U	P	T	Q	T	C	P	I	Q	O	S	R	M	R	I
U	H	H	X	R	F	Q	O	N	K	M	E	A	T	M
R	U	Q	O	R	Q	D	L	I	Q	T	T	P	D	I
N	V	P	Q	M	W	M	K	M	Q	V	G	N	J	D
B	P	S	J	Y	E	I	K	W	D	X	L	I	T	M
Y	X	R	D	X	N	O	V	W	F	E	E	D	V	L
D	U	Z	Q	S	D	Z	P	I	R	R	Z	H	X	E
T	N	J	L	S	T	L	E	P	K	I	W	K	Y	M
S	R	S	R	D	C	J	O	T	L	D	S	K	B	Y
C	H	D	S	Y	S	V	B	Y	P	X	Z	S	A	P
G	K	D	S	R	U	C	P	Z	Z	O	O	C	N	R
V	Q	N	I	L	B	O	A	G	U	B	N	Z	K	O
S	Y	C	C	E	P	M	I	J	M	B	V	Y	U	T
Q	A	N	N	I	V	E	R	S	A	R	Y	A	E	E
V	A	K	S	S	X	U	S	X	M	C	G	W	F	C
E	O	N	S	U	P	P	R	E	S	S	I	N	G	T
H	U	O	X	R	F	U	U	X	Z	W	F	E	B	I
R	M	S	Z	E	Q	Z	J	F	K	N	J	D	J	N
B	E	A	U	T	I	F	U	L	L	Y	I	Q	G	G

ANNIVERSARY
BANK
BEAUTIFULLY
CONVENTION
GIVE
LEISURE
MEAT
MOSS
PAIRS
PONY
PROTECTING
RUNS
SUPPRESSING
TIMID
YAWNED

163

U	D	N	T	X	I	P	N	S	D	E	J	E	T	X
Y	E	R	F	Z	M	K	W	F	G	Z	K	O	J	S
D	N	P	E	N	B	O	U	A	L	F	D	Z	I	K
X	G	R	O	J	L	W	G	A	I	D	S	K	C	N
G	D	V	B	S	O	T	C	L	K	T	R	F	E	B
F	X	Y	V	U	K	P	G	Q	M	T	E	K	N	H
N	S	D	H	U	S	H	M	T	S	S	U	D	T	B
B	E	K	G	W	O	I	J	J	S	I	H	X	I	A
Z	Q	Y	D	E	E	L	N	S	R	M	G	G	M	T
E	Q	F	Q	H	N	J	G	E	D	Y	I	W	E	S
D	I	B	Y	P	V	K	A	G	S	W	D	W	T	L
M	E	W	Q	U	E	Q	M	A	F	S	L	T	E	P
C	O	C	Q	L	D	C	I	W	V	M	M	Y	R	U
H	M	A	I	E	F	S	T	K	G	R	Y	A	A	R
X	E	U	U	D	E	F	I	N	I	T	I	O	N	S
G	J	V	Y	G	E	Q	Q	K	F	N	C	H	D	E
J	E	L	V	E	L	P	C	I	U	O	S	E	L	S
N	X	E	J	D	Y	K	U	B	R	K	R	U	B	F
G	S	K	L	D	G	K	L	O	A	S	L	T	L	N
U	N	C	O	N	S	C	I	O	U	S	X	N	S	T

BATS
BUSINESSMAN
CENTIMETER
DECIDE
DEFINITIONS
EDGED
FORTS
INSULT
JOIN
OAKS
PURSES
REDS
SLOWS
UNCONSCIOUS
WAITED

164

M	R	Z	F	V	D	L	Q	B	L	S	C	K	H	I
A	F	K	I	G	A	P	K	G	H	W	J	M	V	P
L	S	Q	O	U	R	L	F	M	J	G	R	E	Q	E
E	A	C	D	I	Z	M	L	T	B	B	W	E	M	D
J	Z	A	C	Y	U	P	A	S	U	N	S	T	A	C
U	R	M	B	O	R	E	G	I	Y	J	O	G	N	L
G	Y	B	R	P	T	L	S	J	A	R	R	G	Y	U
G	P	Q	A	C	A	C	L	A	S	H	R	L	W	E

BORE
CLASH
CLUE
FLAGS
GRADUAL
MALE
MANY
REAL
SUNS

165

E	M	B	A	R	R	A	S	S	E	D	F	W	Y	F
A	B	I	L	C	I	Q	V	B	Z	D	T	W	U	T
R	A	W	Y	O	G	H	U	R	T	D	B	W	J	J
N	R	B	I	N	I	N	T	U	O	C	M	D	R	Q
U	E	A	I	D	D	F	A	U	Q	F	Q	O	Q	S
Y	G	R	K	E	E	P	A	G	G	Y	M	C	U	S
X	B	F	B	M	K	R	J	O	E	N	Q	H	Q	X
E	N	G	I	N	E	E	R	I	N	G	R	D	R	Z

BARE
BRING
CONDEMN
EARN
EMBARRASSED
ENGINEERING
RIGID
WIDER
YOGHURT

166

I	E	R	T	X	H	K	L	T	V	K	S	H	A	R
D	E	A	L	S	Z	G	G	E	I	D	D	G	Y	K
V	Q	V	W	F	H	X	D	M	R	Y	Z	D	Y	S
U	S	G	L	W	A	I	M	O	Q	J	T	Y	R	K
I	R	N	S	B	H	H	L	T	G	G	V	S	H	Y
G	U	O	A	M	X	U	R	P	N	S	R	I	N	S
W	H	G	Y	T	N	X	E	Z	G	W	E	R	E	C
I	B	B	C	O	N	C	E	N	T	R	A	T	E	R
M	U	V	W	B	K	X	N	V	T	N	R	U	D	A
J	S	A	V	E	S	T	C	V	P	W	A	F	P	P
J	M	H	I	F	P	R	O	B	Z	B	G	R	O	E
P	B	Y	A	D	N	Q	U	A	N	T	P	I	V	R
R	O	Z	J	A	Z	L	R	L	S	R	M	G	D	S
I	N	N	U	E	F	G	A	V	S	T	Y	H	A	Q
Z	E	N	S	S	Q	Y	G	R	A	N	I	T	E	L
E	C	U	Y	D	O	N	I	V	M	Y	G	E	U	U
S	M	Q	M	L	F	X	N	I	U	D	F	N	P	K
A	P	W	S	K	G	G	G	T	O	R	K	I	B	M
F	N	R	S	I	S	V	B	A	D	V	R	N	G	P
I	J	U	B	Z	S	C	F	C	R	A	L	G	Q	I

AMUSE
BONE
CONCENTRATE
DEALS
ENCOURAGING
FRIGHTENING
GRANITE
HIDE
LORDS
LOYAL
PRIZES
SAVES
SKYSCRAPERS
TOAST
WERE

167

E	E	U	R	S	M	S	N	D	Z	L	J	H	N	L
Y	I	N	U	Q	W	U	I	Y	H	O	T	A	A	L
U	P	R	O	V	I	S	I	O	N	S	L	R	A	T
A	E	J	W	E	W	X	T	M	I	R	C	M	R	R
K	D	R	Z	Y	X	A	M	V	K	I	I	I	R	B
W	W	Y	J	S	G	P	U	S	E	C	J	N	B	O
B	J	Q	Q	J	G	P	E	Q	E	N	R	G	E	K
A	D	Q	J	N	J	L	V	D	J	X	E	O	P	U
Q	P	L	Y	A	X	O	V	T	I	I	D	J	R	O
X	R	I	A	K	G	W	Y	V	Z	T	H	N	Q	F
Z	N	D	O	N	T	S	V	I	D	R	I	M	F	B
B	T	C	R	A	S	C	S	L	Q	S	Q	O	E	Z
O	M	J	O	A	L	U	G	G	I	Z	H	R	N	A
V	V	G	F	H	X	R	A	A	F	Y	W	B	C	S
C	F	E	E	W	I	K	A	V	M	L	O	I	E	S
R	Z	K	Q	Q	F	B	Q	G	L	G	A	T	S	I
A	P	P	J	P	P	Y	L	H	E	V	Z	T	S	S
Z	U	H	U	M	J	M	W	U	L	X	A	R	J	T
Y	K	U	N	X	C	P	A	I	N	T	A	N	V	I
S	F	O	L	Z	N	Q	H	O	F	B	L	Q	K	M

ASSIST	EXPEDITIONS	ORBIT
BARS	FENCES	PAINT
CRAZY	FLAT	PLOWS
DECIMAL	GOAT	PROVISIONS
DON'T	HARMING	RAGE

168

U	I	X	Q	F	B	N	U	W	T	S	X	V	C	Q
F	S	Y	V	F	W	U	J	S	W	C	B	A	S	E
W	A	C	D	S	U	P	E	R	M	A	R	K	E	T
W	G	H	L	N	I	B	Q	N	Q	L	R	L	P	J
H	D	M	L	H	F	K	B	B	S	R	J	T	U	D
P	C	W	Q	S	H	I	L	K	Y	H	Z	Q	T	T
W	X	S	W	V	U	B	E	D	U	A	W	Y	R	T
V	Y	L	Q	W	P	O	O	R	C	Y	Z	C	O	O
B	E	A	V	H	K	L	X	A	L	V	E	A	U	C
J	E	V	Z	D	E	V	W	L	W	N	D	F	B	C
T	P	A	N	M	W	R	U	P	U	F	Q	N	L	J
N	X	I	B	H	P	F	O	V	T	N	Q	Z	E	Z
D	I	F	F	E	R	E	N	T	L	Y	J	N	S	Y
O	A	F	K	E	O	H	N	P	K	S	P	O	O	N
E	S	M	D	H	T	G	U	V	J	S	U	P	M	C
U	C	N	C	X	G	T	E	F	S	A	Y	V	E	A
V	O	U	Y	Z	R	D	C	K	V	Z	D	G	V	X
W	O	L	W	J	U	L	R	I	N	J	E	C	T	S
T	A	V	B	R	P	A	R	T	I	C	U	L	A	R
R	V	Z	F	G	B	A	I	N	D	I	A	I	H	E

BARKS	INJECTS	SPOON
BASE	MELODY	SUPERMARKET
BEST	PARTICULAR	TOUCH
DIFFERENTLY	POOR	TROUBLESOME
INDIA	RUDE	WONDERFULLY

A	Q	Y	G	H	S	Y	W	K	F	F	D	Y	S	C
T	A	I	C	P	N	P	N	Z	F	N	H	J	A	Q
H	O	P	O	R	B	F	A	Z	T	H	I	R	S	T
B	C	X	M	O	Z	G	N	I	W	F	E	K	F	S
E	Z	P	M	D	O	J	C	K	N	B	S	C	O	H
N	U	O	I	U	C	Y	D	T	G	T	B	Q	H	E
Z	M	A	T	C	A	P	E	I	W	P	O	T	Y	K
I	Y	V	T	E	I	B	D	S	Q	L	R	E	H	Z
A	A	V	E	M	A	R	I	B	W	M	R	M	U	G
N	O	W	D	H	R	Z	C	G	K	U	O	P	N	Z
Y	R	G	P	I	P	G	A	G	K	E	W	O	K	R
T	U	L	N	H	V	G	T	R	L	P	I	C	I	R
J	A	C	Z	W	U	I	E	K	M	T	N	G	N	S
Q	O	A	P	M	Q	L	D	Y	C	X	G	R	D	P
B	F	K	T	O	G	X	M	E	Q	C	T	A	L	A
L	D	G	E	U	I	M	F	E	D	V	R	S	Y	D
T	I	N	S	T	A	N	C	E	S	R	K	S	H	E
P	B	X	F	P	I	K	T	G	Q	T	T	Y	C	S
K	C	F	U	I	W	V	X	G	Y	V	M	X	L	T
E	I	R	D	X	F	X	S	H	G	Y	U	P	H	R

ALPHABET
BORROWING
COMMITTED
DEDICATED
DIVIDED

GRASSY
INFECTION
INSTANCES
POINT
PRODUCE

SPADES
SPAIN
TEMPO
THIRST
UNKINDLY

170

M	I	L	L	S	Z	W	G	Y	M	I	X	E	S	P
Z	X	Q	N	F	H	M	U	B	I	G	D	K	S	Y
U	G	F	I	W	D	Z	I	G	N	H	L	B	Y	A
C	X	E	C	X	W	Y	N	Y	E	Y	E	H	F	W
E	L	V	L	G	Z	A	E	T	D	P	F	E	M	N
T	J	H	T	W	G	O	J	W	T	E	Y	W	E	W
F	C	Q	K	F	N	W	O	U	N	D	S	U	K	F
U	P	G	X	P	S	D	S	D	I	A	L	N	R	B
D	P	Q	Y	J	E	M	S	C	I	E	N	C	E	T
O	U	F	F	N	S	M	B	L	O	T	O	L	J	Q
P	D	Z	W	T	H	X	J	L	S	N	B	E	L	B
H	R	W	R	T	Q	P	R	H	M	U	W	S	N	M
D	P	O	D	Q	L	D	P	S	S	Q	D	K	E	F
E	H	Q	C	U	H	A	H	P	F	T	V	Q	T	O
S	U	V	R	E	R	Y	E	Q	A	L	L	O	W	X
C	Q	T	P	G	S	L	N	T	Z	X	A	J	O	E
X	B	A	A	V	D	S	S	Y	S	R	K	A	R	S
R	D	R	P	P	T	A	I	X	H	T	F	B	K	L
F	A	E	F	A	A	V	K	O	H	B	D	G	T	J
P	J	P	O	R	M	P	V	S	N	N	B	C	Y	T

ALLOW
DIAL
FOXES
GANG
HENS
MILLS
MINED
MIXES
NETWORK
PARAGRAPHS
PROCESSION
SCIENCE
SHORTS
UNCLES
WOUNDS

L	D	V	W	B	V	L	V	O	U	H	V	U	I	M
L	I	Q	U	I	D	N	R	I	R	W	T	A	U	D
I	S	X	J	T	U	L	Z	P	A	S	K	P	G	J
A	C	K	T	Y	W	E	X	P	D	B	L	W	Z	Y
F	U	R	V	D	H	T	U	Y	I	A	K	K	L	T
Y	S	Z	Z	Z	J	H	C	L	U	M	S	Y	I	L
G	S	M	G	F	Q	P	S	T	S	P	S	A	W	Y
V	I	D	Z	Y	H	C	A	C	Q	U	I	R	E	D
G	O	L	E	N	L	I	Q	P	I	J	N	I	G	O
T	N	V	Y	V	S	T	H	M	W	I	T	M	X	A
Q	S	I	R	X	E	S	C	J	M	B	E	A	K	S
A	C	Q	H	J	D	L	R	Q	G	M	N	V	J	D
M	G	G	Q	O	W	T	O	V	Q	L	T	U	K	M
H	X	B	O	D	C	O	K	P	G	U	A	R	D	S
S	T	L	A	A	W	E	C	H	M	L	E	M	F	T
H	F	I	O	X	G	P	S	O	B	E	Y	B	E	F
O	O	K	D	M	F	C	R	O	W	D	N	E	A	M
E	C	L	Q	C	K	B	V	O	P	W	M	T	S	K
H	F	P	V	R	P	P	H	A	T	S	G	H	T	M
U	L	J	R	X	Y	D	L	Z	I	N	O	W	T	H

ACQUIRED
BEAKS
CLUMSY
CROWD
DEVELOPMENT
DISCUSSIONS
FEAST
FLOODS
GUARDS
HATS
INTENT
LIQUID
MEET
RADIUS
SHOE

H	S	J	S	H	V	X	N	G	P	N	Q	M	S	S
D	A	Q	H	M	N	T	N	X	S	G	J	Q	L	O
Q	B	V	K	I	B	Z	W	Z	S	U	R	Q	E	B
V	L	T	S	O	V	E	K	E	X	R	Y	B	A	Z
S	Z	L	W	W	O	Q	D	Q	S	I	O	M	K	G
U	R	C	H	O	C	A	A	S	Q	K	U	F	F	L
P	J	Z	X	D	E	C	O	A	S	T	N	P	A	N
E	T	V	O	B	U	R	L	E	L	M	G	D	M	I
R	R	O	B	G	C	L	A	I	M	N	S	G	T	E
V	Q	H	E	A	U	W	Z	I	T	T	T	Q	R	E
I	T	P	H	K	L	Z	R	H	N	S	E	H	A	P
S	A	D	E	C	N	U	U	E	G	Y	R	T	M	K
E	H	B	T	H	R	S	M	N	O	H	S	K	P	X
D	K	P	I	A	E	E	I	A	K	V	M	J	O	A
H	R	A	O	P	V	S	T	S	J	I	I	L	L	N
O	Z	V	E	E	O	K	I	M	Q	O	V	O	I	Q
D	N	T	I	L	M	U	U	T	O	D	R	X	N	X
R	H	H	O	W	E	V	E	R	A	F	P	Y	E	F
M	C	Q	Q	J	O	L	F	P	Q	T	C	D	S	Y
A	N	B	M	P	W	F	E	A	T	H	E	R	E	D

ACHIEVEMENT
ACROSS
BEAD
CHAPEL
CLAIM
COAST
FEATHERED
HESITATE
HOWEVER
LOSING
MAJOR
RAINY
SUPERVISED
TRAMPOLINES
YOUNGSTERS

C	H	U	N	K	S	A	I	A	Z	L	T	D	J	V
R	C	V	N	C	P	K	N	I	R	R	T	W	I	K
X	U	Z	R	R	X	F	F	U	K	I	V	C	Z	E
U	R	B	V	I	V	F	R	L	A	Q	D	O	C	H
O	O	C	B	T	D	J	Q	Y	D	S	Y	N	C	F
D	S	T	Q	I	G	F	B	H	E	S	A	T	E	Q
D	B	F	N	C	I	T	B	S	D	D	I	I	P	Y
A	Y	S	K	I	B	K	N	E	P	W	X	N	I	N
P	N	D	X	Z	M	E	L	Y	S	O	D	U	L	E
G	O	E	S	I	T	F	R	N	H	L	Z	A	L	I
E	M	V	B	N	Z	S	W	D	E	V	I	L	S	G
R	R	Z	I	G	V	P	D	E	S	E	G	L	B	H
C	B	Y	S	D	R	X	C	L	E	S	D	Y	X	B
O	P	X	F	T	R	C	M	M	R	R	O	F	J	O
I	S	N	U	R	P	J	N	W	V	E	B	J	T	R
Y	S	F	B	M	E	G	W	J	E	T	E	S	A	I
R	O	H	H	S	P	B	H	A	D	W	I	D	A	N
F	I	R	V	W	P	S	O	S	N	W	N	I	B	G
Q	I	C	B	X	E	W	B	E	T	Z	Y	M	A	L
E	S	M	H	D	R	B	K	T	H	M	A	J	J	O

CHUNKS
CONTINUALLY
CRITICIZING
DANCE
DEVILS

GOES
INTENSE
NEIGHBORING
PEPPER
PILLS

RICH
SERVED
SWITCH
TWIST
WOLVES

R	V	Z	S	T	J	Z	Z	H	W	C	Z	L	G	D
D	G	Y	I	A	S	U	Z	U	O	U	H	G	E	X
O	N	M	E	J	K	E	I	L	B	F	S	R	K	R
Z	Q	T	X	F	S	I	X	A	H	T	W	Q	O	P
L	G	Q	O	O	C	I	N	U	R	W	W	H	V	P
Q	Y	O	H	G	U	T	J	A	J	R	J	M	T	R
O	Y	W	M	B	N	R	T	D	R	F	N	O	U	Q
H	K	U	B	O	M	R	G	Y	S	M	O	D	J	K
Y	K	E	B	I	M	B	Y	T	X	B	A	D	P	Q
K	S	C	H	L	G	V	F	I	V	P	Y	O	X	C
D	T	S	S	N	O	Z	P	H	A	P	X	U	R	V
F	H	E	U	V	A	R	I	A	T	I	O	N	S	E
J	B	Z	A	Z	T	S	J	Z	N	W	M	Q	B	N
U	D	Q	X	R	S	C	A	N	A	L	S	O	G	J
T	Y	F	P	N	L	P	A	F	T	E	R	N	M	O
P	Q	K	K	L	M	R	M	P	I	F	I	A	L	Y
E	T	U	I	N	G	E	B	I	O	C	U	E	I	E
G	M	R	F	F	A	I	D	M	N	P	G	R	Y	D
S	H	T	O	J	D	O	C	A	I	D	K	Q	Y	L
S	I	X	L	D	I	B	D	W	L	B	E	S	H	C

AFTER
BOOT
CANALS
DANCING
ENJOYED
FURY
GOATS
MEDAL
MIND
NATION
PEGS
SHRILL
TARTS
VARIATIONS
WHOSE

175

F	S	Q	H	N	F	I	Y	K	H	F	N	M	A	O
R	Y	E	E	O	N	E	G	K	D	B	Q	B	E	N
A	B	I	K	R	L	H	U	J	W	P	V	Y	L	J
M	N	H	E	Z	T	N	T	B	U	L	B	E	L	K
S	H	D	G	A	Q	Y	B	U	M	P	S	A	D	N
Z	O	H	U	B	Z	K	S	W	U	W	N	R	E	N
M	A	N	D	D	D	H	N	Q	I	M	E	L	C	I
W	Y	Y	L	M	A	N	A	G	E	P	H	Y	K	Q

BULB
BUMPS
DECK
MANAGE
MODERN
YEARLY

176

F	U	N	D	A	M	E	N	T	A	L	D	T	O	W
N	K	Z	W	D	M	I	L	E	L	I	P	K	R	S
O	W	I	G	H	Z	S	N	O	C	C	A	X	W	K
B	X	T	J	R	P	O	R	B	F	E	E	S	Q	O
V	Q	I	O	R	W	Q	F	E	B	Q	A	I	F	M
K	Q	O	D	X	W	R	S	Y	M	P	S	L	O	Q
S	D	C	T	T	P	V	P	E	B	U	M	R	K	L
V	U	D	G	C	Q	A	H	D	I	E	R	P	O	L

BEAK
DOOR
FUNDAMENTAL
MILE
OBEYED
ROLL

A	L	I	E	V	Q	U	Z	P	F	N	G	B	E	U
N	M	O	D	L	G	B	Y	X	V	Z	S	P	J	K
N	I	C	C	T	C	V	V	H	O	Z	L	D	I	X
Z	M	C	S	A	S	K	P	T	K	P	U	D	Q	Q
I	P	E	W	M	L	S	S	R	H	L	I	O	F	Z
X	R	E	E	D	S	T	I	S	Z	A	W	A	J	V
P	E	M	I	H	Q	A	H	Q	J	Y	B	L	O	Q
J	S	A	U	I	J	I	N	K	V	G	E	F	C	E
R	S	W	G	B	G	R	B	L	S	R	Z	L	S	O
G	I	J	Q	E	G	H	G	O	H	O	A	A	Q	H
Y	V	C	D	R	R	Q	R	V	X	U	B	Z	H	K
D	E	Y	I	N	W	U	E	E	V	N	S	Y	O	I
B	T	Z	S	A	W	E	C	D	J	D	Y	A	N	R
B	Y	Z	S	T	R	S	R	F	A	S	T	E	N	E
K	W	I	Y	E	I	T	E	H	Z	J	E	A	K	K
Y	J	Q	G	D	T	I	A	L	F	U	D	O	R	Y
J	V	N	Y	W	L	O	T	W	O	A	C	Q	I	K
B	V	U	B	F	G	N	I	V	E	R	B	S	R	A
S	H	U	T	S	U	E	O	Y	G	O	I	X	K	B
J	T	U	I	L	E	D	N	U	K	E	G	A	N	X

EAGER
FASTEN
HIBERNATED
IMPRESSIVE
LAZY

LOCAL
LOVED
PLAYGROUNDS
QUESTIONED
RAZOR

RECREATION
REEDS
SHUTS
STAIR
VERBS

178

I	L	B	C	D	C	W	F	C	G	S	X	Z	U	L
S	L	Y	A	E	X	I	S	T	U	Z	H	A	T	B
A	A	C	T	M	Q	V	Z	C	H	I	O	Z	N	S
P	P	Q	E	O	L	V	O	M	U	M	G	G	M	W
D	K	Z	R	N	D	F	U	T	H	X	U	O	F	V
K	R	G	P	S	C	E	X	V	E	E	O	R	T	L
O	D	Q	I	T	X	Q	Y	K	J	R	E	P	N	T
U	O	B	L	R	D	X	I	Y	U	A	S	F	R	Y
M	L	O	L	A	G	G	B	G	U	L	F	I	H	O
O	F	P	A	T	X	T	H	E	Y	C	S	F	A	R
J	D	C	R	E	E	R	G	G	H	O	S	T	I	I
W	K	B	F	D	S	A	M	O	X	V	Q	Y	L	G
M	C	U	C	C	W	C	R	K	I	X	K	L	N	I
S	B	F	E	X	R	K	D	T	O	I	A	X	X	N
A	K	M	K	X	W	S	Q	C	H	N	A	U	E	A
R	U	Z	T	V	S	H	F	F	R	Q	A	X	P	L
R	R	Y	P	Q	I	R	H	E	I	A	U	F	Q	L
B	W	L	Y	C	W	L	T	K	C	D	Y	A	V	Y
L	Z	W	S	A	X	X	K	V	B	U	U	D	K	A
J	E	O	F	O	E	F	V	E	N	U	S	T	Z	E

CATERPILLAR
DEMONSTRATED
EARTHQUAKE
EXIST
EXTERNAL

FIFTY
FOCUS
GHOST
GULF
ORIGINALLY

ROOMS
THEY
TRACKS
VENUS
VOTERS

M	F	F	N	F	N	F	G	B	O	X	Y	B	W	G
V	W	I	P	S	V	W	R	D	D	W	O	M	V	C
Y	U	O	T	O	W	D	P	I	L	D	P	Y	T	G
N	I	P	R	O	F	E	S	S	O	R	P	J	K	G
B	F	M	I	C	X	X	N	C	Q	I	V	K	V	B
R	K	I	C	K	E	D	L	R	A	Y	M	K	H	R
J	J	B	K	N	I	T	T	I	N	G	E	X	X	J
Y	J	N	S	U	P	J	V	P	Q	E	P	T	Y	B
A	C	B	A	Y	H	H	N	T	U	V	W	D	N	L
U	B	B	D	U	O	Q	I	R	U	P	L	E	B	Z
T	Y	Q	I	R	T	L	I	S	X	R	P	N	S	U
T	O	P	S	I	O	H	O	U	W	H	R	Y	M	T
B	X	W	V	R	G	S	O	I	A	J	N	H	J	S
O	K	T	E	F	R	Y	X	R	Z	H	L	U	N	N
H	M	S	R	R	A	K	V	K	I	Y	J	O	B	S
Y	H	O	E	U	P	U	I	A	V	T	I	T	E	Y
Y	E	U	U	Y	H	Q	W	T	P	L	I	N	A	M
A	F	U	H	S	Q	T	B	S	L	A	R	E	C	B
B	I	K	E	S	E	Y	T	I	N	U	Q	K	S	O
B	P	J	K	F	U	N	M	L	L	I	N	P	H	L

AUTHORITIES	MILLIONS	PUPPY
BIKE	MOUSE	SCRIPT
DENY	NEWEST	SYMBOL
KICKED	PHOTOGRAPH	TOWER
KNITTING	PROFESSOR	TRICKS

180

E	F	G	U	A	V	R	V	R	A	P	D	W	U	C
U	N	D	E	R	S	T	A	N	D	M	S	W	D	E
T	T	L	D	S	R	N	O	R	U	O	S	L	M	R
G	S	U	C	C	E	S	S	I	V	E	W	F	U	V
T	L	M	F	F	G	A	P	F	R	Q	M	O	H	L
E	X	P	I	O	X	E	R	Q	P	K	F	L	L	O
Z	C	R	V	P	U	E	A	T	N	S	L	J	T	T
G	S	A	E	C	V	L	U	A	H	B	R	P	Y	I
I	S	Z	H	S	O	P	X	S	Y	G	A	P	M	K
I	N	A	F	E	T	B	P	J	J	D	M	F	J	J
C	T	J	N	H	A	A	E	V	A	U	Q	P	I	B
E	S	J	S	E	U	F	U	O	B	R	X	R	U	P
O	U	N	B	Z	H	N	Z	R	Z	D	S	I	W	U
D	U	M	O	C	J	X	E	P	A	Y	A	N	Z	G
S	Y	W	W	H	B	E	A	T	E	N	J	C	B	K
P	Q	Y	E	I	I	F	M	R	H	B	T	I	G	Z
S	B	O	D	B	V	W	T	O	O	N	A	P	L	S
J	J	K	Z	W	S	L	T	P	Y	G	B	L	T	D
F	T	X	V	Q	B	U	S	Q	U	A	R	E	S	J
E	V	A	P	O	R	A	T	I	N	G	S	S	R	Z

ADAPT	EVAPORATING	PRINCIPLES
BEAT	FOUL	RESTAURANT
BOWED	FOUR	SQUARES
BUMPY	JARS	SUCCESSIVE
EARTH	LUMP	UNDERSTAND

181

M	A	C	V	Y	N	B	D	A	A	X	K	N	A	F
B	V	Z	A	W	N	N	I	I	C	P	E	A	C	E
N	U	Z	R	S	P	X	N	P	E	O	T	N	V	N
S	Q	I	T	W	K	X	D	V	S	B	A	Z	U	B
M	G	D	K	V	W	J	I	W	I	X	I	S	T	I
C	B	J	J	B	V	A	V	E	R	A	G	E	T	A
Q	Q	U	U	E	N	D	I	N	G	I	R	N	V	S
H	O	V	P	E	I	J	D	D	N	B	X	C	P	R
C	V	O	U	F	I	T	U	D	P	E	P	V	R	A
V	X	W	A	N	V	J	A	Y	P	Q	B	S	O	I
I	K	A	C	I	N	Z	L	U	W	Z	X	J	N	K
U	B	V	C	R	I	E	S	W	K	N	T	K	O	Q
U	M	E	N	G	R	D	C	I	C	L	H	D	U	B
R	E	V	E	R	Y	W	H	E	R	E	W	D	N	Z
T	F	T	L	Y	V	K	T	J	S	D	S	U	C	M
G	Z	B	F	V	W	N	O	R	G	S	H	C	E	C
F	T	R	T	R	G	Y	D	B	K	H	A	O	D	R
L	H	R	X	I	J	U	N	Z	W	E	A	R	Y	E
G	A	L	I	E	N	J	C	B	C	X	E	H	Y	W
T	U	C	N	M	Y	L	I	D	R	D	D	F	I	S

ALIEN	CRIES	PRONOUNCED
AVERAGE	ENDING	TART
BEEF	EVERYWHERE	TRIM
COASTS	INDIVIDUALS	UNNECESSARY
CREWS	PEACE	WEARY

V	S	A	F	Y	D	N	N	B	A	J	I	P	T	X
P	K	T	R	P	O	K	X	Q	V	O	R	S	F	U
N	H	M	R	M	W	S	S	D	H	O	O	X	L	K
S	E	E	E	U	S	P	F	C	D	C	W	A	J	L
S	E	L	T	Z	G	G	I	L	M	E	F	G	A	Z
D	N	N	C	C	K	G	G	V	D	F	H	T	H	A
E	D	Y	M	A	R	D	L	E	W	U	P	H	W	O
S	F	D	P	U	W	R	Q	I	R	V	C	H	C	Y
P	K	X	Z	V	S	D	D	C	N	V	Q	F	F	D
A	J	Z	E	B	T	E	M	B	V	G	X	S	N	U
I	P	A	D	D	R	E	S	S	E	D	R	U	N	D
R	V	I	C	O	U	P	R	P	O	X	O	S	D	T
R	T	F	L	D	L	I	W	S	P	B	A	C	E	C
D	Z	O	C	W	V	L	I	P	E	E	R	B	G	L
R	C	T	A	H	T	E	Y	E	W	S	E	G	T	X
E	I	D	Y	T	O	S	T	E	Q	X	P	Q	T	U
O	R	W	S	H	I	K	I	D	R	J	O	C	Y	E
K	C	V	X	A	S	H	I	I	V	L	R	A	F	S
I	U	X	C	R	C	U	I	N	E	R	T	M	D	G
Q	S	L	M	D	S	R	C	G	G	Z	R	T	A	T

ADDRESSED
BOUND
CHOKING
CIRCUS
COLORED
COST
DEER
DESPAIR
DOLLY
HARD
LEMON
PILES
REPORT
SPEEDING
STRUGGLING

S	Q	C	R	C	D	C	F	L	H	B	E	E	R	J
U	Y	F	C	E	B	Q	E	T	W	Z	X	N	H	P
X	U	M	K	S	A	H	S	L	A	Z	F	F	H	E
Q	I	H	V	O	E	S	L	M	L	T	T	R	A	X
S	W	C	B	I	B	S	R	Y	K	K	H	R	Q	A
L	M	Y	U	W	Q	S	X	E	Y	N	E	K	X	M
S	T	E	P	P	J	W	J	S	K	I	N	N	U	I
E	X	Y	M	O	Y	T	U	I	Z	O	N	L	L	N
E	I	U	J	K	D	B	C	N	Y	O	P	C	O	A
U	T	G	D	Q	Z	C	L	D	I	U	I	F	B	T
S	B	D	H	F	W	M	Q	T	N	Q	A	N	S	I
U	A	H	Q	T	W	X	A	C	F	C	U	A	E	O
U	H	X	L	S	Y	M	I	V	L	H	O	E	R	N
D	D	T	V	P	R	P	Y	U	U	B	T	Y	V	M
P	B	Z	M	O	J	A	M	M	E	D	P	M	A	X
C	W	K	F	N	I	K	T	X	N	E	S	E	T	Z
I	B	N	T	M	W	Q	A	A	C	V	Q	T	I	G
N	I	D	X	Y	G	Q	O	P	E	G	O	E	O	L
N	W	B	Y	K	X	D	O	R	D	P	U	K	N	X
F	O	Z	R	V	F	M	X	Z	A	H	K	O	A	H

BEER
BUSY
CELL
EIGHTY
EXAMINATION
INFLUENCED
INFORMATION
JAMMED
OBSERVATION
PLUM
STEP
STUMP
THEN
UNIQUE
WALK

184

Y	G	N	T	U	E	M	A	R	Y	T	Q	S	X	L
Q	K	X	Q	D	B	I	B	E	T	H	B	E	X	B
F	D	S	V	G	V	U	V	C	O	U	G	P	N	L
H	M	X	I	J	M	O	W	S	P	G	I	C	L	S
F	K	P	S	W	R	S	E	B	B	Y	W	I	S	N
P	X	E	U	P	D	M	O	D	Z	V	I	V	F	M
O	U	T	E	R	Y	J	Q	R	A	R	B	Y	R	E
P	V	Z	H	R	Q	O	K	I	T	E	M	O	I	Q
U	B	W	X	Z	I	I	K	C	Y	U	I	C	G	R
L	G	H	V	F	Y	N	U	L	Q	G	D	F	H	P
A	J	Y	P	H	V	K	M	F	L	A	W	N	T	L
T	D	W	C	H	J	I	B	Y	P	I	F	E	E	U
I	L	J	E	V	P	R	E	S	E	N	T	I	N	G
O	W	V	I	H	M	Q	X	O	A	I	J	A	E	T
N	K	E	G	N	U	S	T	Q	C	N	B	R	D	X
M	X	C	H	A	N	N	E	L	Z	G	K	I	V	Z
M	L	A	T	G	S	T	A	C	Y	V	M	D	N	J
F	X	K	O	E	Y	M	Q	Z	G	Q	G	G	P	E
A	X	E	O	H	Y	R	P	K	L	M	A	E	I	D
F	A	D	T	N	N	V	N	Z	P	C	V	J	V	M

CAKE
CHANNEL
DOESN'T
EIGHT
FRIGHTENED
GAINING
OUTER
PLUG
POPULATION
PRESENTING
PROVE
PUBS
RIDGE
SORT
WENT

185

E	F	W	D	P	Z	S	B	C	L	Y	C	D	C	R
V	H	X	R	M	E	I	H	U	E	E	P	B	H	E
I	T	C	J	M	L	Q	B	G	R	I	M	O	S	L
S	A	Q	P	F	I	L	R	S	J	N	U	F	F	A
S	U	S	P	I	C	I	O	U	S	T	E	L	X	T
N	R	E	A	S	O	N	A	B	L	Y	S	D	O	I
J	H	U	U	T	O	A	D	O	K	Z	H	B	I	O
V	S	N	I	G	Q	G	C	W	M	V	K	L	L	N
G	B	K	E	Z	E	N	M	B	D	S	H	H	G	S
F	D	E	E	K	X	J	Q	E	H	J	N	S	B	H
K	D	H	X	G	Z	P	L	P	F	M	M	P	M	I
T	P	S	R	P	N	L	A	D	B	U	J	M	I	P
B	D	Q	V	A	O	R	B	Y	B	J	E	Z	Q	N
Y	F	V	H	R	G	R	U	A	O	T	L	A	V	J
Y	E	I	T	O	F	H	T	H	T	G	O	C	B	C
R	J	N	T	H	P	R	T	U	V	Q	M	G	A	L
J	O	O	N	I	E	J	O	J	Z	P	I	B	Y	O
C	H	S	B	F	C	G	N	F	U	N	M	Z	I	T
P	J	O	K	T	X	G	C	D	D	C	Q	Z	F	S
S	A	D	L	Y	P	M	X	P	Q	J	M	O	L	D

BROAD
BURNED
BUTTON
COLT
CONTROLLED
EXPORT
GRIM
LOTS
MOLD
PHOTOGRAPHS
REASONABLY
RELATIONSHIP
SADLY
SUSPICIOUS
TOAD

186

I	N	Z	W	B	U	T	T	E	R	F	L	I	E	S
I	Y	N	F	W	G	R	V	V	E	V	E	Q	F	C
Z	B	E	E	U	E	C	D	J	C	L	A	D	P	E
G	P	V	O	Q	Z	I	L	G	E	Z	N	M	W	N
B	O	W	G	L	F	N	G	X	I	J	U	Z	T	N
B	P	Z	L	I	S	T	S	H	V	J	A	X	S	E
K	Y	P	E	S	L	U	B	C	E	J	Z	R	F	V
O	Z	D	G	G	J	B	M	Q	S	H	N	S	R	S

BUTTERFLIES
JUMP
LEAN
LISTS
RECEIVES
WEIGH

187

G	O	K	C	Y	O	O	M	J	H	D	U	Q	M	C
G	Y	Q	N	X	R	K	G	S	L	R	D	T	Q	G
J	T	D	O	M	L	A	K	I	C	D	G	S	V	W
F	X	K	U	C	O	N	W	T	O	N	E	S	D	B
I	J	J	N	K	I	P	C	S	S	B	W	O	E	J
Y	M	H	S	L	X	Q	N	I	J	H	T	K	L	X
L	J	B	S	U	K	C	E	T	O	O	T	H	T	L
Z	X	W	M	P	A	T	T	R	A	C	T	I	V	E

ATTRACTIVE
LINKS
NOUN
TONES
TOOTH
WILD

W	T	J	O	F	O	N	Y	X	T	K	A	F	T	M
H	L	Z	X	L	B	F	L	K	A	E	Z	S	H	L
T	P	L	A	S	T	I	C	L	D	V	K	W	B	T
D	E	O	L	E	Q	J	V	D	D	C	V	Y	O	K
E	T	R	D	V	A	S	H	N	Q	A	Z	S	H	E
M	Q	I	B	E	O	C	Y	A	I	T	I	U	W	G
E	R	X	B	N	V	X	V	F	U	U	G	R	Z	E
B	E	S	W	T	I	I	O	E	N	J	Z	L	Y	M
B	L	A	K	H	R	V	L	L	F	B	A	P	Z	T
Y	A	C	C	J	U	Q	P	O	A	W	G	V	D	Q
J	U	N	I	N	D	U	K	J	M	K	F	B	P	S
C	L	R	K	Y	F	Y	F	O	I	P	G	W	H	T
K	E	F	C	F	V	A	I	B	L	E	T	M	A	I
V	K	X	H	S	K	P	J	I	I	G	A	V	S	T
L	X	L	M	C	D	O	E	Z	A	E	U	O	E	C
U	O	S	J	W	M	A	R	K	R	P	Q	W	O	H
T	O	J	J	K	D	C	A	T	H	P	S	E	R	I
I	X	X	U	Y	B	W	S	P	M	T	U	L	U	N
B	I	D	L	D	T	P	E	T	R	F	W	Z	I	G
R	T	N	N	T	U	D	S	F	P	O	V	E	N	M

BRIDE
DAIRY
DEVIL
ERASES
MARK
PHASE
PLASTIC
RUIN
SEVENTH
SLIM
STITCHING
UNFAMILIAR
UPSTREAM
VOWEL
ZIGZAG

J	Z	F	J	Y	D	G	Z	T	R	A	I	A	R	P
Z	F	R	A	D	Q	J	R	F	H	G	I	N	G	Q
H	S	V	W	K	E	C	E	S	M	P	Z	D	K	O
T	W	R	P	P	S	U	J	M	C	T	V	G	B	U
M	P	R	S	K	A	C	K	Q	U	A	H	R	L	S
R	E	D	Z	A	I	A	A	X	F	L	P	E	Z	I
I	H	A	B	T	G	K	A	U	A	A	L	D	E	G
U	L	F	N	G	P	P	O	E	F	D	D	Y	P	N
V	W	A	X	I	A	O	R	O	B	O	T	E	O	I
I	R	C	Y	A	N	Q	X	M	S	U	P	J	C	F
F	H	F	N	L	W	G	Q	E	E	G	E	V	C	I
P	C	K	B	D	Y	Y	L	N	Q	H	B	B	U	C
L	S	H	J	D	E	O	U	E	I	T	Y	R	P	A
L	Q	N	U	G	H	G	C	U	S	W	F	I	A	N
Q	O	S	I	P	A	C	K	S	N	S	X	G	T	T
G	S	V	A	M	H	Y	I	R	A	T	D	H	I	S
L	W	W	E	T	A	G	E	Q	V	F	W	T	O	V
B	R	K	O	L	O	S	R	W	P	S	G	E	N	H
J	O	M	E	V	Y	V	E	I	B	Y	O	L	A	T
I	J	J	J	Y	A	X	O	X	L	Z	H	Q	O	K

BRIGHT
FADE
FRANTIC
HOLES
LOVELY
LUCKIER
MEANINGLESS
MOTH
OCCUPATION
OUGHT
PACKS
ROBOT
SIGNIFICANT
THEE
WEAK

N	V	X	L	R	D	G	K	Y	I	B	D	M	Q	P
I	F	E	I	E	J	E	E	M	O	T	Y	U	L	I
Y	J	Y	N	M	A	V	B	M	V	L	M	M	T	F
W	P	R	D	B	C	A	M	E	L	D	W	M	Y	Y
Z	U	T	I	G	N	I	S	A	Z	B	Z	Y	R	L
T	D	W	A	C	R	F	I	H	R	F	R	V	Y	A
M	S	J	N	G	G	T	B	C	T	E	C	M	P	R
X	E	U	S	N	N	I	I	K	S	P	N	A	R	G
A	K	W	O	E	Y	H	G	B	E	D	H	N	C	E
R	F	Z	S	C	R	E	G	A	R	D	L	E	S	S
K	Z	S	Q	P	K	T	E	Q	H	S	D	R	T	F
U	E	T	J	O	E	D	S	S	Y	W	W	P	X	K
X	J	N	R	D	S	L	T	F	J	O	L	Q	B	F
Y	B	X	T	R	M	V	B	S	Y	F	I	U	K	L
G	A	R	T	W	J	Z	H	Z	D	S	Z	E	N	P
B	R	E	L	N	U	V	Z	O	C	M	A	S	E	N
T	L	Q	Z	K	Z	M	Q	Z	W	S	R	T	S	I
M	E	L	A	P	X	Y	Q	A	Y	N	D	I	T	C
U	Y	I	B	A	R	C	M	T	W	O	S	O	W	E
Y	J	H	X	A	T	V	M	Z	J	K	R	N	V	R

BARLEY
BIGGEST
CAMEL
ESSENTIALLY
INDIANS
LARGE
LIZARD
MANE
MUMMY
NICER
OWNS
QUESTION
REGARDLESS
TURNED
TWOS

Y	I	F	G	G	Z	D	O	X	U	D	V	L	I	K
B	D	H	F	N	E	P	E	S	H	C	S	R	J	D
H	Y	E	V	C	D	W	M	B	S	K	R	C	Z	Y
T	Q	M	W	J	M	R	B	N	E	U	I	H	A	H
H	M	S	D	D	N	M	O	V	X	E	P	O	I	R
Z	E	Q	V	W	A	I	A	B	D	Q	Z	I	F	P
I	F	L	A	S	T	I	N	G	W	I	V	R	Z	D
Z	C	I	P	C	L	A	M	D	D	V	A	S	E	S
F	E	E	E	L	L	A	W	I	N	N	E	R	M	R
X	U	R	W	I	E	Y	B	C	K	Z	D	P	K	M
J	I	D	H	K	M	S	E	Z	M	Z	E	H	H	K
D	J	W	T	O	X	A	S	I	K	R	X	A	L	E
B	Z	X	X	K	F	X	G	L	D	A	O	U	S	D
X	E	X	J	S	G	R	K	I	Y	K	F	L	O	H
Y	I	A	A	F	Y	E	I	C	N	L	X	E	K	A
O	K	F	X	R	Q	Q	S	W	K	A	I	D	P	T
Q	T	M	G	J	K	U	H	M	W	P	T	I	W	R
G	K	N	T	Y	Y	E	F	O	X	Y	I	I	A	E
J	U	G	C	M	E	S	C	A	P	E	B	K	V	D
H	Q	Q	L	R	I	T	M	P	R	W	M	U	E	E

CHOIRS
CLAM
DIRECTIONS
ESCAPE
HATRED
HAULED
HELPLESSLY
HUNGRY
IMAGINATIVE
LASTING
REQUEST
SCAR
VASES
WAVE
WINNER

192

M	A	G	N	I	F	Y	I	N	G	C	Q	R	M	M
A	U	I	X	W	C	B	D	K	A	X	K	E	T	Z
R	V	V	N	D	G	O	E	G	W	D	K	S	R	W
K	Q	E	P	B	K	N	S	N	A	Y	A	P	V	K
I	H	N	K	O	P	U	C	M	S	R	C	E	Y	O
N	V	M	N	M	P	S	R	W	J	S	O	C	C	Y
G	O	O	L	B	W	S	I	I	D	W	M	T	I	U
R	P	A	L	O	N	G	B	I	Q	G	M	A	R	F
U	B	X	U	N	E	E	I	V	N	E	E	B	C	M
I	M	K	E	F	V	Z	N	I	T	Y	R	L	U	V
X	X	R	T	T	A	M	G	S	B	A	C	E	L	N
X	V	I	T	S	M	A	L	I	Y	T	I	P	A	S
P	I	W	G	W	C	S	Q	T	V	I	A	T	T	Y
M	H	N	Y	R	G	K	E	S	Y	E	L	O	I	B
J	Q	I	X	A	V	E	J	M	V	Y	Q	Z	O	T
I	X	C	R	P	W	V	B	F	W	A	X	Y	N	U
U	F	F	Y	Y	F	U	D	J	U	L	O	G	C	I
X	P	X	I	U	O	W	S	Y	L	B	P	T	M	B
H	X	X	K	P	I	A	P	H	C	B	X	E	W	N
Z	W	G	T	R	E	M	E	N	D	O	U	S	F	O

AGING
ALONG
BONUS
CIRCULATION
COMMERCIAL

DESCRIBING
GIVEN
MAGNIFYING
MARKING
POPS

RESPECTABLE
TREMENDOUS
UPON
VISITS
WRAP

F	W	F	E	O	A	G	Y	B	G	Z	X	M	B	N
W	Y	Y	C	N	I	V	O	O	U	H	S	B	T	Q
L	Q	R	O	E	J	C	A	D	Q	E	O	W	Y	V
T	G	A	N	N	J	C	E	D	V	C	P	S	F	U
C	M	U	O	P	I	C	N	A	S	B	E	M	J	Z
E	J	A	M	H	E	J	H	B	P	T	L	I	W	I
F	B	A	I	I	Z	W	X	W	A	T	N	O	B	D
E	E	D	C	J	B	O	Q	L	D	F	E	G	E	P
O	G	A	S	P	C	K	O	O	T	K	B	Y	C	J
D	H	R	Q	G	G	C	C	A	K	I	A	B	N	X
Y	K	E	D	F	O	B	O	F	C	R	U	C	M	F
O	D	S	J	H	B	U	T	T	T	G	Z	O	G	O
W	H	L	C	U	B	B	Q	E	H	J	I	N	Q	M
H	H	R	I	O	O	S	B	R	N	B	G	S	P	N
J	N	U	A	U	R	G	A	N	T	F	O	I	T	R
V	H	B	S	B	G	D	E	O	U	Y	N	D	C	T
R	W	E	D	I	B	M	S	O	N	H	O	E	R	U
F	Q	E	W	R	O	I	M	N	U	H	U	R	A	L
A	Y	I	U	D	G	Y	T	S	E	U	J	E	B	I
D	Y	C	O	L	L	E	C	T	I	O	N	D	I	X

AFTERNOONS	CONSIDERED	DYED
BETRAYED	CORDS	ECONOMICS
BIRD	CRAB	HAVE
CHOCOLATES	DARES	JUNE
COLLECTION	DOME	RABBIT

194

B	I	N	G	H	X	Q	V	Q	O	H	F	A	Z	V
X	U	G	U	H	R	H	T	I	T	L	E	S	R	B
C	V	K	C	B	T	E	A	N	T	N	A	P	A	X
Q	I	W	P	J	C	X	E	S	T	C	R	E	F	O
F	H	W	M	Q	O	Y	E	I	H	A	L	C	S	F
K	R	A	C	E	D	S	K	F	J	E	Y	T	N	N
J	L	A	Z	A	U	R	X	S	N	F	S	S	O	L
N	M	N	I	L	D	D	M	F	O	V	C	N	W	C
M	D	B	P	K	F	A	A	V	O	J	O	B	M	S
W	T	L	Z	E	E	M	E	Q	F	J	N	P	A	W
Y	D	J	R	S	R	Z	B	U	C	N	C	R	N	D
G	C	H	I	Q	K	C	B	Y	Y	S	L	E	I	M
K	O	K	J	K	W	N	F	D	N	A	U	V	C	I
L	H	H	M	L	Q	M	X	H	H	E	S	I	H	S
R	Q	P	F	A	X	N	E	O	C	Y	I	O	E	S
T	F	N	Y	M	C	V	F	E	A	P	O	U	C	I
W	P	R	C	T	U	T	N	T	W	J	N	S	K	N
D	L	E	C	O	O	N	I	J	L	P	S	L	W	G
S	T	A	Y	E	D	Y	V	O	E	E	B	Y	O	Q
Q	G	W	J	V	J	E	S	X	N	R	R	F	T	C

ACTION
ASHES
ASPECTS
CHECK
CONCLUSIONS
EARLY
MISSING
PLUSES
PREVIOUSLY
RACED
SNOWMAN
STAYED
TITLES
TOYS
YOU'VE

S	Q	J	G	E	X	K	R	R	O	J	N	T	N	G
K	H	K	R	R	D	A	F	N	D	S	V	T	N	Z
Q	U	E	E	N	S	U	M	E	P	S	G	I	A	E
V	M	Z	L	K	X	L	S	H	T	Y	D	B	G	Q
Z	E	K	S	V	K	S	X	C	P	N	I	U	W	U
K	O	G	A	C	E	P	U	R	E	N	Q	R	A	I
T	Z	N	F	R	N	S	X	T	Z	E	W	P	N	V
N	Z	H	P	G	S	Q	E	B	N	X	E	E	T	A
S	N	M	B	F	A	R	Z	C	V	P	C	U	V	L
K	O	B	Q	O	P	E	Y	Q	V	L	B	Y	J	E
C	I	P	U	Y	T	C	Z	Q	X	O	R	D	Q	N
V	P	Z	Z	L	J	H	J	N	N	R	Z	Y	D	T
B	G	R	I	T	T	E	O	M	L	A	V	S	S	W
Q	X	J	K	F	N	X	K	C	N	T	J	F	C	F
X	T	H	I	W	Q	Y	M	G	O	I	Q	O	F	Z
E	X	F	Z	J	U	S	O	I	X	O	B	R	U	D
A	O	C	L	D	W	P	W	U	O	N	L	B	U	P
I	E	B	V	O	N	T	F	E	N	V	E	I	P	M
K	S	O	L	A	V	V	D	G	P	G	N	A	N	U
W	Z	B	J	S	L	K	W	B	U	N	K	S	F	G

BLOWS
BOTH
BUNKS
COMPRESSED
COOLING
EQUIVALENT
EXPLORATION
FIFTH
MERE
PRETENDING
QUEENS
SHELVES
WANT
WE'VE
YOUNG

196

T	V	X	I	K	F	O	A	W	X	X	S	I	G	E
J	V	E	G	G	V	V	T	T	J	Q	Z	B	N	Z
Q	X	H	X	V	H	P	H	I	V	B	M	G	N	U
S	T	Z	B	L	S	Y	I	K	B	M	E	S	F	V
K	H	M	I	Z	P	A	C	K	I	N	G	A	P	E
J	C	X	H	X	Y	A	K	U	G	P	Z	K	R	P
K	Z	O	L	Y	R	L	L	X	I	Z	L	W	O	D
H	P	L	H	G	G	Q	Y	D	P	G	Y	L	P	E
C	A	M	T	T	V	O	P	E	B	V	N	L	O	M
L	D	Q	S	I	M	P	L	I	F	I	E	D	R	O
D	O	T	N	R	R	H	D	L	B	P	D	Y	T	C
F	M	G	C	Z	M	E	S	N	Q	H	P	S	I	R
U	I	A	H	H	Y	H	O	R	E	A	Y	T	O	A
O	N	E	F	A	L	D	S	C	V	A	G	E	N	T
I	V	H	R	I	N	C	E	O	P	E	N	E	D	I
M	E	P	H	C	L	D	A	Z	S	C	D	R	X	C
B	S	M	G	F	E	B	L	B	F	W	X	I	J	S
B	T	M	R	L	K	U	X	E	S	H	E	N	B	J
P	S	L	X	L	Z	F	E	Y	D	X	Q	G	Q	K
T	K	Q	C	O	K	G	E	X	U	B	L	A	D	E

AGENT
BEARD
BLADE
DEMOCRATIC
FIERCE
HANDLED
INVESTS
OPENED
PACKING
PRAYED
PROPORTION
RACK
SIMPLIFIED
STEERING
THICKLY

197

A	R	R	A	N	G	E	M	E	N	T	J	A	D	T
N	S	M	X	G	R	P	O	L	I	T	I	C	A	L
O	O	S	N	G	N	B	N	W	D	V	X	R	I	R
F	K	A	A	K	O	S	N	Y	D	R	F	O	O	D
J	U	J	M	G	K	G	O	N	P	P	F	U	R	M
U	Z	D	L	R	T	X	Y	P	M	P	I	C	K	A
S	H	G	A	V	N	H	R	V	Y	B	I	X	C	T
T	F	P	T	Q	Y	W	R	E	E	Y	H	J	M	H

ARRANGEMENT
FOIL
MATH
PARKS
PICK
POLITICAL

198

J	Y	O	E	G	A	Z	T	T	K	L	O	S	H	X
Z	Q	I	R	S	C	R	U	B	B	T	O	U	K	Q
R	F	F	I	B	U	B	B	L	E	S	Q	N	U	M
R	O	M	Y	J	K	I	C	V	N	N	M	G	Q	O
B	M	N	D	M	C	T	P	N	E	Z	U	I	R	D
F	L	D	S	K	O	E	Y	O	S	X	G	B	T	E
X	G	O	K	P	X	U	Z	O	P	B	S	W	S	L
T	V	Q	W	A	D	N	U	Q	Z	I	C	B	C	B

BITE
BLOW
BUBBLES
MODEL
SCRUB
SUNG

C	M	C	R	E	A	T	U	R	E	W	Q	N	Y	H
O	W	O	D	C	N	M	P	Y	P	Y	U	H	S	V
O	G	R	F	I	I	J	K	H	B	P	E	J	Z	C
P	U	N	A	I	S	B	I	B	N	X	E	Q	Q	O
E	X	F	G	A	R	M	R	D	Q	R	Z	S	K	N
R	W	Q	D	E	X	E	I	Y	U	E	W	N	B	C
A	W	D	Z	D	C	E	M	S	J	H	U	U	Y	L
T	E	M	L	N	Q	O	E	A	S	B	J	C	L	U
E	I	N	E	J	C	L	N	E	N	I	N	F	J	S
S	P	P	S	F	G	K	E	F	G	E	N	S	F	I
E	H	L	Q	Y	R	E	H	N	I	O	A	G	R	O
Q	Z	P	E	E	H	X	I	C	O	R	M	I	B	N
E	D	K	C	A	W	S	I	R	O	O	M	C	G	M
C	L	H	S	H	S	F	M	M	S	L	Q	I	R	U
D	N	Y	E	E	F	A	O	F	R	I	B	T	N	C
S	Q	C	R	E	A	I	N	E	E	B	I	G	L	G
H	A	D	B	W	Q	Q	I	T	L	L	T	N	T	H
F	N	N	P	T	W	A	O	X	L	Y	S	Q	G	O
U	L	W	W	C	W	C	O	A	V	Y	L	I	O	W
G	L	Y	K	Q	T	H	Z	D	Q	F	H	T	F	V

BITS
CONCLUSION
CONFIRMING
COOPERATES
CORN
CREATURE
DISMISSING
EFFICIENCY
FACE
FAINT
FIREMAN
HIGH
PENCE
PLEASANTLY
UNDRESSING

200

S	U	C	C	E	S	S	F	U	L	D	A	P	M	O
W	F	P	O	R	G	A	N	I	Z	I	N	G	K	M
S	A	L	M	P	H	A	O	F	F	N	X	C	B	O
K	A	U	M	A	B	U	Y	P	J	V	Q	U	B	S
C	G	L	E	F	Q	V	M	S	Y	E	I	R	G	D
D	Q	P	F	G	G	A	U	A	V	N	E	R	L	I
H	B	F	Q	G	X	U	L	F	N	T	M	E	D	M
L	R	Q	Y	J	E	A	T	O	L	S	V	N	X	E
A	C	P	I	F	F	R	I	M	G	V	G	T	H	N
E	N	W	U	H	E	O	P	Y	J	C	Y	Q	D	S
K	V	Q	A	L	O	R	L	R	C	Y	F	U	N	I
M	M	U	C	Z	Z	O	I	N	I	S	Z	E	F	O
U	T	E	N	T	D	B	E	A	S	T	D	N	W	N
H	Z	L	S	O	L	T	S	H	J	E	J	O	C	S
L	N	X	U	S	W	A	A	Y	I	O	R	I	J	D
Z	C	K	Y	S	E	I	A	T	G	V	B	S	R	P
U	B	S	H	C	T	N	N	O	P	J	H	E	A	D
U	K	V	B	J	E	U	G	P	O	X	V	K	A	O
U	N	G	X	H	K	K	I	E	U	I	F	H	G	K
D	M	L	T	O	Y	P	T	G	R	F	B	A	D	Z

BEAST	INVENT	ORGANIZING
CURRENT	MESSENGER	POUR
DIMENSIONS	MULTIPLIES	RIVER
HEAD	NOISE	SUCCESSFUL
HUMANS	OBTAIN	UNTIED

201

V	A	S	J	L	Z	U	Y	S	E	T	T	E	E	B
P	D	T	S	Q	G	B	T	U	F	J	A	R	W	Y
E	Y	A	V	O	Q	X	R	Q	R	F	Z	K	Z	U
L	X	T	T	U	M	W	Z	E	B	B	V	Y	F	C
X	I	E	R	I	S	D	P	A	X	O	M	Y	G	E
K	I	M	A	R	H	P	E	F	T	M	L	R	D	C
D	F	E	D	O	U	R	G	X	A	T	Z	A	Z	P
U	R	N	E	K	W	N	Y	I	C	G	V	S	E	R
H	P	T	D	X	I	O	I	E	P	N	P	Y	O	S
U	Z	S	S	U	P	E	R	V	I	S	E	S	P	H
X	U	P	G	Q	G	I	Q	A	E	U	L	L	Q	O
J	B	R	I	G	D	R	D	C	C	R	V	Q	G	C
O	A	G	T	N	X	J	O	T	T	A	S	I	I	K
Y	D	B	I	P	R	E	P	O	S	I	T	I	O	N
C	H	Z	A	A	J	L	I	X	V	M	K	M	T	L
N	K	N	W	R	P	P	B	B	M	E	N	N	V	Y
P	V	R	X	O	G	L	C	O	P	N	E	A	T	W
L	C	O	A	R	E	A	M	E	U	K	U	R	C	Z
W	A	T	V	N	R	T	I	I	U	Z	P	A	W	S
I	F	X	F	D	F	J	C	N	T	R	L	E	D	K

ARGUING
BARGAIN
GROOVE
INDIRECTLY
INVADE
NEAT
PAWS
PREPOSITION
SETTEE
SHOCK
STATEMENTS
SUPERVISES
TRADED
UNIVERSITY
UPPER

Y	N	I	K	T	M	E	G	T	M	E	O	V	S	O
A	B	Z	H	B	F	W	H	E	V	O	W	N	M	J
X	L	H	K	S	K	K	J	A	U	I	F	W	I	R
K	S	J	J	I	K	N	C	X	P	I	B	D	G	R
C	J	D	W	F	Y	S	S	X	N	H	G	J	D	M
M	Z	V	T	W	N	P	O	F	G	T	L	L	Q	P
J	Q	I	K	H	O	C	H	E	A	D	E	D	W	W
S	Z	E	J	R	K	C	A	S	U	P	J	V	Z	U
F	V	H	D	I	S	C	O	V	E	R	E	D	X	N
J	P	N	E	Z	N	Q	A	M	M	G	N	Y	D	T
N	J	Q	F	D	A	Z	U	Y	A	G	L	R	T	J
M	W	E	V	V	U	L	X	L	A	K	Q	R	Y	I
N	O	Z	L	H	G	I	D	S	H	F	E	N	H	L
J	M	S	M	L	H	O	O	C	X	N	G	N	N	F
V	K	X	P	L	T	V	H	K	Q	H	O	J	H	B
N	V	Q	T	O	I	Q	K	R	L	M	M	A	V	A
E	C	N	D	S	E	V	E	N	L	F	I	Z	T	E
C	A	J	J	E	S	H	W	A	I	G	R	U	S	H
K	R	Y	N	S	T	D	S	P	E	E	C	H	M	P
S	D	A	Z	J	O	J	R	N	S	I	C	O	A	D

CARD	LIES	OATH
CAVE	LOSES	RUSH
DISCOVERED	MAKE	SALMON
DROPS	NAUGHTIEST	SEVEN
HEADED	NECKS	SPEECH

203

O	E	I	E	R	B	H	S	P	U	G	N	C	I	I
K	V	H	D	K	R	L	U	Y	N	G	H	Y	D	M
P	L	J	P	O	B	G	L	I	M	M	W	K	Q	G
W	J	V	U	W	Z	K	N	R	W	R	A	I	N	F
I	F	H	H	B	C	E	X	S	Y	B	Y	I	R	D
H	G	B	J	I	D	S	N	Y	Z	Q	R	J	D	E
X	M	O	S	R	J	F	P	S	H	A	K	I	I	F
I	U	K	A	Y	N	Y	A	S	C	S	W	Q	S	D
U	I	G	D	K	K	D	K	E	Z	P	F	E	E	D
M	Z	L	K	Y	R	D	J	Y	I	G	L	H	Y	Z
T	Z	Z	T	A	I	R	Y	H	U	T	C	H	A	A
G	S	Q	D	U	E	G	P	W	U	A	I	Y	M	J
L	G	L	E	Y	Z	A	D	D	O	I	U	J	D	P
X	C	E	A	B	R	D	M	R	L	N	Z	R	N	F
W	P	S	Z	G	R	U	P	P	Z	G	C	K	M	T
S	Q	U	E	A	K	P	S	N	V	R	C	E	B	Z
F	Y	L	W	M	A	W	A	Y	G	A	D	H	L	K
N	E	O	G	K	L	V	W	D	T	B	D	I	E	S
T	C	J	V	N	C	F	M	T	G	X	W	V	V	W
X	N	A	Z	L	Y	Q	A	X	W	Y	K	V	X	D

APPROACHED
ATTACK
CARING
CHEW
COWARD
DIES
DOZENS
FEED
GARDENING
MAID
ONCE
SICKLY
SQUEAK
TELEGRAPH
WIRE

D	I	C	I	S	S	L	U	L	S	Z	G	N	E	N
I	A	P	Y	X	V	W	Z	N	H	G	V	D	W	J
S	H	Q	L	Z	D	M	U	O	I	I	Q	X	R	H
C	T	B	O	U	N	D	A	R	I	E	S	B	E	V
U	M	Y	S	L	S	U	C	E	A	E	M	E	A	T
S	O	T	M	T	C	L	P	U	J	Q	R	K	S	F
S	F	D	C	J	T	G	D	Y	E	I	V	R	O	A
I	D	R	K	X	F	N	A	H	A	F	U	W	N	T
O	A	S	Z	T	Q	A	M	O	I	B	C	R	A	M
N	S	X	P	Z	M	A	A	Q	E	Y	P	P	B	O
N	O	R	I	A	P	O	G	F	Z	J	J	R	L	S
W	Y	P	H	A	C	P	E	A	K	X	L	E	E	P
P	E	M	H	F	I	E	K	D	I	Q	C	S	J	H
O	V	T	D	Z	H	D	S	Z	H	N	E	T	T	E
L	P	E	Z	I	R	R	K	H	E	G	V	R	B	R
L	O	X	T	R	I	V	A	L	I	I	A	A	U	E
E	H	J	B	O	D	J	Y	S	V	P	J	I	N	B
N	H	U	C	I	I	W	O	V	E	N	S	N	E	J
C	W	U	N	U	W	N	Z	D	F	U	B	E	X	E
Q	H	D	T	F	G	P	X	U	P	V	M	D	N	Q

AGAIN
ATMOSPHERE
BOUNDARIES
BURST
DAMAGE
DEPART
DISCUSSION
PLUS
POLLEN
REASONABLE
RESTRAINED
RIVAL
SPACESHIPS
VETO
WOVEN

205

D	V	S	I	W	S	K	X	L	I	S	I	F	N	S
S	C	I	E	N	T	I	F	I	C	L	Z	F	F	I
A	S	L	N	B	K	A	L	W	I	N	J	F	Y	I
E	S	F	Y	O	E	Z	J	L	U	D	U	C	L	F
W	F	K	J	D	F	P	D	N	T	P	N	N	K	Y
T	S	B	I	J	U	M	P	E	R	S	J	C	L	Q
F	E	K	C	N	D	I	U	K	O	C	M	A	A	H
P	N	C	I	A	G	C	R	E	K	K	Z	Q	E	K
B	I	S	A	D	A	R	S	R	R	F	T	G	W	S
W	Y	E	D	N	Y	O	E	O	Z	S	L	K	M	E
P	M	A	Z	K	S	P	I	Y	E	N	Z	X	E	X
S	R	T	N	V	E	H	I	C	L	E	S	C	L	R
V	X	I	F	F	D	O	I	K	F	T	N	C	H	L
Y	L	N	W	G	O	N	D	R	P	A	R	S	T	B
L	P	G	H	I	X	E	S	M	T	O	A	Y	C	Y
M	T	S	H	T	N	R	T	S	O	W	B	N	M	F
R	I	K	K	I	Q	D	I	E	C	P	G	P	C	T
X	I	K	Z	W	B	S	O	M	R	T	K	B	A	Y
J	W	H	I	C	E	F	H	W	L	X	I	O	M	M
G	W	H	A	R	M	F	U	L	J	A	B	E	H	U

ASKING
BOAT
CANS
DEAF
HARMFUL
JUMPERS
MICROPHONE
NICEST
PUFFS
PURSE
RESISTANCE
SCIENTIFIC
SEATING
VEHICLES
WINDOW

X	H	Y	D	I	V	P	R	E	G	V	A	H	S	H
K	C	X	T	Q	L	V	E	T	E	V	U	V	E	W
U	C	O	N	D	E	M	N	I	N	G	F	B	U	S
W	P	V	H	I	G	E	A	B	G	G	T	M	H	S
S	M	C	N	H	Y	S	W	A	G	E	S	V	R	F
D	I	S	G	B	T	T	X	W	L	V	E	O	H	Y
F	C	L	P	G	B	A	F	F	C	T	E	S	S	M
Q	R	M	K	G	N	B	Z	Q	R	D	U	K	O	N
M	O	T	I	O	N	L	E	S	S	Z	C	Z	F	Q
P	S	S	K	S	D	E	C	O	R	A	T	E	D	S
E	C	U	F	I	D	P	R	P	A	M	G	Q	E	L
C	O	M	P	R	O	M	I	S	E	P	Y	T	U	I
F	P	R	U	P	N	B	X	W	D	X	A	L	A	E
K	E	U	B	Q	A	Z	K	O	L	G	T	C	U	U
E	S	X	H	Z	F	H	B	Y	Z	A	S	W	R	T
W	F	X	N	F	J	J	T	X	L	W	C	A	B	E
T	S	Q	C	T	W	L	G	C	O	Y	F	K	A	N
N	D	T	P	V	F	X	X	H	N	C	G	E	N	A
H	I	I	L	B	R	O	S	W	V	L	O	A	D	N
M	C	K	F	I	I	T	Q	X	E	I	O	J	W	T

COMPROMISE
CONDEMNING
DECORATED
GATES
LACK
LIEUTENANT
LOAD
MICROSCOPES
MOTIONLESS
SHOWS
SPOT
STABLE
URBAN
WAGES
WAKE

L	V	A	R	N	I	S	H	I	N	G	O	K	L	N
X	Y	D	Y	F	B	L	F	M	F	Y	L	H	O	L
Z	K	E	I	N	M	P	L	O	F	E	D	I	H	A
T	G	F	J	T	P	W	Z	U	N	O	T	M	Q	D
Q	I	G	D	L	U	J	F	T	S	A	I	L	E	D
W	I	I	L	B	Z	N	G	I	I	T	E	J	G	E
S	O	P	K	U	Z	C	F	R	Z	T	R	L	K	R
T	J	Q	H	K	L	R	A	R	L	K	L	A	L	I
N	W	D	Y	H	E	V	T	Y	I	H	U	R	T	Q
N	H	P	Y	Z	Q	O	Q	A	Y	E	R	O	B	E
Y	N	N	H	W	C	F	O	R	E	Y	N	L	S	T
T	U	F	A	H	Q	T	R	C	Z	F	M	D	A	S
C	W	Z	H	X	J	E	A	U	J	V	I	E	L	K
H	P	F	D	S	B	R	J	G	D	P	B	R	N	Y
U	B	K	O	W	G	H	C	L	Y	C	S	G	I	D
U	P	Y	A	R	A	Y	Q	P	D	A	O	G	W	M
T	E	R	S	O	J	A	I	N	I	L	Y	P	G	X
T	T	F	X	C	A	Q	I	B	R	B	R	I	Y	Z
S	L	Y	Q	K	F	F	U	A	H	J	U	M	E	K
H	F	O	Z	Y	B	M	K	I	S	I	L	L	L	H

COPY
FIND
GRACE
HURT
ILLUSTRATE
LADDER
OLDER
PUZZLE
ROBE
ROCKY
SAILED
STRAWBERRY
UNFRIENDLY
VARIATION
VARNISHING

208

H	K	N	O	Y	Q	P	N	T	E	E	H	O	T	T
D	A	L	X	H	S	V	C	X	C	S	M	R	E	N
O	I	T	S	W	P	K	U	N	I	J	Y	W	T	K
C	C	S	E	H	A	G	I	W	R	N	C	C	A	G
N	T	A	C	S	K	R	J	E	Z	U	E	A	N	N
Z	A	I	J	O	P	E	U	P	D	H	D	U	K	E
V	J	D	Y	E	D	H	I	I	K	T	G	S	V	C
J	S	J	L	Z	R	T	L	S	Y	D	B	E	E	F

CAUSE
DISCO
DUKE
HATES
PRINCE
SAID
SKIED
TANK
WISH

209

T	Z	C	T	C	U	S	V	L	Z	E	L	D	Q	T
F	Y	S	U	R	T	I	G	C	R	M	M	N	Q	A
D	X	W	E	I	G	H	T	T	O	M	K	C	I	J
P	J	K	M	M	E	Y	N	D	K	L	J	P	J	R
V	X	I	N	E	B	N	N	G	W	A	S	T	E	S
I	L	N	F	D	O	A	O	J	H	I	O	P	E	O
F	E	D	M	A	R	T	R	R	A	D	I	O	K	R
H	K	S	A	I	C	O	N	N	E	C	T	I	N	G

CONNECTING
CRIME
KINDS
LAID
LIMITS
RADIO
RANDOM
WASTES
WEIGHT

D	M	W	N	I	A	C	S	D	I	N	I	L	S	C
Y	X	I	E	G	V	O	Y	K	L	I	V	F	D	B
L	O	C	E	Y	G	Z	X	G	P	O	X	P	M	T
C	I	I	E	L	J	A	N	O	F	G	O	O	K	T
F	A	T	K	Y	H	S	I	E	Q	K	B	S	C	R
U	R	K	E	W	T	H	G	A	S	T	E	G	E	O
E	K	E	N	R	U	D	J	C	F	Z	H	P	R	T
F	U	T	V	V	A	P	U	M	I	C	I	O	W	T
E	S	S	Y	I	C	T	B	R	V	Y	N	S	B	E
K	I	U	F	V	D	N	U	T	Z	C	D	S	D	D
O	Z	N	R	H	E	W	F	R	V	R	K	E	W	W
X	P	B	M	R	L	A	I	N	E	O	L	S	B	N
S	K	D	X	J	O	H	O	X	I	F	S	S	Y	E
T	T	Q	X	Y	Q	U	F	B	R	R	O	I	D	Q
E	Z	I	E	B	D	Y	N	U	E	G	W	O	X	B
R	Q	U	G	H	Q	H	E	D	C	H	I	N	A	O
M	C	B	D	C	I	I	I	S	E	R	B	Q	A	L
S	U	V	W	I	D	R	O	P	A	D	D	L	E	D
Z	D	N	E	L	C	T	M	F	H	C	R	I	I	R
G	F	V	N	M	U	P	L	W	F	R	A	M	E	G

BEHIND	COIN	POSSESSION
BOLD	FRAME	RIDERS
BOMB	LITERATURE	SURROUNDED
BUDS	LOOSE	TERMS
CHINA	PADDLED	TROTTED

F	I	N	J	Y	Y	F	P	N	E	X	D	W	E	W
R	W	O	N	T	L	W	B	J	T	O	F	A	F	G
I	L	L	P	E	F	G	C	A	Y	N	S	P	Q	K
E	C	J	S	A	H	U	R	M	D	B	F	M	J	O
N	U	T	H	L	M	S	Q	B	M	T	W	K	Q	L
D	I	X	S	Y	O	D	Y	U	Z	K	I	Z	I	O
S	A	R	S	A	O	H	H	L	I	S	M	F	G	B
T	I	L	T	E	D	T	K	A	N	N	N	I	L	M
W	R	J	Q	G	S	C	L	N	X	X	S	H	F	O
L	O	L	B	B	L	G	J	C	B	O	R	E	M	K
S	X	V	I	R	R	T	K	E	S	Q	B	N	S	H
R	E	Y	O	Z	P	R	E	S	I	G	N	C	T	J
V	E	V	O	V	K	L	H	Y	I	L	A	O	X	I
E	C	A	M	A	G	O	R	S	D	L	B	U	J	A
C	E	R	E	N	S	D	X	M	T	W	S	R	Y	N
Q	V	E	I	W	Y	V	E	G	L	L	E	A	D	A
R	X	R	O	S	Z	E	B	R	A	S	Y	G	P	R
Q	U	R	C	Z	I	S	D	T	I	J	M	E	W	E
D	H	C	B	B	F	N	E	O	V	V	N	D	U	N
T	X	S	H	I	J	P	G	X	Q	P	K	I	M	T

AMBULANCES
AREN'T
DURING
ENCOURAGED
FRIENDS
ITSELF
LEAD
MOODS
PETALS
RESIGN
RISING
THROWS
THUMBS
TILTED
ZEBRAS

N	L	N	O	L	E	N	L	S	J	I	O	P	S	X
O	F	I	Q	C	C	K	V	E	P	S	U	T	V	V
G	B	M	K	J	P	B	U	G	F	F	A	N	F	E
E	L	I	R	R	I	G	A	T	I	O	N	V	P	K
C	O	I	E	H	A	R	F	K	J	I	M	H	Q	B
A	W	U	S	L	U	A	X	N	T	N	R	U	X	G
Z	R	S	P	F	S	N	E	I	G	H	T	S	J	K
O	H	D	O	H	M	D	B	A	L	L	O	T	H	W
W	O	S	N	B	R	M	A	Q	M	Q	H	W	M	K
Q	R	F	S	V	B	A	F	U	H	R	F	A	C	T
I	I	I	I	H	U	C	S	Z	I	Z	R	G	Y	G
Z	G	P	B	B	X	Y	I	E	Y	L	M	W	Y	Z
I	I	A	I	M	P	L	B	B	F	W	D	E	B	Y
W	N	S	L	E	K	B	U	V	U	O	N	E	D	Z
Z	A	Z	I	R	T	W	J	X	M	A	V	B	P	K
E	T	G	T	R	J	G	R	C	H	J	J	A	S	H
V	E	K	I	Y	O	U	R	S	E	L	F	E	Q	S
H	D	E	E	Q	V	B	F	L	T	P	D	A	R	J
Y	F	K	S	Q	J	M	I	T	O	S	T	U	F	F
N	E	W	S	P	A	P	E	R	I	Z	Z	V	X	Y

BALLOT
DESK
EIGHTS
FACT
GRANDMA
IRRIGATION
MERRY
NEWSPAPER
OATS
ORIGINATED
PHRASE
PLAGUE
RESPONSIBILITIES
STUFF
YOURSELF

Y	D	U	B	G	W	L	M	R	V	S	L	Y	C	P
F	I	X	S	A	C	K	K	U	P	E	D	W	H	U
T	Z	J	C	V	X	F	P	J	E	K	O	P	R	G
R	C	L	I	M	B	L	K	H	P	L	O	D	I	I
D	C	O	N	T	R	I	B	U	T	E	D	V	S	Y
T	G	J	W	U	B	M	N	X	T	Q	W	I	T	P
D	M	Q	Q	I	N	I	D	H	U	T	B	U	M	I
E	Y	T	V	K	U	T	O	K	F	M	L	B	A	N
C	O	R	R	E	C	T	I	N	G	Z	A	X	S	D
A	W	N	S	V	G	Q	R	O	J	S	L	S	S	E
D	Y	Z	C	Q	E	V	D	C	O	L	Q	G	T	F
E	I	U	I	Y	D	R	C	K	Y	I	B	P	O	I
S	M	P	P	Z	K	W	F	S	V	V	S	H	C	N
D	W	R	L	M	P	U	L	D	C	U	T	H	K	I
S	P	N	I	A	X	T	S	Y	B	R	W	Y	I	T
T	Q	X	Z	G	Y	L	X	Y	W	W	A	R	N	E
A	P	P	L	E	S	I	N	U	K	E	A	P	G	E
N	V	U	W	E	Y	X	N	L	I	Y	G	I	E	Y
D	P	F	N	C	S	Z	L	G	F	C	J	X	W	D
S	H	S	X	P	C	S	G	X	T	E	S	C	B	Y

APPLES
CHRISTMAS STOCKING
CLIMB
CONTRIBUTED
CORRECTING
DECADES
HEEL
INDEFINITE
KNOCKS
LIMIT
MAST
PLAYING
SCRAPED
STANDS

214

M	Z	D	P	B	M	M	B	S	Z	C	K	F	F	S
M	S	D	O	U	K	P	S	H	B	Z	X	K	E	Q
M	N	E	S	Z	M	X	G	Y	V	O	M	L	A	U
X	Y	F	Q	C	X	E	X	J	E	U	O	A	U	X
N	S	I	A	P	C	K	J	Y	F	M	M	K	D	A
T	Z	N	O	W	D	A	Y	K	P	Y	X	A	E	L
T	J	I	R	R	U	B	G	E	V	D	Q	C	F	J
Y	Z	T	N	Q	R	C	F	E	V	G	C	C	E	U
Z	L	E	D	W	Z	Z	E	E	D	F	A	E	V	G
T	U	L	E	X	L	B	O	V	X	O	T	P	A	D
C	C	Y	E	B	S	H	Y	G	U	L	E	T	S	T
G	T	F	Y	D	Y	B	E	D	L	J	G	A	S	D
R	H	F	D	H	A	X	G	V	R	Q	O	N	I	T
L	G	I	A	B	P	Y	M	P	E	L	R	C	G	A
T	D	L	N	D	F	R	V	E	O	U	I	E	N	X
A	P	A	I	D	I	X	Y	S	L	B	E	H	M	E
L	M	V	S	E	W	Z	H	N	W	O	S	N	E	S
K	E	J	H	A	R	Z	P	L	S	I	Z	Q	N	B
E	L	V	G	U	A	R	A	N	T	E	E	D	T	E
D	T	P	K	V	X	O	T	K	K	B	R	I	C	K

ACCEPTANCE
ASSIGNMENT
BOOK
BRICK
CAGED
CATEGORIES
DANISH
DEFINITELY
GUARANTEED
HIND
MELT
MOLES
SOLO
TALKED
TAXES

T	I	B	G	O	L	L	Y	C	M	S	K	R	G	Y
Q	R	Z	X	R	V	M	O	G	Q	O	G	Z	G	W
X	G	F	U	M	Q	U	S	Q	F	Q	X	T	F	M
O	M	W	A	D	I	A	L	O	G	U	L	X	P	V
N	L	Y	I	N	Q	P	S	Q	C	F	A	A	R	J
V	Z	V	P	Z	G	N	I	T	K	C	U	H	Q	R
U	G	E	H	V	I	R	X	C	C	P	U	R	Z	V
K	Y	D	L	E	S	V	I	Y	R	Y	O	P	M	T
D	N	X	V	I	T	C	F	E	F	R	U	M	Y	J
F	L	G	J	A	Y	P	A	O	R	T	I	E	S	M
I	O	U	P	A	R	S	W	O	F	E	A	L	E	N
E	A	K	A	U	G	N	D	C	Z	D	A	T	L	C
I	A	P	Y	Q	S	D	F	A	W	N	N	E	F	H
Z	P	D	N	P	T	P	O	T	I	O	N	D	W	A
W	Q	Y	B	T	F	L	J	Z	H	F	O	G	S	X
I	J	K	A	U	F	E	F	G	U	O	U	U	C	M
L	A	T	V	S	T	A	Y	S	L	I	N	J	R	G
D	J	Y	Y	F	V	S	M	B	I	Q	C	W	E	A
E	Z	K	G	S	V	E	R	A	R	C	E	I	A	I
R	X	J	I	Z	K	S	Z	M	W	E	K	T	M	N

ANGRIER	MELTED	SCREAM
ANNOUNCE	MYSELF	SICK
BLOOD	OCCUPY	STAYS
DIALOG	PLEASES	VEINS
GAIN	POTION	WILDER

216

F	R	I	E	N	D	S	H	I	P	J	P	D	L	U
J	Z	U	M	K	E	Y	F	Y	I	U	J	I	X	Y
Q	U	Z	O	W	P	D	N	F	K	V	V	F	P	N
Q	D	C	J	S	F	K	H	W	Y	S	U	I	F	J
W	C	F	D	D	P	L	K	F	W	J	Z	S	L	P
I	Y	J	V	X	L	E	O	T	F	Y	X	H	Z	X
F	H	C	O	N	S	T	R	U	C	T	S	U	T	X
B	B	U	Q	X	M	I	A	F	R	S	J	G	P	T
G	Y	B	I	U	I	W	D	B	O	X	N	V	B	I
L	H	A	R	E	Y	E	F	B	K	R	V	X	O	L
E	N	E	B	O	S	O	Z	H	K	W	M	I	H	E
G	S	F	N	L	S	S	N	U	C	P	E	I	G	S
L	W	N	Q	U	S	U	P	Q	J	U	G	S	N	Y
M	A	Q	K	C	I	A	T	X	J	H	Y	X	L	G
U	E	C	O	K	M	H	L	H	A	A	P	A	S	I
Y	B	G	C	S	T	Z	M	C	T	C	T	D	X	F
N	I	S	J	J	T	Y	K	A	V	I	S	U	A	L
V	B	N	F	P	C	L	Z	T	N	I	T	L	W	I
M	F	N	Y	U	C	J	C	C	O	R	A	L	N	T
U	W	Q	O	P	C	W	F	H	O	V	E	N	S	Q

ANNOY
CATCH
CONSTRUCTS
CORAL
DULL
EGYPT
FISH
FRIENDSHIP
ITALY
JUGS
LUCK
OVENS
PERFORMING
TILES
VISUAL

E	G	W	X	R	N	M	U	C	V	C	P	X	Z	K
K	D	G	H	J	C	L	F	H	N	I	T	O	L	D
Q	E	K	A	O	W	M	A	E	H	K	Q	L	S	Z
L	X	X	L	Q	T	A	K	S	X	O	I	K	H	D
A	N	U	M	I	Z	L	R	C	A	T	C	G	X	I
E	P	E	O	S	B	E	G	I	N	N	I	N	G	S
X	F	Z	S	P	D	P	L	A	N	E	T	C	P	K
A	Z	K	T	A	C	D	L	C	Z	E	Y	L	H	I
O	T	M	E	P	W	H	C	S	O	R	P	A	I	C
W	N	L	X	K	F	M	P	P	E	W	V	S	F	O
Z	R	Q	B	X	W	S	B	C	Y	E	N	S	C	N
T	S	E	F	D	A	X	N	M	U	J	E	R	F	D
R	N	U	C	M	A	E	P	P	A	A	H	O	H	I
V	O	Z	B	W	I	C	E	Q	P	C	R	O	S	T
K	Q	L	Z	R	N	T	R	N	N	T	M	M	D	I
I	H	F	E	Y	C	A	B	U	Y	A	U	S	I	O
J	R	P	H	D	H	L	P	P	E	E	T	K	Z	N
Q	X	Y	X	Q	E	H	W	R	S	S	T	U	C	S
E	X	J	M	L	S	U	C	U	O	Y	D	H	R	K
S	S	J	Q	W	T	J	M	K	P	N	L	K	F	E

ALMOST	CREAM	MUSEUMS
APRON	DISK	NATURE
BEGINNINGS	EXPERIENCE	PLANET
CLASSROOMS	INCHES	PUNCH
CONDITIONS	LEADERSHIP	TILL

218

H	T	R	W	Q	J	Y	F	Z	C	H	A	I	N	K
J	A	F	W	O	N	R	F	I	R	V	R	V	N	D
W	X	N	A	K	S	Z	B	D	N	E	T	V	S	O
S	N	R	U	D	Z	L	L	I	M	S	G	T	G	L
W	O	Z	M	T	A	F	H	I	A	T	N	X	S	L
Q	Q	D	N	G	R	A	F	C	Z	E	T	B	U	J
Q	J	G	H	H	P	Y	D	T	M	H	W	O	R	T
C	C	K	O	T	R	A	R	N	R	K	F	P	V	H
G	M	P	Z	G	O	M	R	A	I	A	U	M	I	U
M	E	U	E	R	H	E	O	I	S	I	G	I	V	D
D	K	I	B	E	V	G	E	L	W	Q	O	W	E	Q
U	V	G	I	O	S	E	J	S	C	O	J	T	R	E
O	Y	E	G	O	S	F	J	H	R	E	A	E	B	B
Z	J	H	M	I	G	E	U	S	D	I	V	N	B	Y
V	W	B	R	A	G	P	C	D	V	A	W	T	G	T
B	Q	N	L	U	I	C	D	E	O	S	N	S	U	O
Q	U	V	D	S	U	D	R	K	I	K	K	C	Y	U
S	Z	V	E	F	J	B	S	O	I	E	R	G	E	R
J	K	F	S	T	B	R	X	M	N	D	V	Z	S	S
S	U	T	T	A	R	S	P	O	B	O	X	B	G	R

ABBREVIATED
ASKED
BROADCAST
CHAIN
DANCES
DOLL
FINS
GOVERNMENTS
MAIDS
NAILS
SUNRISE
SURVIVE
TENTS
THUD
TOUR

219

D	B	K	Z	M	A	I	N	T	E	N	A	N	C	E
A	S	L	A	A	Q	W	T	R	X	S	P	A	C	E
N	R	D	A	N	U	Z	A	L	E	I	P	X	H	Q
H	C	Q	E	M	F	Q	V	I	T	L	E	A	I	S
B	E	T	V	N	E	P	Y	F	V	Y	A	Z	G	Q
S	H	M	Y	V	V	S	I	L	Q	F	L	X	H	H
R	M	S	T	R	U	G	G	L	E	N	S	Z	E	V
L	G	T	R	A	G	O	C	H	O	R	E	S	R	D

APPEALS
BLAME
CHORES
GIFT
HIGHER
MAINTENANCE
RELAXED
SPACE
STRUGGLE

220

C	H	A	L	L	E	N	G	E	D	C	C	K	B	M
H	N	V	I	R	T	U	A	L	L	Y	D	C	H	A
A	S	L	N	K	M	C	V	J	A	Q	E	U	O	L
I	S	Y	E	P	P	L	R	O	A	R	A	S	L	W
N	L	J	D	G	V	E	R	D	S	R	L	H	E	O
S	S	Y	U	A	T	U	Y	P	O	X	W	E	T	D
X	T	R	E	L	M	S	W	B	Y	O	B	Q	V	P
D	I	S	T	I	N	G	U	I	S	H	N	L	Q	I

CHAINS
CHALLENGED
DEAL
DISTINGUISH
HOLE
LINED
NUCLEUS
ROAR
VIRTUALLY

221

L	I	J	R	S	X	M	T	Z	Z	M	A	Y	A	O
M	F	E	K	F	O	G	S	I	P	M	C	Z	I	K
N	U	G	D	F	L	M	H	D	V	C	F	Y	R	V
R	A	S	L	D	I	O	I	S	V	D	U	X	O	K
X	I	T	M	O	E	K	C	T	J	L	I	A	N	Y
U	I	E	T	I	Q	A	W	W	T	P	W	C	I	H
R	C	E	C	Z	L	Z	L	H	B	E	M	C	N	M
Z	Z	W	R	X	L	I	H	I	T	S	D	U	G	Y
X	E	Q	S	S	H	N	N	T	N	Z	E	S	L	I
Q	D	O	C	L	H	D	W	G	N	G	P	T	E	P
X	W	G	A	Q	A	I	J	Z	B	T	A	O	H	C
C	Q	E	T	B	T	V	Q	D	Y	E	R	M	B	D
N	E	Z	F	U	A	I	E	H	R	N	T	E	K	Y
Y	B	E	E	W	G	D	Q	G	N	P	M	D	J	Z
C	R	Z	X	N	E	U	Y	F	F	H	E	M	E	B
B	H	D	D	S	P	A	A	S	A	I	N	R	A	O
H	F	H	L	J	E	L	U	Z	F	O	T	Y	L	O
W	J	A	U	Q	B	E	O	D	A	G	G	H	O	M
E	F	U	I	N	T	E	R	E	S	T	E	D	U	K
E	P	J	Q	A	Y	C	J	F	T	C	C	X	S	H

ACCUSTOMED	FAST	IRONING
BOOM	GREATLY	JEALOUS
DEALING	HITS	OMITTED
DEPARTMENT	INDIVIDUAL	SLAVE
FALSE	INTERESTED	SMILING

C	O	N	T	R	I	B	U	T	E	H	X	V	R	M
F	N	R	O	A	R	F	S	U	N	E	D	T	M	M
B	E	S	I	D	E	S	E	T	Z	L	C	H	Y	I
C	U	K	O	G	H	T	Q	T	D	I	B	Y	S	S
A	Y	J	R	Y	I	X	Z	J	A	C	U	O	A	T
N	K	Z	E	T	M	N	M	S	P	O	L	I	C	Y
A	U	Z	E	R	E	J	S	B	P	P	I	L	W	L
H	E	P	H	M	H	Z	W	H	J	T	S	T	N	J
Q	P	L	S	M	D	N	P	L	U	E	Q	Z	F	K
A	G	T	V	K	L	I	L	V	S	R	M	P	G	N
S	T	G	Y	E	J	W	R	N	Z	X	C	K	Z	I
V	Q	T	V	G	S	C	O	Q	O	B	U	I	V	N
A	H	A	R	S	P	I	Y	Q	D	O	Z	U	M	E
A	S	A	C	A	N	W	R	O	G	Z	O	D	H	T
N	K	K	K	A	C	C	M	B	P	P	V	M	Z	E
F	Y	O	P	R	D	T	Z	F	G	W	F	I	G	E
W	L	M	T	C	R	L	I	J	V	K	S	S	L	N
P	O	J	B	K	T	D	J	O	P	O	Z	E	O	T
C	O	L	L	E	C	T	I	O	N	S	V	R	V	H
N	V	P	F	Z	N	S	X	C	L	A	W	Y	E	F

APPETITE
ATTRACTION
BESIDES
COLLECTIONS
COMPANIONS
CONTRIBUTE
ELVES
GLOVE
HELICOPTER
MISERY
MIST
NINETEENTH
ORIGINS
POLICY
WOLF

223

L	E	V	I	E	D	U	Q	F	O	D	V	N	S	P
S	O	V	D	C	I	P	O	Q	E	D	D	O	V	V
U	Q	D	I	I	O	Y	C	L	U	M	P	U	N	S
A	K	V	F	P	R	M	I	Q	D	W	E	N	L	V
I	E	N	F	J	V	A	P	B	O	N	V	S	K	K
Y	J	O	E	I	F	Y	N	L	I	S	M	B	O	Z
E	J	U	R	H	L	L	F	X	A	W	Z	Q	B	S
J	S	E	E	E	D	P	E	W	R	I	G	O	P	J
O	O	Z	N	C	E	I	H	F	V	H	N	P	M	E
C	Y	S	C	T	T	G	F	M	U	Q	P	E	L	T
N	A	S	E	S	N	S	L	T	C	P	R	I	D	E
M	E	H	Q	I	B	Y	W	L	Y	V	O	B	B	F
D	X	D	D	D	P	A	S	S	E	N	G	E	R	S
U	B	N	I	U	R	H	E	A	N	I	R	O	P	H
G	E	L	Z	T	M	H	W	R	V	P	E	E	R	O
L	V	X	S	P	O	P	A	T	T	O	S	P	U	U
S	J	V	Q	G	H	R	E	E	C	R	S	K	Y	T
M	I	B	Q	A	A	X	U	D	B	D	S	K	S	S
Z	W	Y	R	R	N	K	X	X	Q	H	O	T	R	W
M	F	L	X	H	G	B	M	H	F	W	S	L	M	A

CLUMP
COMPLAINED
DIFFERENCE
DUMPED
EDITOR
FAILED
FLOW
HANG
LENDING
NOUNS
PASSENGERS
PRIDE
PROGRESS
SHOUTS
STRAW

A	D	D	I	T	I	O	N	A	L	F	O	R	R	X
E	C	J	E	P	P	K	G	A	G	M	F	M	H	X
Y	W	T	U	N	E	S	F	B	I	O	T	V	O	E
S	Z	P	O	A	O	U	H	X	W	Z	E	B	E	D
Y	L	S	S	R	C	U	Z	A	E	J	Q	I	K	A
Z	B	H	R	L	N	U	N	K	K	H	F	E	X	T
C	R	M	G	G	T	B	X	C	U	E	Z	R	B	U
Z	A	N	F	P	M	H	A	X	E	B	S	X	O	Q
Y	I	B	O	C	Z	V	D	Z	D	D	D	B	M	Q
Q	N	N	A	R	C	O	Z	B	S	N	V	J	H	B
B	I	V	D	O	Z	H	I	U	L	E	A	I	U	E
I	N	Q	G	U	E	I	K	E	Y	C	L	K	T	H
U	G	H	Z	T	S	S	E	A	M	Z	A	L	P	D
Q	V	Z	K	E	T	T	Y	P	M	E	J	I	F	Z
P	D	G	G	R	N	Q	R	R	C	N	Z	V	N	N
A	D	C	O	K	B	D	E	I	I	X	X	F	C	L
S	U	F	F	E	R	I	N	G	E	D	A	D	S	V
T	F	U	J	R	P	H	F	H	G	S	P	Z	Y	Q
E	U	X	A	H	T	C	S	O	U	N	D	S	W	S
O	P	X	D	E	U	G	D	Y	H	Z	E	F	C	H

ACTOR
ADDITIONAL
DADS
DENOUNCED
EFFORTS
ETHNIC
INDUSTRIES
PASTE
RAINING
ROUTE
SELL
SHAKES
SOUNDS
SUFFERING
TUNES

C	Q	O	L	Y	B	R	A	F	N	U	M	X	G	T
C	R	E	M	W	L	I	K	G	B	O	R	N	R	E
A	V	I	V	G	H	D	F	T	G	G	U	O	J	U
D	T	W	T	A	X	D	X	L	X	G	G	L	P	X
G	W	Y	E	I	U	E	O	R	A	D	Z	I	F	F
F	T	P	U	H	C	N	V	L	H	F	K	D	I	Z
B	J	C	K	F	Q	I	H	I	W	W	E	H	S	A
J	F	A	H	A	U	Z	Z	U	D	F	L	E	H	M
R	I	L	M	S	V	C	E	E	E	E	O	T	E	Q
D	V	L	P	N	F	N	R	T	D	I	N	H	R	R
X	Y	I	J	T	Y	J	O	J	G	J	D	T	M	E
C	O	N	V	I	N	C	I	N	G	C	O	R	A	M
X	N	G	I	U	H	T	I	N	M	X	N	J	N	E
H	D	S	Y	M	J	P	Q	Y	Y	Q	Q	E	Z	M
L	G	W	B	Z	O	M	F	K	L	R	U	X	H	B
L	O	R	Y	L	M	Y	Y	E	G	C	M	C	I	E
W	K	Q	E	T	L	G	V	T	Z	Y	R	A	Y	R
G	M	V	N	U	E	V	C	R	H	O	P	T	S	E
I	E	U	W	E	I	P	C	O	T	S	H	N	P	D
D	H	E	V	A	P	O	R	A	T	E	D	W	N	R

BORN	EVAPORATED	MYTHS
CALLING	EVIDENT	REMEMBERED
CONVINCING	FISHERMAN	RIDDEN
CRITICIZED	HUNT	TORCH
DEVELOPING	LONDON	ZERO

E	X	S	W	V	Y	L	R	W	K	R	Z	Z	W	S
L	C	O	K	D	J	Y	P	B	G	S	P	I	V	W
T	D	R	D	D	U	V	F	P	N	Q	J	W	X	D
D	A	E	D	S	A	P	V	O	E	N	G	I	P	H
N	M	S	A	L	A	M	B	S	W	X	X	N	A	C
K	S	T	Q	I	L	S	Z	I	N	C	B	D	K	I
F	P	R	H	J	O	P	A	N	N	D	Y	S	Q	A
E	C	A	T	D	R	U	X	F	U	E	P	H	X	Y
X	Y	I	N	A	S	B	P	L	E	Z	R	I	H	Q
C	A	N	Q	W	L	O	R	U	G	T	A	E	P	M
W	V	S	B	N	C	X	J	E	R	I	Y	L	B	Y
P	Z	O	R	Z	U	J	A	N	I	C	L	D	C	S
K	X	U	L	B	P	H	C	C	C	X	N	S	H	T
I	U	N	S	U	M	B	U	E	U	R	H	N	I	E
Y	O	Y	S	N	N	S	S	Z	U	N	A	H	E	R
L	G	T	C	J	P	T	T	T	Y	O	C	M	F	I
H	A	M	N	W	P	L	E	E	E	U	S	N	N	O
Q	V	C	G	O	V	R	Y	E	M	R	K	L	C	U
T	O	E	E	E	T	O	C	I	R	S	N	U	P	S
W	Q	L	Y	B	F	G	O	D	B	S	L	N	A	J

CHIEF	MUCH	SAFETY
DAWN	MYSTERIOUS	STEMS
INFLUENCE	PRAY	STERN
LACE	RESTRAINS	VOLUNTEERS
LAMBS	RETURN	WINDSHIELDS

C	A	I	F	Y	F	A	S	Y	D	H	P	U	L	B
F	R	U	E	L	H	Z	Q	I	W	N	T	L	C	Y
B	V	U	W	J	R	C	U	I	B	R	K	Z	N	X
O	V	R	Q	F	E	B	N	A	X	U	T	H	F	F
G	A	C	T	I	V	I	T	I	E	S	A	Q	N	T
X	O	T	D	T	O	J	G	A	Z	E	J	C	M	S
D	K	I	I	G	L	E	A	Y	B	O	V	W	Y	G
P	S	U	N	T	V	V	X	L	B	P	L	T	C	R
H	U	E	Q	G	E	J	R	C	D	K	U	V	Y	O
S	Y	E	Z	M	D	Y	C	Z	U	A	Y	S	N	X
Z	E	V	J	J	N	W	A	Y	B	Y	P	Q	J	I
P	S	E	R	R	O	R	S	C	P	Y	K	V	S	W
T	L	I	N	M	O	H	Y	H	U	G	H	I	X	O
B	H	Q	D	R	O	L	T	O	J	Q	L	Z	Y	N
E	X	P	E	D	I	T	I	O	N	F	P	E	S	D
X	I	X	T	R	A	I	L	S	G	Q	Q	Z	O	E
H	W	F	G	E	X	T	E	E	S	B	M	G	U	R
M	A	N	N	E	R	A	B	S	O	R	B	Q	P	I
B	A	X	Y	J	M	X	M	M	L	K	P	S	C	N
D	L	M	N	I	D	O	X	H	D	V	F	G	N	G

ABSORB
ACTIVITIES
ANGRILY
CHOOSES
ERRORS
EXPEDITION
GAZE
GOING
MANNER
RAILS
REVOLVE
SEEN
SOLD
SOUP
WONDERING

Y	T	H	T	B	L	M	A	K	N	I	T	S	A	E
I	G	S	E	U	H	P	U	A	P	E	L	N	M	R
E	E	O	C	P	I	S	O	F	V	D	N	B	Z	K
W	K	R	H	X	T	S	P	P	N	Y	S	O	P	I
P	J	J	N	F	K	W	L	L	E	Y	J	W	D	T
R	A	M	O	C	M	M	S	A	A	N	X	L	F	E
K	M	V	L	R	I	L	U	Y	H	D	I	H	M	O
H	F	S	O	M	R	V	C	G	M	Y	V	N	J	C
W	N	A	G	J	S	J	C	R	E	Z	S	Z	G	I
T	W	Q	Y	N	F	O	E	O	F	E	U	S	L	S
Z	V	U	C	E	N	C	S	U	D	A	Q	G	H	P
I	U	E	T	I	S	P	S	N	M	G	I	E	K	M
O	I	G	G	O	A	X	I	D	G	E	E	S	E	D
Z	B	Y	U	E	H	O	O	S	F	V	A	C	I	F
I	B	N	D	A	T	P	N	E	Q	E	O	A	Z	C
D	F	S	L	O	D	A	F	W	E	S	P	L	Q	C
M	D	J	Z	P	A	I	B	R	H	U	M	A	N	M
X	R	R	I	T	T	U	A	L	D	M	X	T	Y	O
T	J	D	B	X	A	Q	R	R	E	U	F	O	T	T
S	T	A	T	I	O	N	A	R	Y	S	I	R	A	A

BOWL	KITE	STATIONARY
DATA	KNITS	SUCCESSION
ESCALATOR	OPENINGS	TECHNOLOGY
GEESE	PAID	VEGETABLES
HUMAN	PLAYGROUND	WEST

229

B	P	H	K	H	L	Y	J	X	D	A	O	B	M	K
J	B	Z	H	C	L	N	F	J	V	A	B	E	Z	Y
R	X	V	P	R	Y	O	W	N	I	N	G	P	F	C
B	Z	V	L	X	N	R	A	K	J	D	N	P	D	S
D	W	P	Y	G	Y	P	K	N	J	X	K	K	Y	T
A	R	R	U	T	M	E	E	Q	H	J	B	P	Q	O
Q	S	O	A	E	A	W	R	R	I	K	D	U	Z	R
A	K	O	D	B	I	K	M	K	S	J	D	N	S	E
H	N	Y	U	S	I	X	V	K	T	D	I	I	H	S
A	R	D	K	O	X	X	E	U	O	H	P	S	O	M
M	U	S	O	P	V	S	L	W	R	A	C	H	P	Y
M	N	L	K	X	N	O	T	M	I	B	C	M	L	Z
E	Z	H	Y	O	C	O	M	I	C	F	C	E	L	Y
R	T	T	P	N	L	T	N	F	A	M	R	N	I	M
H	U	S	R	X	P	Q	B	H	L	U	A	T	S	W
P	E	B	K	Z	M	T	Y	P	S	F	D	D	T	I
R	P	T	F	N	J	G	E	K	H	T	L	L	I	N
O	H	B	C	B	S	T	G	T	L	B	E	O	N	G
Q	A	O	M	V	Q	T	L	A	N	E	S	C	G	S
L	K	G	A	B	R	G	E	T	F	J	D	K	G	G

COMIC
CRADLES
HAMMER
HISTORICAL
LANES
LISTING
LOAN
LOCK
OWNING
PUNISHMENT
RESPONSE
SHOP
STORES
SURELY
WINGS

230

X	D	E	F	I	N	I	T	I	O	N	X	V	B	P
U	F	P	H	Y	I	E	E	H	T	Z	J	V	G	I
R	E	V	Z	R	B	E	H	A	V	E	I	Y	A	T
D	Y	R	C	I	A	Q	U	N	E	H	T	U	C	C
S	K	K	W	G	E	N	N	G	O	F	X	Y	K	H
X	V	O	C	H	A	T	T	E	R	I	N	G	T	D
P	H	U	L	T	R	W	S	L	O	B	T	Y	S	R
S	I	G	H	T	E	D	P	S	J	P	Y	Q	U	F

ANGELS
BEHAVE
CHATTERING
DEFINITION
HUNTS
PITCH
RIGHT
SHOW
SIGHTED

231

Z	Q	W	M	F	A	S	Q	N	T	S	L	D	T	L
D	W	U	O	G	E	G	O	Y	D	S	E	S	X	S
T	J	V	O	C	X	I	B	H	J	T	I	W	N	M
T	C	C	S	C	T	I	D	D	N	A	D	E	F	M
D	G	G	E	A	R	D	L	I	W	O	T	G	W	C
W	N	E	T	T	E	D	O	M	T	T	R	S	I	W
I	M	O	C	O	M	P	O	S	I	T	I	O	N	V
H	N	I	R	Q	E	T	X	K	C	H	O	S	E	W

CHOSE
COMPOSITION
EXTREME
KITTENS
MOOSE
NETTED
NOTATION
POINTED
WAIST

232

L	W	U	M	Y	N	T	B	T	H	F	O	A	M	J
W	W	M	S	H	C	C	M	X	H	D	I	N	X	F
J	L	F	E	X	W	A	A	Y	B	I	Z	T	D	H
Z	Q	S	O	M	C	A	Z	F	L	X	M	V	X	W
N	H	N	S	P	B	L	A	D	M	O	I	D	A	Z
U	Y	B	Z	S	E	E	J	C	Y	P	V	B	J	X
J	U	O	E	K	R	Y	R	R	A	W	Y	N	Y	U
B	P	R	O	P	O	S	E	S	E	U	U	C	S	O
P	E	V	R	S	F	F	G	N	H	H	T	E	W	Y
H	T	F	F	I	R	T	R	G	D	I	G	I	F	E
P	Y	H	U	U	L	X	A	M	E	E	P	P	O	X
Y	S	N	T	H	R	Z	C	A	L	H	F	A	L	N
D	I	N	N	E	R	J	B	L	E	N	D	S	K	S
P	R	U	C	D	O	K	O	P	C	G	V	Q	S	T
N	E	O	Y	O	L	C	U	U	T	I	G	Z	B	E
G	K	F	O	A	W	V	L	Z	R	F	V	E	D	A
Y	H	H	I	M	V	N	U	V	O	M	D	P	P	M
W	R	C	F	S	E	F	M	Y	N	I	M	Y	R	E
Y	A	O	D	J	N	K	P	Y	I	S	W	B	B	D
R	Z	T	H	C	X	Y	S	O	C	E	X	R	P	N

BLENDS	ELECTRONIC	MEMBERSHIP
CAUTION	FOAM	PROPOSE
COLLEGES	FOLKS	RACIAL
DEBT	HERE'S	ROOM
DINNER	LUMPS	STEAMED

J	J	F	T	J	K	A	R	T	H	N	E	N	T	O
A	S	G	X	O	P	E	M	X	O	E	Q	L	V	C
U	V	E	R	I	S	C	S	I	R	S	V	E	J	C
H	K	Z	R	O	K	O	P	H	J	X	R	G	G	D
G	I	H	O	V	G	M	T	A	Z	A	Q	E	Q	Y
I	S	E	C	E	A	I	Z	M	R	V	B	N	N	K
H	G	W	Q	H	C	N	Z	Q	I	A	T	D	S	S
T	E	F	C	V	A	K	T	M	U	C	D	V	Z	O
G	E	E	D	L	U	A	P	I	L	P	E	E	A	F
L	E	H	G	K	V	D	Z	L	A	C	C	E	P	T
C	S	P	X	O	A	M	V	T	K	H	Y	U	S	E
E	X	P	D	H	N	H	P	O	N	W	M	Q	E	S
Z	L	X	V	M	U	B	E	A	A	V	A	Q	Z	T
V	A	M	I	L	P	P	Q	I	V	W	P	L	P	R
Z	O	U	G	C	L	T	I	G	H	T	V	F	Z	B
S	A	T	R	O	U	B	L	E	L	A	R	A	Q	E
N	H	C	C	U	L	W	P	P	J	O	K	W	I	I
J	F	O	V	L	H	D	A	J	E	S	O	E	F	N
U	B	N	B	D	A	H	E	Y	Q	C	B	K	R	G
I	D	Q	W	B	B	Y	K	N	R	F	V	E	S	I

ACCEPT
BEING
CHAMPION
COULD
GOLDEN
LEGEND
LOOKS
MICE
PARADE
SERVANT
SOFTEST
THREE
TIGHT
TROUBLE
VAIN

K	S	A	A	Q	H	G	J	I	A	Z	E	M	X	J
R	U	I	Z	K	O	F	U	T	A	G	A	W	T	D
R	B	O	Z	R	C	Z	U	A	T	D	C	D	E	J
R	S	D	F	B	X	R	E	A	R	H	I	G	Z	M
V	T	H	O	R	N	E	D	J	V	D	T	G	C	Z
W	A	D	S	M	A	Z	Q	Z	H	L	I	O	O	S
P	N	I	C	W	D	N	Q	O	B	U	R	R	Z	S
O	C	S	H	J	D	X	A	L	H	I	W	I	F	E
P	E	Y	N	J	L	O	R	Q	B	I	F	G	R	A
E	S	S	L	A	V	G	W	S	I	D	W	V	Q	N
R	F	H	D	X	T	E	C	Y	A	R	X	R	S	D
A	I	J	F	I	J	P	R	J	Q	P	R	T	U	J
T	H	E	I	R	S	G	B	Z	P	L	N	O	C	U
I	N	Q	F	H	J	L	O	R	E	A	L	L	Y	D
O	H	M	L	E	U	R	W	I	T	C	H	E	S	G
N	V	A	N	Q	I	Y	S	S	S	Z	A	T	A	E
S	C	I	J	D	Y	L	I	E	F	K	S	E	E	M
Z	Q	H	W	F	S	S	D	N	A	W	Z	J	V	E
H	Z	I	J	Z	S	P	O	C	C	A	I	G	R	N
H	Z	Y	P	A	W	T	G	B	J	X	N	E	X	T

ASSISTANTS
BOWS
CLOUD
FROG
GUARD
HORNED
JUDGEMENT
NEXT
OPERATIONS
REALLY
SEEM
SUBSTANCES
THEIRS
WIFE
WITCHES

P	U	P	A	P	V	J	M	F	G	A	E	G	Z	T
R	D	G	X	A	N	E	W	I	O	Y	T	E	Y	S
M	J	M	E	A	V	Y	X	C	X	Q	X	L	H	J
V	C	I	T	I	Z	E	N	B	R	S	I	J	M	E
H	K	Q	U	C	M	Y	S	G	S	R	F	C	C	T
A	O	A	Q	G	T	P	O	Y	A	Z	T	N	C	R
A	C	O	I	J	G	D	O	N	W	E	U	H	M	J
Z	L	T	K	I	J	B	I	R	P	O	Y	N	Z	P
E	C	R	Y	T	L	D	O	D	T	E	O	G	W	U
O	I	J	L	O	R	A	E	I	Q	A	V	D	I	X
R	J	L	O	O	H	M	C	R	L	W	N	V	S	S
Q	O	H	C	Q	N	I	N	C	Y	S	E	C	E	X
Q	C	W	I	M	L	O	L	S	A	V	E	H	E	X
S	L	S	V	S	N	U	I	O	F	G	D	Y	M	S
Q	V	L	F	Q	B	E	X	E	A	I	I	N	S	L
S	E	A	C	A	I	R	W	U	F	H	N	N	L	M
C	P	P	S	J	D	O	G	L	U	N	G	U	A	N
X	F	S	H	R	I	N	K	P	E	T	G	R	E	W
C	W	M	H	E	A	V	I	L	Y	H	Z	A	Z	U
N	F	R	A	L	L	I	E	S	P	A	W	Z	F	Z

ALLIES	HEAVILY	OUNCE
BOILS	IMPORTANCE	SAVE
CITIZEN	LANGUAGE	SCHOOLBOYS
GREW	NEEDING	SHRINK
GULL	ORDINARILY	WOODS

S	C	W	S	Y	K	M	A	P	F	K	Q	E	S	Z
Z	P	I	C	B	N	O	J	X	R	X	S	E	V	E
G	D	W	I	P	M	K	P	U	K	L	L	N	G	B
U	F	U	D	O	S	Y	A	Q	A	B	L	W	I	E
A	K	M	D	R	T	L	T	V	A	K	D	E	G	A
W	Q	C	R	I	A	Y	I	N	U	T	R	A	J	B
A	G	H	N	A	G	T	E	C	H	G	N	R	S	N
T	T	U	E	V	S	X	N	F	M	J	L	S	J	Q
N	L	R	Z	E	N	U	T	L	L	R	R	B	M	L
P	B	C	F	U	I	M	N	F	T	G	V	L	U	R
R	Q	H	R	C	I	T	Y	B	D	B	K	V	F	E
K	R	N	E	C	E	S	S	A	R	I	L	Y	I	P
S	W	F	I	F	T	F	G	Z	G	U	N	Z	N	R
T	P	V	S	P	E	C	T	A	T	O	R	S	S	E
O	N	L	M	C	Y	L	Y	F	E	Z	O	E	U	S
O	M	G	I	N	C	O	R	R	E	C	T	L	L	E
H	S	M	L	T	U	C	Q	X	Y	P	O	P	T	N
U	E	B	E	A	A	K	O	Z	V	S	X	U	I	T
K	C	Q	S	X	T	E	F	B	E	K	H	F	N	S
V	S	L	C	B	K	M	A	K	I	N	G	F	G	V

CHURCH
CLOCK
ENABLES
FESTIVALS
INCORRECT
INSULTING
MAKING
NECESSARILY
PATIENT
PUFF
REPRESENTS
SMILES
SPECTATORS
UNITY
WEARS

237

B	O	B	Y	F	Q	N	N	Z	V	H	L	A	M	E
T	J	D	S	V	N	X	Y	H	S	L	Y	N	G	F
Y	O	D	E	R	O	R	A	N	G	E	E	P	R	O
O	T	G	A	L	T	P	V	X	V	I	S	A	E	C
E	R	D	W	B	I	Z	W	O	W	V	C	I	A	H
O	L	C	S	X	C	B	P	O	V	R	A	N	G	A
I	W	H	T	M	E	E	E	Q	H	F	P	T	E	N
F	A	A	F	H	A	S	K	R	T	Q	I	S	X	G
L	I	R	Q	U	B	H	R	F	A	L	N	X	Z	I
L	T	A	M	M	L	X	V	N	N	T	G	O	J	N
F	D	C	D	F	E	L	P	D	S	E	E	M	Z	G
H	H	T	P	E	C	L	C	W	A	D	W	O	W	V
E	D	E	H	W	S	W	F	J	I	F	H	L	C	S
N	D	R	M	Z	Y	U	Z	K	R	R	W	I	Y	B
D	H	S	S	X	C	Z	T	B	E	X	W	A	G	X
E	W	P	N	P	Y	C	J	O	B	N	D	O	G	M
D	Q	H	A	B	A	D	B	F	E	I	O	J	Z	O
M	I	C	O	N	V	E	N	I	E	N	T	C	J	I
R	V	G	K	Z	T	A	L	Q	E	C	B	X	Q	S
X	Q	F	S	O	V	D	C	X	P	V	H	T	L	T

CHARACTERS
SIGN
CONVENIENT
DAYS
DEAD
DELIBERATE
DIGS
ENDED
ESCAPING
HANGING
MOIST
NEWLY
NOTICEABLE
ORANGE
PAINTS

238

D	I	V	P	F	V	A	E	Y	V	D	I	K	O	W
E	M	T	Y	W	E	P	M	F	V	S	C	I	C	W
T	W	E	J	F	B	I	P	R	K	A	L	L	I	Q
E	J	R	P	K	H	J	H	B	L	G	J	D	I	X
R	W	G	A	A	P	L	A	B	C	W	H	E	X	P
M	R	P	R	V	Z	F	S	R	V	W	B	T	S	O
I	D	S	D	O	K	O	I	B	O	G	R	E	E	N
N	A	Y	C	Y	G	A	Z	E	D	C	A	C	Z	R
E	Y	K	R	Z	G	N	E	T	Q	E	Q	T	C	L
S	H	R	Y	W	H	I	D	H	V	L	U	I	F	Z
M	M	C	I	Q	N	G	Q	V	B	E	A	V	V	Z
R	U	Z	N	B	D	O	G	E	P	B	R	E	J	A
B	U	E	G	J	V	E	N	V	L	R	I	S	U	W
O	G	O	I	K	P	O	Q	C	W	A	U	N	S	O
M	P	A	X	T	H	P	U	I	E	T	M	K	R	T
C	E	W	R	P	H	V	J	H	K	E	S	D	A	R
G	L	J	S	U	L	E	T	U	W	D	E	E	I	R
R	X	H	K	Q	G	L	R	T	I	M	H	S	D	F
O	K	T	H	I	L	J	B	Z	I	M	Y	K	M	M
B	X	V	F	M	C	O	B	L	B	C	P	S	Y	S

AQUARIUMS	DESKS	GAZED
BLACK	DETECTIVES	GREEN
CELEBRATED	DETERMINES	HEAT
CLIP	EITHER	LIME
CRYING	EMPHASIZED	PHONE

Y	J	S	G	U	I	B	V	Y	D	O	S	W	Y	J
K	B	M	C	Y	V	A	H	E	V	X	E	X	T	S
L	L	S	M	O	O	T	H	D	X	A	F	L	E	V
I	V	Q	O	D	S	P	A	D	E	T	V	Z	Y	A
A	C	Y	I	R	N	Z	B	T	A	V	I	R	Z	L
G	Z	O	R	E	P	L	I	E	D	G	G	N	G	L
X	E	N	U	W	E	L	F	D	O	T	U	T	C	R
A	B	S	O	L	U	T	E	L	Y	O	A	I	N	T
Y	E	S	O	C	N	A	O	H	B	B	A	H	C	X
Z	F	Z	I	C	H	P	D	C	E	I	R	P	L	R
Q	K	N	I	F	A	O	E	B	M	M	Y	A	Y	U
Y	Q	A	F	L	P	S	U	J	H	P	S	F	S	V
T	P	W	C	V	P	T	H	P	X	R	P	V	U	S
N	W	I	O	Z	Y	R	R	O	I	I	Z	M	B	D
H	Z	E	W	X	S	O	B	T	T	S	R	K	E	H
P	R	A	Y	A	U	P	W	S	F	O	T	T	Y	Y
H	E	H	H	J	N	H	K	G	V	N	E	R	H	P
Y	I	Y	W	Y	D	E	C	Z	R	E	K	V	I	D
A	Y	G	H	S	E	L	G	G	R	D	P	H	D	L
P	F	R	G	O	R	V	C	G	C	B	W	P	E	Y

ABSOLUTELY
APOLOGIZES
APOSTROPHE
BRASS
DREW
EXTINCT
GREETED
IMPRISONED
REPLIED
SHOT
SMOOTH
SPADE
TUBE
UNDER
UNHAPPY

240

P	G	O	T	Z	B	L	S	G	L	W	R	I	D	M
M	K	F	P	Q	I	L	R	I	R	G	U	I	D	E
S	D	M	B	K	Q	K	O	S	X	E	N	L	J	X
Y	U	A	H	K	Y	J	Z	G	H	X	K	H	L	F
D	J	G	M	E	Q	D	P	X	W	E	N	Y	X	Z
Q	V	N	A	V	Z	Z	S	S	G	C	O	D	Y	S
O	Q	I	Q	R	F	U	V	N	H	W	W	O	Z	T
K	R	F	O	J	D	O	I	W	O	W	N	W	D	R
L	M	I	J	E	J	H	W	B	Y	U	N	H	O	G
M	Y	C	W	O	L	Q	L	N	X	L	D	D	K	V
R	P	E	C	F	O	U	N	D	A	T	I	O	N	K
O	I	N	T	U	I	A	D	A	D	Q	I	O	L	X
V	P	T	A	W	N	M	W	K	U	T	S	E	A	U
U	N	Z	M	A	T	D	W	T	L	N	K	Z	G	S
T	K	F	V	Y	M	I	M	I	T	A	T	I	O	N
Q	O	M	F	A	E	O	A	L	T	S	W	O	Y	Z
L	E	D	X	Q	N	T	A	S	C	N	Z	A	C	R
I	O	S	D	X	T	U	W	I	R	V	E	R	R	F
X	I	V	D	R	S	O	I	F	Z	I	K	S	T	D
W	P	T	E	L	H	V	M	N	F	M	I	I	S	H

ADULT
AWARD
FOUNDATION
GUIDE
IMITATION
LOVE
MAGNIFICENT
NANNY
OINTMENTS
SUGAR
TAIL
UNKNOWN
VIEWED
WITNESS
ZOOS

241

T	R	A	N	S	P	O	R	T	P	S	H	A	L	L
F	K	F	L	P	Z	J	R	L	K	S	Q	X	M	E
Z	H	L	P	H	G	J	D	W	K	B	G	T	X	A
G	A	V	I	F	M	Y	V	R	E	D	C	D	G	V
F	F	O	A	H	E	A	D	O	C	S	V	T	Y	I
T	M	G	O	U	T	P	U	T	M	A	N	H	O	N
L	T	T	K	A	A	I	H	E	D	I	Z	E	A	G
O	R	A	X	Y	L	G	U	D	S	H	N	M	V	E

AHEAD
FALL
LEAVING
METAL
OUTPUT
SHALL
THEM
TRANSPORT
WROTE

242

V	M	H	Z	U	E	T	Q	T	T	M	W	Q	O	K
B	C	M	M	K	F	R	C	L	W	O	H	M	L	T
Y	O	X	Z	L	T	I	T	O	S	S	F	L	R	A
H	L	B	K	R	S	B	I	Y	G	W	A	R	M	L
H	E	R	Q	T	Z	E	K	N	G	Y	R	M	J	E
T	V	L	O	C	K	V	L	F	Q	R	M	M	E	S
D	R	I	L	Y	U	E	L	E	P	H	A	N	T	J
Q	R	U	O	O	J	Q	O	B	Y	F	V	L	E	D

DRILY
ELEPHANT
FARM
HELLO
RIOTS
SAME
TALES
TOSS
TRIBE

T	E	K	G	A	V	J	Q	Y	R	Y	O	Y	T	K
Q	D	E	U	U	I	F	R	Q	N	C	A	W	U	H
M	L	Z	M	K	V	D	T	I	Q	H	D	G	S	E
D	X	E	A	U	C	L	H	H	V	X	C	O	K	Q
I	A	J	N	I	N	V	E	N	T	I	O	N	S	H
C	B	F	A	S	V	A	M	X	S	C	C	A	P	S
E	Z	Y	P	M	B	B	E	Z	O	X	R	T	C	Z
W	E	F	E	H	N	Z	T	O	E	L	J	R	R	I
X	T	H	I	U	E	L	F	L	V	K	W	C	E	L
Q	S	H	D	N	C	R	A	N	E	H	U	R	P	B
X	G	A	I	O	N	Q	F	R	R	N	F	B	U	V
R	T	B	J	M	W	B	B	E	I	K	R	X	T	Y
H	D	E	W	E	E	N	A	P	K	D	C	N	A	D
H	R	R	A	V	H	Y	S	E	E	D	Y	T	T	T
U	U	W	T	E	S	T	A	T	U	E	S	G	I	O
E	M	P	N	V	B	Y	A	I	R	L	D	U	O	W
M	G	T	C	Q	O	H	P	T	B	E	Q	A	N	P
I	G	M	P	Q	Y	Q	O	I	Q	O	A	L	A	G
Y	G	Z	Y	I	S	P	B	O	H	A	V	M	L	H
T	V	W	Y	G	L	Y	I	N	K	K	V	A	Q	Q

BOYS	HATED	REPUTATION
CAPS	HOOK	STATUES
CRANE	INVENTIONS	STAY
DOWNSTREAM	QUIT	THEME
DRUM	REPETITION	TUSKS

W	L	P	H	I	H	P	Q	W	P	U	P	E	W	B
Y	O	F	D	V	A	W	S	A	L	U	W	R	X	D
I	H	Q	N	L	A	U	R	L	D	R	Z	W	Q	Q
E	P	O	G	R	T	M	U	F	B	W	T	A	M	J
J	R	V	Z	E	T	B	F	A	U	G	Y	V	I	D
W	I	G	Z	D	E	F	H	P	M	G	M	N	Z	A
C	N	J	R	U	M	A	Q	H	H	M	L	P	Z	S
M	C	G	N	C	P	E	R	E	G	K	W	K	P	H
D	I	I	O	T	T	U	G	N	Z	I	J	C	W	E
E	P	C	D	I	E	L	I	I	N	E	B	O	L	D
K	A	A	R	O	D	H	J	M	K	K	L	M	R	R
I	L	H	W	N	S	V	V	H	N	I	Y	P	A	V
C	Z	B	Q	I	L	T	G	Y	I	P	N	L	E	C
L	I	F	L	Z	C	O	N	Z	T	O	O	E	W	A
C	S	B	V	L	X	J	T	O	T	V	E	M	Z	L
Z	U	C	O	M	P	L	E	T	E	L	Y	E	X	L
P	K	M	A	A	B	Z	O	L	D	Z	D	N	X	S
L	H	G	H	R	Z	C	Y	D	K	R	H	T	C	Y
Y	J	A	I	E	E	N	A	T	S	Y	H	E	V	W
P	V	F	K	B	T	S	T	G	A	L	E	G	P	D

ATTEMPTED
BULL
CALLS
COMPLEMENT
COMPLETELY
COTTON
DASHED
GALE
KNITTED
MARE
PRINCIPAL
PUBLISHING
REDUCTION
SADDLE
SCARES

245

X	U	D	C	L	V	N	I	J	T	B	O	R	D	R
J	Y	C	O	V	E	R	E	D	H	I	F	N	A	I
D	B	R	C	K	Y	I	J	S	P	A	M	I	G	C
Y	R	J	O	I	I	N	Y	X	W	H	I	X	L	F
V	T	P	U	U	F	A	C	T	O	R	S	R	A	L
Q	S	B	H	L	R	I	C	H	C	K	K	D	N	Z
N	J	A	B	H	O	Q	J	I	G	M	X	X	D	T
C	R	T	X	R	X	F	Z	G	G	K	Z	Q	S	A
T	C	B	A	O	G	M	R	N	C	F	O	T	A	L
A	Y	O	J	Z	K	A	I	L	G	R	Y	Y	B	K
D	N	L	I	C	X	N	F	I	D	C	A	R	R	Y
T	Z	J	H	Y	I	O	H	D	E	B	O	N	C	U
T	H	I	U	A	J	F	Q	S	Q	X	R	C	K	K
R	X	N	L	I	E	S	A	Z	K	E	L	I	S	S
Y	B	P	J	C	C	U	U	D	M	Z	H	N	O	I
I	X	P	S	V	A	E	L	R	S	E	R	E	M	X
E	Y	O	J	V	Y	S	A	W	U	N	N	M	S	E
E	A	F	E	E	N	F	E	F	N	W	Z	A	W	R
C	R	A	W	L	S	N	V	B	D	L	X	B	G	W
H	H	G	S	J	O	Y	F	R	H	L	I	M	T	T

CARRY	FACTORS	JEWS
CINEMA	FARMER	JUICE
COVERED	FILL	RANKS
CRAWLS	GLANDS	SPOKEN
EXPLAINING	HAIR	TALK

246

C	P	K	K	B	X	T	A	S	T	A	M	P	E	Q
X	R	W	H	W	P	S	S	A	L	H	Q	D	P	C
P	G	O	R	E	M	L	H	C	M	J	C	W	U	F
G	B	Q	C	E	I	R	L	G	O	U	S	R	G	R
B	E	X	O	O	X	O	S	G	Z	J	V	Q	R	E
A	E	P	S	S	D	F	U	M	W	I	M	Y	Q	C
T	K	L	L	L	L	I	D	H	O	M	M	D	Q	O
T	Z	H	O	N	W	E	L	S	D	A	O	T	L	G
L	U	X	I	N	Y	H	U	E	P	Y	L	H	C	N
E	R	B	P	O	G	G	Q	G	S	I	V	B	A	I
S	V	T	L	K	T	I	O	P	P	M	X	F	R	Z
B	B	P	B	A	V	K	N	F	Y	P	V	Z	E	E
S	M	O	K	E	S	B	P	G	A	R	S	W	L	D
E	M	H	H	I	Z	I	T	K	S	E	M	K	E	V
O	C	D	W	K	I	G	U	G	Z	S	I	H	S	P
C	F	A	S	T	E	N	I	N	G	S	M	T	S	R
H	V	H	A	W	F	K	N	Q	M	I	S	K	L	Q
J	W	E	F	X	U	Y	D	Q	R	O	L	W	Y	J
C	S	L	E	A	F	P	D	J	P	N	A	T	G	Z
G	N	D	A	T	X	J	Z	H	W	Q	F	V	M	M

BATTLES
BELONGINGS
CARELESSLY
CROCODILES
EMPLOYED
EXCEPT
FASTENING
HELD
IMPRESSION
OILS
POEMS
RECOGNIZED
SAFE
SMOKES
STAMP

Y	K	F	C	M	W	D	U	B	E	L	S	D	I	P
H	P	U	M	N	Z	M	Q	O	H	I	C	M	D	F
P	T	I	T	T	O	A	N	D	O	M	O	E	F	Z
U	H	A	E	O	O	A	Q	Z	G	M	R	G	G	L
Q	R	W	L	W	C	A	U	T	I	O	U	S	L	Y
S	X	E	E	C	Q	G	H	U	I	R	Z	F	L	O
Z	G	M	S	L	R	Q	B	D	M	B	P	L	H	U
H	Y	F	C	P	U	Z	I	L	J	E	A	V	Y	R
M	N	T	O	H	G	A	B	W	P	F	P	O	P	E
V	X	A	P	C	M	V	D	C	N	M	R	A	K	S
Z	V	Q	E	D	C	D	Y	I	B	E	O	O	B	Y
L	Z	G	S	S	Q	U	A	L	O	S	P	G	J	I
H	N	E	X	L	Y	R	R	P	S	O	E	R	N	G
X	Q	J	Q	E	M	H	S	R	X	M	R	L	U	E
X	B	S	U	C	G	C	I	P	E	G	T	N	P	G
S	W	E	V	R	U	H	H	B	B	D	I	E	V	L
T	B	A	G	M	Y	O	T	X	I	J	E	X	L	U
V	Z	L	E	G	Y	P	T	I	A	N	S	A	I	E
R	H	S	T	R	E	E	T	S	R	D	H	Y	U	D
I	J	M	D	Q	H	D	F	L	M	O	G	Z	W	K

BEGGED
CANOE
CAUTIOUSLY
EGYPTIANS
GLUED
HALL
HOPED
JURY
OCCURRED
PROPERTIES
RAINFALL
SEALS
STREETS
TELESCOPES
YOU'RE

J	S	M	X	X	S	R	E	Z	K	O	M	U	Y	S
P	I	N	S	P	E	C	T	I	O	N	B	X	S	H
R	I	B	B	O	N	Z	T	Q	W	P	R	O	O	F
O	A	B	R	J	C	P	T	B	V	B	M	N	R	F
F	U	L	I	G	R	X	Z	P	S	S	Y	V	H	W
E	N	M	G	N	M	Q	A	S	C	A	U	Y	S	U
S	R	M	H	N	D	H	U	U	I	D	T	T	O	S
S	U	E	T	Z	B	I	L	I	B	I	V	E	X	Y
I	B	P	N	J	J	P	C	F	C	S	L	T	U	E
O	D	L	E	S	E	O	W	A	B	T	Z	N	O	J
N	N	L	S	X	U	P	O	N	T	W	D	U	Y	Q
G	N	Q	S	C	L	I	F	A	P	E	A	R	S	X
P	A	E	Q	E	J	C	R	O	R	Y	S	Y	I	F
M	L	L	T	N	B	J	R	C	U	I	T	O	I	B
C	O	Y	L	M	R	U	F	O	X	Z	E	I	O	S
S	A	Y	K	E	Y	K	Y	W	W	S	C	B	B	N
K	I	F	T	V	R	Z	V	S	K	I	T	V	C	B
Y	T	T	W	P	X	I	Y	Q	W	X	L	K	E	Y
D	I	D	A	K	M	O	E	C	R	O	B	S	C	R
L	I	G	H	T	H	O	U	S	E	N	Z	J	P	X

BRIGHTNESS
BUYS
CROW
GALLERIES
INDICATE
INSPECTION
LIGHTHOUSE
LITTER
PEARS
PROFESSION
PROOF
RATTLE
RIBBON
ROBS
SOON

D B S T A T I C W W Z R B Z Z
J E P M T Z E P Z N H D U U Y
W X O P O L L U T I O N F N H
N D S O C F V D A U Y V A D G
K M T I C L G N G W P T M N I
J Z P K B E O H C Y A N I I U
S P O O N S Z T R E F N L L D
Q C N U D B Q H H C I O Y V B
Z V I D K J O F C A R C A T P
X K N E V I N A T S E F V S D
E E G Y Q C Y N R K F R S E Z
L A D Z D H O O R D L I R A E
A G X Z D C T V F I E A J N A
I L D E I A Z O R F C D T V P
V C Y I L N H K U S T N K S R
S U H A G R K M Y P I C C T O
B Q C S P P F O Y S O H S N N
V S H P U A H K F T N C W A S
E V P Q K T P K I I W W H M Q
Y X O X A S J Q E R N U Y R H

APRONS
BOARDED
CLOTH
CONTAINING
ESCALATORS
FAMILY
PATS
POLLUTION
POSTPONING
REFLECTION
RUNG
SCARED
SPOONS
STATIC
STIR

T	I	Y	U	G	W	R	A	E	C	R	U	J	O	M
Z	C	C	E	B	P	A	I	A	R	Y	X	B	C	Q
G	J	K	U	M	J	P	A	H	B	X	D	E	G	K
L	U	L	I	P	R	Q	A	Y	R	R	N	F	E	C
N	C	R	R	E	P	R	G	T	T	E	O	L	H	A
R	M	R	S	D	U	R	P	F	C	B	W	A	I	S
Y	E	A	U	G	V	Y	H	I	H	H	S	M	D	O
Z	R	Y	L	U	N	F	I	N	I	S	H	E	D	U
E	F	G	G	Z	E	D	H	E	F	L	M	J	V	Z
D	L	P	K	K	K	G	V	T	V	O	A	S	L	S
A	S	Y	K	O	V	A	E	O	C	X	N	E	E	Q
T	G	T	J	Q	T	W	U	N	Q	V	O	C	L	B
F	E	W	Q	F	R	X	I	L	Y	T	N	R	L	T
Z	N	T	R	T	B	O	P	D	X	E	L	C	Y	X
X	O	X	A	U	B	B	R	B	U	A	A	S	F	T
Y	O	P	R	L	P	M	A	L	I	I	W	U	I	W
L	I	B	Q	Q	J	S	F	R	E	O	Y	A	L	K
L	Q	A	N	S	J	N	T	H	R	X	E	X	M	D
U	W	W	I	M	I	R	O	R	W	W	R	X	S	D
P	C	U	U	R	C	L	A	S	S	M	A	T	E	S

ABROAD	FILMS	LAWYER
ARROWS	FINE	PATCH
CLASSMATES	FLAME	RAFT
CLUB	INCOME	TRIAL
ERASER	INFLUENCES	UNFINISHED

P	N	C	F	E	L	K	T	C	W	E	H	Q	H	B
V	I	F	V	W	Y	C	U	P	B	O	A	R	D	S
F	A	W	W	B	G	M	O	F	G	C	S	M	F	R
C	M	U	S	C	L	E	A	R	I	T	P	N	C	B
X	E	G	T	S	E	T	R	L	F	V	O	E	L	A
T	N	A	F	A	C	I	L	I	T	I	E	S	Y	S
Q	T	E	S	T	L	L	L	D	S	F	A	S	X	N
E	Z	J	S	Y	N	L	M	T	Q	N	B	U	V	M
I	N	S	T	A	N	C	E	H	L	L	T	B	B	R
M	Z	A	D	S	A	R	S	R	O	I	J	M	R	P
P	V	N	N	U	D	O	O	L	A	H	W	A	E	D
O	O	H	X	G	V	E	R	U	M	F	L	R	A	E
S	R	C	L	G	A	E	R	Q	F	R	M	I	T	C
S	Y	D	K	E	N	O	Y	G	T	Y	N	N	H	O
I	W	J	C	S	T	P	T	F	N	D	O	E	L	R
B	L	P	N	T	A	P	T	P	H	F	Z	L	E	A
L	M	K	C	I	G	P	M	I	U	T	Q	P	S	T
E	D	I	U	O	E	X	Q	I	C	T	M	E	S	I
V	X	D	V	N	S	X	J	D	M	I	H	P	S	N
V	Z	Y	U	N	C	L	E	S	B	W	O	V	Z	G

ADVANTAGES
BREATHLESS
CUPBOARDS
DECORATING
FACILITIES
GIFTS
IMPOSSIBLE
INSTANCE
LIFTS
MUSCLE
SORRY
SUBMARINE
SUGGESTION
TALLER
UNCLE

252

C	T	A	A	J	E	Q	R	Q	M	Q	R	K	J	K
C	D	A	S	K	Y	S	C	R	A	P	E	R	D	L
O	R	S	P	V	T	Z	T	K	R	H	N	P	R	Z
M	A	L	V	P	Q	W	V	I	C	Z	Y	J	A	J
M	N	O	S	U	E	Q	B	T	M	H	N	C	W	L
A	R	W	D	X	Q	D	U	B	B	A	N	R	S	I
S	G	E	E	L	F	D	N	L	J	H	T	L	X	D
K	B	D	V	B	Y	X	F	O	H	P	B	E	B	S

COMMAS
DRAWS
DUTCH
ESTIMATE
LIDS
MASS
SKYSCRAPER
SLOWED
TAPPED

253

L	E	Y	U	O	S	L	R	D	U	W	L	D	Y	X
J	V	Y	M	S	L	H	E	V	U	K	P	G	T	R
P	R	I	N	T	E	D	R	A	W	K	W	F	B	U
G	I	E	T	M	E	A	X	Y	V	O	S	R	M	A
A	K	C	S	E	H	R	T	M	Q	E	H	O	E	L
S	O	L	N	Q	L	S	M	I	K	O	R	S	A	I
E	K	E	Y	I	J	T	O	A	N	G	V	T	N	V
S	R	M	G	D	C	L	W	C	I	G	K	P	S	E

ALIVE
EATING
FROST
GASES
MEANS
NEEDED
PICNIC
PRINTED
WAKES

254

H	H	A	M	B	U	R	G	E	R	S	Z	I	E	K
B	E	N	E	F	Z	S	N	T	S	Q	U	B	M	T
O	G	J	E	T	H	A	W	I	P	S	G	Q	I	G
F	K	C	Y	W	J	Q	Q	E	O	T	B	N	G	H
Q	C	I	T	D	S	U	N	I	N	T	H	W	H	N
I	I	Y	W	N	S	P	W	I	K	L	T	E	T	E
G	O	N	H	W	D	B	A	V	O	T	E	D	Y	F
J	T	F	A	T	O	E	U	P	W	C	K	N	M	D
Q	H	D	P	Q	D	U	M	F	E	D	Y	E	S	R
J	N	M	G	L	V	T	Y	V	M	R	K	S	I	E
Z	W	I	L	N	L	F	A	S	F	O	S	D	M	M
R	H	Q	U	Q	W	T	B	B	L	L	B	A	P	I
E	J	G	S	A	H	I	N	R	L	A	S	Y	L	N
V	M	F	G	X	W	E	F	E	S	E	T	S	I	D
E	P	C	S	U	E	N	C	K	Q	J	S	D	C	F
A	H	P	I	T	M	O	X	S	T	L	C	M	I	A
L	S	N	E	E	N	S	U	R	J	L	C	A	T	G
V	H	N	H	F	Z	J	V	I	K	R	U	K	Y	R
F	I	B	Q	N	A	M	H	Z	E	A	D	E	V	A
N	I	D	L	A	K	U	D	T	D	V	Z	S	P	Y

CELLS
GRAY
GUMS
HAMBURGERS
MAKES
MIGHTY
NEWSPAPERS
NINETEEN
NINTH
REMIND
REVEAL
SETS
SIMPLICITY
TABLES
WEDNESDAYS

255

R	U	N	T	I	D	Y	G	V	A	Z	J	H	M	J
H	V	N	Y	L	O	W	L	A	N	D	S	D	V	R
J	W	O	U	S	D	P	B	P	X	D	F	M	W	E
C	Q	O	W	V	B	S	P	R	I	D	Q	U	L	Q
Z	W	E	I	E	M	W	O	V	U	E	H	V	J	U
X	I	U	X	Y	L	R	R	E	S	C	U	E	D	I
V	W	H	S	I	R	S	H	Z	O	C	S	C	N	R
N	R	D	G	E	F	B	B	G	M	R	F	K	J	E
F	M	R	T	U	X	W	R	J	B	B	F	V	T	S
J	L	W	D	S	C	E	A	Y	C	A	Q	P	W	E
O	P	X	O	O	Z	I	Z	F	M	H	F	A	E	E
Z	E	P	I	V	X	H	I	S	I	Q	F	R	O	G
K	P	P	E	C	N	I	L	H	X	F	T	L	N	Y
G	X	J	Q	C	F	L	I	B	R	A	R	I	E	S
W	C	G	V	U	X	I	S	K	V	P	N	A	B	I
H	G	V	Q	C	C	M	T	S	H	R	V	M	O	U
V	E	Y	M	A	J	U	M	D	A	U	K	E	J	G
A	T	P	L	D	U	Y	R	W	L	H	H	N	K	A
U	T	Y	Y	O	S	T	M	V	E	R	E	T	L	U
A	C	C	E	P	T	A	B	L	E	I	A	X	A	V

ACCEPTABLE
BRAZIL
CURVE
JUST
LIBRARIES
LOWLANDS
PARLIAMENT
REQUIRES
RESCUED
TERROR
UNTIDY
VIEWS
VOWELS
WARNING
WOULD

S	B	I	U	M	U	U	O	N	A	D	U	F	Q	S
L	A	X	N	D	K	Y	H	Z	S	I	R	V	P	G
S	T	R	E	T	C	H	I	N	G	E	M	L	L	B
Y	Q	N	X	I	V	A	L	V	E	S	E	E	I	Q
T	W	M	P	N	S	H	E	X	Y	H	A	B	D	P
Y	W	X	E	R	R	Q	S	L	I	O	L	G	D	A
J	R	L	C	W	M	F	S	Y	E	S	S	E	A	N
Z	Z	R	T	Y	Q	L	O	R	T	H	H	A	X	E
R	Z	P	E	Z	D	B	N	G	Z	C	L	W	Y	L
S	F	G	D	O	E	J	S	R	T	O	H	L	Q	X
F	X	F	A	V	I	V	J	A	T	X	E	M	N	C
P	U	X	L	A	V	T	M	G	O	Y	D	I	M	A
L	L	H	C	I	J	V	N	E	P	R	Z	C	C	L
R	Q	S	R	C	E	I	U	P	F	P	O	B	T	C
H	N	A	J	D	H	U	Q	B	A	K	L	M	H	U
J	E	I	C	S	J	W	Z	I	N	Q	X	Q	E	L
A	O	F	A	C	Q	U	A	I	N	T	E	D	R	A
G	V	L	A	K	E	S	O	R	Q	S	H	G	D	T
U	P	M	L	Q	W	J	U	W	Z	Z	G	T	K	E
S	X	L	B	Q	B	S	K	D	I	U	K	T	Z	D

ACQUAINTED	LAKES	ROME
AIMED	LESSONS	SPLASHING
CALCULATED	MATCHED	STRETCHING
HELPS	MEALS	UNEXPECTED
HERD	PANEL	VALVES

H	A	S	W	P	M	G	K	U	N	C	D	I	P	B
M	G	U	W	J	I	Q	M	O	A	O	C	C	E	T
T	N	R	X	T	F	L	N	V	P	O	Y	R	T	N
R	L	D	I	T	R	K	S	D	E	P	K	I	H	R
A	U	Y	G	Q	P	O	Q	G	E	E	L	T	E	X
N	V	D	U	U	Q	Z	A	P	A	R	Q	I	X	C
S	Y	R	P	A	V	K	V	D	P	A	E	C	M	F
L	P	U	Z	N	A	Q	V	D	S	T	R	I	W	B
A	H	B	C	T	Q	S	L	C	K	E	O	Z	O	B
T	K	T	A	I	R	N	B	S	L	D	H	E	F	Y
E	Z	D	O	T	R	X	S	T	P	S	A	S	P	X
D	Y	C	R	I	W	K	K	Z	Q	U	E	O	S	D
Y	E	J	T	E	T	P	F	Q	A	O	S	E	E	T
A	U	E	Y	S	P	L	O	H	O	P	E	H	G	T
M	L	K	C	S	U	D	Y	G	C	W	S	W	E	I
X	P	K	K	F	K	F	Q	S	D	I	C	R	V	D
C	H	C	E	T	C	H	B	H	N	Z	G	J	C	R
Q	O	S	E	M	B	T	B	I	K	A	K	A	C	X
L	U	M	P	T	D	A	F	D	Q	R	K	L	G	E
L	R	N	S	X	D	P	Q	F	K	D	G	E	S	Z

COOPERATED
CRITICIZES
FINISHED
HOPE
HOUR
KEEPS
LIMB
LOCKS
PUSHED
QUANTITIES
ROADS
SNAKE
TRANSLATED
USEFUL
WIZARD

258

S	B	V	D	H	A	T	X	S	J	F	Z	Z	O	T
E	C	K	N	A	V	I	T	X	K	J	U	R	T	E
P	W	X	A	W	F	P	L	O	S	S	E	S	R	Q
E	T	U	Z	F	N	P	E	H	T	H	O	P	E	N
S	Y	R	U	B	C	E	L	O	T	A	O	U	A	Y
N	A	S	O	V	C	R	D	E	C	Q	L	W	T	X
R	B	X	F	L	O	S	G	R	I	Q	O	N	E	K
U	J	I	T	O	E	O	Z	C	N	U	X	J	D	D
X	V	A	J	B	T	N	H	Z	Y	F	W	B	W	Q
P	S	D	Y	L	J	A	O	Z	F	B	O	U	A	Q
W	A	T	A	R	D	L	S	F	X	W	V	L	O	B
G	A	A	C	E	F	L	J	R	D	J	B	V	D	R
K	R	E	X	Z	Z	Y	A	C	F	I	I	X	E	G
K	H	X	V	Q	C	G	W	W	T	W	E	V	N	G
I	O	K	J	T	B	B	K	H	F	N	I	I	L	W
A	U	K	L	D	F	U	X	R	E	D	Y	S	N	W
W	S	K	O	U	R	C	C	L	C	R	H	S	I	R
F	E	Q	Y	B	O	M	A	W	F	W	E	N	G	T
M	S	G	I	Q	W	M	W	S	V	B	L	U	H	J
W	Y	R	M	B	N	F	T	U	M	C	P	A	T	F

ALTOGETHER	HELP	ROLE
DIVER	HOUSES	SHOWED
FOLD	LOSSES	SUFFIX
FROWN	NIGHT	TOTAL
FRYING	PERSONALLY	TREATED

259

Z	M	E	O	L	C	V	D	X	F	H	E	A	T	S
T	M	N	I	T	H	O	K	Y	M	R	J	Y	A	W
W	E	R	M	A	O	C	C	W	Y	F	I	L	U	J
P	P	L	P	G	R	A	S	S	L	A	N	D	S	V
Q	R	R	E	J	D	U	D	A	F	C	F	N	F	B
R	I	O	X	V	S	R	C	N	O	O	L	C	S	I
T	J	S	C	D	I	Z	G	V	C	K	N	K	Z	E
H	P	E	O	E	Q	S	X	W	B	V	T	D	F	A
A	S	A	N	R	S	H	I	W	A	C	I	Z	L	V
M	P	H	F	R	U	S	E	O	J	H	O	N	O	R
U	X	F	E	A	Q	G	I	M	N	T	E	L	N	B
Q	O	V	R	S	Z	Y	G	N	N	T	D	E	U	K
I	H	K	E	V	N	T	Z	S	G	S	H	D	S	J
Q	N	P	N	T	J	M	V	L	O	T	Z	E	L	T
W	H	U	C	C	E	P	H	Q	G	S	H	B	Y	R
D	Q	B	E	D	D	E	Z	N	G	C	H	Q	F	O
U	C	L	K	B	R	C	E	F	T	D	P	O	Y	U
G	V	I	C	U	C	R	N	A	T	X	N	W	N	J
C	N	C	M	Y	T	F	M	D	F	F	A	T	E	E
F	P	O	S	S	E	S	S	I	V	E	D	T	N	F

CALF
CHORDS
CONFERENCE
FATE
FOND
GRASSLANDS
HEATS
HONOR
MATCHES
POSSESSIVE
PROCESSING
PUBLIC
SHONE
STRENGTHEN
TELEVISION

260

P	T	T	I	Y	M	M	D	A	C	T	I	N	G	X
X	E	O	W	L	S	B	U	L	X	V	P	A	S	F
A	M	R	L	Y	E	N	T	H	N	X	K	S	H	B
E	I	F	C	D	P	X	F	R	E	L	A	Y	T	N
V	O	F	Y	U	R	H	P	V	I	L	M	S	U	P
K	N	A	D	T	S	N	M	R	G	Z	J	B	Q	E
Q	J	D	M	T	F	S	L	T	E	T	J	Y	T	C
L	J	G	F	E	U	E	I	S	A	S	M	L	Q	K
L	Y	P	G	R	Y	W	H	O	Q	V	S	J	P	O
F	M	X	V	Z	K	O	B	D	N	K	Z	I	E	K
D	Q	E	L	D	S	H	Y	Z	Z	P	J	L	N	Z
S	F	U	O	M	R	K	N	O	R	Z	D	D	N	G
X	R	E	L	K	U	S	I	E	P	L	S	P	I	V
B	O	G	A	O	U	T	D	N	X	Z	Y	K	E	C
Z	M	C	O	N	T	I	N	E	N	T	S	I	S	H
I	C	H	E	E	R	F	U	L	L	Y	H	F	K	T
X	X	T	Z	H	Z	H	L	Q	U	P	G	E	E	U
Y	J	L	T	B	O	U	N	Q	F	V	Y	R	O	J
L	Q	B	D	D	N	W	D	A	O	C	A	N	J	W
X	V	D	X	N	E	J	P	N	S	C	I	T	Y	O

ACTING
CHEERFULLY
CITY
CONTINENTS
EXPRESSING
FERN
FROM
GLASS
PENNIES
PERCUSSION
RELAY
RIDER
SKINNY
UTTER
ZONE

V	B	T	I	Y	L	D	N	O	A	I	R	S	M	H
B	Q	F	Z	A	U	T	P	D	R	H	L	W	O	D
C	Z	J	P	F	N	H	I	R	O	V	L	H	F	I
X	H	Z	S	M	C	O	M	M	I	S	S	I	O	N
C	O	M	P	A	R	I	S	O	N	P	H	P	S	N
D	Y	P	Y	M	A	P	B	L	V	L	J	W	T	E
E	W	C	A	Y	S	B	X	X	M	B	Y	S	A	R
P	U	S	L	X	H	Y	M	D	O	B	J	A	T	S
E	O	I	K	E	E	T	F	J	F	C	Y	T	I	E
N	A	Y	I	P	S	W	O	C	U	F	L	I	O	D
D	E	Q	A	E	D	D	F	P	H	I	V	S	N	M
A	K	X	J	M	M	V	B	K	L	R	P	F	E	A
B	W	E	M	W	D	X	K	Q	P	S	S	Y	R	G
L	W	I	H	O	F	U	Y	H	G	T	E	I	Y	N
E	Q	Z	R	M	A	E	R	O	P	L	A	N	E	I
G	J	D	V	C	Z	K	Y	G	N	G	Y	G	D	F
R	B	S	D	Q	Y	E	V	Z	Y	E	C	A	R	I
I	T	J	D	S	Q	E	N	B	L	U	A	F	G	E
H	I	H	K	D	U	N	B	T	F	U	A	C	X	D
I	M	G	C	F	G	D	Q	O	X	Y	G	E	N	Q

AEROPLANE
COMMISSION
COMPARISON
CRASHES
CYCLE
DAILY
DEPENDABLE
DINNERS
FIRST
MAGNIFIED
OXYGEN
SATISFYING
SEND
STATIONERY
WHIP

262

F	P	P	B	B	R	E	A	Y	Y	D	O	L	A	F
V	I	G	E	B	Y	E	N	C	B	A	U	K	U	Z
B	O	M	B	S	R	N	Q	O	O	E	E	L	S	Q
J	T	O	E	D	U	T	C	S	S	W	J	C	D	X
X	O	M	O	S	H	H	N	R	T	G	C	O	O	U
C	T	D	K	T	U	R	Z	R	P	O	X	N	M	P
M	L	U	B	L	V	E	C	Z	W	C	M	T	X	R
W	N	Y	V	C	A	E	C	B	O	X	N	I	M	O
G	H	V	Q	H	Z	S	F	E	I	D	Y	N	N	T
G	K	U	L	O	V	E	S	L	S	K	K	U	C	R
L	Y	V	Q	D	X	C	Q	T	L	L	X	E	I	A
A	X	K	J	Z	G	W	N	S	A	Y	S	D	G	C
M	X	Y	W	W	Q	A	C	P	N	J	H	F	A	T
R	C	J	S	J	N	W	C	G	D	W	E	E	R	O
L	L	D	R	O	P	P	E	D	S	O	L	Z	E	R
I	Y	Q	S	H	A	R	E	M	Q	V	F	W	T	F
C	Q	N	A	I	L	E	D	E	V	I	O	E	T	X
I	O	U	E	T	N	D	S	X	Z	V	D	L	E	G
C	W	P	L	A	Z	S	L	E	E	P	S	L	S	T
K	X	Z	K	X	N	M	L	A	M	H	O	S	V	P

BOMBS
CIGARETTES
CONSONANTS
CONTINUED
DROPPED
FEET
ISLANDS
LOVES
NAILED
PROTRACTOR
SAYS
SLEEPS
SUNNY
THREES
WELLS

263

C	H	A	S	E	S	N	Q	H	F	P	L	O	B	W
T	U	M	U	K	O	Q	H	L	J	E	U	P	P	A
K	K	I	N	S	T	R	U	M	E	N	T	A	B	D
E	V	Y	I	X	T	S	H	F	N	A	D	R	Y	J
B	I	O	I	X	N	R	N	L	W	C	J	D	Q	U
Q	P	T	J	O	J	E	I	D	H	B	K	O	B	S
K	B	M	R	N	S	A	H	A	Y	V	R	N	B	T
P	R	I	N	C	E	S	S	I	G	R	E	A	S	Y

ADJUST
AUSTRIA
CHASES
GREASY
INSTRUMENT
IRONS
PARDON
POISON
PRINCESS

264

W	M	C	U	M	I	G	F	E	V	O	D	K	R	R
D	W	A	U	Z	B	N	N	F	B	Y	R	F	E	I
R	Q	K	B	R	L	V	D	E	F	E	N	D	V	R
G	M	S	S	T	V	T	G	E	A	R	Q	L	I	H
C	T	T	H	R	Q	E	Z	Z	E	F	A	P	E	U
K	I	Z	Y	O	O	D	D	W	X	D	K	I	W	T
W	S	Q	R	B	W	U	O	N	V	P	Q	T	N	S
Q	W	K	N	X	E	N	Q	R	E	F	Q	S	G	S

CURVED
DEFEND
HUTS
INDEED
PITS
RAINS
REVIEW
SHOWN
WITS

265

L	T	W	X	V	E	Z	H	M	T	A	W	A	G	E
O	Y	Q	Z	E	X	L	G	Q	Z	G	C	A	K	E
R	G	S	L	Z	P	E	E	A	M	H	N	K	I	F
C	V	O	H	A	E	T	U	C	C	Q	P	B	E	L
E	A	T	T	H	R	T	M	L	T	O	D	S	A	F
U	Y	S	Y	G	T	U	K	O	N	R	F	N	W	K
O	E	K	G	T	S	C	T	F	E	V	I	A	J	Y
R	V	N	L	B	E	E	T	L	E	F	E	C	I	S
R	I	A	P	J	E	A	D	G	Y	N	F	F	A	O
D	F	X	Y	N	H	M	N	H	A	F	P	O	S	L
I	D	U	E	P	U	I	T	L	X	V	N	Q	R	U
G	Z	J	P	Q	G	S	B	N	V	W	L	J	E	T
B	N	S	H	A	V	X	W	Q	I	I	Z	C	N	I
E	Z	Q	R	S	H	W	S	L	F	E	N	I	V	O
W	N	P	F	Z	O	G	U	T	C	E	W	G	B	N
U	J	L	D	M	F	D	R	X	U	V	T	I	U	S
P	L	I	I	V	F	B	E	Q	U	A	L	I	T	Y
T	Q	A	O	I	N	N	E	C	T	A	R	S	T	T
R	H	G	V	N	M	S	V	H	G	B	W	Z	E	N
R	X	H	D	D	M	W	Y	P	N	K	J	Q	R	P

BEETLE
BUTTER
EFFORT
ELECTRICAL
EQUALITY
EXPERTS
FINAL
LANE
LETTUCE
NECTAR
RAGING
REST
SEQUENCE
SOLUTIONS
WAGE

C	L	N	I	I	E	Z	K	T	S	Y	G	C	Y	X
R	P	B	Y	C	J	N	U	E	K	U	M	T	I	E
A	T	U	U	C	G	F	N	H	X	R	Q	T	V	S
F	B	K	Q	F	M	O	S	S	H	V	X	A	I	T
T	U	F	D	G	H	I	D	Y	K	P	E	F	J	A
S	C	Q	L	P	N	K	L	J	E	W	K	Z	K	T
M	R	B	E	I	F	Z	D	Y	O	H	J	K	P	I
E	I	L	F	T	O	H	L	Q	Z	O	Z	L	M	S
N	E	B	C	S	P	R	E	A	D	I	N	G	E	T
T	D	K	F	E	A	F	S	I	B	X	H	K	K	I
Y	B	V	Y	E	I	N	X	X	H	E	W	K	F	C
K	G	L	D	G	M	Z	E	J	F	P	W	T	D	S
R	E	P	T	Z	V	A	G	S	K	Q	H	X	T	R
J	O	V	R	H	G	N	Q	D	M	J	W	K	A	D
Q	E	G	L	O	I	T	B	R	U	M	M	C	U	H
T	M	J	U	N	X	R	A	E	V	E	T	X	G	E
R	P	L	W	N	D	O	T	V	I	J	D	Q	H	R
I	T	A	Q	O	N	O	F	Y	P	N	L	R	T	E
E	Y	K	S	K	S	E	F	H	S	N	J	A	H	U
D	B	E	Z	M	J	X	D	F	K	C	F	E	Z	Q

CRAFTSMEN
CRIED
DEARLY
EMPTY
FINISH
GUNNED
HERE
SPREADING
STATISTICS
TAUGHT
TELEPHONES
THIRTY
TRIED
WEAVE
YAWNING

267

W	C	I	S	X	D	P	S	X	F	E	T	V	F	A
Y	H	E	Y	Y	C	O	A	H	L	U	R	R	Y	J
O	W	H	I	S	T	L	E	N	I	A	B	X	A	C
G	C	A	R	T	S	L	R	V	N	R	J	U	L	Y
P	X	X	N	I	Z	U	H	U	T	B	I	D	G	T
G	D	X	G	G	D	T	I	S	B	W	T	V	E	Q
I	A	N	B	L	P	I	O	A	S	S	W	R	R	G
C	D	C	S	Q	N	N	N	C	V	M	P	V	A	G
D	M	Q	X	K	R	G	C	G	M	R	Q	T	E	I
F	K	X	R	X	T	S	A	X	E	C	J	D	O	J
V	N	Y	L	F	N	J	G	T	S	R	E	J	B	K
Z	K	R	W	Z	F	H	N	Y	S	L	M	M	H	V
X	P	J	G	F	Y	I	F	E	L	B	P	I	U	W
J	G	H	N	E	Z	Z	C	E	J	V	I	O	Y	N
X	E	B	D	K	S	S	P	D	P	F	R	U	Q	F
O	M	N	G	E	M	S	D	K	U	B	E	X	D	U
D	V	U	N	K	S	I	E	V	I	H	A	R	G	R
J	V	O	Q	I	Z	M	G	D	K	J	O	M	O	S
H	C	R	M	O	T	I	O	N	S	H	O	W	L	P
T	K	Q	X	B	X	P	L	X	C	V	L	X	V	S

CARTS
CHORD
EMPIRE
FLINT
FURS
INTERPRET
JULY
MESS
MISSPELLED
MOTIONS
POLLUTING
RIDING
RUBS
TRAY
WHISTLE

268

A	P	L	N	V	Z	V	Z	Z	D	O	M	S	R	P
C	O	N	S	I	S	T	I	N	G	E	E	H	J	Z
Y	H	F	Y	B	G	X	F	Q	F	F	H	E	A	P
F	L	Z	I	R	Y	O	I	C	G	V	O	L	N	R
T	U	S	W	A	W	N	A	E	F	K	Y	T	X	F
B	B	W	M	T	I	J	B	L	X	C	M	E	I	X
S	N	I	D	I	N	S	I	S	T	T	E	R	O	Q
H	A	G	D	O	F	P	R	K	A	O	C	I	U	B
V	R	B	H	N	L	D	A	X	K	P	H	N	S	D
M	J	O	R	S	Y	J	K	C	S	I	A	G	Q	D
O	Z	A	N	M	O	G	L	C	M	C	N	H	H	D
O	B	Q	H	T	W	G	I	K	F	O	I	R	Y	V
R	O	B	U	S	A	T	N	O	E	E	C	I	Y	X
F	J	H	K	F	S	Q	R	G	V	T	A	P	L	Y
F	Q	V	Z	A	S	E	I	V	A	S	L	G	T	H
C	B	V	N	C	T	P	T	M	P	R	X	O	A	J
Z	D	M	B	T	S	M	H	E	Z	Q	R	Y	S	T
G	Y	W	I	S	G	Q	E	A	W	A	K	E	O	W
G	H	B	M	Z	G	P	K	T	W	Z	T	D	S	B
B	J	Q	K	I	U	W	O	S	F	W	D	I	F	T

ANXIOUS
ARREST
AWAKE
CONSISTING
FACTS
GYMNASTICS
HEAP
INSIST
MEATS
MECHANICAL
PEEPS
PIGEON
SHELTERING
TOPIC
VIBRATIONS

269

O	N	M	D	W	H	O	E	I	E	X	O	D	P	G
I	N	R	V	L	A	B	O	R	A	T	O	R	Y	S
B	U	T	T	E	R	F	L	Y	C	S	I	Z	U	Q
U	X	O	X	F	Y	S	W	M	G	D	U	K	A	C
E	M	N	A	W	P	I	M	H	L	M	H	A	O	N
A	T	A	K	I	U	O	K	R	I	N	F	O	R	M
C	I	C	T	A	S	D	S	D	T	J	F	T	I	I
E	L	E	A	D	Z	K	E	J	T	Z	R	V	K	B
X	Z	F	M	W	H	P	N	R	E	Y	A	I	H	J
T	P	L	G	J	B	D	D	F	R	Z	R	H	X	S
E	X	A	F	A	S	E	C	S	I	K	I	S	V	Q
V	M	S	X	Q	L	S	U	I	N	Q	T	A	U	T
L	V	H	Z	T	O	L	S	E	G	Y	H	V	K	R
I	G	L	S	H	T	R	O	B	O	Y	M	A	W	A
V	R	I	U	G	H	B	D	N	B	V	E	G	H	D
A	H	G	U	X	R	G	H	U	G	S	T	E	E	I
W	E	H	J	P	O	G	S	J	L	E	I	R	T	T
V	S	T	M	S	W	Y	P	J	O	E	C	J	H	I
O	J	E	D	W	L	M	K	W	H	A	L	E	E	O
W	U	O	X	G	G	V	S	G	S	V	A	Z	R	N

ARITHMETIC
BUTTERFLY
FLASHLIGHT
GALLON
GLITTERING
INFORM
LABORATORY
SACRED
SAVAGE
THROW
TIPS
TRADITION
WHALE
WHETHER
WHISTLED

270

X	B	D	J	K	O	W	X	L	L	Q	X	N	B	E
B	F	L	Y	C	U	T	L	H	D	C	Z	J	N	I
P	P	U	Y	E	T	S	O	N	Y	U	W	I	T	Y
C	V	B	P	A	I	Z	F	C	X	R	H	G	E	G
M	F	X	N	R	E	S	G	N	K	S	V	F	R	E
A	V	Z	A	J	E	T	O	J	U	Q	W	A	M	Q
N	D	C	W	G	T	K	E	T	S	D	I	S	M	R
S	Q	V	U	S	X	O	V	F	H	P	R	C	W	D
J	U	P	T	Z	L	X	A	H	C	R	I	I	B	C
U	J	K	W	U	D	U	P	H	D	A	N	N	F	A
T	L	Q	N	T	U	J	O	O	V	M	G	A	E	L
H	B	N	D	C	K	M	R	F	X	T	E	T	X	C
U	K	S	L	L	T	W	A	H	Y	L	A	E	E	U
P	E	H	S	U	G	W	T	G	F	K	W	D	Z	L
A	H	O	N	C	M	P	E	U	S	J	X	K	P	A
F	R	E	A	N	R	J	S	N	Z	R	W	U	A	T
G	P	S	I	C	L	A	J	Z	P	W	O	E	R	O
M	D	D	J	S	O	A	P	R	X	U	K	W	T	R
F	M	C	T	E	M	H	D	N	C	A	A	V	S	W
N	I	U	V	N	N	U	Q	Y	R	K	Q	R	Y	J

CALCULATOR
EVAPORATES
FASCINATED
LADY
LEAF
PARTS
RAKE
ROWS
SCRAP
SHINE
SHOES
SKATE
SOAP
SPINE
WIRING

271

O	Y	H	U	P	L	D	F	S	C	M	F	K	Q	T
W	R	J	T	N	N	A	O	K	I	A	N	X	R	I
F	B	P	K	E	O	M	M	H	L	Z	Y	V	M	D
Y	Q	S	M	U	Q	Q	X	M	Z	B	E	I	A	E
T	M	S	C	X	H	A	X	G	W	T	E	S	T	S
L	Y	G	N	D	C	G	O	R	W	Q	Z	I	P	F
R	B	V	H	N	B	O	M	S	Q	N	I	O	R	J
E	X	K	U	J	L	C	Z	D	A	X	H	N	O	I
L	W	L	V	Z	M	H	G	V	R	B	Y	I	T	A
A	A	A	F	Z	Q	M	A	G	A	Z	I	N	E	S
T	K	O	Y	Q	Z	O	S	Y	P	A	Q	Q	C	S
I	R	O	P	N	Z	G	N	O	G	U	T	A	T	E
V	W	C	A	F	N	R	D	K	Q	P	R	O	I	M
E	X	P	R	I	K	N	O	U	R	G	Z	U	O	B
L	K	H	T	V	J	R	M	L	I	W	A	Q	N	L
Y	T	E	E	P	R	V	Y	M	P	J	U	O	D	E
V	E	V	D	A	T	H	Y	R	D	K	R	F	W	S
M	X	L	R	C	R	J	E	K	T	D	Z	W	S	A
P	O	K	L	C	J	S	O	H	D	H	Y	Q	Q	N
A	P	O	L	O	G	I	Z	E	D	V	N	P	D	D

APOLOGIZED	PARTED	TESTS
ASSEMBLE	PROTECTION	TIDES
MAGAZINES	RELATIVELY	TOOL
MEETING	SAND	VISION
MEND	SIZES	YELL

I	O	C	C	O	N	T	I	N	U	I	N	G	O	V
P	N	I	F	V	A	J	R	T	X	P	U	Y	B	J
Y	M	G	M	P	Z	R	O	Q	U	X	L	I	M	P
Q	I	F	J	A	H	L	N	G	N	H	T	Z	X	Q
B	C	L	J	Y	G	X	E	T	G	H	O	C	Q	M
U	N	K	I	N	D	R	D	I	I	M	R	F	B	P
S	G	R	H	O	U	M	H	J	W	B	U	Z	P	T
I	K	L	V	W	R	S	Y	H	E	Q	K	W	T	C
N	Z	H	I	O	L	E	V	E	R	P	F	K	R	O
E	Z	Z	B	E	I	H	D	I	W	I	X	Q	S	L
S	P	O	K	E	S	I	L	G	X	J	C	X	Z	B
S	X	K	B	O	V	T	E	H	J	S	O	H	R	X
E	G	U	W	H	T	K	L	T	N	W	T	V	E	T
S	W	N	J	N	W	G	V	R	U	B	B	E	D	R
V	Z	K	Y	K	Z	G	C	Y	O	Q	V	C	E	D
K	R	G	E	D	E	D	V	P	J	B	X	P	D	R
Y	W	Q	E	H	W	P	P	O	S	O	B	J	N	H
B	T	T	B	D	J	B	B	E	G	I	N	E	D	Q
M	C	G	Y	B	E	R	Q	T	F	A	S	R	D	N
O	S	U	R	P	R	I	S	I	N	G	F	J	J	O

BEGIN
BUSINESSES
CONTINUING
HEIGHT
HIGHLY
IRONED
LIMP
POET
RICHER
ROBBED
RUBBED
SPOKE
SURPRISING
UGLIEST
UNKIND

L	D	L	D	A	K	P	E	O	D	K	W	A	W	P
G	U	G	I	B	M	X	U	J	O	W	Q	V	T	E
M	V	C	G	X	T	E	R	O	Z	H	P	A	I	R
V	F	F	Y	C	K	E	L	H	Q	A	A	M	H	M
Z	X	T	E	J	H	I	W	X	Q	P	Y	W	U	I
H	X	P	A	T	T	I	N	G	L	A	S	O	R	S
M	X	O	A	A	Q	B	Z	D	A	M	Z	A	R	S
E	S	G	Q	X	Z	N	X	K	U	N	O	C	I	I
H	U	L	E	R	X	E	G	R	N	P	S	C	C	O
P	I	K	H	O	W	M	D	P	G	H	R	U	A	N
J	S	C	S	T	I	M	W	N	M	H	I	R	N	D
I	L	N	D	E	L	D	I	I	P	G	L	A	E	E
I	A	Q	Y	D	Q	N	Q	C	Y	I	O	T	M	D
P	B	O	P	O	R	W	S	R	Q	Y	S	E	O	B
B	N	A	N	E	W	V	P	Q	M	I	W	L	I	P
S	Y	H	C	O	T	O	H	Z	X	G	B	Y	V	H
M	U	N	T	N	I	R	F	E	F	K	D	O	G	S
H	O	E	F	Y	W	B	A	M	R	V	F	U	K	F
C	R	I	A	W	T	E	D	I	U	Z	W	G	U	K
V	P	E	A	C	E	F	U	L	L	Y	R	R	F	W

ACCURATELY
CONCERNING
DOGS
DRUMS
EXISTED
EXPECT
GATHER
HURRICANE
KIND
LOOK
PAIR
PATTING
PEACEFULLY
PERMISSION
RAIL

274

P	R	N	W	N	H	K	S	R	N	P	K	Z	X	M
I	W	R	D	G	A	T	O	N	N	C	Q	P	C	B
B	J	H	P	E	S	I	R	J	A	R	R	O	N	K
X	H	E	W	E	N	E	J	N	U	R	S	E	S	G
Q	J	R	T	U	T	S	S	K	B	G	W	J	E	B
E	A	S	J	S	G	R	E	T	U	R	N	I	N	G
G	A	O	A	W	K	Y	D	Z	B	S	O	V	X	R
F	L	E	C	O	N	T	I	N	U	O	U	S	H	T

CONTINUOUS	FASTEST	NURSES
DENSE	HASN'T	RETURNING
EASTERN	JUNIOR	SNACK

275

G	L	M	T	E	L	C	L	S	B	U	N	N	Y	B
A	J	U	R	V	E	O	P	T	M	P	I	X	X	W
S	U	U	I	T	F	E	R	B	O	Y	J	Y	Z	H
U	L	M	I	D	D	A	Y	F	T	N	P	U	H	J
Y	I	Q	E	G	P	H	C	L	O	T	H	I	N	G
U	S	D	K	A	L	Q	I	Q	R	R	V	L	R	U
H	A	P	P	E	N	I	N	G	S	M	T	Z	B	Q
W	H	I	N	J	E	C	T	I	N	G	N	H	O	K

APART	FORTH	MIDDAY
BUNNY	HAPPENINGS	MOTOR
CLOTHING	INJECTING	WADED

D	O	W	M	W	I	O	P	L	A	I	T	F	V	T
Q	F	B	Y	E	I	B	X	D	P	M	K	R	V	Y
A	G	N	X	D	V	D	V	C	I	T	X	T	T	N
O	X	W	C	N	C	W	O	Z	F	D	J	U	C	A
B	D	M	E	E	B	S	Q	W	L	P	V	H	Z	Y
J	Z	X	Q	S	W	P	R	E	F	E	R	T	X	N
A	D	T	F	D	I	P	U	B	K	F	T	Z	J	C
R	Z	G	R	A	D	U	A	L	L	Y	F	Y	W	F
V	V	V	A	Y	P	P	R	A	K	Z	U	M	B	V
W	P	H	I	L	O	S	O	P	H	Y	D	T	B	N
P	E	E	I	Q	U	X	X	D	E	G	T	M	O	P
X	D	X	G	I	L	C	E	L	A	X	L	I	Q	F
B	W	C	D	I	S	C	S	H	S	L	T	W	U	A
B	J	E	T	U	A	U	D	I	G	A	V	A	Q	N
T	L	L	M	L	A	V	M	T	U	R	S	V	X	O
S	T	L	P	D	E	R	A	T	E	S	R	E	F	W
B	V	E	P	S	D	N	I	O	W	F	K	D	L	M
G	R	N	R	W	R	S	S	S	T	O	R	E	E	B
I	X	T	C	Z	Q	H	Y	G	L	A	R	E	T	G
J	W	U	O	H	E	X	K	B	V	P	F	M	S	S

EXCELLENT
GLARE
GRADUALLY
LETS
PHILOSOPHY
PLAIT
RATES
REFER
REPLACED
SITUATION
STORE
WAVED
WEDNESDAY
WIDOW
WORM

T	P	S	N	G	Z	S	R	H	M	D	L	C	T	W
T	E	B	G	H	O	S	S	L	Z	L	M	O	I	S
M	R	W	E	Q	R	U	A	K	N	B	O	K	W	D
Q	F	Y	M	U	Z	P	B	N	E	F	S	E	N	L
U	O	S	O	W	W	P	G	Y	I	F	Q	R	J	D
P	R	Y	O	Y	Z	R	L	P	A	Z	U	I	W	A
S	M	D	M	O	W	E	I	W	H	B	I	A	U	I
I	E	J	I	D	E	S	A	G	N	A	T	T	K	B
D	R	F	L	R	F	S	L	U	K	F	O	P	M	Q
E	S	W	F	Q	G	E	S	U	Z	L	E	V	N	I
D	B	E	I	E	S	D	M	Y	O	K	S	L	F	N
O	P	K	J	R	C	U	G	I	G	G	D	H	E	D
W	R	B	N	F	B	T	M	I	V	A	W	H	Z	P
N	N	Y	K	V	F	R	S	R	V	G	Z	D	T	P
Z	R	V	W	Y	U	Y	M	A	S	L	G	L	N	R
J	N	B	K	B	Q	S	H	R	T	D	L	Y	S	R
L	O	L	E	U	A	C	U	H	I	A	N	K	H	P
K	E	Z	D	S	D	S	H	N	N	R	F	O	O	O
E	P	O	A	V	E	M	E	R	G	E	D	U	O	P
H	G	C	P	K	Q	O	P	D	E	M	S	G	K	N

BASED
EFFECTS
EMERGED
FOOT
FREELY
MOSQUITOES
NOON
PALM
PERFORMERS
SHOOK
STING
SUNBURN
SUPPRESSED
UPSIDE-DOWN
YOURS

Q	D	U	L	E	X	P	V	D	B	Y	X	B	F	T
E	V	C	Q	M	Q	A	T	S	E	E	R	Z	T	N
R	P	R	O	D	U	C	T	I	O	N	E	N	L	K
B	E	O	R	A	E	M	U	K	T	K	J	S	K	R
R	A	B	U	D	S	E	P	D	Z	T	A	J	I	T
Y	U	I	Y	J	S	X	U	Z	D	R	U	A	C	Y
A	J	N	U	V	P	V	F	F	R	W	H	J	S	P
R	E	M	A	R	K	A	B	L	E	C	M	V	M	E
P	H	J	S	I	M	I	L	A	R	I	T	Y	S	W
F	T	T	E	K	N	I	O	D	M	J	E	S	S	R
J	A	Q	F	H	F	Y	H	H	S	L	Y	M	S	I
G	K	R	O	C	H	K	X	E	C	T	R	O	U	T
X	Y	U	G	F	R	B	I	K	O	U	U	H	H	E
Q	L	Y	G	M	C	L	M	M	H	S	C	Y	M	R
E	Y	E	Y	C	B	I	P	H	Q	A	E	A	F	P
A	K	L	I	M	H	O	O	K	E	D	T	S	G	R
S	M	I	E	P	B	C	S	T	J	B	A	P	B	P
H	B	S	G	F	D	N	G	T	W	O	M	A	N	U
U	S	H	F	U	C	O	M	P	L	E	T	I	N	G
A	C	U	R	I	O	S	I	T	Y	W	R	I	A	C

ASSEMBLIES	HOOKED	TAME
CHAIR	PRODUCTION	TEACH
COMPLETING	REMARKABLE	TROUT
CURIOSITY	ROBIN	TYPEWRITER
FOGGY	SIMILARITY	WOMAN

279

V	K	J	C	Q	N	A	L	Y	J	E	D	L	X	P
B	I	B	Q	X	A	E	S	Y	I	L	M	K	F	M
M	Y	Z	J	S	C	U	O	T	F	T	O	M	R	V
H	Z	Z	F	D	W	Y	C	N	R	J	J	J	M	S
A	S	C	Y	H	I	E	W	K	Q	O	F	N	R	Q
D	Q	C	O	Y	V	K	W	B	T	T	N	B	P	N
P	R	E	T	T	I	E	S	T	N	Z	K	O	X	J
P	K	J	I	V	T	J	A	W	E	O	Q	R	M	T
F	C	Y	S	Q	C	E	O	G	R	A	D	R	O	Y
X	G	X	C	N	G	Q	Q	Z	L	Y	H	O	V	P
X	K	Y	X	H	I	D	K	M	O	E	R	W	F	Y
L	K	R	L	R	F	D	E	L	H	Q	F	I	L	E
A	A	D	U	W	O	K	E	Z	X	P	T	R	O	P
F	Y	X	Y	E	H	M	M	N	B	D	I	Z	C	Y
W	A	Q	Y	M	W	R	S	P	T	A	U	N	K	M
M	S	M	G	A	T	N	G	E	F	I	T	A	T	O
U	D	Y	S	Y	A	O	D	C	W	A	C	M	D	N
P	F	E	Q	G	D	O	G	A	I	X	O	A	Z	E
U	E	M	R	M	T	N	V	F	O	L	R	G	L	Y
S	H	O	U	L	D	E	R	S	Y	M	E	N	Q	N

ASTRONOMY
BORROW
CORE
EAGLE
FAIRLY
FILE
FLOCK
IDENTICAL
MONEY
NO-ONE
ORGANS
PINT
PRETTIEST
SEESAW
SHOULDERS

280

S A C K Z M S L H X F G T A S
T H R O U G H O U T N C H P Y
Z S I O N U E D B I X S R P N
K Y B I E T P B M O T C I E T
Q W R Z V Y A R M A S R L A H
F T N E L J A I F Z S E L R E
S G W B X S V G N N O P X A T
S C K J I C Y F O E V R Z N I
U C R D Y I T I M M R E H C C
D S D A E Y T R K G U S J E A
K C M F T P A A O T C E O O H
W B Y P E C Q L R X N N N V D
Z H H C C I H S R I S T N E E
K Z X S L V D I K T H P T X Q
I E Z W X I H U N E O O L U S
P L Q I U B N A T G V B L F R
V T A Q W R C G W I F E O A S
X M L W H Z X X A G E N C Y O
J O Z X Q S T H L V U S V Q L
S G Q Z L F N S L D N Y R P B

AGENCY	DUTIES	SYNTHETIC
APPEARANCE	EXCEPTIONS	THRILL
CONTAINERS	REPRESENT	THROUGHOUT
CYCLING	SCRATCHING	VOTED
DISARMING	STRINGS	WALL

281

I	T	G	V	D	J	C	R	I	L	X	Y	P	T	V
W	Q	Z	J	R	E	S	O	L	U	T	I	O	N	S
J	I	V	F	B	T	T	R	O	F	I	N	K	N	L
W	A	V	R	S	L	H	W	C	J	A	C	I	U	S
W	W	Y	E	R	Q	O	X	O	J	A	R	Q	X	U
Q	C	R	C	S	D	R	Z	A	R	L	E	I	N	N
L	O	R	X	R	M	O	A	C	X	Q	A	Q	Y	B
F	P	S	W	O	V	U	X	W	C	X	S	L	F	U
S	Z	S	Q	E	F	G	X	V	B	I	E	Y	L	R
Y	N	D	K	Z	L	H	H	M	I	M	D	H	B	N
W	B	N	Z	X	J	L	X	E	E	S	T	A	T	E
X	P	I	L	O	T	Y	K	R	T	X	I	H	K	D
K	B	X	M	E	T	C	T	N	H	E	C	B	R	G
U	Z	J	R	S	G	X	D	R	O	J	B	U	L	T
M	F	R	H	Q	E	U	L	P	L	W	W	P	S	E
R	T	X	W	B	K	N	Y	D	Y	B	N	S	B	E
T	K	U	J	V	E	I	A	K	K	X	G	A	P	Y
M	T	E	N	G	R	L	H	B	L	N	A	K	E	D
F	D	J	M	E	R	D	F	U	U	T	T	E	G	T
T	J	J	J	Q	V	H	K	J	Q	I	Z	C	H	T

CRACK
ESTATE
EXCUSE
EXTREMELY
FORESTS
INCREASED
NAKED
PILOT
RESOLUTION
SAKE
SUNBURNED
THOROUGHLY
VISIBLE
WELL-KNOWN
WIVES

Q	N	K	S	W	O	H	E	V	I	O	E	O	J	F
P	M	I	K	O	G	K	O	D	M	B	A	I	E	L
R	E	M	X	U	N	I	C	V	I	J	V	M	W	R
B	J	M	L	F	T	G	X	X	Y	S	I	D	D	E
B	K	I	N	B	D	D	S	S	D	S	E	C	F	P
A	L	G	B	Q	U	W	S	P	H	C	X	A	L	Z
O	C	R	L	O	M	S	U	T	U	I	Y	U	S	A
F	G	A	C	U	O	C	E	D	P	T	W	B	U	E
S	S	N	W	K	G	T	O	B	I	T	S	Y	R	O
H	S	T	R	H	F	R	S	R	T	M	W	H	N	F
S	S	S	L	T	T	O	O	F	M	F	O	E	A	W
U	Q	W	Z	N	F	H	F	M	I	R	O	O	M	S
T	J	P	I	W	T	Q	F	W	J	N	X	I	E	D
O	X	A	V	U	K	Z	I	U	Y	L	M	T	S	W
F	H	B	A	F	L	G	C	P	A	O	N	L	V	A
S	Y	P	Y	M	W	X	I	S	S	T	O	B	N	K
Y	S	W	Y	S	W	U	A	Z	E	Q	M	L	R	I
W	T	H	A	N	U	A	L	I	K	L	N	O	Q	N
D	F	I	L	L	O	R	Y	P	V	G	F	Z	J	G
I	F	J	X	Q	P	P	F	S	T	B	R	W	G	X

AUTHORITY	OFFICIAL	SURNAME
DISEASE	PUTS	THAN
FORK	SELF	WAKING
IMMIGRANTS	SONGS	WAYS
INTRODUCED	SURF	ZIPS

283

F	C	P	Z	O	O	J	E	A	R	X	G	V	U	S
G	G	T	J	Y	F	L	M	L	D	E	I	T	O	C
M	M	F	I	O	H	D	Z	U	R	I	O	M	U	A
K	P	E	M	F	E	F	Q	N	X	H	I	X	Z	S
Z	U	A	B	U	G	K	Y	C	K	K	B	D	Z	S
C	H	E	W	E	D	M	C	H	S	K	R	A	T	E
G	E	X	P	E	R	I	M	E	N	T	I	X	F	T
P	B	P	O	M	D	Q	K	S	A	B	J	D	J	T
O	K	L	P	I	C	O	N	F	I	D	E	N	C	E
H	U	O	U	D	J	D	C	Y	O	B	I	M	Y	S
V	C	R	L	V	J	X	R	R	I	T	O	U	B	U
Z	C	I	A	Q	B	D	D	W	R	S	H	A	K	E
X	P	N	T	C	Q	P	U	U	U	Y	L	E	C	M
Z	X	G	E	G	K	K	O	D	L	H	X	Y	R	K
J	U	N	D	P	U	S	I	N	X	O	U	N	H	K
Q	X	Z	S	G	A	O	B	T	S	W	O	H	Z	V
H	T	T	J	U	D	D	H	O	Q	B	A	E	V	Y
B	W	Z	R	G	Z	W	O	A	V	N	G	T	O	E
U	T	T	E	S	I	Q	L	G	H	L	N	S	Y	M
R	R	E	Y	P	Y	W	Y	I	P	J	D	V	B	D

CASSETTES	EXPLORING	POPULATED
CHEWED	HOLY	RACKS
CONFIDENCE	JOKES	RATE
ESKIMOS	LUNCHES	SHAKE
EXPERIMENT	OTHER	SOUR

284

A	F	R	E	Q	U	E	N	T	L	Y	I	F	M	X
R	N	Z	D	A	P	F	E	D	V	Q	J	B	S	N
C	B	J	T	A	A	T	F	D	N	W	E	Y	E	B
E	I	Y	N	T	A	G	G	O	B	G	W	M	V	K
Z	Z	S	P	L	T	G	M	L	F	T	P	K	M	Z
M	R	L	E	F	G	A	J	J	E	L	J	U	P	U
Q	C	R	P	Q	W	C	I	D	X	A	O	D	S	A
P	R	O	D	U	C	T	I	V	E	P	J	S	W	C
I	H	Y	M	N	Z	Z	N	G	F	F	Y	J	W	C
S	S	A	N	D	S	C	Z	Q	M	S	T	A	J	O
Y	T	L	R	R	S	K	P	J	S	T	H	M	B	R
H	F	I	B	E	R	W	J	U	F	Q	Z	D	J	D
L	H	M	R	S	C	I	O	V	G	R	E	M	A	I
K	H	A	Q	S	X	E	J	Y	E	D	A	Q	U	N
R	R	M	Z	K	G	X	N	R	U	Q	D	N	D	G
X	Q	T	L	A	V	P	O	X	U	I	X	A	C	C
T	V	R	R	O	F	F	I	C	I	A	L	L	Y	E
T	R	U	L	O	E	E	G	O	T	M	C	O	R	J
R	O	T	G	B	B	Q	E	I	C	J	O	U	B	J
C	P	H	Y	D	C	G	M	L	F	V	D	D	E	Y

ACCORDING	FRANCE	ROYAL
ALOUD	FREQUENTLY	SNAP
BEFORE	OFFICIALLY	STIRS
COURAGEOUS	PRODUCTIVE	TRUTH
FEEL	RELATE	UNDRESS

285

C	Y	V	E	E	G	B	H	P	E	F	D	C	J	T
Y	P	N	R	D	T	R	I	B	P	L	G	V	Y	L
D	O	P	Z	F	U	T	U	I	M	S	F	S	F	Z
M	E	L	P	L	A	C	P	B	C	B	G	L	Z	K
J	T	A	A	E	S	V	A	P	Y	A	O	O	R	E
E	S	T	F	T	N	M	H	T	R	E	P	L	Y	F
A	I	E	W	Z	U	N	P	L	E	A	S	A	N	T
V	D	R	O	Z	L	X	Y	M	N	D	K	B	I	S

CUBE
DEFEAT
EDUCATED
PENNY
POETS
RAGS
REPLY
UNPLEASANT
VITAL

286

I	A	D	Q	Q	U	Q	Y	J	B	I	R	T	H	E
G	I	U	W	O	Q	S	G	R	G	H	N	M	R	O
F	P	V	A	Y	E	N	J	X	X	V	U	U	F	B
I	Q	H	R	U	I	K	A	A	T	D	S	F	L	F
R	Q	I	S	N	C	X	W	A	H	S	T	F	B	T
E	A	S	I	E	R	N	F	H	A	N	D	D	G	I
S	I	L	C	R	H	S	J	O	W	X	B	R	H	W
T	R	C	G	M	U	F	X	S	C	O	U	T	S	D

ASSURE
BIRTH
EASIER
FIRES
HAND
LINING
SCOUTS
TISSUES
WARS

287

B	X	V	Q	N	Y	Z	J	Z	E	S	W	O	Q	U
S	X	K	I	E	P	B	C	P	W	O	O	L	E	N
U	T	E	N	D	S	I	P	O	N	R	I	X	J	R
O	T	A	U	J	I	L	C	L	X	D	R	F	R	E
L	X	X	M	N	B	A	Q	B	J	D	E	O	Z	M
S	R	E	D	P	F	B	G	N	C	V	O	R	S	A
D	F	J	A	U	I	Y	J	R	H	D	A	T	E	R
Z	W	A	C	H	G	N	U	T	A	D	T	U	P	K
K	H	Q	S	A	T	C	G	D	W	M	B	N	Y	E
Z	U	L	C	L	H	J	E	E	G	D	B	A	P	D
I	S	I	C	T	X	S	D	T	U	U	B	T	L	G
D	T	K	R	J	S	V	J	E	J	Q	M	E	A	C
I	A	E	V	I	W	C	I	R	Z	Y	K	C	N	E
L	R	W	K	Q	E	D	Q	M	J	Z	V	Y	T	R
U	V	I	V	Q	A	W	D	I	L	V	W	U	A	T
L	A	S	A	D	S	E	U	N	Y	E	W	C	T	A
X	T	E	Y	Y	Z	I	W	E	U	Q	D	F	I	I
D	I	D	N	N	V	A	S	D	Y	L	I	T	O	N
I	O	R	E	F	L	E	C	T	E	D	X	R	N	L
C	N	S	K	P	E	A	C	L	H	B	I	N	G	Y

CERTAINLY	FORTUNATE	REMARKED
COWS	KISSED	STAMPING
DATE	LIKEWISE	STARVATION
DETERMINED	PLANTATION	TENDS
DIAGRAM	REFLECTED	WOOLEN

S	T	A	G	L	N	S	E	U	B	D	R	A	F	T
L	U	N	D	E	R	W	A	T	E	R	O	H	B	N
I	X	F	I	U	B	P	C	A	S	J	J	Z	R	M
G	X	F	U	W	T	R	A	E	D	G	T	U	C	P
H	M	U	Y	I	E	O	I	T	O	U	H	I	X	P
T	O	U	L	A	U	T	K	S	J	Z	R	M	L	L
E	H	O	N	X	I	S	P	D	Q	M	E	S	H	K
S	K	W	B	C	K	F	Q	P	I	U	A	O	F	W
T	Q	U	E	N	O	C	E	Q	P	V	T	M	O	P
Y	C	M	L	H	I	V	P	W	L	E	E	E	R	F
U	I	O	O	A	C	F	E	A	M	L	N	T	G	E
O	N	X	N	R	E	C	I	R	Z	M	E	I	E	N
D	D	I	G	E	I	R	X	R	F	V	D	M	T	A
B	O	M	O	Y	T	N	J	S	O	V	I	E	T	W
U	I	P	X	S	R	J	Y	K	Z	Y	P	S	I	L
L	R	J	U	M	P	I	N	G	C	U	D	T	N	N
H	Z	D	R	K	P	E	M	O	L	S	E	E	G	X
F	N	J	G	U	L	G	V	J	I	N	X	I	K	N
I	I	F	E	J	K	Q	Y	W	J	O	I	N	T	F
T	M	F	D	P	E	J	N	K	C	Y	C	L	E	D

BELONG
CITIES
CYCLED
DRAFT
FORGETTING

INDUSTRIAL
JOINT
JUMPING
SLIGHTEST
SOMETIMES

SOVIET
THREATENED
UNCOVER
UNDERWATER
URGED

289

L	C	I	C	H	A	M	P	I	O	N	S	V	P	L
S	O	W	X	S	F	E	M	B	Z	H	M	L	B	Z
E	D	I	V	I	D	I	N	G	W	Q	K	H	E	C
T	I	O	E	L	W	W	T	Z	I	L	V	X	D	O
A	V	L	M	I	J	F	X	N	S	Y	G	D	R	L
S	I	K	Q	I	N	S	I	Y	J	J	Z	E	O	L
J	S	S	E	E	N	V	A	K	C	D	H	R	O	E
M	I	L	M	K	Y	A	I	F	Q	I	Y	F	M	C
U	O	X	K	V	W	S	N	T	U	B	H	I	T	T
Z	N	I	J	B	N	G	X	T	A	W	V	H	V	I
L	S	Y	V	S	W	C	T	A	R	T	Z	X	L	N
F	E	I	G	H	T	E	E	N	R	I	I	W	Q	G
V	W	K	D	H	P	Z	T	L	E	W	N	O	H	M
S	J	G	D	D	O	Q	E	F	L	P	M	L	N	S
S	H	C	E	N	W	G	O	F	I	S	C	N	B	M
C	T	T	L	A	D	F	J	F	N	I	S	C	R	A
E	O	K	T	I	E	S	L	V	G	S	L	A	E	R
N	P	U	H	V	R	D	A	A	B	W	H	G	O	T
E	S	V	H	B	B	O	L	X	L	B	Y	D	A	S
X	H	N	M	X	X	K	W	K	X	H	J	C	T	Z

BEDROOM
CHAMPIONS
COLLECTING
DIVIDING
DIVISIONS
DOMINANT
EIGHTEEN
HARM
HERO
INVITATION
NOTED
POWDER
QUARRELING
SCENE
SMART

Q	H	F	T	J	I	R	U	P	T	R	O	A	D	X
L	V	I	H	E	H	H	K	E	A	D	C	K	Z	M
V	J	W	K	L	Z	Q	D	G	R	D	U	I	H	T
O	Q	C	C	M	G	A	J	J	Y	U	G	Z	M	M
D	L	O	H	H	D	C	U	P	B	V	E	D	K	M
G	V	N	C	Q	F	Z	H	V	A	O	X	E	Q	Q
D	V	S	R	M	Y	D	N	T	W	E	A	Q	L	S
J	V	T	I	G	K	E	C	R	U	D	E	T	G	U
M	U	A	X	S	O	I	H	I	D	F	G	R	S	P
A	G	N	G	Y	M	S	C	A	D	G	M	C	V	P
M	S	T	X	N	E	I	M	N	W	T	O	O	A	O
M	G	L	S	A	K	X	N	G	E	U	A	K	N	R
W	W	Y	H	W	W	X	R	U	T	F	N	Q	I	T
B	X	G	T	C	U	W	O	L	T	R	U	G	S	I
L	L	D	Q	U	A	C	K	A	X	E	G	R	H	N
P	A	Q	C	P	K	W	W	R	B	S	R	E	E	G
K	N	Q	M	W	T	K	R	H	Y	J	A	M	D	H
S	Y	F	A	O	T	E	O	R	B	Q	D	O	V	Y
H	U	B	Z	Q	D	E	E	P	L	Y	E	V	Y	X
R	W	V	I	M	G	E	K	H	S	I	S	E	U	O

BOATS
CONSTANTLY
CRUDE
DEEPLY
GRADES
MINUTE
MOAN
MODE
QUACK
REMOVE
ROAD
RUGS
SUPPORTING
TRIANGULAR
VANISHED

X	T	B	D	Q	S	G	G	Z	C	W	P	A	T	H
B	F	M	L	E	E	V	J	L	I	P	O	I	B	T
R	A	L	G	T	P	D	G	R	P	S	V	Q	F	P
D	I	S	P	L	A	Y	E	D	D	G	K	I	A	H
B	R	A	I	I	R	H	A	N	E	T	W	M	Z	Q
N	P	S	O	S	A	M	G	T	F	S	U	Y	C	M
R	O	W	B	D	T	N	M	U	L	X	R	R	F	T
B	R	F	B	K	I	G	A	V	O	V	U	B	C	K
D	T	U	X	T	N	P	R	A	O	A	D	E	K	F
Q	S	H	R	H	G	L	N	O	D	R	R	Z	N	W
T	E	O	C	I	D	U	A	E	E	I	I	I	R	U
V	S	X	K	H	V	K	I	H	D	E	X	E	H	X
E	J	S	J	Y	B	F	G	N	A	D	M	Y	K	R
B	N	T	U	J	I	X	I	Z	X	M	B	Y	N	K
Q	D	D	C	T	Y	F	Q	M	U	N	I	Y	L	Y
G	V	O	N	L	A	B	A	S	I	C	A	L	L	Y
G	F	E	H	N	B	S	D	X	Z	M	O	O	N	U
Z	D	N	V	E	G	L	O	B	E	S	M	M	G	R
I	Z	W	O	L	Y	P	K	L	L	N	J	Z	E	D
M	Y	T	Q	D	S	E	Z	K	E	S	I	T	Y	S

AIRPORTS
BASICALLY
BASIS
COMES
DISPLAYED
FLOODED
GLOBES
IDENTIFIED
INDIRECT
PATH
SEPARATING
SORTING
SUMMER
SWIFT
VARIED

292

M	F	P	S	Q	F	E	Y	U	K	S	K	T	F	G
X	N	N	P	B	S	B	D	E	M	F	C	U	V	G
B	I	N	W	A	W	F	N	N	F	B	E	A	D	S
P	R	G	R	G	T	I	W	D	V	T	G	R	W	B
I	R	E	Y	L	L	Q	J	H	F	V	A	G	U	E
F	D	F	E	R	X	N	P	P	A	E	N	S	U	V
H	W	W	E	D	Z	V	T	P	G	Z	T	A	F	E
X	P	D	A	F	I	G	I	M	U	L	R	Z	I	N
D	N	Y	F	N	Z	N	E	R	C	F	J	H	B	T
U	F	N	G	E	S	V	G	Q	S	G	A	L	H	U
W	V	I	N	Q	R	O	E	U	X	J	F	O	C	A
Q	T	N	V	E	V	Y	F	W	X	B	D	Q	J	L
F	H	S	D	U	O	M	G	H	B	K	Q	H	B	L
Q	R	K	L	C	U	Y	N	S	Z	B	G	Z	H	Y
S	D	I	V	M	H	E	A	L	T	H	Y	D	D	U
T	X	E	I	D	U	A	F	R	S	X	S	O	K	R
V	Q	X	V	M	T	D	I	K	F	K	P	U	T	L
C	A	B	D	D	A	T	D	R	C	U	R	B	Q	K
M	G	Y	L	C	U	G	N	Y	S	A	W	L	I	Z
S	W	V	K	P	P	X	E	P	P	R	U	E	K	P

BEADS
BREEDING
CHAIRS
CURB
DOUBLE
ERASE
EVENTUALLY
GEAR
HEALTHY
IMAGE
MAXIMUM
MUDDY
PINS
UNDERLINE
VAGUE

293

E	E	V	C	F	V	S	V	N	E	Y	L	M	J	L
F	X	O	F	P	G	O	J	S	X	P	N	T	C	P
K	R	P	J	E	L	M	L	H	C	L	J	S	M	A
D	Z	A	A	C	Y	A	P	V	O	I	P	A	L	S
A	Z	C	O	N	T	U	I	C	M	Y	V	N	O	T
B	F	U	V	I	D	K	I	N	B	Z	W	D	S	R
U	F	G	P	F	T	I	G	S	S	S	N	W	E	O
N	F	S	W	Z	A	N	N	G	P	G	N	I	R	N
C	O	S	N	U	F	M	B	G	P	E	B	C	K	O
H	V	F	F	P	X	O	V	H	F	I	G	H	T	M
S	L	A	V	E	S	Z	A	O	O	K	P	E	R	E
T	N	E	G	M	N	Z	C	H	P	U	U	S	E	R
F	A	U	G	F	N	M	C	A	M	E	R	A	A	T
S	U	Y	Q	Y	F	N	O	M	N	L	S	S	S	C
M	Z	F	U	I	R	X	M	I	G	A	U	S	U	S
R	J	G	V	P	V	B	P	X	Q	S	I	F	R	T
N	I	Y	J	J	M	I	L	B	B	C	T	O	E	E
M	N	G	F	C	S	F	I	P	R	I	U	V	D	A
T	Q	V	U	P	K	J	S	F	K	Q	Y	M	D	L
F	I	N	Q	K	E	C	H	V	M	H	D	Z	C	S

ACCOMPLISH
ASTRONOMER
BUNCH
CAMERA
EXPANDING
FIGHT
HOSPITALS
HOURS
LOSER
PLAINS
PURSUIT
SANDWICHES
SLAVES
STEALS
TREASURED

294

T	X	R	H	E	E	T	E	O	A	D	U	U	B	N
C	C	L	R	R	H	T	E	V	N	R	N	G	Y	K
W	O	Q	X	I	N	V	P	M	V	N	X	G	E	V
H	N	T	B	R	H	E	W	E	A	P	O	N	S	E
P	C	T	Z	B	P	D	H	R	L	Y	E	D	A	V
V	I	Z	C	D	N	O	R	U	E	H	Z	U	W	Q
B	B	P	K	M	W	Z	F	E	R	R	D	V	G	F
C	R	K	E	X	O	T	L	W	S	V	D	U	A	D
O	O	T	D	S	H	L	D	O	G	S	P	H	V	T
N	O	P	B	G	U	Z	P	L	N	D	S	D	X	N
T	K	H	U	N	W	N	X	J	E	P	I	Z	B	D
E	D	O	K	T	Y	C	U	N	O	O	G	D	D	E
N	H	V	I	U	E	H	Q	H	A	P	G	E	P	L
T	L	H	O	O	S	L	S	N	T	V	T	I	Q	I
E	K	X	M	Z	A	P	E	F	B	A	M	K	Q	G
D	U	G	J	F	H	Y	K	S	O	I	Y	F	B	H
T	Z	M	H	U	Q	B	O	L	C	O	Y	N	H	T
H	O	Y	D	R	Y	G	F	E	X	O	V	X	K	F
F	L	O	U	R	I	S	H	E	D	I	P	Q	O	U
S	N	B	K	Y	T	U	D	P	O	S	M	E	L	L

BROOK
CONTENTED
DELIGHTFUL
DRESS
FLOATED
FLOURISHED
FURRY
PIPES
SHOPS
SLEEP
SMELL
TELESCOPE
THOUGHTFUL
TOOK
WEAPONS

295

E	F	B	U	E	H	N	I	G	R	O	P	N	B	L
A	X	J	J	S	C	R	E	A	M	E	D	P	R	O
E	U	P	E	C	W	F	E	N	C	P	G	V	L	C
A	T	E	E	R	G	P	I	A	O	M	Z	R	O	O
J	X	T	L	N	P	G	S	R	Z	E	F	B	V	M
U	F	B	J	A	S	A	K	O	I	K	W	Z	M	O
Z	Z	J	S	E	W	I	X	G	P	N	E	F	T	T
A	U	I	X	E	M	S	V	M	O	W	G	W	H	I
K	D	C	E	L	Y	F	N	E	D	I	Z	M	O	V
Q	C	W	A	K	Z	O	J	A	T	B	I	A	U	E
H	O	X	Y	M	S	A	W	L	X	V	B	R	G	E
Q	I	A	R	O	M	Q	G	Z	V	C	H	I	H	X
Y	F	A	R	R	I	V	I	N	G	B	A	N	K	F
Y	T	D	J	E	R	L	M	L	Z	Q	K	E	Y	T
Y	U	J	I	T	Q	H	X	Z	K	J	I	N	I	D
V	O	Y	L	B	V	V	N	H	Y	V	H	S	E	U
Q	A	S	J	E	N	B	K	B	E	I	I	E	D	R
E	P	S	A	J	W	X	F	V	V	V	R	V	R	E
C	J	W	T	B	M	B	Q	F	T	A	E	Z	O	N
B	E	G	I	N	N	I	N	G	R	L	D	D	P	T

ARRIVING
BEGINNING
DISAPPEAR
DROP
EXPENSIVE
FIRING
HIRED
LOCOMOTIVE
MARINE
REED
RENT
SCREAMED
THOUGH
VAST
VISIT

296

Z	E	Y	C	H	M	V	T	E	F	P	A	R	Q	X
R	H	U	Q	N	O	C	B	A	Y	L	E	R	G	P
I	K	L	U	I	A	Y	I	T	O	D	E	U	H	R
B	M	M	F	X	L	F	H	D	I	W	C	A	E	O
J	M	A	E	C	Y	K	C	P	A	S	H	V	R	M
O	T	G	Y	L	O	E	S	R	V	M	E	P	O	I
Y	Z	F	O	O	L	E	D	F	M	N	E	C	E	S
M	X	X	U	O	R	C	Q	R	H	Y	M	E	S	E

DRAWER	HEROES	PROMISE
EXACT	MAYOR	RHYMES
FOOLED	NEVER	SPIDER

297

K	B	B	B	X	C	F	R	A	M	J	C	L	W	C
R	U	C	C	C	U	T	W	C	M	U	O	F	K	S
M	K	S	U	U	D	Q	I	D	H	A	U	D	D	O
E	T	Y	Q	R	D	G	Y	R	C	C	N	M	D	N
K	O	I	O	E	L	S	I	M	L	T	T	T	R	T
I	S	I	I	Y	E	E	W	T	U	U	S	N	A	A
C	J	D	H	P	S	M	D	D	N	A	E	J	N	L
K	U	C	W	O	A	J	F	O	G	L	J	G	K	E

ACTUAL	CUDDLES	DRANK
CLUNG	CURLED	KICK
COUNTS	DIED	TALE

E	X	A	S	I	K	Z	T	Y	F	B	Y	Q	S	F
A	B	A	T	A	M	T	E	S	V	A	M	P	B	E
D	G	D	Y	J	U	I	G	Y	O	T	O	V	L	T
L	J	K	I	A	N	K	O	B	O	T	T	L	E	S
T	U	I	U	G	T	E	R	D	I	L	G	X	L	R
D	I	H	T	M	H	Y	W	U	O	E	F	I	D	E
C	Y	O	U	N	G	S	T	E	R	M	A	L	E	S
A	M	B	U	L	A	N	C	E	Y	M	B	Z	D	C
K	J	S	T	C	V	S	W	H	Z	E	S	F	N	D
L	F	W	Q	T	G	B	E	I	E	T	Z	Q	C	A
F	C	I	Y	T	B	R	J	E	N	E	G	S	B	V
T	V	M	J	W	A	G	T	I	R	U	S	R	T	G
A	T	S	U	D	S	T	R	X	J	B	W	S	E	Z
S	U	X	J	N	E	P	O	F	B	V	E	M	E	Z
S	C	O	U	R	T	S	A	J	B	S	J	X	Q	K
O	Z	E	A	O	C	O	M	M	A	N	D	E	D	X
Z	E	G	O	Q	K	O	U	P	L	Q	S	U	I	D
X	I	F	G	S	W	Q	S	E	S	M	J	F	G	I
C	D	D	S	A	U	B	E	S	U	X	Q	Q	Y	V
A	V	C	P	D	O	I	D	B	U	O	D	G	I	E

AMBULANCE
AMUSED
BATTLE
BOTTLES
CIGARETTE
COMMANDED
COURTS
DIVE
FOOTPRINTS
KEYS
MAILS
MALES
SWIMS
TOPS
YOUNGSTER

299

E	N	Y	L	J	X	S	T	U	T	H	I	Y	Q	U
Q	G	D	W	B	A	T	T	E	N	D	I	N	G	Q
K	V	Z	K	N	S	C	N	Z	O	B	Z	G	P	E
R	D	C	C	Z	Y	L	D	S	J	L	I	O	W	D
E	N	Q	I	L	G	M	R	G	J	O	N	V	D	M
A	P	M	E	U	W	J	W	A	O	W	E	C	D	V
S	N	X	Q	W	V	B	R	R	T	N	K	E	V	N
O	T	P	M	Z	B	P	W	K	M	I	M	E	S	N
N	D	X	T	T	A	J	E	I	V	A	O	B	P	Q
I	G	O	A	R	V	C	Q	E	N	R	E	N	X	M
N	R	O	B	G	A	M	A	Z	L	T	N	E	A	O
G	K	F	B	L	Y	U	P	P	F	I	K	E	F	L
I	I	M	A	W	P	H	V	S	I	S	S	K	H	T
A	O	P	I	N	I	O	N	H	V	T	W	X	E	R
F	R	I	L	H	E	U	K	T	R	I	A	G	X	C
T	Z	L	O	A	D	K	H	E	F	C	V	L	S	S
Q	V	M	X	T	C	T	S	U	D	G	P	D	S	X
J	D	S	Q	O	M	E	Z	Y	R	I	B	P	O	U
I	S	S	U	E	D	L	S	Q	K	K	W	E	M	Y
M	T	W	F	H	T	V	L	V	X	S	P	C	A	W

ARTISTIC
ATTENDING
BLOWN
CAPITALS
DESERT
ISSUED
MIMES
NAMED
OPINION
PALACE
PLACES
POKED
RATIONAL
REASONING
SEAM

300

O	T	O	W	M	K	S	B	Z	P	Z	U	A	S	C
S	L	I	A	Y	N	H	O	T	L	J	E	K	D	I
X	B	E	Z	D	Q	M	C	G	T	C	L	H	R	F
E	T	K	Z	R	D	P	N	R	U	A	L	K	S	W
S	E	A	V	C	W	I	X	J	H	M	N	P	U	T
R	Q	J	S	A	D	O	A	C	X	Q	Z	K	F	X
Y	P	R	T	N	B	U	D	U	D	K	Q	U	S	L
W	Z	Y	E	I	Y	J	U	E	Z	Q	E	S	R	W
Y	E	T	G	T	G	Q	I	I	A	M	S	C	E	F
H	X	S	S	E	A	F	G	U	L	A	E	N	X	Y
E	Z	S	D	D	I	N	X	G	W	V	A	T	C	B
Y	S	A	Q	N	K	Y	P	O	W	E	R	A	E	W
I	Z	W	G	H	C	D	A	C	T	L	R	I	O	R
X	S	I	B	K	Q	Z	N	A	O	C	A	R	K	L
K	D	K	X	Y	E	X	I	T	O	O	R	B	Y	V
U	M	R	C	Y	V	D	C	M	A	O	L	B	O	P
X	K	O	E	S	E	T	E	F	S	C	M	E	D	R
Z	Y	W	D	M	L	D	F	F	S	U	H	I	R	R
N	A	M	M	K	L	O	R	N	A	M	E	N	T	S
Z	F	I	F	Z	R	E	X	P	A	N	S	I	O	N

CHALK
COOLER
DEMOCRACY
DIGNIFIED
EXPANSION
EXTENDING
IMMEDIATE
LABOR
METER
ORNAMENTS
PANIC
POWER
SORROW
STEAM
TANKS

301

V	M	R	Z	G	D	E	L	I	C	I	O	U	S	D
I	C	W	A	R	T	I	F	I	C	I	A	L	S	J
B	Q	P	P	Y	I	H	M	J	Y	D	C	G	V	K
R	Q	L	B	B	V	V	G	O	Q	X	U	K	W	U
A	U	U	Z	C	R	K	S	Y	N	U	W	X	F	R
T	G	R	A	C	S	A	N	I	N	D	A	V	L	I
I	W	H	K	S	C	T	M	H	I	C	A	C	R	D
O	N	K	D	Y	T	M	A	J	U	Q	B	Y	Z	I
N	A	C	I	S	C	O	X	F	F	Q	M	V	I	C
L	F	U	S	I	J	O	N	W	F	A	J	Y	D	U
K	D	L	R	M	L	B	R	I	D	G	E	T	E	L
M	V	L	I	T	B	V	Z	E	S	V	Q	O	S	O
D	A	H	R	R	W	I	A	G	A	H	A	P	T	U
M	E	G	E	K	G	O	B	F	S	E	E	R	R	S
U	F	V	F	M	K	U	F	R	Z	I	L	D	O	L
E	X	Y	I	U	O	S	H	I	P	P	E	D	Y	X
D	Z	Y	N	S	C	L	I	D	B	M	D	W	I	U
F	Y	G	V	U	E	Y	Q	A	H	N	J	P	N	M
I	P	Z	C	F	Y	D	E	Y	Z	X	B	U	G	F
W	I	S	D	O	M	U	D	S	G	D	C	K	A	N

ARTIFICIAL
ASTONISHED
BRIDGE
DELICIOUS
DESTROYING
DEVISED
FRIDAYS
MONDAY
OBVIOUSLY
RIDICULOUS
SHIPPED
STAFF
VERB
VIBRATION
WISDOM

A	B	R	I	L	L	I	A	N	T	T	C	Z	F	V
D	Y	R	P	T	K	D	C	Z	C	P	L	R	J	B
M	B	S	L	O	F	Y	N	E	B	R	O	O	M	S
P	E	K	P	P	S	X	F	M	O	T	C	A	N	E
N	F	V	G	L	R	N	F	P	N	S	O	C	U	T
K	W	P	E	P	I	D	A	G	X	D	I	D	I	T
Q	Q	H	K	N	P	T	Y	H	O	H	B	L	W	L
B	X	R	U	Z	T	X	S	Y	G	O	B	B	K	E
N	E	T	L	X	G	S	R	P	W	Z	S	R	G	M
G	F	O	L	L	O	W	E	R	S	D	U	E	S	E
G	A	A	A	O	L	O	K	N	U	N	M	E	H	N
T	S	B	U	P	W	Z	I	J	N	J	C	O	U	T
U	X	I	N	C	Q	K	Y	D	B	N	G	J	C	G
W	J	J	C	H	S	V	B	B	A	Q	T	C	E	R
L	T	B	H	P	Y	K	O	S	M	D	C	Z	P	O
E	I	Q	E	S	Q	N	I	F	X	O	L	N	Z	Q
J	Z	E	S	T	M	U	P	V	P	N	P	L	D	G
P	H	L	E	A	N	I	R	W	V	E	Y	R	H	U
S	H	Y	Y	T	L	F	L	O	O	D	I	N	G	N
V	B	H	U	E	L	R	M	D	B	K	H	C	K	L

BRILLIANT
BROOMS
EVENTS
FLOODING
FOLLOWERS
GOOSE
INFECT
LAUNCHES
MILD
NUISANCES
SETTLEMENT
SHEEPSKIN
SILK
SPLITS
STATE

303

S	T	R	I	P	E	S	I	S	O	U	V	V	D	B
O	Q	C	C	V	Q	A	J	R	H	N	C	L	C	U
U	L	J	Z	V	D	N	O	C	S	H	O	S	F	V
T	M	P	O	X	M	I	A	E	S	G	R	Y	U	I
H	K	D	K	R	N	M	S	A	D	P	O	A	Z	O
W	P	A	S	R	A	S	L	A	G	R	A	E	E	L
E	A	T	U	H	E	P	J	P	R	I	L	D	T	E
S	M	X	K	R	S	R	I	N	P	M	L	E	J	N
T	Z	F	P	F	T	I	Z	D	X	A	O	L	P	T
Z	Y	P	S	Z	G	N	I	N	E	R	W	A	N	L
Z	U	R	Y	C	X	C	X	Q	U	I	A	F	G	Y
S	Z	O	O	E	M	E	W	F	Q	L	N	P	K	W
E	S	L	M	H	W	S	X	X	I	Y	C	T	C	H
W	M	Z	M	W	P	S	I	S	W	B	E	V	H	S
R	D	Z	Y	A	S	E	I	S	F	J	B	W	L	O
M	A	O	W	W	T	S	T	R	E	S	S	E	D	U
C	T	G	F	D	G	Q	X	M	H	X	V	A	S	D
D	N	G	U	X	U	R	D	U	J	O	M	G	A	W
G	E	N	E	R	A	T	I	O	N	C	E	Y	Y	Z
L	O	I	B	N	E	V	G	Y	E	U	V	X	P	P

ALLOWANCE
DISARM
GENERATION
GOLD
NINE
NOVELS
PRIMARILY
PRINCESSES
RAPID
SOUTH-WEST
SPLASH
STRESSED
STRIPES
SUPPRESSES
VIOLENTLY

M	B	X	G	P	D	M	L	W	Z	R	H	J	B	N
S	U	C	Q	F	U	V	A	Z	F	W	K	D	K	F
I	L	C	B	U	N	B	X	D	M	C	E	L	D	K
G	L	W	X	H	E	W	E	M	W	M	F	A	U	S
N	D	A	Z	P	S	M	Q	O	R	V	J	Y	P	E
A	O	S	N	T	V	V	Y	I	X	H	F	E	Z	A
L	Z	B	R	F	E	N	F	A	H	F	U	R	N	F
L	E	J	N	E	D	N	G	A	W	F	K	M	G	L
E	R	A	R	J	O	O	T	R	R	U	I	N	S	O
D	S	B	R	C	F	V	W	H	T	M	M	T	K	W
B	I	I	A	K	K	D	G	X	U	N	E	D	L	E
A	H	M	U	S	I	C	I	A	N	S	S	D	O	R
Z	W	P	J	W	S	O	H	D	L	N	I	L	Y	I
C	E	R	Y	K	M	M	W	A	Y	E	Q	A	L	N
S	M	O	G	E	Z	K	I	E	W	E	B	I	S	G
M	T	V	F	N	G	J	M	R	B	Z	E	T	K	M
A	X	E	P	L	N	M	H	B	U	E	M	C	Q	D
G	T	Z	O	L	L	P	C	G	P	D	I	E	I	F
I	Y	X	H	S	X	G	J	Q	A	L	F	O	A	B
C	L	D	M	V	O	L	M	X	C	W	L	A	A	H

BULLDOZERS
CONFIRMED
DUNES
ENTHUSIASM
FARMED
FLOWERING
HUMS
IMPROVE
LAYER
LICK
MAGIC
MUSICIANS
RUINS
SIGNALLED
SNEEZED

F	G	Q	A	B	Q	U	S	Q	P	B	Q	L	T	A
O	V	V	X	D	T	M	H	T	R	H	M	F	H	V
L	W	I	H	I	E	J	Y	J	D	N	J	R	K	B
B	A	Z	O	E	W	O	X	P	J	Y	U	E	N	T
I	H	E	S	L	M	K	F	X	P	B	Q	Q	D	G
W	V	X	P	X	A	A	O	C	F	U	F	M	X	T
V	W	F	I	Q	C	T	K	B	D	Y	D	N	D	B
Q	M	O	T	T	T	L	I	U	R	J	G	P	Z	H
P	K	K	A	I	W	N	V	N	U	Y	T	R	A	P
C	K	S	L	D	Y	A	G	O	G	S	S	E	O	F
I	E	O	L	X	B	L	Q	D	G	E	V	S	N	M
F	F	D	L	M	F	Y	E	G	I	Z	B	I	T	J
Q	C	Z	L	O	N	N	K	T	S	C	C	D	X	T
Y	V	B	W	R	I	T	E	S	T	H	B	E	F	T
Q	R	H	D	A	I	I	M	M	R	E	C	N	R	L
E	H	X	L	C	C	Y	P	D	B	U	R	T	H	U
Q	A	P	L	O	L	M	L	A	M	V	D	Y	A	P
L	X	C	S	A	N	C	O	X	Z	A	R	O	S	E
E	B	U	C	K	E	T	Y	P	J	A	U	K	T	L
D	W	M	T	Z	H	B	S	C	R	A	P	S	E	X

AROSE
BUCKET
DRUGGIST
EMPLOY
EXPLAINED
HASTE
HOSPITAL
LETTER
PRESIDENT
SCRAPS
SEEMS
SOCIETIES
TRAP
VIOLATING
WRITES

X	H	I	Y	F	A	P	K	S	H	L	K	C	H	D
P	P	B	V	P	S	A	R	G	E	O	N	W	Q	T
M	O	O	B	T	H	I	E	F	N	C	O	N	S	F
E	L	B	X	Q	O	X	N	Q	S	A	Q	L	T	E
H	I	O	X	U	R	B	B	R	O	T	H	E	R	S
S	C	B	G	W	E	D	B	G	D	E	J	I	A	J
M	E	Z	W	Y	Z	W	L	S	S	W	H	I	N	A
W	M	S	D	P	C	W	A	U	P	I	T	B	G	W
H	E	U	L	L	S	L	V	E	R	S	E	A	E	G
U	N	J	A	L	G	T	I	Q	X	S	K	T	L	E
W	N	H	Z	I	S	R	A	A	Q	I	N	T	Y	K
G	Z	J	L	Y	D	G	D	I	S	K	I	E	R	O
V	B	Q	X	W	Q	Q	U	R	R	T	F	R	O	Y
G	D	A	T	X	Z	O	C	K	V	C	E	I	F	S
F	C	I	L	S	J	N	T	R	L	Y	A	E	T	G
Z	H	T	I	W	L	Q	M	P	T	I	U	S	E	J
H	J	D	P	A	P	O	L	O	G	I	Z	E	E	J
B	K	I	U	E	X	Q	Z	N	X	F	F	P	R	S
O	R	S	L	C	J	S	K	X	I	J	H	C	J	J
Y	T	I	A	W	K	W	A	R	D	P	A	Z	I	P

APOLOGIZE
ASHORE
AWKWARD
BATTERIES
BROTHERS

DUCK
HIRE
KNIFE
LOCATE
POLICEMEN

STAIRCASE
STRANGELY
THIEF
VERSE
VIADUCT

307

E	W	B	Y	S	M	S	D	C	Z	K	X	L	E	K
A	T	X	Q	Q	M	I	E	F	N	B	R	Y	T	J
K	J	Y	B	U	I	S	P	M	L	A	A	O	C	K
L	G	U	L	D	P	C	U	O	E	K	J	G	R	H
K	Y	O	P	O	R	T	R	P	U	E	S	T	E	U
L	R	E	T	M	U	D	E	I	S	S	C	L	P	V
D	D	S	U	A	L	S	L	L	Q	S	F	N	T	D
P	T	H	R	N	R	M	Y	E	L	L	O	W	S	G

AUTUMN
BAKES
CREPT
PEARL
PILE
PORT
PURELY
STOPS
YELLOWS

308

L	G	N	M	U	G	P	A	N	A	S	L	O	K	K
T	F	K	O	D	E	A	A	G	C	I	R	C	L	E
Z	B	M	Z	E	A	Q	N	C	N	T	U	L	A	E
R	M	B	W	G	N	I	J	C	R	B	J	Q	U	F
T	R	I	J	Z	W	B	S	F	X	E	W	M	N	Y
G	Z	K	H	S	E	E	G	Y	U	J	S	B	T	S
W	G	E	T	L	O	E	N	E	R	G	E	T	I	C
E	A	S	I	E	S	T	Y	W	U	W	H	C	E	N

AUNTIE
BIKES
CIRCLE
CREST
DAISY
EASIEST
ENERGETIC
SWING
WEEP

A	L	G	Q	I	D	V	R	S	K	I	U	Y	J	U
Z	G	K	G	I	Y	I	E	U	U	V	N	C	L	I
T	M	W	B	L	T	N	M	O	W	D	F	H	R	W
M	H	A	B	X	I	T	X	Q	R	E	F	J	R	W
B	X	A	S	L	Q	M	G	P	P	N	M	Q	I	K
G	M	O	L	Z	X	Y	P	N	X	G	G	Q	V	T
E	R	G	T	C	V	W	K	S	I	V	W	N	C	M
N	H	L	U	G	G	A	G	E	E	D	G	A	B	E
C	U	L	T	U	R	E	J	R	V	Z	E	U	T	F
P	X	M	X	P	E	Z	R	K	I	R	Q	C	P	Z
Q	K	N	G	J	E	A	L	L	B	E	I	E	Z	V
A	T	D	P	G	C	S	T	D	S	S	F	G	K	M
F	O	R	M	R	E	A	Z	Y	K	S	C	X	M	M
T	X	Y	E	I	F	J	J	C	F	W	B	H	I	C
T	A	P	K	N	S	V	H	G	N	Y	F	O	M	O
Z	W	O	H	D	P	C	R	V	D	H	L	N	I	W
D	O	T	T	I	J	K	H	S	P	D	J	E	M	B
C	T	U	N	N	O	T	H	I	N	G	X	Y	F	O
V	H	M	X	G	I	N	C	R	E	D	I	B	L	E
S	A	K	C	Y	Q	V	X	Y	M	F	E	C	X	B

COOKIES	GRIEF	LUGGAGE
CULTURE	GRINDING	MISCHIEF
FORM	HONEY	NOTHING
GLIMPSE	INCREDIBLE	REACT
GREECE	LINES	SHUT

N	W	Z	P	E	Z	G	B	O	F	Y	Q	Q	Z	B
I	O	L	S	Q	C	R	I	T	I	C	I	Z	E	M
U	R	N	M	D	P	M	N	F	T	N	V	M	X	E
M	X	I	P	S	H	D	H	Q	H	B	W	H	E	N
J	X	L	V	O	I	I	I	O	E	N	Q	M	Y	S
E	E	G	R	D	F	F	N	J	M	F	F	L	W	G
J	E	L	C	T	J	F	T	W	S	L	O	G	B	X
P	G	C	X	S	W	E	D	M	E	Q	C	P	E	C
T	S	I	W	A	H	R	N	W	L	R	H	G	G	K
U	R	I	E	S	I	E	W	G	V	T	L	M	A	I
O	I	P	P	U	K	N	D	J	E	N	G	I	N	E
I	Y	M	L	X	V	T	P	O	S	H	O	C	K	S
H	P	D	Y	A	O	H	W	K	G	G	I	S	P	L
P	Z	V	A	O	Z	P	E	W	V	C	M	F	A	T
Z	K	G	G	C	H	I	L	D	N	I	A	O	I	X
N	P	Q	H	G	H	M	E	A	S	B	C	W	V	V
M	C	H	V	D	P	X	H	R	T	R	W	T	E	G
N	E	U	X	F	U	I	Z	J	A	E	F	A	I	A
T	I	O	Z	M	I	K	X	H	W	L	A	N	D	M
B	M	O	R	J	Y	C	C	C	R	E	E	P	S	E

BEGAN	DIFFERENT	PLATE
CHARCOAL	ENGINE	SHOCKS
CREEPS	GAME	THEMSELVES
CRITICIZE	LAND	VICTIM
DIDN'T	LAZIER	WHEN

311

F	F	S	A	B	R	L	C	W	F	I	U	L	L	R
I	N	V	E	S	T	I	N	G	A	H	W	E	C	S
E	H	U	C	B	F	A	C	N	U	S	V	B	H	O
D	Z	I	Q	O	J	U	L	J	E	A	H	H	E	C
A	Y	A	V	Y	O	K	B	L	R	R	L	E	Z	R
T	X	K	H	P	F	T	U	T	C	V	I	S	S	I
M	Q	M	S	B	Q	C	Q	U	I	Z	S	K	C	F
V	L	X	N	H	E	W	H	E	L	P	F	U	L	W
K	S	J	T	L	C	O	A	S	T	L	I	N	E	V
E	D	P	O	P	O	U	K	F	A	V	R	Y	Q	M
X	L	M	V	Q	U	Y	J	X	L	W	L	H	Q	E
P	P	Z	C	P	E	V	R	W	I	L	L	R	N	X
R	T	R	V	T	L	P	E	E	U	L	V	W	P	N
E	U	O	E	T	P	H	P	F	O	Q	W	P	M	M
S	I	F	U	S	S	I	E	Y	H	S	U	E	B	P
S	Z	Z	C	F	E	P	A	U	Z	M	B	C	O	A
E	D	J	M	H	O	R	T	X	Y	G	D	V	X	D
S	Z	O	O	H	E	X	V	M	E	N	D	S	E	D
K	C	I	V	I	L	I	Z	E	D	G	P	B	S	L
V	R	B	K	M	O	X	O	F	D	M	G	S	Y	E

BOXES
CIVILIZED
COASTLINE
EXPRESSES
HELPFUL
HOPEFULLY
INVESTING
MENDS
MOLECULES
PADDLE
PRESERVED
QUIZ
REPEAT
TRAVEL
WASHES

312

B	I	L	C	N	S	V	S	Z	K	E	E	Z	M	K
V	M	X	E	N	R	G	H	T	J	G	W	Y	J	N
V	R	P	C	W	T	N	H	K	G	G	G	E	U	O
U	H	I	P	W	P	L	I	M	E	S	T	O	N	E
J	G	L	N	I	Y	T	O	I	L	A	C	K	M	L
A	G	J	R	Q	T	D	N	A	N	B	L	C	P	M
X	S	U	R	G	E	R	I	E	S	V	I	H	D	Y
N	Q	G	Y	R	U	T	S	N	X	M	Q	E	T	C
R	P	C	Q	E	R	F	H	B	S	Z	N	S	W	X
L	S	V	B	A	T	D	B	E	T	I	A	T	T	C
Q	O	L	P	U	S	U	K	F	L	Z	D	S	U	H
U	T	K	Z	Y	A	T	G	R	O	V	E	E	B	P
C	B	R	Z	D	U	W	E	B	W	N	O	X	I	X
Q	F	U	A	N	W	D	I	X	A	F	A	M	R	R
B	W	F	L	D	N	K	I	L	K	X	O	E	T	C
Q	U	A	Z	U	I	U	P	H	S	W	Z	N	H	A
A	G	K	R	S	D	O	P	T	J	C	M	D	D	X
R	H	K	Y	P	R	G	S	I	F	W	O	E	A	A
S	U	S	P	E	C	T	E	D	Y	M	C	D	Y	J
D	R	E	A	D	W	I	J	E	D	Y	V	Y	S	Y

AEROPLANES
BIRTHDAYS
CHEST
DREAD
GROVE
INSIDE
LIMESTONE
MENDED
PARTIAL
RADIOS
SENATE
SURGERIES
SUSPECTED
TIDE
UNDERLINED

A	G	O	C	R	V	B	A	V	Y	A	S	Y	S	W
P	T	W	G	Z	X	V	Q	G	C	V	D	E	I	B
P	A	Q	Q	A	A	T	J	S	A	O	F	M	Q	G
O	F	T	W	L	J	E	E	E	B	C	E	N	I	G
I	I	K	T	H	P	L	C	Y	I	E	S	T	B	T
N	S	J	O	E	B	U	R	T	T	C	J	C	T	G
T	K	Y	G	R	N	E	R	T	X	V	G	T	U	C
E	Z	L	A	E	V	T	I	E	F	Y	G	D	L	K
D	E	M	T	E	B	M	I	R	K	Z	Y	A	A	D
Q	I	Q	U	M	M	S	T	O	N	L	M	H	N	K
D	I	P	A	O	Y	L	Q	I	N	V	U	D	D	X
S	S	X	C	O	P	K	U	Z	W	K	X	N	S	I
D	C	X	U	G	D	Z	M	E	P	C	K	J	C	H
Q	N	O	K	N	M	S	L	L	Z	B	U	U	A	H
D	G	I	L	I	I	O	Q	S	F	R	C	I	P	G
Y	D	R	E	A	T	O	T	Z	R	P	H	C	E	C
N	U	Z	A	J	S	L	N	H	S	D	A	Y	X	A
N	J	T	N	Z	J	V	O	S	S	K	J	B	M	X
X	Y	V	E	I	O	W	T	C	P	M	K	Y	Z	E
N	L	T	D	K	A	K	R	M	Z	S	G	H	T	Z

ADMIT
APPOINTED
ATTENTION
COMMITTEE
EVERYBODY
JUICY
LANDSCAPE
LAVA
LEANED
LUNCH
MARBLES
MOTHS
PURE
RHYME
UNIONS

G	K	A	S	T	H	B	A	G	P	O	J	R	P	J
W	L	O	V	N	R	S	L	D	J	E	O	S	C	D
M	F	L	N	X	T	A	N	Z	S	Z	T	U	G	A
D	E	H	H	K	D	C	D	H	O	O	A	E	M	J
V	T	N	F	V	C	U	L	E	L	I	L	R	K	Q
T	K	P	T	K	W	R	Y	I	R	K	E	C	N	W
D	E	L	G	I	G	G	P	R	Q	P	P	Q	B	T
W	J	Z	W	I	O	E	R	F	S	S	O	V	I	S
X	P	O	L	O	S	N	X	V	D	D	V	X	Z	I
C	W	I	S	U	N	T	E	P	X	H	S	U	U	Y
I	N	Y	D	T	I	D	N	D	L	Z	D	L	R	Q
A	T	W	H	C	R	I	E	I	X	O	V	A	S	V
B	T	Z	V	O	N	I	W	R	S	U	R	E	D	C
O	C	W	I	M	O	B	P	Y	F	E	D	E	T	U
A	E	S	C	E	Y	G	C	S	T	U	P	E	R	S
R	V	W	G	R	W	I	M	I	L	J	L	E	N	Q
D	U	J	Z	Q	C	I	L	C	M	O	P	G	P	L
V	U	I	H	S	B	N	N	X	F	M	V	X	U	E
T	E	R	R	I	F	I	E	D	G	S	Y	D	A	R
P	X	B	L	C	G	H	P	N	S	H	R	U	B	S

ABOARD	OUTCOME	TRADER
EXPLORER	PILOTS	URGENT
INCLUDES	SHRUBS	VETS
LITERARY	SPERM	WINDS
MENTIONED	TERRIFIED	WONDERFUL

U	S	M	W	Z	T	G	E	N	T	L	E	M	A	N
D	Y	Z	R	X	I	S	I	Y	U	K	O	V	U	J
G	E	S	E	U	T	J	H	J	S	S	J	R	B	N
T	C	B	J	N	V	V	N	A	S	P	I	C	E	S
C	N	S	A	C	K	X	L	O	V	R	J	X	V	X
A	F	A	A	T	Q	X	L	Z	Y	E	O	D	N	L
E	Q	E	O	W	E	B	M	F	N	N	N	E	S	G
U	Q	D	W	H	P	G	U	O	U	S	Z	T	V	D
S	A	U	J	P	L	H	L	O	B	I	P	I	N	N
C	S	L	E	D	E	Y	T	C	I	C	U	A	T	Q
R	S	D	H	S	N	T	N	O	N	R	P	U	W	I
B	I	M	Q	I	T	U	X	N	Y	I	E	U	I	A
Z	S	R	T	Z	I	I	J	T	C	V	C	W	C	U
T	T	F	L	G	F	Y	O	E	C	O	O	E	E	Z
V	A	B	H	O	U	K	P	N	C	O	U	P	L	E
A	N	T	U	U	L	Z	D	T	S	H	H	G	E	Y
E	T	W	H	N	C	K	J	P	V	Y	X	Z	H	C
X	Q	J	O	T	U	D	Y	T	W	C	S	Y	P	P
T	E	B	X	I	X	D	L	H	P	D	V	G	C	P
A	Z	D	E	L	P	X	I	H	T	G	X	S	B	L

ASSISTANT
BLOSSOM
CONTENT
COUGH
COUPLE
DEBATE
GENTLEMAN
HAVEN'T
NICELY
NYLON
PLENTIFUL
QUESTIONS
SPICES
TWICE
UNTIL

X	Q	N	K	Y	R	Q	B	P	J	O	X	D	B	B
R	V	K	E	R	P	N	H	Z	U	H	V	H	A	C
A	H	U	T	S	U	B	M	A	R	I	N	E	S	O
W	K	M	H	W	C	T	O	E	F	C	P	A	N	N
F	L	A	T	T	E	N	E	D	T	X	F	D	P	C
U	N	S	E	E	N	O	X	V	L	R	A	L	R	L
L	L	D	I	J	L	P	L	M	O	U	E	I	O	U
L	K	D	W	P	H	N	E	I	N	U	V	N	P	D
Y	I	K	B	A	W	W	D	V	G	Y	L	E	O	E
F	J	X	C	E	Z	M	N	D	O	I	D	S	S	D
P	L	N	O	Q	J	R	K	F	A	I	D	G	I	W
G	N	W	C	M	P	C	G	A	D	H	X	X	N	X
I	C	H	G	C	W	R	H	A	V	U	N	X	G	I
C	V	E	W	W	W	S	J	S	I	Z	M	U	R	Z
E	V	P	A	S	R	R	H	Z	S	E	S	P	B	L
B	Y	S	P	U	Q	B	T	A	E	I	S	L	S	F
E	A	C	H	Q	P	L	Z	P	D	X	V	J	W	P
R	U	J	V	F	W	E	F	R	O	O	L	V	O	C
G	B	D	P	J	T	N	L	I	B	A	W	Z	T	C
S	S	J	F	L	B	D	J	L	F	M	S	N	G	R

ADVISED
APRIL
AWFULLY
BLEND
CONCLUDED
DUMP
FLATTENED
HEADLINES
ICEBERGS
LONG
METRE
PROPOSING
SHADOW
SUBMARINES
UNSEEN

317

H	K	P	L	J	Y	C	S	V	X	P	E	U	H	E
Y	O	I	K	N	F	G	P	A	L	T	M	T	E	M
D	G	R	P	I	W	B	L	B	A	K	E	R	Y	O
Z	P	I	S	E	I	K	M	L	Y	C	K	L	P	V
L	O	D	W	E	N	C	O	M	Z	A	O	N	E	E
H	S	L	D	D	B	C	L	Q	C	P	W	B	R	M
O	S	T	Z	T	O	A	I	X	T	M	J	U	C	E
R	M	O	L	H	G	U	C	L	G	U	L	Y	E	N
R	R	B	C	I	P	X	H	K	A	T	Y	N	N	T
U	H	A	U	M	C	J	T	T	V	F	E	R	T	S
M	A	C	B	G	C	P	P	S	A	N	P	S	A	J
W	B	C	D	T	H	I	Y	J	I	D	Z	K	G	J
K	Y	O	G	G	U	N	D	L	L	X	R	K	E	M
C	R	S	F	H	P	N	Y	K	A	S	E	U	Z	A
P	N	F	L	Y	E	E	W	T	B	F	X	S	G	A
N	Q	K	R	R	T	D	D	A	L	F	F	W	N	S
O	B	Q	P	O	S	J	H	E	E	F	P	A	L	S
L	S	U	D	D	Z	N	B	T	A	Z	M	Z	I	J
A	G	B	M	Z	Q	E	X	F	P	U	H	Q	D	R
Q	J	V	D	F	V	Q	N	F	H	K	N	C	U	I

AFFAIR
AVAILABLE
BAKERY
CHOCOLATE
DRUGS
FROZEN
HORSEBACK
LINEN
MOVEMENTS
PENCIL
PERCENTAGE
PETS
PINNED
SIXES
TOBACCO

318

S	J	M	K	S	S	O	T	A	W	G	V	X	O	W
I	B	N	R	S	N	C	V	K	S	S	M	X	P	C
X	N	U	R	S	W	E	R	K	S	C	U	I	V	T
T	G	M	T	F	V	Q	I	I	I	O	R	B	N	Q
H	W	B	D	D	E	J	M	X	M	A	D	A	T	E
P	E	W	K	G	Z	S	X	A	L	E	L	U	P	X
D	D	C	Y	L	I	N	D	E	R	S	S	O	R	E
G	H	Q	O	D	V	E	U	R	O	P	E	A	N	S

CRIMES
CYLINDERS
DEBTS
DISMISS
EUROPEANS
MINE
SCRAPE
SIXTH
SLANT

319

N	C	S	N	J	G	F	Y	Y	O	S	A	I	L	S
V	O	P	V	E	B	L	O	C	A	T	I	O	N	S
K	F	E	D	D	H	B	L	R	S	U	N	S	E	T
B	U	A	W	C	L	I	O	E	P	D	C	X	R	A
N	C	K	X	D	Y	N	G	A	E	I	L	D	V	T
O	A	S	N	S	S	N	L	T	C	E	U	M	E	A
L	X	K	S	R	B	X	M	E	T	S	D	H	P	Z
B	K	E	A	L	I	L	J	B	L	Y	E	A	H	P

ASPECT
CREATE
INCLUDE
LOCATIONS
NERVE
SAILS
SPEAKS
STUDIES
SUNSET

320

N	B	F	W	F	I	R	S	I	A	J	I	S	H	T
Y	N	E	T	Z	G	B	U	E	O	S	Z	Y	L	B
T	T	Q	C	U	R	I	W	A	L	D	E	E	L	P
E	I	V	O	O	A	N	N	L	J	Y	U	F	X	T
P	Z	Y	V	A	D	X	I	V	A	C	S	Q	L	Z
N	N	F	D	E	U	F	Z	L	E	S	J	X	I	U
Q	A	V	P	Y	A	X	T	W	E	N	T	Y	B	A
M	I	A	D	P	T	W	Z	U	Z	P	T	O	O	D
I	E	F	M	A	E	O	G	J	R	D	J	O	R	S
L	A	V	O	I	D	W	P	F	A	G	G	D	R	B
L	B	L	Y	T	S	I	V	M	X	U	U	C	O	S
M	I	N	R	R	B	J	G	F	L	Z	A	Z	W	V
X	S	S	U	N	Y	I	U	C	W	U	N	R	E	A
U	B	P	J	I	E	Q	Y	G	R	W	K	S	D	T
V	M	X	P	J	E	D	B	A	N	S	B	U	Y	R
B	U	L	J	E	M	D	E	S	A	B	I	L	Y	P
M	B	G	Z	H	A	L	L	O	W	E	E	N	X	A
I	U	T	H	I	C	K	N	E	S	S	D	N	P	P
M	M	S	P	U	M	A	D	V	E	R	B	M	D	L
B	O	U	N	C	E	T	F	Z	C	U	R	L	Y	S

ADVERB
AVOID
BENDS
BORROWED
BOUNCE
CURLY
FILLS
GRADUATED
GUESS
HALLOWE'EN
INVENTORS
LEAPED
NUCLEAR
THICKNESS
TWENTY

S	P	M	V	S	X	Y	N	N	A	Q	R	P	A	Z
P	W	X	E	U	M	P	O	P	B	S	R	L	M	N
G	W	T	L	D	G	N	F	M	K	S	V	F	Z	F
U	E	E	E	Z	H	F	E	C	H	C	G	Q	V	V
A	F	V	U	L	S	H	O	Q	Q	P	O	E	P	A
R	I	S	X	F	K	L	N	Q	C	P	O	C	Q	B
D	J	R	T	W	B	N	I	K	G	K	E	P	N	A
I	X	Q	V	U	M	D	A	S	I	Z	A	O	E	N
N	Y	H	E	X	N	E	R	I	I	E	N	R	R	D
G	P	R	W	M	Q	A	G	I	H	H	U	U	E	O
M	O	S	T	Q	D	R	U	N	V	G	D	X	X	N
K	L	E	C	N	M	V	M	U	I	E	Q	C	E	E
I	H	W	E	N	A	C	E	F	R	T	R	G	S	D
A	J	L	Z	I	K	J	N	E	S	H	R	S	M	X
T	A	X	P	B	A	W	T	Q	E	I	H	P	E	T
C	B	J	T	H	I	N	S	N	B	N	N	Q	L	Q
R	M	Z	D	M	E	A	N	I	N	G	F	U	L	V
L	M	U	F	R	V	N	Q	H	F	S	A	F	E	R
B	N	A	U	G	H	T	I	E	R	G	X	E	D	X
V	E	C	F	A	R	M	H	O	U	S	E	M	S	T

ABANDONED
ARGUMENTS
BLOCKS
CALENDARS
DIVED
DRIVERS
ENTERED
FARMHOUSE
FIGURE
GUARDING
MEANINGFUL
NAUGHTIER
SAFER
SMELLED
THINGS

322

Y	U	K	Q	M	A	D	D	S	U	W	V	B	X	Y
X	H	A	Z	D	G	L	H	O	S	T	I	L	E	F
I	H	W	Q	V	V	C	L	J	X	T	A	R	A	L
K	V	T	I	D	V	A	U	L	W	N	A	F	I	O
X	P	U	D	P	R	G	G	F	O	G	B	U	E	X
K	Q	C	U	J	B	E	B	I	M	V	Z	R	K	A
A	U	B	J	E	G	S	T	B	T	S	S	N	V	M
G	T	I	X	C	X	O	W	I	X	E	C	I	F	P
C	H	O	L	R	M	T	A	J	R	J	Y	S	J	P
W	J	C	A	E	T	W	P	D	Q	E	N	H	R	D
S	B	B	R	E	A	K	F	A	S	T	S	E	E	U
Y	E	E	U	E	N	O	Y	L	X	A	K	D	D	S
J	F	L	K	S	P	H	E	Q	K	E	E	E	D	D
J	E	A	W	D	R	L	X	T	Y	H	H	R	N	E
S	K	B	F	E	L	Z	H	I	K	S	O	L	Z	L
T	H	O	E	A	T	P	I	V	U	W	Y	H	Q	A
A	O	R	R	Y	L	Y	B	R	S	R	O	H	P	Y
J	A	A	R	S	B	R	I	F	S	H	A	R	E	S
C	P	T	N	Y	X	X	T	A	E	S	H	I	A	J
N	Y	E	X	E	Q	L	E	W	O	H	L	Y	D	C

BREAKFAST
CAGES
CAREER
DELAY
ELABORATE
EMOTIONAL
EXHIBIT
FURNISHED
HOSTILE
PARALLELS
RAID
RETIRE
RUSHED
SHARE
SWORDS

323

C	C	K	M	V	C	O	M	P	A	R	I	N	G	H
C	R	O	H	L	C	Y	I	F	S	X	U	H	V	C
C	O	W	N	S	P	G	B	N	R	Y	O	K	M	P
V	G	R	E	F	U	V	F	T	D	O	A	Z	P	X
E	J	Z	T	U	I	E	R	P	D	S	Y	W	E	R
X	T	W	Z	G	W	N	T	Z	J	P	L	S	R	X
O	R	W	B	R	S	D	E	X	T	E	N	D	S	F
V	E	U	B	D	G	C	L	D	R	M	I	N	U	S
F	C	V	L	J	E	B	E	W	A	U	C	X	A	O
F	O	X	L	Y	Q	Q	C	Z	C	Y	K	J	D	K
F	R	W	C	M	Z	U	T	Q	T	W	E	F	E	Q
J	D	S	E	T	A	K	R	C	O	V	L	U	J	Y
R	E	E	R	R	P	I	O	A	R	A	B	S	Q	M
X	R	K	X	U	X	A	N	C	H	O	R	E	D	T
T	S	H	M	L	O	L	S	T	D	M	S	S	U	X
V	Q	N	M	X	M	W	N	J	A	I	R	E	M	T
P	V	H	L	Y	S	P	L	I	T	I	S	E	U	U
S	E	D	H	O	U	J	E	P	V	I	N	M	V	R
E	S	J	V	L	N	U	A	S	M	W	C	E	A	X
G	R	H	S	J	I	S	O	T	Z	R	Y	D	D	Y

ANCHORED
ARABS
COMPARING
CONFINED
DISMAY
ELECTRONS
EXTENDS
MAINTAINED
MINUS
NICKEL
PERSUADE
RECORDERS
SEEMED
SPLIT
TRACTOR

B	N	G	Y	C	S	G	J	Y	Q	Q	I	C	H	F
K	P	X	L	W	Y	Y	Z	W	Z	R	L	I	C	O
U	Y	Q	S	X	K	C	I	B	U	Q	G	N	X	R
F	Q	W	D	R	U	O	X	T	C	G	D	D	M	B
R	O	C	K	E	T	M	B	V	L	R	X	I	N	I
F	F	O	U	A	V	P	B	Y	S	V	Q	C	Z	D
Y	K	J	R	G	P	L	E	N	Y	Y	B	A	G	D
G	D	N	M	A	C	E	E	S	I	Y	J	T	B	E
P	H	H	Z	G	S	T	Z	J	S	Z	F	E	E	N
O	U	U	E	P	A	E	J	G	D	F	I	D	A	V
A	B	S	M	E	R	S	C	B	I	J	R	P	U	V
W	A	U	R	O	V	G	M	C	B	Y	C	A	T	P
D	J	H	G	B	R	W	X	J	I	W	L	M	I	C
N	T	B	B	H	P	N	W	R	E	O	Y	I	F	C
L	J	A	S	M	J	Q	H	T	P	A	I	L	U	T
U	C	C	K	C	Z	J	J	Z	O	O	N	L	L	O
W	P	K	V	B	A	W	C	E	D	I	G	I	S	L
E	Q	E	E	G	E	W	E	B	Q	N	I	O	C	A
E	N	D	J	U	X	S	P	E	E	D	X	N	J	M
D	P	S	V	L	L	O	E	A	T	B	H	D	J	B

BACKED	HUMOR	MILLION
WEED	INDICATED	PAIL
BEAUTIFUL	JUMPS	ROCKET
COMPLETES	LAMB	SPEED
FORBIDDEN	LYING	THREATENS

E	R	J	U	J	G	V	C	S	S	A	D	W	M	Y
O	N	V	Z	E	X	A	M	I	N	I	N	G	R	Z
J	J	E	A	E	Y	W	B	N	G	E	V	T	C	W
O	N	F	S	U	V	K	S	E	R	B	N	K	H	G
D	L	F	B	C	R	D	M	Q	K	E	I	L	N	S
P	F	E	V	B	A	M	C	Y	S	T	N	I	K	O
B	D	C	R	G	M	P	V	C	Q	R	T	B	J	Z
F	R	T	N	G	R	D	E	Z	D	A	E	S	M	Y
B	U	I	L	X	D	G	B	S	E	Y	N	S	B	Q
T	N	V	T	J	X	R	K	B	U	I	T	V	I	C
B	Z	E	M	A	S	M	Z	H	I	N	I	E	E	X
C	J	A	U	A	I	Y	X	U	C	G	O	V	N	C
O	X	Y	I	L	V	N	P	D	A	K	N	H	J	E
U	Y	S	I	P	F	C	F	L	P	A	K	A	Q	M
N	O	V	H	H	R	G	A	G	S	E	G	W	M	U
T	T	C	A	A	D	E	P	P	R	B	I	A	R	G
L	I	S	N	B	K	D	L	C	I	U	A	I	B	G
E	S	V	D	E	C	I	D	E	D	T	O	I	D	E
S	T	I	Y	T	H	I	J	A	F	U	A	I	V	D
S	O	I	Z	S	X	U	U	R	I	D	S	L	V	L

ALPHABETS
BEATING
BETRAYING
BRITAIN
CAPITAL
COUNTLESS
DECIDED
EFFECTIVE
ESCAPES
EXAMINING
HANDY
HAWAII
INTENTION
MUGGED
SENTRY

326

E	E	C	O	N	F	S	J	Y	J	S	Y	Z	T	R
M	B	B	R	Y	H	D	T	Y	Z	A	D	Z	X	Y
X	O	F	G	K	X	V	T	S	I	T	I	S	Y	W
G	K	E	A	U	P	X	L	N	K	Q	L	T	N	D
M	L	N	N	U	I	T	R	T	H	U	C	E	F	L
M	U	G	I	C	Y	P	Z	V	D	A	L	A	R	M
R	R	A	Z	O	R	S	U	F	O	R	O	L	A	E
J	P	T	E	M	E	W	W	U	J	K	I	R	C	R
L	E	Q	D	P	S	F	T	G	P	V	I	C	T	C
Y	P	P	E	A	U	A	S	Q	H	H	O	L	I	H
G	W	J	Q	N	L	C	L	O	U	D	Y	A	O	A
I	O	R	U	I	T	P	E	W	V	Y	Q	S	N	N
J	J	N	I	E	I	U	H	G	R	Y	F	S	S	T
P	H	U	P	S	N	B	J	E	F	X	C	I	Z	S
X	T	G	M	Y	G	B	Z	C	A	L	E	C	Y	B
I	S	B	E	U	B	R	N	K	S	L	Q	A	K	D
T	O	Q	N	I	V	E	Y	T	O	W	E	L	S	V
G	T	Q	T	R	E	A	H	W	M	G	U	D	V	S
F	M	B	Z	S	H	C	P	E	M	L	O	U	O	Z
O	X	M	P	Q	K	H	W	G	K	F	O	T	Y	J

ALARM	FRACTIONS	REACH
CLASSICAL	HEALED	RESULTING
CLOUDY	MERCHANTS	SKULL
COMPANIES	ORGANIZED	STEAL
EQUIPMENT	RAZORS	TOWELS

J	N	V	L	C	N	C	Z	S	T	A	M	P	S	L
R	U	P	R	E	C	I	S	E	L	Y	C	Y	T	B
I	P	R	Y	O	D	H	K	S	F	B	R	S	Q	N
T	L	G	U	U	L	O	L	T	D	U	G	G	A	P
B	R	P	I	X	Z	L	L	W	B	R	J	E	K	R
U	K	Z	N	F	E	N	E	I	W	R	C	F	K	Q
F	X	T	T	P	F	R	C	R	U	O	Q	I	T	Z
B	X	P	S	W	R	D	Z	H	I	W	C	N	W	M
E	W	R	U	C	Z	A	I	E	E	D	Y	I	Q	E
U	R	W	K	B	J	H	I	Z	O	R	D	S	N	D
C	H	X	E	G	L	A	Y	I	N	G	O	H	R	I
K	M	Y	F	D	K	I	L	Z	J	W	A	I	F	C
C	C	U	U	I	H	M	S	E	H	X	R	N	C	I
M	R	H	Z	J	H	L	P	H	H	H	C	G	Q	N
J	G	S	W	B	K	B	Q	M	E	C	H	F	D	E
K	W	H	D	A	K	A	A	B	A	D	E	E	E	S
S	K	F	H	O	C	J	Q	S	R	S	R	S	C	U
K	C	R	K	G	M	C	O	N	T	A	I	N	E	D
T	P	I	M	A	F	T	E	R	W	A	R	D	S	G
B	Q	V	Y	Z	C	A	C	W	R	V	Q	Z	S	V

AFTERWARDS
ARCHER
BURROW
CONTAINED
FINISHING
HEART
HEROIC
LAYING
MEDICINES
OCEAN
PRECISELY
PUBLISHED
ROLLER
SPELLS
STAMPS

C	F	W	D	U	X	H	X	O	P	U	D	P	M	S
L	J	U	Y	T	L	L	T	B	C	Z	W	M	E	I
A	B	U	K	F	S	A	G	W	K	G	M	A	C	X
S	E	Y	V	R	H	X	G	Z	W	O	O	D	H	Z
S	V	E	S	I	M	Y	P	K	W	D	X	V	A	O
R	B	I	L	U	K	E	E	F	R	E	S	E	N	K
O	G	P	I	B	J	Y	R	I	D	Q	P	N	I	U
O	S	O	C	L	E	B	M	N	R	E	E	T	C	G
M	P	X	E	X	T	A	I	Z	A	X	N	U	S	D
F	M	N	D	J	Q	I	T	S	Z	Y	D	R	V	C
A	U	V	E	Y	W	A	T	D	D	L	J	E	D	Q
Z	R	T	T	R	A	M	E	R	I	C	A	N	S	J
U	H	R	N	N	V	L	D	D	S	I	Q	F	X	T
R	X	J	E	T	A	O	Q	S	U	P	E	A	K	Z
S	H	K	W	E	U	R	U	T	K	B	L	A	T	R
U	A	T	C	B	Y	C	A	S	T	L	E	S	Y	K
T	Z	N	R	E	S	T	S	B	L	N	M	F	L	K
K	O	K	C	I	E	P	L	L	X	Y	L	N	A	D
C	O	X	D	R	W	D	C	S	O	A	K	E	D	L
G	Q	I	Z	T	A	F	C	E	G	F	L	H	U	V

ADVENTURE
AMERICANS
CASTLES
CLASSROOM
CONCEALED
DISCUSS
INDEX
MECHANICS
NERVOUSLY
PERMITTED
RESTS
SLICED
SOAKED
SPEND
TAKEN

329

V	O	U	K	T	M	M	F	Q	N	I	T	W	M	T
C	S	E	A	D	Q	Y	G	S	T	E	A	M	S	C
H	A	Q	S	W	R	Q	A	S	G	X	F	M	S	O
A	O	J	Q	G	V	D	B	A	G	Q	F	K	S	N
R	W	W	P	W	T	R	E	P	A	I	R	F	B	V
G	L	A	S	S	E	S	H	K	T	A	R	I	S	E
E	U	S	J	H	T	B	E	L	O	N	G	E	D	Y
T	R	E	A	S	U	R	E	S	F	L	E	C	J	A

ARISE
BELONGED
CHARGE
CONVEY
GLASSES
HERBS
REPAIR
STEAMS
TREASURES

330

P	M	Z	J	H	V	K	A	A	W	S	D	N	J	R
I	T	U	D	X	L	I	K	K	X	M	E	E	T	S
G	M	A	L	C	N	B	D	K	B	M	C	C	Q	D
S	E	A	T	E	D	H	O	E	G	R	A	Z	E	Y
L	Q	P	E	O	D	Y	L	B	O	R	A	N	U	J
M	E	C	K	D	F	N	S	W	T	S	N	K	O	B
R	J	U	W	H	I	C	H	X	E	A	N	F	E	C
C	O	N	N	E	C	T	E	D	B	W	S	J	O	X

BANNED
BRAKE
CONNECTED
EXTRACT
GRAZE
MEETS
SEATED
VIDEOS
WHICH

331

L	V	E	N	K	E	E	X	W	R	N	H	R	G	Z
G	M	E	A	O	H	S	Z	S	T	Y	L	E	S	F
Z	B	R	A	K	O	E	G	B	E	I	W	G	Q	O
U	L	D	K	Z	M	S	H	N	Y	O	E	O	K	K
L	I	N	T	T	R	O	O	Y	L	J	N	V	N	U
Z	R	K	R	Z	N	Y	O	L	S	X	V	E	Z	B
H	M	L	U	S	N	J	O	Z	X	F	X	R	D	U
C	V	Z	H	A	P	F	R	Y	Z	M	B	N	B	T
H	W	I	C	X	Y	A	M	X	E	P	C	I	L	O
R	W	Q	S	L	Z	S	G	K	X	N	B	N	W	P
I	Z	U	Y	N	M	V	Z	E	E	N	K	G	W	I
S	Q	R	J	K	F	E	W	B	S	T	N	C	R	C
T	A	F	J	R	Y	R	W	N	O	I	G	F	A	S
M	K	J	K	E	T	S	A	B	R	I	T	I	S	H
A	X	E	A	I	K	M	R	E	G	C	L	N	M	Q
S	S	S	R	O	M	N	M	X	P	A	T	I	C	N
V	P	L	O	L	R	M	S	W	F	T	J	M	N	B
S	U	B	T	R	A	C	T	T	U	T	K	L	V	G
Z	W	L	A	H	V	O	C	Y	S	L	I	A	V	Q
E	Z	F	S	C	R	A	M	B	L	E	D	R	V	S

ANYONE	CHRISTMAS	SCRAMBLED
BOILING	FOLLOW	STYLES
BOOKS	GOVERNING	SUBTRACT
BRITISH	HAMMERING	TOPICS
CATTLE	PAGES	WARMS

Q	T	Q	A	Q	O	L	A	B	Y	U	F	H	W	Q
R	R	U	F	F	B	C	Z	M	Q	P	U	L	L	S
O	A	W	F	L	B	Z	A	V	L	R	Y	P	A	Q
R	G	N	W	O	O	K	V	E	C	O	L	J	T	Q
C	E	O	K	W	D	C	L	F	L	V	Q	S	F	M
S	D	I	K	E	O	C	K	H	F	I	C	B	U	Q
Z	Y	I	N	R	F	V	L	S	F	N	M	Z	N	D
P	Z	P	P	S	U	S	V	A	R	C	B	I	D	Q
L	I	E	F	L	E	H	I	S	P	E	A	R	S	V
Z	J	T	V	B	O	E	A	W	R	S	T	M	F	I
G	K	G	Z	Z	X	M	B	P	I	U	N	R	M	A
D	K	C	O	M	M	A	A	N	C	Q	J	I	E	U
V	S	J	D	L	X	S	R	T	E	R	D	B	P	C
Y	T	M	J	J	W	T	P	L	S	A	Q	P	U	E
U	S	R	E	X	J	B	S	L	G	F	G	M	F	P
B	W	G	E	Y	P	C	T	Z	P	C	A	I	O	J
S	D	Z	H	C	O	V	I	D	G	C	P	U	H	Z
I	H	E	N	T	I	Y	C	H	Y	V	T	H	C	Y
T	C	L	Z	I	C	T	K	N	O	W	I	N	G	I
L	E	Q	F	O	X	O	E	B	C	A	C	T	U	S

CACTUS
COMMA
DIPLOMATS
FLOCKS
FLOWERS
FUNDS
KNOWING
PRICES
PROVINCES
PULLS
RECITE
REINS
SPEARS
STICK
TRAGEDY

333

B	P	X	Q	U	P	B	C	D	T	P	X	D	H	L
M	R	E	A	D	I	L	Y	U	W	I	H	F	Y	Y
R	E	C	O	V	E	R	E	D	J	F	M	B	F	N
Q	S	K	Z	V	V	X	P	U	P	Y	E	B	I	L
U	E	S	B	M	U	N	L	Q	W	I	M	W	E	T
Q	N	U	V	I	M	K	K	X	W	Q	L	I	R	R
P	T	W	R	G	B	V	O	U	U	V	D	P	P	R
H	S	H	Q	P	K	K	M	K	T	X	S	S	H	E
R	X	E	O	F	P	W	E	A	X	R	R	J	R	L
M	X	D	N	P	D	M	S	E	Y	W	E	B	A	E
V	O	I	M	V	P	O	X	K	H	X	P	I	S	A
U	C	S	B	V	E	I	D	O	Q	V	O	T	E	S
C	N	V	R	M	W	L	N	Q	D	K	R	B	S	E
Q	G	L	E	J	U	F	O	G	B	J	T	B	X	Y
T	Y	Q	A	G	F	T	H	P	V	B	S	A	D	Y
X	Q	Q	K	Q	S	X	Z	L	E	B	I	T	E	S
T	P	L	S	E	C	T	R	A	N	S	L	A	T	E
N	K	X	U	N	U	S	U	A	L	A	G	F	U	X
E	C	G	O	U	C	T	Z	E	U	H	N	A	K	N
Q	O	R	N	L	Q	I	D	W	N	X	T	J	N	J

BITES
BREAKS
ENVELOPES
GUEST
HOPPING
PHRASES
PRESENTS
READILY
RECOVERED
RELEASE
REPORTS
TIMBER
TRANSLATE
UNUSUAL
VOTES

334

O	F	X	W	Y	T	M	S	K	W	O	Z	K	H	H
T	L	J	G	F	T	T	V	T	R	H	K	J	H	W
P	E	S	M	F	R	R	K	G	F	M	C	Z	P	Z
P	S	M	O	O	Y	O	U	T	N	Z	V	W	Q	M
G	T	G	P	L	Y	F	N	J	E	S	B	R	J	S
O	S	N	L	F	Z	E	Q	E	L	J	C	E	Y	V
X	G	V	A	L	M	M	P	V	Y	C	C	T	T	Q
D	G	K	N	E	T	H	N	S	E	A	S	I	D	E
V	I	L	T	Z	Q	O	E	V	J	W	P	R	T	J
U	T	A	E	D	A	I	R	A	I	S	N	E	L	T
O	T	H	D	A	T	N	C	N	W	T	D	D	M	T
S	U	Z	E	E	U	T	G	P	A	T	T	E	D	A
T	T	L	I	R	D	E	O	P	I	D	P	E	U	R
Q	U	R	J	U	E	R	F	B	U	S	O	L	D	Q
M	A	Y	R	R	O	F	F	E	R	I	N	G	Q	H
V	V	E	Q	G	A	E	O	P	V	Z	X	M	E	L
I	X	L	S	Z	Q	R	W	R	W	L	L	C	T	Y
R	N	L	P	C	L	E	A	R	E	N	U	C	Y	Y
U	P	E	E	B	I	I	G	O	D	D	B	L	S	A
S	Z	D	Q	U	D	W	Q	R	E	J	E	C	T	B

CLEAR	PORTS	THEREFORE
INTERFERE	REJECT	TORNADO
OFFERING	RETIRED	VARIETIES
PATTED	SEASIDE	VIRUS
PLANTED	STATEMENT	YELLED

335

U	N	S	N	T	S	T	C	K	K	O	B	M	S	V
W	S	C	R	O	E	U	F	B	T	V	V	A	K	V
P	T	B	I	V	L	A	A	G	X	P	G	D	E	G
H	D	H	U	I	S	Y	C	S	P	E	N	D	S	D
B	X	V	H	T	O	T	T	H	R	E	A	D	S	V
V	T	B	S	U	F	J	O	W	E	W	R	I	K	R
E	J	O	N	X	Z	U	R	V	E	R	R	P	Y	P
G	P	Z	I	R	M	J	I	V	X	H	O	B	R	Z
Z	L	W	I	G	O	K	E	Q	H	J	W	L	O	L
B	A	W	N	N	W	X	S	X	J	G	J	M	T	T
R	Y	B	A	E	J	W	L	H	D	D	K	H	E	R
E	R	L	G	U	T	B	C	K	N	I	G	H	T	E
P	Y	W	M	C	X	L	A	E	Z	W	S	J	L	M
Y	N	G	S	R	I	C	C	P	W	X	H	B	C	B
A	F	K	M	Y	H	S	H	O	B	W	B	A	A	L
R	C	C	O	X	F	G	X	L	S	U	A	D	R	I
Z	D	Z	H	N	D	A	B	A	B	B	S	G	T	N
E	A	E	M	O	D	H	O	Y	F	I	K	E	O	G
M	Q	U	U	A	P	R	H	A	B	I	T	S	N	N
K	K	V	V	T	Z	S	U	E	M	A	T	T	E	R

BADGES
BUBBLE
CARTON
CHOPS
FACTORIES
HABITS
KNIGHT
MATTER
NARROW
POSTS
SPENDS
TEACHER
THREADS
TREMBLING
WAGON

336

B	C	J	A	T	A	B	D	Q	K	W	V	O	E	Z
R	Y	Y	J	U	J	N	R	M	H	Y	J	Z	E	P
A	D	W	R	M	T	Q	B	O	I	V	Q	G	Q	A
C	D	C	J	A	U	V	N	N	X	J	P	F	Y	S
E	B	C	R	K	S	D	C	O	H	D	J	H	Z	S
L	Q	B	I	E	M	A	O	Q	G	W	E	D	B	E
E	C	U	A	S	A	V	M	S	O	U	R	C	E	N
T	Y	A	A	F	C	T	M	O	I	M	Y	H	Q	G
S	F	H	D	T	K	V	U	T	S	J	C	O	C	E
I	O	R	C	Q	E	N	N	R	M	Q	B	M	P	R
T	N	D	N	Z	D	E	I	S	E	U	U	B	F	S
N	S	C	U	F	A	N	S	H	Q	S	A	I	A	M
V	S	S	M	G	S	T	T	E	A	O	C	V	T	L
G	B	I	D	G	Q	I	D	E	P	U	P	T	T	O
Z	C	Y	X	I	Y	R	X	R	U	T	C	S	E	L
H	V	O	Y	A	P	E	P	T	P	Q	Y	O	S	T
C	R	C	W	T	Z	A	G	Z	I	Z	U	L	T	I
B	Z	G	P	M	X	V	Q	A	L	E	O	I	P	K
P	V	W	N	C	C	A	L	M	L	Y	S	D	O	L
T	K	K	N	P	S	H	N	Z	T	Q	P	S	Q	P

BRACELETS
CALMLY
COMMUNIST
CREATURES
ENTIRE
EQUATE
FATTEST
MOSQUITO
PASSENGER
PUPIL
SHEER
SIXTIES
SMACKED
SOLIDS
SOURCE

D	E	S	C	E	N	D	E	D	R	A	H	M	R	L
T	M	R	K	I	W	Z	X	O	Q	J	F	Z	U	L
V	J	Z	S	W	U	S	M	D	T	F	E	E	D	S
B	I	N	F	Q	O	Z	Q	Q	S	H	R	W	M	E
Y	Z	F	Q	V	B	R	E	E	Z	E	A	O	E	L
V	R	I	F	T	Q	D	S	B	N	R	S	X	G	E
G	I	R	W	L	A	U	W	M	E	P	E	V	S	S
J	F	Q	W	G	P	Z	A	E	I	A	D	G	Y	S
P	G	O	D	O	X	Q	L	U	L	Y	N	F	A	E
O	C	E	T	K	W	P	L	R	G	I	I	D	C	R
S	C	C	X	N	G	R	O	P	E	T	N	B	I	J
T	O	D	Q	Y	A	S	W	B	N	U	T	M	C	C
P	Y	M	W	D	O	A	E	E	L	I	X	X	J	R
O	C	V	C	S	R	L	D	E	R	K	W	P	U	I
N	Z	E	F	T	O	I	R	A	X	D	W	C	D	T
E	L	R	D	S	J	K	F	Q	M	P	S	P	G	E
S	W	X	F	N	C	D	R	T	Q	V	T	S	E	R
K	V	K	H	G	P	U	Y	N	I	B	X	Q	T	I
Y	X	U	P	R	E	P	A	R	I	N	G	X	I	O
C	K	T	L	T	V	X	D	B	V	G	G	U	P	N

BEINGS
BREEZE
CRITERION
DESCENDED
DRIFTING
ERASED
FEEDS
FROGS
IDENTIFY
JUDGE
LESSER
OCTOPUSES
POSTPONES
PREPARING
SWALLOWED

338

W	X	Z	W	D	I	U	C	X	D	J	E	S	C	S
S	D	F	Z	E	Y	O	L	A	P	M	R	E	I	T
E	F	G	I	S	C	E	P	M	O	E	U	Z	U	A
N	Q	F	V	T	R	H	O	F	H	J	F	I	P	G
S	O	U	Z	R	Z	A	D	T	Y	X	U	E	G	R
I	K	N	K	O	E	T	I	P	D	G	O	Q	F	G
T	Y	L	L	Y	L	E	O	S	T	H	N	J	J	N
I	O	R	T	E	N	N	I	S	E	O	U	U	S	C
V	S	X	Q	D	P	P	M	M	I	S	C	S	E	I
E	M	A	P	U	P	L	O	T	E	V	G	D	K	P
M	E	I	H	R	Z	Q	A	C	Z	N	D	K	Y	R
J	L	U	D	F	Z	V	N	G	I	S	T	U	N	G
K	T	C	V	D	E	A	P	T	U	D	H	P	P	U
L	N	R	C	L	H	S	N	G	Q	O	T	W	V	M
O	B	J	E	C	T	I	V	E	N	J	B	L	G	W
O	H	O	F	D	A	S	D	V	L	L	L	L	I	F
Y	H	D	E	P	U	M	A	Z	F	M	O	I	V	E
H	C	P	W	R	E	C	Z	R	B	L	C	L	H	E
O	H	B	M	E	N	Y	Z	R	P	E	K	Q	X	L
T	Y	P	E	S	R	L	A	N	G	U	A	G	E	S

BLOCK	LANGUAGES	SENSITIVE
CHANCE	NEITHER	SMELT
DESTROYED	OBJECTIVE	STUNG
ELEVATION	PAINTINGS	TENNIS
FEELS	RAISES	TYPES

339

Q	E	X	E	R	C	I	S	E	S	J	B	R	L	N
O	T	U	G	H	P	X	O	R	W	S	A	H	D	N
N	P	B	X	E	E	D	U	C	A	T	I	O	N	T
B	C	B	H	Q	B	O	E	S	Q	R	N	E	X	D
J	C	N	R	V	Z	U	P	F	Y	T	E	Q	E	V
Y	X	Y	L	O	L	G	I	E	D	D	Y	N	D	I
Z	J	Y	O	E	W	H	P	I	E	G	R	W	V	Q
F	Y	T	M	X	I	N	I	T	I	A	L	C	D	Z
A	X	F	J	H	C	H	R	F	W	S	T	E	I	K
E	Q	K	Q	J	X	O	L	M	T	J	N	X	P	U
F	S	J	C	W	P	N	X	H	X	I	Y	C	G	T
L	G	K	A	P	T	H	M	U	A	U	E	V	B	L
Z	I	E	U	F	I	B	T	T	I	S	Y	Z	P	A
X	G	S	R	S	C	V	B	V	J	K	L	Z	P	R
H	I	C	O	M	P	O	U	N	D	S	W	I	S	B
Z	W	J	X	S	A	E	R	Q	Y	Z	B	G	D	F
U	P	X	E	C	Q	N	E	Z	A	P	R	X	R	E
H	X	P	D	A	K	Y	S	D	C	L	O	V	E	R
P	O	P	R	Z	O	U	E	W	S	G	O	Z	E	T
H	H	Z	T	Z	P	E	B	B	D	E	M	E	C	A

BROOM
BROWN
CLOVER
COMPOUNDS
DOUGH
EDUCATION
EXERCISES
GERMANS
HOPES
INITIAL
OBTAINED
SLIDE
SPEEDS
SUPPORTED
WARNED

340

E	B	F	S	D	A	U	F	E	S	S	I	L	K	S
S	K	O	X	S	A	M	K	F	P	X	L	N	U	I
R	E	S	I	D	E	N	C	E	O	H	O	C	V	K
D	L	E	Q	N	Y	K	R	B	V	S	K	V	L	Q
M	A	T	R	A	V	E	L	S	S	H	V	W	J	W
U	X	D	H	M	F	O	A	E	W	H	I	I	Z	W
K	Z	R	V	U	L	L	L	Y	Z	B	P	U	N	C
T	S	I	H	A	N	U	X	V	B	U	V	H	W	H
O	X	N	U	E	N	Q	G	S	I	Z	W	P	Q	J
O	N	K	W	F	C	C	X	S	R	N	A	U	D	D
I	N	S	D	K	C	J	I	A	S	F	G	E	K	A
O	V	Y	O	Z	D	I	X	N	D	Y	R	X	Y	B
L	L	H	D	Z	R	F	T	E	G	U	T	T	W	G
Q	X	R	H	S	A	N	D	Q	O	M	T	E	S	P
Y	S	V	G	D	A	N	N	P	L	K	I	N	T	H
B	H	O	B	C	O	V	A	F	T	B	M	S	A	S
R	M	E	A	P	I	V	I	U	V	I	E	I	T	K
E	E	V	S	D	X	Q	R	U	T	D	R	V	U	I
P	B	E	O	O	A	P	R	S	I	J	V	E	E	L
T	R	A	Y	P	P	I	B	W	C	H	N	O	G	L

ADVANCING
DRINKS
EXTENSIVE
INVOLVING
LESSON
POURED
RESIDENCE
RESPONDED
SILKS
SKILL
STATUE
TIMER
TRAVELS
VACANT
WIDEST

341

Z	D	C	H	O	W	F	F	A	I	C	A	B	S	H
B	A	N	X	I	O	U	S	L	Y	X	P	X	E	J
C	U	A	D	B	N	O	B	R	V	X	R	P	L	N
G	D	E	T	I	F	J	O	U	V	J	R	A	O	C
K	O	G	M	J	I	T	R	E	K	E	V	I	Y	B
O	T	S	C	E	C	T	Q	H	N	A	T	W	O	S
N	P	Q	E	E	P	C	M	N	X	A	D	O	U	N
L	C	U	L	V	L	G	I	R	R	B	H	V	Y	H
M	X	L	S	Q	H	M	T	G	E	U	L	I	D	F
H	O	P	I	N	G	Q	I	Y	I	N	I	B	S	E
C	B	K	V	W	N	M	S	X	U	J	Q	D	T	X
E	N	Y	M	M	B	A	R	K	E	D	D	E	R	P
G	O	O	Q	C	P	B	Q	V	I	D	I	X	E	L
A	R	B	H	J	N	C	K	L	C	N	S	P	T	O
Z	B	L	P	C	X	R	B	C	Z	Z	S	L	C	R
Q	N	E	V	N	A	A	X	C	P	K	O	O	H	E
P	B	I	L	L	S	D	K	T	O	O	L	D	E	R
N	L	C	T	D	I	L	R	F	V	C	V	I	R	S
A	D	F	S	C	H	E	D	U	L	E	E	N	N	A
F	L	S	I	N	S	T	A	L	L	E	D	G	X	K

ANXIOUSLY
BARKED
BILLS
COLLECTOR
CRADLE
DISSOLVED
EXPLODING
EXPLORERS
HOPING
INSTALLED
MIGRATION
SCHEDULE
SKINS
STRETCHER
X-RAYS

Q	L	K	R	M	Z	L	S	G	S	A	H	X	R	D
C	R	U	E	L	C	Q	H	Y	H	L	L	Y	Y	E
W	V	M	J	O	L	T	R	Z	A	S	Y	C	C	F
Y	A	B	E	M	E	E	I	G	H	M	F	O	A	I
E	E	R	M	H	J	D	N	C	T	X	T	R	N	N
H	E	E	Q	F	E	O	K	O	P	J	M	R	N	E
T	Q	L	I	G	D	Y	I	K	O	U	E	E	E	D
E	F	L	G	G	T	N	N	J	M	H	C	C	S	H
L	F	A	E	N	M	P	G	O	K	I	F	T	J	P
X	R	S	X	C	L	B	E	R	R	Y	D	L	U	R
D	B	M	C	Z	X	H	Z	G	F	P	W	Y	L	A
S	C	I	X	R	B	T	J	V	F	S	C	N	M	C
A	I	G	P	R	M	N	D	I	P	L	O	M	A	T
I	I	G	W	L	X	Z	A	E	S	Z	I	Z	Y	I
O	Y	L	N	U	G	T	T	U	W	Z	P	R	X	C
N	L	Y	T	A	O	S	P	G	F	A	I	R	Y	E
G	A	L	E	S	T	O	F	F	I	C	I	A	L	S
M	N	C	V	O	T	U	V	L	S	Z	W	Y	S	F
E	K	H	O	C	R	J	R	R	T	F	K	K	V	S
G	H	F	O	C	E	N	T	E	R	S	T	J	M	R

BERRY
CENTERS
CORRECTLY
DEFINED
DIPLOMAT
DRAGGED
FAIRY
FOOTSTEPS
GALES
OCTOPUS
OFFICIALS
PRACTICES
SHRINKING
SIGNATURE
UMBRELLAS

343

A	C	G	G	O	Z	U	S	O	I	W	M	H	N	J
D	N	G	O	J	F	R	G	S	O	V	C	M	E	E
Q	M	C	O	M	G	N	N	W	X	A	S	Z	D	D
H	C	R	E	A	T	E	S	B	E	H	E	E	C	G
I	R	I	N	S	E	R	T	B	I	A	D	C	M	D
G	R	R	O	W	T	J	N	I	C	I	X	R	G	K
V	S	P	I	Y	J	O	T	R	O	L	L	Y	E	R
J	A	U	S	R	J	G	R	V	F	O	L	S	E	W
A	Q	S	C	M	D	D	A	S	O	P	J	T	G	A
B	R	G	O	X	G	B	O	U	P	R	I	A	A	K
I	R	E	G	R	E	T	H	U	Y	L	J	L	U	U
L	Z	J	S	R	J	B	S	Q	L	D	H	M	T	L
I	W	E	C	B	I	J	W	P	F	O	P	O	K	O
T	K	N	H	S	K	P	F	N	N	K	O	I	F	G
I	B	P	O	D	J	U	W	A	W	Q	E	B	T	V
E	Y	S	O	C	G	Q	Z	H	O	E	S	R	N	A
S	G	W	L	S	T	E	A	D	I	L	Y	W	A	T
G	R	U	I	U	N	P	A	T	H	V	X	X	M	S
S	F	I	N	E	S	T	G	R	V	Y	M	H	P	J
T	Y	N	G	R	K	H	T	X	S	R	Q	V	I	N

ABILITIES
ANCESTORS
AVOIDED
BEACH
CREATES
CRYSTAL
FINEST
GEARS
INSERT
LITER
REGRET
SCHOOLING
STEADILY
SUPPLY
TROLLY

R	L	B	H	O	E	Z	U	V	M	G	U	L	N	F
Q	O	B	P	A	X	I	T	N	W	B	B	V	V	B
J	W	O	R	S	P	K	G	B	L	I	D	T	S	Y
Y	R	K	H	C	J	P	V	P	Q	E	R	R	T	O
J	Z	H	Q	W	M	H	E	Z	G	J	S	R	A	P
O	Q	V	D	Y	N	M	B	N	M	F	O	S	T	H
B	W	Z	B	Q	M	J	A	O	I	F	W	V	U	Y
Y	P	P	A	I	N	H	O	P	K	N	T	I	S	W
R	L	N	P	K	C	I	L	V	T	Z	G	L	M	B
D	T	F	P	X	K	G	A	G	Z	R	R	V	T	H
N	G	V	E	K	E	P	G	C	D	L	A	Y	P	S
T	T	O	A	Q	Y	N	Q	R	U	C	M	N	D	G
G	R	A	R	R	I	V	A	L	M	H	M	B	B	X
M	B	R	I	T	P	I	A	E	A	R	A	H	U	O
L	L	H	N	J	C	N	V	I	K	F	R	P	P	J
D	B	A	G	D	H	O	W	N	E	R	S	H	I	P
P	L	U	M	P	D	S	T	H	R	H	W	F	J	W
P	Q	H	K	U	W	O	V	P	E	A	Q	Z	W	F
T	A	U	D	I	Q	A	T	T	R	A	C	T	E	D
I	N	V	E	N	T	I	O	N	U	C	T	Y	T	A

APPEARING
ARRIVAL
ATTRACTED
EXCHANGED
FORTY
GRAMMAR
HAPPENING
INVENTION
MAKER
OWNERSHIP
PLANTING
PLUMP
STATUS
UNLESS
WHEAT

345

Y	O	O	C	Z	A	I	S	J	D	M	U	A	Q	Q
R	B	T	O	X	L	M	F	E	S	H	J	A	N	A
P	I	S	J	H	O	I	T	M	O	V	I	E	S	T
W	G	G	U	T	V	N	E	H	Q	G	J	L	M	P
C	M	S	A	P	A	F	C	L	C	Z	B	A	L	G
D	A	J	A	L	Z	E	H	H	L	D	I	X	Q	Y
O	X	I	S	C	E	C	N	W	T	B	T	V	N	Y
T	C	L	T	L	V	T	I	E	O	S	M	A	L	L
R	B	V	R	Y	B	I	C	G	S	R	C	K	H	S
C	M	F	O	E	Z	N	A	P	A	G	S	W	Y	P
E	Y	V	N	N	D	G	L	R	F	R	U	T	X	E
C	H	H	A	M	I	U	S	A	W	E	V	D	X	Y
Z	U	R	U	H	S	J	C	Y	M	D	V	D	F	T
C	S	I	T	H	Y	C	O	E	Q	U	A	L	L	Y
H	S	S	X	D	R	L	W	R	J	G	M	E	K	I
G	P	P	J	J	G	H	X	S	S	Q	R	F	Q	I
Q	F	Z	R	Q	G	R	O	W	L	P	E	A	Z	S
W	W	E	B	I	E	W	E	E	E	Z	I	L	V	C
U	V	O	M	F	N	K	D	S	A	D	D	T	H	E
W	B	X	T	B	A	G	R	E	S	W	M	K	E	A

ASTRONAUT	HILLY	SLANTED
ATOMS	INFECTING	SPITE
EQUALLY	MOVIES	SPRING
GRAVE	PRAYERS	TECHNICAL
GROWL	REDUCE	WORST

A	N	I	O	I	X	G	D	Z	X	O	Q	W	V	B
U	T	T	G	I	L	C	C	B	Y	Q	W	H	F	A
E	Z	Q	J	A	C	H	U	C	K	S	K	S	E	P
D	R	C	E	R	X	Y	W	A	D	S	O	S	V	R
I	L	E	O	U	R	S	E	L	V	E	S	N	M	F
M	V	B	C	A	G	E	L	B	V	J	Q	O	F	Y
L	O	X	C	O	V	P	U	V	S	K	J	O	M	Q
Y	R	G	N	I	R	X	E	Z	D	H	A	D	Y	V
A	E	L	S	O	X	D	G	J	Q	H	V	L	D	G
N	E	S	R	W	F	F	I	O	O	R	S	R	Q	E
R	A	Z	T	X	E	A	Y	N	A	T	O	W	N	S
M	C	H	E	E	R	E	D	J	G	L	A	I	I	V
D	J	N	F	V	R	A	T	L	F	S	S	F	Y	P
R	E	P	X	J	D	D	G	E	Y	J	E	E	Y	A
P	K	K	M	E	U	N	A	G	E	L	O	A	D	S
O	K	P	O	L	I	V	Q	Y	B	P	I	O	I	A
C	M	H	L	D	F	O	M	A	V	C	V	C	Q	A
A	C	M	A	E	A	E	C	I	W	J	S	S	V	K
E	H	F	P	S	O	P	X	J	X	H	N	U	S	U
F	P	K	H	T	S	T	R	A	N	G	E	S	T	S

CABLE
CHEERED
CHUCKS
DIMLY
ECHOED
ELDEST
FADING
GOALS
LOADS
MASSIVE
OURSELVES
RECORDING
STRANGEST
TOWNS
YESTERDAY

R	A	O	R	P	S	C	N	W	R	L	H	S	I	K
I	Z	F	O	R	G	O	T	T	E	N	U	P	Q	D
X	W	F	R	L	F	K	L	F	L	I	G	H	T	O
A	M	E	Z	Y	N	W	O	A	D	P	L	E	X	D
L	M	R	Y	V	L	C	G	S	H	A	I	R	U	S
F	M	E	H	A	Z	W	Q	Y	M	R	E	E	N	E
F	L	D	V	O	A	Y	P	I	C	T	R	I	L	L
S	O	B	V	R	O	P	M	I	E	Y	B	E	W	B
Q	N	U	V	X	E	M	P	E	R	O	R	J	T	F
X	M	L	S	Z	F	R	O	A	R	E	D	B	S	D
I	V	W	E	J	L	C	S	T	V	R	Y	I	J	H
X	D	N	V	P	D	E	W	O	Y	D	H	M	T	P
S	X	H	E	F	R	Z	X	B	I	G	G	A	S	D
X	J	R	N	O	O	I	W	N	A	R	C	N	W	J
H	C	J	T	Z	T	N	V	E	M	R	I	A	B	G
J	K	S	E	N	F	I	P	A	I	W	E	G	D	U
I	E	M	E	F	J	Y	H	C	T	H	T	E	P	M
R	K	O	N	K	J	B	M	A	V	E	J	R	C	M
B	O	G	Z	K	T	D	R	L	P	C	L	K	Q	E
Y	Q	J	M	W	Q	E	Z	P	U	I	J	Y	J	D

EMPEROR
FLIGHT
FORGOTTEN
GUMMED
MANAGER
OFFERED
PARTY
PRIVATELY
RESTORE
ROARED
ROBINS
SEVENTEEN
SPHERE
TWINS
UGLIER

348

U	L	S	N	E	F	S	U	Q	L	O	C	Q	E	L
N	F	U	G	A	L	O	S	Y	S	T	E	M	S	E
C	T	R	Y	S	X	Y	U	S	Y	X	L	A	X	A
O	E	T	V	N	Q	E	C	S	T	Z	E	O	L	V
V	N	L	H	N	X	A	C	U	T	E	M	P	Q	H
E	J	P	W	I	Z	W	E	S	G	F	E	V	W	J
R	O	Y	L	L	N	X	E	P	C	N	N	T	X	T
E	Y	N	O	E	Y	G	D	E	X	N	T	H	H	R
D	M	N	F	U	N	O	E	N	F	A	O	C	N	F
F	E	U	I	M	T	T	D	D	H	G	A	D	F	F
V	N	C	C	P	R	H	Y	E	N	Y	Y	I	S	O
X	T	L	Q	L	L	C	O	D	X	L	S	S	G	F
L	D	M	Q	N	E	C	C	M	D	I	E	G	B	P
R	Z	V	W	T	C	O	N	K	V	N	L	U	U	P
B	P	U	Y	K	S	T	C	E	I	F	Z	I	S	J
V	I	U	L	N	D	M	I	P	Z	E	U	S	I	S
D	Q	O	P	T	J	V	P	G	P	C	P	E	L	Y
J	L	C	I	U	C	A	X	D	P	T	U	S	Y	M
O	M	X	V	D	H	P	W	R	R	S	F	T	Z	C
M	Q	P	Y	U	E	Z	O	V	L	C	R	L	E	H

ACUTE	HAPPINESS	SYSTEMS
BUSILY	INFECTS	THING
DISGUISES	PLENTY	UNCOVERED
ELEMENT	SUCCEEDED	YACHT
ENJOYMENT	SUSPENDED	YOUTH

349

S	B	Y	X	F	P	Z	I	F	V	R	D	T	A	T
P	E	B	O	M	S	N	Y	L	Y	Z	H	R	C	O
T	X	P	Z	F	H	L	T	C	D	B	P	A	F	X
V	Y	A	A	O	T	A	I	Z	Q	E	I	N	G	G
P	B	U	A	R	Z	W	N	P	W	C	Q	G	E	S
W	L	A	O	U	A	N	P	G	S	S	K	E	X	D
Z	R	H	T	K	B	T	X	I	L	T	R	L	C	R
S	S	C	N	D	E	T	E	R	G	E	N	T	L	A
G	L	B	S	S	B	K	X	D	A	X	U	H	A	D
V	G	I	D	W	R	W	G	R	A	P	H	C	I	I
Q	A	O	P	M	M	Y	K	B	K	I	V	M	M	A
N	X	U	S	P	Z	G	S	X	Q	C	H	B	E	T
L	E	Z	P	B	E	M	H	D	R	B	R	G	D	I
I	T	T	Q	A	V	D	G	F	S	G	H	H	W	O
Q	Y	M	M	A	A	I	B	H	R	H	Z	S	L	N
Z	R	A	F	L	I	J	L	Y	R	N	E	L	P	C
A	R	C	Z	T	D	R	D	Y	L	P	V	A	B	E
D	W	L	I	W	G	R	T	B	A	R	U	S	T	Y
W	X	K	Z	M	P	L	T	H	S	J	R	T	U	X
X	S	E	R	I	O	U	S	L	Y	G	I	S	A	O

ANGEL
ANGLE
DETERGENT
DRAMA
EXCLAIMED
GRAPH
LASTS
RADIATION
RUSTY
SEPARATED
SERIOUSLY
SHAPES
SHORTLY
SLIPPED
SLIPS

F	C	M	H	S	G	H	S	X	M	E	D	S	G	T
B	E	J	O	A	C	V	M	B	B	B	G	F	J	W
E	R	S	M	T	Y	O	R	N	H	N	T	Z	S	P
G	A	C	H	S	U	S	K	Y	U	L	I	J	A	U
N	E	I	G	I	O	K	U	R	K	D	O	N	C	T
Y	Y	E	N	L	N	M	T	B	O	P	C	L	O	C
S	G	N	Z	Y	T	E	M	H	S	U	R	P	N	O
C	N	T	D	A	W	P	S	T	Y	W	A	Q	V	P
D	I	I	J	L	D	R	J	L	A	T	Q	S	I	Y
Q	W	S	H	F	E	V	A	F	U	E	E	W	N	I
Y	Y	T	Q	F	L	B	A	M	D	T	R	A	C	N
F	U	Y	J	K	I	Y	C	N	I	Q	P	S	E	G
Q	D	Z	O	R	G	Y	C	R	T	M	Q	S	D	D
H	R	X	T	L	H	A	O	T	O	A	S	U	E	N
S	Y	A	U	F	T	V	S	C	B	D	G	R	R	X
F	D	Y	M	L	A	T	C	S	K	M	O	E	B	H
X	W	D	M	F	W	A	Y	D	V	C	E	D	L	Z
L	T	B	Y	O	D	F	R	W	S	R	N	Y	U	D
K	B	O	U	E	M	B	A	S	S	I	E	S	E	D
M	U	L	W	Z	M	M	J	Y	Z	Q	D	N	S	T

ACCOMPANY
ADVANTAGE
ASSURED
BLUES
CONVINCED
COPYING
DELIGHT
EMBASSIES
FAVORITES
RUNGS
SCIENTIST
SCORED
SHINES
TRIBAL
TUMMY

J	F	O	E	R	R	B	N	P	X	R	D	O	Z	Y
F	P	Q	N	B	H	S	H	R	U	N	P	E	R	D
S	Z	E	T	K	H	U	I	P	H	O	C	R	E	X
O	G	A	R	S	F	P	S	O	P	A	E	N	A	S
N	B	I	A	S	Z	L	M	U	L	H	J	O	D	X
K	C	B	N	Y	U	I	N	P	C	Q	O	L	S	P
A	Y	L	C	A	P	A	E	L	O	K	E	N	E	L
D	S	Q	E	D	X	R	D	S	X	I	I	H	E	N
I	W	C	O	L	I	J	T	E	F	K	N	N	C	S
G	U	R	J	F	H	O	Z	V	D	Z	B	F	G	T
Z	K	K	N	T	A	S	T	E	H	S	F	D	Z	N
S	O	O	E	F	D	L	E	R	L	B	Z	G	Y	N
E	D	K	I	W	A	S	A	E	E	M	X	J	E	M
K	Y	P	H	V	Q	D	R	L	E	L	X	V	F	I
L	M	F	W	X	K	R	I	Y	B	G	S	Y	W	Q
A	S	D	F	B	I	T	N	C	M	U	F	G	E	R
T	U	B	Y	U	X	M	G	J	H	Q	Q	J	A	H
E	I	B	Q	E	J	Q	U	J	R	I	J	B	P	X
D	I	S	T	A	N	C	E	S	X	Z	M	K	O	Z
Z	Y	G	N	X	K	E	G	M	Y	W	N	X	N	A

CHERRY
DISTANCES
ENTRANCE
FIELDS
FIREPLACE
PERSUADED
PHONES
READS
SEVERELY
SQUIRRELS
SUCKING
TASTE
TEARING
TEXTILE
WEAPON

352

H	K	F	D	E	M	N	I	W	D	Y	O	X	H	T
D	P	A	H	F	R	A	B	R	V	E	X	T	I	G
I	Q	Q	G	Z	Y	B	R	X	D	X	D	V	D	D
V	Y	J	C	V	C	E	R	T	N	P	L	Q	L	W
Z	T	S	E	D	X	P	F	N	D	O	K	Z	S	S
A	H	P	Q	C	O	P	G	Y	B	R	E	A	K	O
T	S	O	R	P	D	L	R	C	V	T	R	Z	Y	U
G	J	M	R	U	K	T	I	L	W	S	C	P	Z	T
X	S	F	S	R	N	M	J	Z	Y	T	Q	E	W	H
R	U	T	L	V	O	J	X	G	A	E	D	N	Z	W
E	R	Y	S	T	Q	R	N	B	T	R	H	I	E	A
J	F	K	A	K	G	D	Y	H	F	Y	D	N	M	R
E	A	Y	D	N	B	U	W	D	L	Q	M	S	P	D
C	C	I	D	M	O	W	L	A	F	A	W	U	H	S
T	E	B	L	U	R	P	C	N	L	I	H	L	A	Q
I	S	B	E	E	F	I	F	Z	U	S	R	A	S	C
N	V	G	D	V	D	X	L	Z	B	U	E	B	I	H
G	A	F	G	E	P	E	V	M	G	U	L	D	Z	P
P	H	D	M	T	Y	A	N	N	O	U	N	C	E	D
T	G	R	X	D	Q	I	M	P	O	R	T	A	N	T

ANNOUNCED
ATOMIC
BREAK
EMPHASIZE
EXPORTS
HORROR
IMPORTANT
JAILED
LIZARDS
MEDICAL
PENINSULA
REJECTING
SADDLED
SOUTHWARD
SURFACE

C	E	N	T	R	A	L	S	K	I	E	X	E	K	Y
A	T	J	U	J	E	E	L	H	I	N	C	S	O	O
P	R	L	T	A	D	P	Z	R	W	W	L	H	K	Q
J	N	M	R	O	S	K	E	Y	H	O	P	O	H	T
H	K	Y	I	Q	L	Y	N	A	O	Q	O	I	C	Z
S	B	T	C	N	I	R	R	P	T	E	R	U	R	A
U	W	L	E	P	G	E	S	G	A	I	M	K	R	D
B	Q	D	J	E	D	F	S	F	F	H	N	T	E	M
S	J	L	T	N	R	Y	T	G	R	R	B	G	S	I
T	C	H	A	S	I	N	G	G	S	U	Z	I	E	S
A	D	W	I	E	L	K	N	L	K	H	C	D	M	S
N	M	C	F	P	L	I	Z	S	H	O	O	W	B	I
C	C	H	Z	R	P	Y	O	V	W	T	M	R	L	O
E	J	O	H	P	O	H	F	U	B	M	P	Q	E	N
V	H	A	O	Z	R	A	R	Q	V	J	U	X	S	S
S	L	R	C	B	I	J	D	I	A	P	T	R	E	Q
Y	D	P	L	D	S	T	R	I	P	G	E	X	C	K
O	L	D	O	J	H	U	G	N	O	D	R	F	L	F
M	V	H	C	H	U	Q	R	Q	S	A	S	A	T	G
H	O	H	K	O	H	D	C	I	B	U	G	I	F	F

ADMISSION
ARMING
CENTRAL
CHASING
COMPUTERS
DRILL
DROPPING
O'CLOCK
POOLS
REPEATING
RESEMBLES
SHORES
STRIP
SUBSTANCE
WANDER

Q	B	H	O	E	V	N	Y	M	J	V	M	N	H	D
U	O	Z	T	O	R	F	F	K	S	T	B	J	D	W
N	G	U	F	O	S	Z	M	D	E	C	L	A	M	S
B	W	W	R	I	F	S	T	K	P	A	T	C	Y	V
Z	Q	E	T	N	N	R	R	F	V	H	R	K	I	C
E	H	A	I	N	M	A	W	A	O	Z	A	F	R	Z
M	S	F	A	O	M	H	N	D	S	N	V	Y	E	F
M	B	M	S	C	L	W	U	C	K	L	E	V	T	P
T	O	I	K	E	G	L	T	H	E	R	L	S	X	A
R	Y	N	G	N	P	L	N	Y	A	K	E	F	P	P
V	K	C	U	T	Q	T	T	P	Z	D	R	E	R	B
L	K	P	L	V	K	W	E	D	O	V	S	M	S	Y
N	T	H	R	Q	J	R	E	M	U	P	D	R	A	E
C	B	E	H	W	P	Y	A	V	B	I	A	B	B	I
A	L	I	S	T	E	N	I	N	G	E	X	O	H	P
X	S	M	O	Y	T	C	X	X	H	B	R	I	W	R
I	C	O	L	E	X	C	I	T	I	N	G	L	F	I
Q	U	T	W	I	O	J	C	G	J	O	M	E	V	X
A	R	Q	A	M	F	N	W	F	O	S	W	D	H	G
O	C	H	M	V	R	F	D	M	A	T	F	A	X	H

BOILED
CLAMS
EXCITING
FINANCE
HEARS
INNOCENT
LISTENING
MARKET
MODEST
NAVAL
PREPARE
ROMAN
SATISFY
SEPTEMBER
TRAVELERS

N	U	P	T	Q	F	U	R	I	O	U	S	L	Y	A
S	F	O	V	V	H	R	K	R	A	W	L	B	F	P
F	A	D	R	V	I	V	I	D	S	C	E	I	L	H
Y	T	W	N	S	H	X	X	N	N	F	X	B	P	B
N	T	E	S	C	H	A	O	B	C	V	G	N	T	T
H	E	E	M	A	F	I	X	Z	I	M	R	O	U	D
O	R	H	H	R	T	M	Q	S	P	O	E	N	I	F
P	I	X	M	C	B	G	B	R	K	Q	A	G	G	X
E	K	A	A	E	I	O	V	K	J	E	T	L	M	P
C	F	E	T	L	G	N	O	K	P	W	N	T	E	U
G	R	N	T	Y	P	D	S	H	L	S	E	E	S	R
R	U	I	N	A	Y	L	G	P	E	I	S	W	T	C
M	G	Z	H	Z	N	D	O	G	U	W	S	B	I	H
U	T	E	M	P	O	R	A	R	Y	D	L	T	M	A
X	K	P	A	S	K	B	F	I	F	U	O	H	A	S
S	Y	O	E	C	B	J	K	D	Q	C	N	X	T	E
H	N	T	S	A	A	T	O	C	Z	O	X	G	E	D
H	O	T	C	H	S	R	B	Q	F	U	J	O	D	N
N	W	E	W	U	I	S	I	F	R	R	K	M	N	K
D	D	D	U	C	N	M	F	S	A	E	U	A	L	G

BASIN	GREATNESS	PURCHASED
CABBAGES	NOTES	REACTIONS
ESTIMATED	PEANUT	SCARCELY
FATTER	POTTED	TEMPORARY
FURIOUSLY	PRESS	VIVID

Q	D	X	N	B	V	Y	M	Y	J	E	K	L	I	H
P	Q	Y	M	U	W	V	G	J	H	Z	Q	I	U	R
N	V	T	K	F	U	Y	D	J	T	E	V	V	G	Y
K	W	T	E	C	X	D	A	M	P	E	N	N	G	G
S	T	R	U	G	G	L	E	D	Y	O	I	B	N	V
M	Q	B	C	O	J	W	A	R	G	T	E	I	V	T
P	Y	X	X	X	U	A	J	N	S	C	C	Y	I	O
Y	G	I	P	W	E	B	I	I	C	R	V	U	K	X
I	D	Y	J	H	D	M	X	H	O	H	X	W	N	B
T	L	S	G	F	A	E	W	F	O	H	O	U	X	F
O	V	Q	W	E	U	J	N	I	T	L	R	R	Q	S
B	B	J	R	L	A	E	E	S	E	B	R	C	D	B
X	O	C	U	W	N	K	B	F	R	L	W	X	H	Y
H	S	N	U	U	F	A	I	L	U	R	E	H	D	C
T	H	G	F	M	A	L	R	G	K	F	I	T	I	L
A	U	F	Q	I	O	J	O	O	R	N	X	Z	V	A
K	K	V	S	P	R	Y	T	A	R	S	T	F	Z	I
E	F	S	A	Z	S	E	P	Z	T	S	B	S	J	M
S	U	E	U	R	E	M	A	I	N	D	E	R	Q	S
R	X	Y	O	A	C	O	M	M	U	N	I	T	Y	D

ANCHOR
BONFIRE
CLAIMS
COMMUNITY
DAMPEN
ENFORCING
EXISTING
FAILURE
FLOAT
REMAINDER
RUSSIA
SCOOTER
SCREAMING
STRUGGLED
TAKES

357

C	O	L	L	E	C	T	E	D	Z	P	J	C	U	G
Z	H	F	Z	J	B	K	N	F	E	C	C	W	R	M
X	Y	W	R	C	G	W	D	I	K	T	I	F	K	E
Z	R	S	N	K	T	L	A	N	X	J	A	U	S	A
P	X	Y	D	K	T	T	U	P	U	A	Q	I	A	S
Z	P	E	R	K	R	C	J	R	S	Q	A	Y	L	U
Y	W	G	U	B	I	Q	B	O	C	W	M	F	Y	R
J	H	N	E	O	A	N	N	C	R	R	Z	J	I	I
J	X	X	G	B	N	V	U	E	V	D	A	L	N	N
B	O	J	V	S	G	E	Q	D	E	H	T	Y	D	G
C	D	M	F	T	L	K	F	U	T	D	Y	L	O	O
S	A	E	K	R	E	C	O	R	D	S	L	I	O	N
J	H	N	N	P	S	Q	F	E	F	E	B	E	R	V
T	A	K	N	Y	C	B	K	P	K	Z	O	X	S	X
X	P	Q	N	E	N	M	Q	U	C	Z	A	M	H	B
Z	L	D	F	S	D	Q	F	G	A	Y	O	I	D	E
E	H	H	T	W	Y	B	J	P	L	A	I	N	O	F
F	O	L	L	O	W	I	N	G	V	Z	Z	E	U	O
A	C	S	Y	C	N	S	L	R	E	H	X	R	B	C
Q	P	W	N	D	C	G	M	Z	S	C	U	S	T	U

CALVES
CANNED
COLLECTED
CRAYON
DETAIL
DOUBT
FOLLOWING
INDOORS
MEASURING
MINERS
NEEDLES
PLAIN
PROCEDURE
RECORDS
TRIANGLES

358

C	Y	R	E	O	K	T	J	A	E	D	M	V	A	U
A	C	W	Z	E	J	L	Z	R	L	Q	V	C	G	M
L	O	V	U	K	H	U	U	R	C	A	O	U	E	I
C	P	D	M	D	I	T	S	Z	P	D	X	C	N	V
U	D	L	F	D	C	L	O	F	L	D	H	O	C	U
L	Y	A	A	U	F	V	R	H	A	T	L	N	I	H
A	E	K	R	V	X	P	T	U	U	A	K	Q	E	Z
T	D	T	A	L	Z	S	Y	O	D	O	B	U	S	L
E	S	N	W	H	O	U	S	E	W	I	F	E	E	I
L	F	R	A	G	V	W	P	N	T	N	Z	R	D	T
M	D	W	Y	M	C	S	P	V	L	W	D	E	I	S
R	E	C	Z	S	T	R	I	K	E	S	J	D	S	I
G	V	S	W	E	N	F	O	R	C	E	S	D	C	T
R	B	T	L	U	Q	S	M	P	K	U	D	R	U	A
O	B	L	H	S	Q	K	D	G	Q	G	G	N	S	M
T	U	Z	Q	D	K	W	P	U	E	Y	H	O	S	O
B	A	R	B	E	C	U	E	D	B	W	M	B	E	O
U	F	T	C	W	F	R	E	P	P	P	C	O	D	N
G	I	W	N	V	T	S	L	C	R	Z	J	D	H	S
P	F	Z	C	Z	C	A	Q	V	B	W	C	Y	T	M

AGENCIES
BARBECUED
BULLETS
CALCULATE
CONQUERED
DISCUSSED
ENFORCES
FARAWAY
HOUSEWIFE
MOONS
NOBODY
PEDAL
SOUTH
STRIKES
STRUCTURE

359

Z	I	T	O	X	I	U	X	J	N	W	V	E	U	G
H	K	B	K	M	A	R	P	N	O	M	D	N	N	D
E	J	R	H	I	A	E	D	D	I	A	V	I	E	V
E	T	J	U	M	C	M	I	E	K	W	B	R	V	P
U	Z	S	P	Y	J	K	F	W	U	B	U	Y	E	U
P	N	Q	D	R	O	I	S	M	A	J	E	N	Y	J
L	Q	P	F	W	E	V	C	R	N	D	E	X	S	T
R	F	H	V	X	Q	D	G	I	G	A	N	T	I	C
Q	L	D	I	C	F	W	I	Y	U	C	H	F	R	S
Z	E	I	M	I	V	Y	M	C	W	G	X	E	X	A
X	C	Q	X	P	L	Y	B	T	A	R	M	O	R	C
T	B	J	O	G	D	F	V	G	K	T	V	U	L	M
C	G	C	N	F	S	N	A	Z	E	J	E	R	R	F
R	Q	O	V	E	G	V	L	O	M	E	O	O	O	F
O	R	M	C	T	D	T	G	J	G	R	S	S	P	I
W	Z	I	X	D	Y	F	S	D	Q	U	R	G	E	L
D	L	N	P	F	J	A	O	R	A	I	L	N	S	P
S	R	G	A	W	A	L	S	X	A	T	J	L	V	W
X	A	G	T	W	B	A	T	H	I	N	G	X	S	U
W	H	G	G	J	X	C	B	Z	N	F	C	U	L	S

ARMOR
BATHING
COMING
CROWDS
GIGANTIC
GRABBING
GULLS
HAIRS
INJURE
KICKS
LODGE
PREDICATE
ROPES
SLICES
WRONGLY

G	V	V	S	A	P	T	Z	H	I	L	U	J	D	U
W	V	B	X	Y	O	U	Y	W	H	Q	C	E	C	H
S	Y	Y	T	Q	I	W	M	Y	Y	T	T	I	G	V
K	R	Z	Q	C	S	T	A	A	E	O	N	U	K	P
O	E	V	C	U	O	J	E	K	R	Y	O	H	C	M
Z	F	Q	I	L	N	I	N	Z	J	R	S	F	P	T
J	J	P	Q	S	O	J	H	J	G	Z	Y	C	R	I
R	O	F	Y	E	U	S	S	Z	Z	G	F	N	E	D
P	G	E	B	H	S	Z	E	V	V	N	Z	C	C	Z
K	C	Z	R	Z	M	N	C	S	D	L	N	Q	I	C
E	U	H	E	O	O	O	X	J	D	U	W	V	S	N
C	K	B	A	I	A	G	S	K	O	F	D	V	I	S
B	D	N	T	N	Y	P	H	N	F	E	L	L	O	W
J	V	O	H	H	Z	I	O	K	R	V	D	N	N	C
J	N	D	I	V	E	R	S	E	Y	B	C	U	B	P
R	C	B	N	R	P	P	T	P	N	R	O	B	G	I
L	W	D	G	W	Z	T	B	A	W	G	H	F	J	A
Y	R	L	G	V	A	M	E	R	I	C	A	N	S	N
Y	G	S	Z	H	N	B	R	X	C	D	S	G	K	O
A	D	I	S	G	U	I	S	E	D	R	N	H	E	S

AMERICAN
BREATHING
CLOSES
DISGUISED
DIVERS
ENGAGE
FELLOW
MARRY
NOTION
PIANOS
POISONOUS
PRECISION
PRONOUNCE
ROUGH
SHATTERED

361

A	R	T	S	V	W	S	E	F	M	U	X	B	K	H
P	R	J	W	T	L	X	V	H	Q	Q	D	M	I	Z
R	E	F	E	R	R	I	N	G	Q	M	H	P	P	I
I	O	W	V	L	F	M	R	Y	I	F	I	W	I	S
J	Y	K	Y	U	W	E	N	I	B	P	T	R	P	M
I	I	X	Z	H	G	C	B	M	R	O	S	M	T	N
M	K	T	C	U	V	R	A	K	A	X	G	T	J	D
O	F	H	N	H	P	I	E	A	V	D	G	V	J	J
M	W	O	R	K	I	N	G	A	Z	T	Y	F	D	F
N	O	R	D	E	R	I	N	G	T	G	J	C	X	B
S	W	M	B	K	L	T	W	I	S	V	T	C	U	U
L	T	H	E	T	N	O	F	L	O	O	R	S	T	I
S	E	A	B	N	E	N	H	K	A	B	N	C	R	L
U	M	S	G	D	T	O	O	Y	J	O	E	I	B	D
Y	Z	A	J	E	D	I	L	A	I	J	A	C	O	I
L	Z	Q	I	B	S	S	S	J	B	W	T	E	L	N
C	U	B	J	E	M	E	T	O	R	C	L	B	M	G
R	P	D	P	E	J	S	E	L	W	Z	Y	S	A	S
W	H	H	W	N	S	U	R	P	R	I	S	E	D	G
V	L	O	M	Y	F	P	R	I	N	C	I	P	L	E

BUILDINGS
FLOORS
GREAT
HOLSTER
MOMENT
NEATLY
NOISES
OBJECT
ONION
ORDERING
PRINCIPLE
REFERRING
STAGES
SURPRISED
WORKING

362

Y	X	Q	W	Q	S	E	P	A	R	A	T	E	S	A
Z	J	M	O	H	A	T	L	V	S	G	B	Z	H	R
L	P	F	Q	R	K	E	T	A	C	J	Q	X	D	N
M	N	A	E	H	E	A	R	Y	U	H	B	S	S	D
J	E	D	W	W	I	W	U	R	Q	X	R	X	X	R
P	G	K	I	J	E	L	S	I	F	L	I	D	R	V
E	L	X	R	N	O	R	T	H	W	E	S	T	E	Y
H	E	T	H	Y	W	G	E	G	X	J	D	H	L	D
M	C	G	W	O	E	U	D	Z	Y	G	U	E	A	X
U	T	G	U	P	O	U	C	R	L	B	C	R	T	A
G	E	X	R	M	D	Q	M	N	M	N	F	E	E	W
D	D	A	M	A	D	U	D	E	E	X	O	B	D	L
U	C	F	Y	W	S	C	T	R	F	S	S	Y	G	P
C	M	H	C	A	U	S	E	T	P	O	T	L	G	S
U	B	O	I	C	O	F	Y	D	A	U	Z	S	I	N
B	Z	L	K	M	E	X	P	E	R	T	E	J	V	C
C	O	L	O	R	F	U	L	T	O	X	C	T	I	B
V	D	A	A	Y	L	O	P	E	R	A	T	I	N	G
K	I	N	N	G	H	Q	Z	V	K	L	Y	Z	G	R
G	I	D	Y	F	E	A	T	U	W	U	U	S	P	L

COLORFUL
EXPERT
FEWER
GIVING
GRASS
HOLLAND
NEGLECTED
NESTS
NORTH-WEST
OPERATING
REFERENCE
RELATED
SEPARATES
THEREBY
TRUSTED

363

R	N	Y	K	G	D	J	J	G	Z	Q	G	K	D	C
E	Y	J	T	K	K	Q	K	Q	B	M	D	S	M	U
Z	G	G	I	J	G	N	M	K	E	N	D	S	Q	J
N	I	G	A	E	I	T	I	A	O	N	C	B	T	Y
H	Q	L	D	R	Q	D	V	Q	A	R	D	O	I	C
L	T	A	D	M	P	P	V	P	C	J	C	U	R	O
E	Z	M	A	L	A	Q	X	Q	U	D	F	G	E	N
X	H	T	N	K	S	E	V	C	Z	J	V	H	D	S
P	P	S	U	P	L	D	N	W	W	A	W	T	R	I
R	X	E	W	O	S	O	K	O	I	N	T	E	N	D
E	Z	R	U	E	U	V	W	Y	O	H	E	H	J	E
S	Q	L	Z	T	D	S	L	I	D	N	H	T	L	R
S	U	I	C	R	Y	E	T	W	I	S	M	E	T	O
E	L	E	O	Y	F	P	G	G	W	X	E	W	M	L
D	N	O	E	A	E	Y	N	D	K	H	U	L	A	S
Y	G	T	S	C	H	E	M	E	W	X	H	I	I	X
P	Q	I	X	M	C	G	D	E	P	Z	L	Q	D	Y
W	T	E	I	X	G	L	A	E	N	Q	Z	C	E	B
X	U	K	U	N	U	S	U	A	L	L	Y	F	N	H
W	N	J	H	T	M	Z	R	D	R	S	D	N	J	Q

BOUGHT
CONSIDER
DRINK
ENGINEERS
EXCEPTION
EXPANDS
EXPRESSED
INTEND
MAIDEN
POETRY
SAFELY
SCHEME
TIRED
UNUSUALLY
WHEEL

S	S	V	T	H	A	T	C	B	O	A	N	T	E	B
M	E	V	G	T	A	Z	M	P	T	U	V	R	C	F
U	D	L	F	O	D	S	S	P	L	P	Y	H	O	E
L	S	H	E	M	E	P	W	B	O	A	R	X	N	E
T	P	B	X	C	R	K	X	L	Q	Z	N	I	F	A
I	K	T	P	L	T	P	S	S	P	O	D	E	U	Z
P	L	D	H	R	G	I	X	B	S	Y	H	Z	S	Z
L	T	N	N	J	L	S	N	L	E	W	V	S	E	G
E	L	P	N	S	V	H	X	G	Q	P	R	Z	D	B
S	G	Q	A	B	N	R	E	M	A	R	K	R	Q	T
A	W	E	L	T	B	K	E	Q	R	Z	Q	S	R	M
H	V	H	A	N	D	L	E	F	R	S	K	I	J	Q
Z	U	J	V	H	H	C	B	Q	U	X	K	K	O	G
G	Y	H	G	Y	X	D	X	H	I	S	I	L	K	Y
L	P	V	L	T	Y	Q	C	E	W	V	E	Z	E	X
C	R	P	A	E	G	N	I	N	C	L	O	S	E	T
V	M	O	W	K	A	A	G	E	F	A	N	P	L	I
O	K	L	I	R	M	O	N	S	T	E	R	A	A	J
P	X	Z	B	R	E	K	Z	V	T	Z	E	B	R	A
H	D	F	Z	F	S	S	H	W	L	A	P	V	W	E

BRANCH
CLOSET
CONFUSED
GAMES
HANDLE
MONSTER
MULTIPLES
PLANES
REFUSE
REMARK
SELECTING
SILKY
SKIRT
TENSE

X	Q	N	M	Y	V	B	P	F	K	R	I	H	T	Z
Y	K	R	H	M	E	C	Q	W	T	E	J	H	X	T
F	B	Z	E	S	Z	D	Y	O	V	K	G	D	A	E
Q	Q	W	E	M	M	B	J	I	J	I	O	Z	O	C
B	Q	H	L	S	F	E	E	M	R	L	V	K	S	H
X	N	G	S	X	S	C	F	P	G	B	R	S	E	N
K	J	C	E	M	E	V	U	A	I	U	G	P	E	I
E	T	E	W	R	C	L	B	T	H	P	A	F	D	Q
K	F	V	H	K	E	M	A	I	B	E	W	V	S	U
J	D	R	E	C	Y	G	P	E	T	T	P	K	S	E
B	I	E	R	W	K	Y	J	N	Q	R	B	X	P	Y
G	S	Z	E	P	J	Y	C	T	Z	O	X	S	A	I
T	S	E	P	M	X	M	J	N	P	L	B	T	T	X
A	O	P	V	R	A	J	I	K	N	E	L	U	T	A
V	L	L	D	J	O	C	J	K	Q	U	F	C	E	H
E	V	J	O	B	E	F	A	C	S	M	A	O	R	D
T	E	E	Q	W	T	E	I	E	R	K	B	L	N	R
L	S	G	M	J	T	B	R	T	A	E	L	L	E	O
P	F	N	E	S	B	S	G	Y	P	M	E	A	D	W
G	J	J	U	Y	W	B	N	F	S	C	S	R	F	N

COLLAR
DISSOLVES
DROWN
ELSEWHERE
FABLES
IMPATIENT
PATTERNED
PETROLEUM
PROFIT
RECEIVE
RESULT
SEEDS
STEAK
TECHNIQUE
UPRIGHT

Respostas

Para encontrar as respostas é muito simples. Basta procurar pelo número do diagrama nas páginas de respostas!

Número do diagrama.

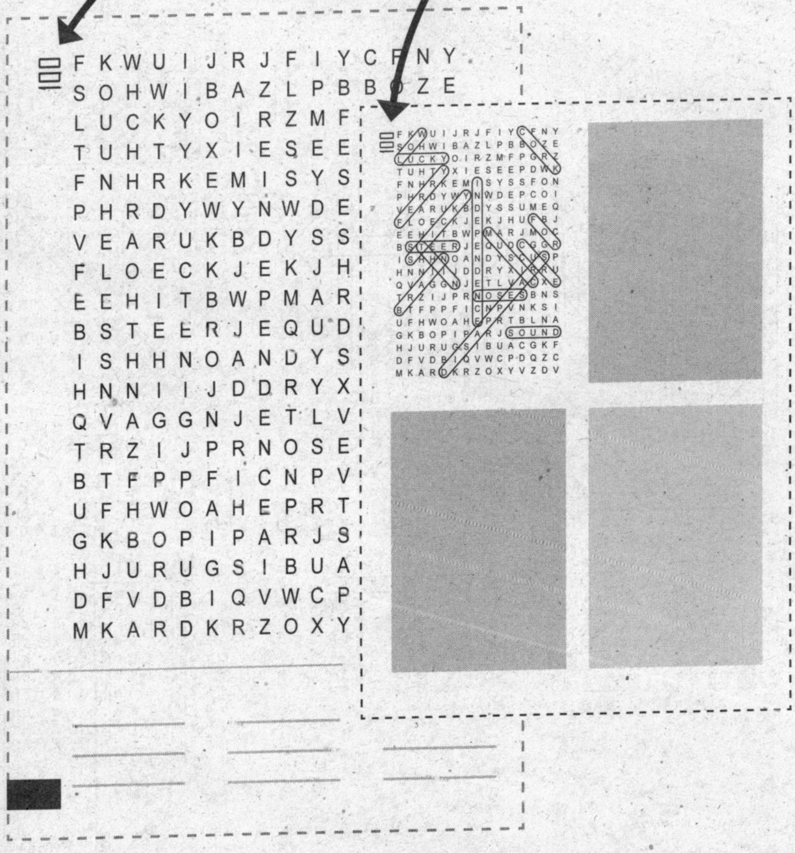

001

K R L Q D Q U F P W A O M H A
T V X C K L P O S D O O R S X
A U A A X L E T D I S K S X Z
W K M R C L A U S E M F M U R
V D I V Y F I N B K P N U S P
W E I E Z K O N I B D E V L N
F D C D A O I G K U Z Y N I L
U T M D W Q E T I D C X Z D F
F X O J C G H X X A E V C E G
K U F K M J V L T C N L V S V
O P R O N U N C I A T I O N H
P Y N C P U R E G H E L O M E
V L H J K P W R L L U X A N D
I L E N G S O B A T H R I R L
H A W Q E L F S E U O L O K B
Y P M T A K B N I Q I B H R I
J P Q S O S C X J T O I R T R
K T S A D M Q H L A E P X Q H
P H Z W U F A Z F Q U C Q X F
I C T J W Y S M C W S W D A O

002

J Y S T O V E M E H W T M K F
S R A Z T T D X Q O J R V N L
Y F A D M A S T E R E L C K D
S C V A G T Y T I N V W S K T
D W I P F Q U E U S G N U K T
G C M P V W G D U N A C G H P
F J A R R Q A F M B L S E I Z
N C D O F G L I S T E N I N G
L X M X Q C Q N T B I K R E Y
I H I I A S L O U D W D G D N
Q V N M D P I M I D G U Y E L
A T I A C C P T L B S D H I S
C W S T T H X I M Q T Z R S X
X S T E Z J V T M Y Q G L W F
Y P R L A Q W C A F L E F H G
Y G A Y N P M A G T E M H A W
G M T U I M K G B A W E R Q X
L I I A I W C Z N H C E B T R
O K O Z N B F A P R R T J A C
L M N H V T H K S L C S S G Z

003

X E F I P I Q I D Z A P T J S
W M H K J G T T C X V Y A P N
M G U T N S Q V J H J C O Y N
S M J R S K Y G Y R Q R S N S
V E F L O O K E D Z C Y O L H
R O R U L E Y J K I W I P Z V
P B U S V N Z C L O T L V R G
W T E E J R O L Q A B T X V J
H K M X X D A N C E D U M V B
G B H Q P Z M I T S R H T Z L
Y V L S N R L E S X Q W B F R
Z Z S D S P E T T R F O B H G
E M X H I W K S N V P C I X R
N S Y T K W I U S J R Y I L C
L L L E Q W M L I I H A D J L
R U A F D M U H D S Q Y M J A
M V B A L V D Y R N A N T E W
E C Y V Q Z Q Z X R M E R U B
I R M O U E C E X C H A N G E
B R E R C B A A D E I B E L T

004

Z C Q F E N R L R Z S I M V Z
I K H O P E Z D Z O H G D D S
V E I N T E R E S T D L N P Z
Z I B N O W Y U C A O S S M X
S L E T A R U T T T L I K E S
K H R L L M V U N T O N L I Z
K M N S P Z U Y I E A J L Z P
I E A C M K R V G K N E G V Y
Z C T Q L C Y K E J V V C S H
H E E A R N E S T E L I Q F I
S V S P P J M E L U R V T Q D
G M G L G Z A E S Z E W U L D
U K E N P B W R A C T S W E E
S M K Q W E A M U Q S A S Q N
E K V L A L R H S F U S Y P W
I B O Y A S W D M W I E N E I
G V Z X L Q Y V P M M C U Q N
B K Q H U W F E D K C H E E K
M Y D U N E I B G A X W R J S
V E T O E S S N J I H A I J A

005

E N C Y C L O P E D I A R C D
U C P O T V X H F A S W S L G
K Y W I S X S O M Q F R O C T
W A K A N F Y X A M L I S N E
W M M A W T V D S E N I O R M
D C H Z I K E X D P D Q F I B
Z Z P R Y F Z L I G W Q A P W
M D M I W U T A L U A V Z E V
S E J V G W F O D I M V G K B
D I V Q T G P J E X G A R V L
H N T O S K E I T O C E H P N
M B N Y C J T D E D P E N E B
O G A A U V M A F C M X E C V
B L R C L Q V Z Z S U B S M E
P T Z A K I Z O D O H T P L R
S T A R T S H N V A E I W Q R
S D Y B A T E D O S I B E I O
W S T Z V L R O P M L D S T R
V B P E L K L U Y O Y O S R J
M R U M G S H Q F Z G X W B K

006

R W J E P Q Z U Z O C G K Q I
N O M A N U F A C T U R E R S
R D A G M I R B B C V B L N A
Q D H W K C E G X G N X Z Z M
L X N I V K S S S D E T J S B
O G M J Z B P C Z S L X D O I
S H T L G T O S T D I L X N T
Z Y L B A R N C L Y D V P H I
W M B R B T S H E K Q P Q J O
D B Y V E Y I T A Q A Q O P U
W C Z I O O B S S Y L S P U S
A P P R E C I A T I O N E K A
W M P O C R L E S Y Q F R Z P
L P Z C N R I R U H C K S U O
K L R Q N G T R R J S M C I U
E K H X A H Y W B V H H Z O R
K O O B K E Q P Y U D B I F S
G S B B Z R V S E F R K G F J
R U B E W H P X H T G Y W I T
A B Y P H O T O G R A P H I C

007

R Y R C A M U V S S A C W Y D
E T R N A T T P T P K Z M E Q
P A R N O O M B C I I Y T U F
R A B E V D A U W J C A A A R
E B L W D I N V N B R K N S Y
S B H M I A U M N T N K D M G
E D M R S F F T N Q V Z G I M
N Y Q D T D A E K F K S F L R
T J C T S P C W X G R E L E P
A S P S S N T Y H A D M S V D
T C F P O C U T F F C T D C V
I K H C C E R F A I M U X D Q
V Y X I H Z I E U N A X C Q D
E V V Y P M N X S H C K Q E A
B G H I S S G P T N H N P L E
Y N Y E F Y I H M A J P Z Q V
M C F X K G C U Q O O D V Y K
O M B N E C S I M T K A L D L
P Y Y G D Q P Z S H O R T Y N
E X P E R I M E N T I N G E Q

008

E W J S O Y I V X J S C V A M
Q O G B M J E D Y J P O N V I
X B E Y C A N A D A E A A Q E
B E E A W G S W F C C Y D K E
K W C U N D E R L Y I N G I G
N X I L O A F L C A A F D R I
I N D A O Q K Y B Y L R S I J
N B T K X S W W W G I C Y J Q
V E D F O P E O M O Z X J L S
E E J A Z T B U N Y E E W I T
S W E B S D O M I T D K Y A X
T R N J V T O S B X N U D G O
I D Y G C K R Y M O I A H J J
G T B S X W E O U Y A R T Y Z
A D C P E P K C N N Q R C Q X
T H E V T G E T P A O W N E B
I P W H Y Q A R V L U X U V Z
O U E Y W B Q O O Y O T X X V
N J G Q Y N P C Z Y C T S C C
R L I E H H M K F L M J F U R

009

H Y G O P E D D Y V E D K O T
A F U Y V E X H R U J K I N G
S F K O K A L E U A N A E E O
J N M T C L L A R K H M D L O
D R W O Y B Q R Z G E N Q D A
B M P O Q S R D G G Z R X N B
N C O R Z V R E A O A I J S U
A O I H C O U R G L M U E C W
O Z A R H K U W U M T R U B K
L X M V C O C C O M N X X L B
S P F O C U A N O Q P Q S X Y
S C O N W T M O R R R G W B E
X N E Q C E Z S G F J S G H G
C F S E Q V K Y T Q T O R G F
Z Z P D A U D W E A R R I F T
Z S H V K N K I Z K N H I C C
M N Y Q O B O A Z E J C U P W
O K X V L A T E L Y Q V E F S
O A T A N G R Y H S Z O Q S W
N K U X N C X I B C X T Q M Z

010

F G K O W Q U D N X A A N T Y
F L F Z S P T K X C A G E V A
P A O K P I S Z W S D U K W I
R J W X U R N S J O Q E L I W
E T K C E M Y P L U Q K Y T L
Y F R D O G N T I E D K O E I
E I R S L A P J A G M S U Q F
C O N V E R S A T I O N S G T

011

K K Z Z A Y M P N F Q K F K T
P E A R T H Q U A K E S V S F
Q U F H R E Z E Y K H O G O R
C E L W D A Z X S W D R Y J O
A P M L E S S Y H E J A Y C U
S A D B L E J E O Z B W Y I U
T B I Q O L T V I H A U L C S
L K O M V B B C L F N D T I D

012

D T D A P S B W V F Q F P G S
C L C C R I T I C S R E L E I
P E Y C W C P R A I Y F J M L
M W C I N E B P A M Z U X A M
D F A D Q E L D G I N K U R C
O V M E L L Q G C L G Q F B I
Y F Z N M L D J O A L H G X N
Y B Z T V G N N N R O Q T L T
O U F A M B E W S I K W S G R
G P Y L A M P M T T F U U N O
O L U L Q X C Z R I T F C G D
U V E Y R B I H U E J Z C V U
B B M O A C D S C S H D A A C
G H J J P R W A T M H P Z Q I
Z M W B M A N E I G L E A V N
E L Y Y S U V U O U V L F H G
M I R O G J F E N Q G Y O U K
U O P E W G A E D V S W O R N
D N B Q S B J R A Q H O K G O
Q S O L W Y T I Y K D F A E W

013

014

015

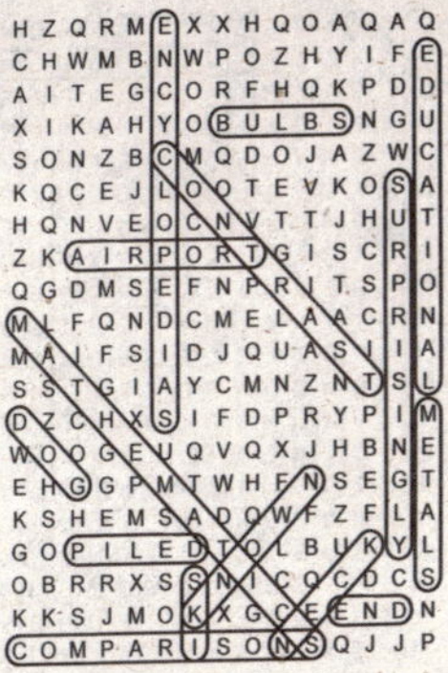

016

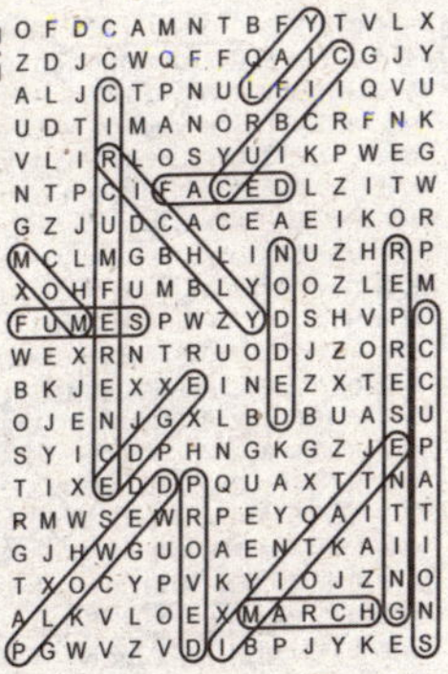

017

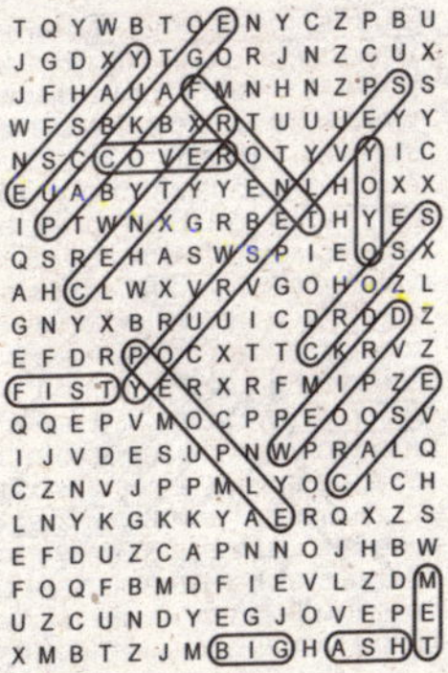

018

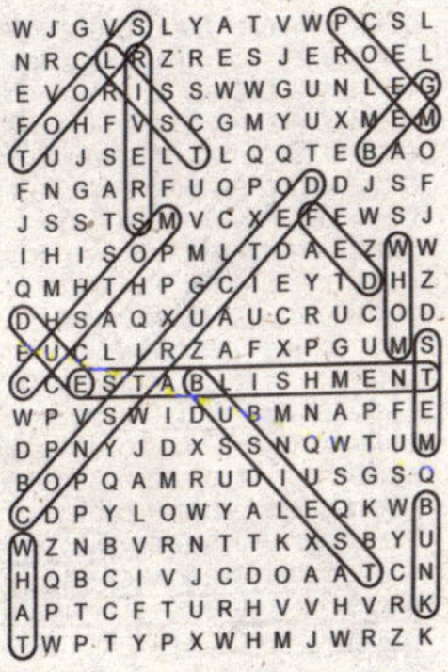

019

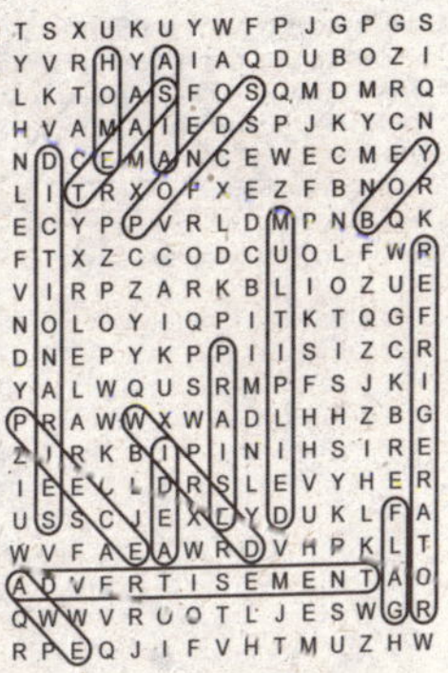

020

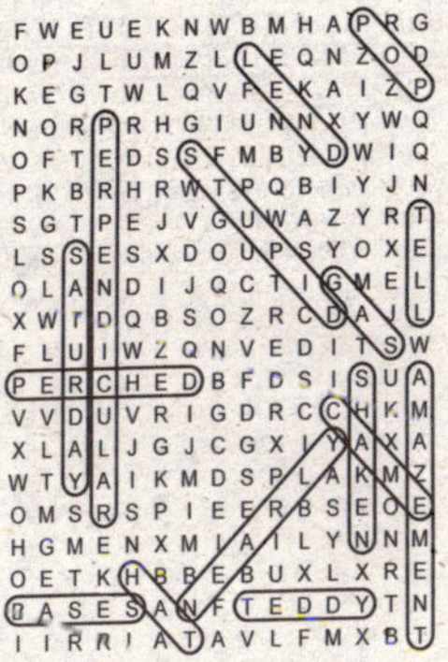

021

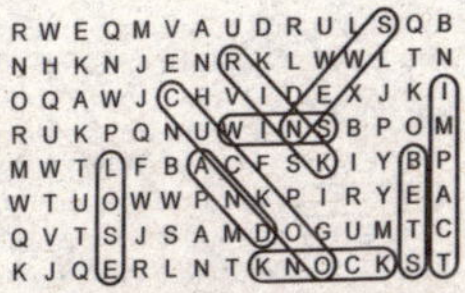

022

023

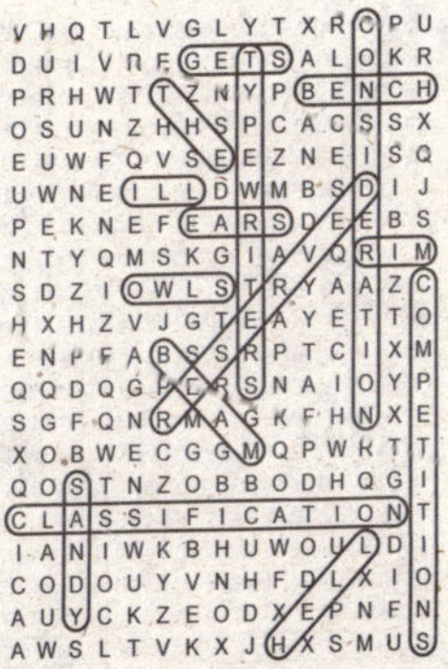

024

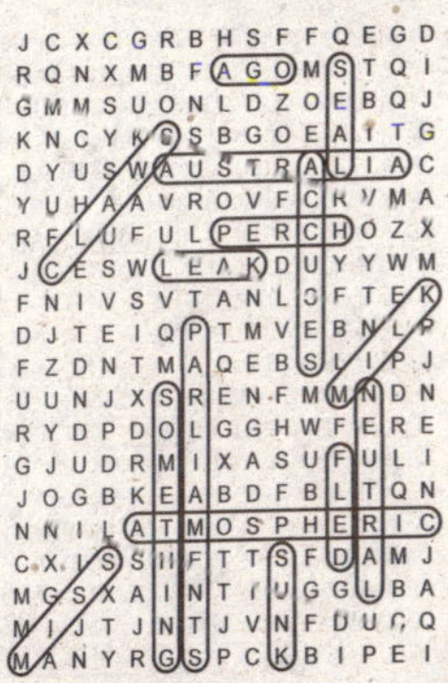

025

```
I X R L R A D A P T S N H O N
D A X C L P E X P L O S I O N
E C B I G R L A J I Z J P Z E
N Y F I B K A M T Y Q V M Y R
T L M A Y R Y C K Q S C E I V
I V X P L A E Q T G O O N K E
F J V T C S D E U B G H T F S
I Z I J R G I S M K V X E U Q
C H R E R D X V O A R S R A P
A R T Y N Z S A Y M Z G T B D
T N T B O L Z G F I B M A X B
I F R W N H R P O X Z M I R D
O J V A D P K Z O U H X N N D
N N S I M E J I J J T K E M N
R U Z R C L T X I O Y P D B M
U L M B P U R U K T I W O E C
L F E G E Q B Z I T L N W T R
X D I T Q U F L C Y S Z S U I
I K H F Q H L Y V T F Q D R S
J A T N F N A N K P A L Y O P
```

026

```
F I O Z S E O G H A D A Z S L
N Z X O C L B E D E T V D U K
Y R G B H N O S B N U K C J B
U N V J M A Y T N Q E K U R B
S Z I L L I R W Q M Q F F P Q
E W G N V L O M J E K U C C U
B Q C F C H A R T O X A Z B Y
X U Z P K M C G V S N D N A V
M K N N T Z K B V D E O K S M
O G I W E Y Y U B A H O X I I
C L S B Q Z M M Q Q F D U C U
C T K S G S J O M M I N R Q K
U I O J M P N S E E N M A Q W
R E G H K A D B U E R E C V E
G L A D G R S F X M M A K C Y
D F I B S K M E U M L K U L E
G O K T A J U J A R D I D R D
A R O B N L F H F S B L E E D
U O L U K D R C B M Z C S E W
R E B G A N N B G F L H Q X X
```

027

```
B M S K V O X O K H X Y H T C
A C O N T I N E N T A L C O B
Q E U E N X P B V E R M L O M
I E Y D S Y Q Q F I H T I Y S
G L L M A S V R V G U V Y S K
T K L O N G E G E J F O B D O
M C P U K U K N B O S T I A L
G F N U S L M Q T H K A R P D
K F F U U T K E C I G N O R E
D W S O A S R D R K A Q E V S
D N F W W X S A V A P L R L T
V G A S M R B P T D L A K E T
Q E T D Q P X T E I W F M M R
N L P E S G U D G B O B E B U
Q H E E X T G N J Y B N L S L
I A L S Q R R A I S E I S Y E
U H Z F D A B A J Z S N Z H J
S B H N K I U Y P I A T O U P
T X E E D L L T Q L U A O X R
D Z J C P E D S P A S S I N G
```

028

```
Q G T C N B D J P H C U E K I
T X X J E T O T I U S B Z R N
U M K A X L G B A J B A F V T
S S W S P L P Z F P D V W G E
Z F P S L E P R K Z E B K U R
G G B Q Q O S R K L U S L B P
E P D W Z B N S E Q N G Q F R
G D L X Q B A E S F F W T N E
W O D X Z O V R L U I T E C T
M A N S D J O H G I Z X Z Q A
H K T O I Y V Q X E N H X S T
W T Y Z L I Z C A B S E S T I
F H J L B I V O I C E N S H O
L U W X K W Y H M I O C A S N
E M B N K L A O I Q D H Z P D
O P Q S E P J U S J C V N U Z
P X X R F J J S U E Y N O S E
X E E V G T G E E M E P A L E
Z M B I L L U S T R A T I O N
W R A P P E D C L Z R Y C T X
```

029

```
S U P E R M A R K E T S N W B
X D E S N O L P N G T J D S X
Y A M A J Y B C A Q M B G M W
K G Z W X M X K C S B O G T A
J M B P Y I Y B Y F N C D G O
R S C X P N Z G X H U E X L Q
S I Z E D E G L D S H P A L O
I O C O B R L Z A U I N S L C
V O I A G A N R A N O D M N M
G B I L L L R O M I K K E Q I
X M V T C C M F T X W H K S V
E G U U C E U A P L G X Q Q P
M I D S T A N L B A L L C B B
K S S O Y R S F A B S O O O E
Y Y G O E S A L L T C S W X D
Z P L T G U I H H H O U S E R
W D N B Y D B R E X A R V R O
E I T B S H Q J D B X T S R O
G E C M H P X X I R F F F V M
K H Q P T N P V B N E D C H S
```

030

```
I Y S B B B C O N T E X T N H
H J M A P E P S O A T R H T V
W Z H P W V P W G Q L T B I U
N L N U J U F K V Q N F W Q K
W W Z M H S D P U E W Y U T V
A I I C P K R S T C S J I I U
W D H N M U H X G M A N S H J
E F U U D T Q Z J D W R V I S
K E Q N P Y X R J U M P E D U
N H H V J Y I P L Z M H H I F
Q B K I X N P S E H Q O G N O
C X O Y P E L R P T I N D G I
Z R F H R F Y P E A M E T B S
M J K Z N E H X I P C D B Q R
C X R P I Y U D A V Y E R O J
Z F B E O G H A J U Q F D E N
O L M R K G P C Q S N O D T V
C G F B T Q N A O B C A A K D
X O O G R O C E R Y K S A L T
I F E X J W H I S K E R U U Y
```

031

```
C Y H Z L K L I H S Q Q Z V D
A E S N L O X N H O L O Y Y G
T K T U U G J I Z L G R M O W
L Q B S H V C R M G O O Z U C
G X V A T U S K U T Y F E L H
W R O N G L Q Q C X S A H L A
O H G S U N Q A E C Y Q Z O R
J S Q T L B F C O Y H J S L A
W C B R Y S C P J J A T U N C
S L N D I W M B J F X Y Q B T
E N H T U P H K E A C A N D E
N T A P E R I L O I M I E A R
L S U S E S O K J X Q K G R I
L H N V D M A I L D C Q L W S
S I T D F S U F F I C I E N T
R R S C A W D S P J O T H I I
C T H S F I L C T Q X D Q B C
C S W N U N M J S D U N N H R
S E H Z D E W I Z G L S O Q P
X P J E L W F I O E S P D I S
```

032

```
U Z S K P R E P A R A T I O N
S U R R O U N D I N G S Q B M
H S T Y L E N P K C O C T F L
R S H D A E I Y D A C N Y W T
P O D F T I D L K L A B Q F W
Q F C W V E Z L B L E Z C R M
K T G Q P N K L Q Q R Y S G U
K X O X P B A C K G R O U N D
```

033

```
R M H W D D K O O A T U L C C
K Q O S L J Q E K N M Q O N P
N S D O A L S O E X Q R I M O
O T I M D G H C R D S U A G L
W M T D F C E R I Y Z R Z N E
N R B F E R E M I N D I N G K
N X V O L A X V A Y T C T J V
S U E C F U A P T H G Y L W X
```

034

```
J H Y J K C C L H R F H H A H
K S Q R N E U O H L C P F R R
T R Q G F W A M W X P V U G E
Y K J S M F M I W P S C U Z P
A K Y D J F Q F F R C J I W R
R S C D V S X G Z H H D B T O
S A T I S F A C T I O N C G D
L J R B Y G W P A T O B L W U
U A E T U F O T P S L H F Z C
Y X N M Z C Y L L E X G Q A T
Z E O D P R G G T K A U O I I
L I R O S G T R J P Q L P Z O
Z J X S A E B K O H O G I F N
F H V O V C P B F U W X F N N
J X V C W A C Y I E P O L T G
F M A D W R L N K H T E X D R
V M X A O K F V I H F E D F K
W B U V J F Y C E K D C G F O
M J Z M S R K W E M J O G F B
M J W F S U N D E R N E A T H
```

035

```
R O F X T Q B I B B H E W A R
X E K F Z K H D L N F I P B I
M G C S V K U S A T S P P B T
G X H I I T U D U T O R L R A
A Y I R T N Q I V U K E I E P
U J L H E E G O F O E F S V Z
Z Y D B K A S P F Q F V T I A
Q A F M B F D Z D I A C M A L
U N E C E S S I T Y F O Q T P
R E F E R S I S U H A N M I H
O Y C Z B S H Q R T S G J O A
O B K I E K Y P N S Z R Z N B
C P X M M V R N A G U A E W E
U S H O O T S B Z L A T B P T
K E Y M N S U Y B O S U K L I
C S P X D G V I X R T L M Z C
T H J J H V S I O Y X A E A A
O A N N B I F T M O H T I L L
N J V G F B D F D Y O E S R V
E B P O N I E S B W P S D O T
```

036

```
U D H F Q U Q Z R G W T J J B
Z H X G W P W X U Y P O U S U
Q K K G R A N D P A R E N T S
A P V J G K P T S N O Z U D H
H M I U N C Y I W M X Z M S E
Z Z M E V N B S D V F Z B U S
V X U M G C D U I L P N E M K
Z R E E L M C F A I A L R M D
B H P X Y T Q C U Y Q I S E E
Z F J M P N N V V E B T A R L
Q B S N P O B C W E W X W S I
X B F D I J S M H E M T L B B
H P T T F R T E L N N T K I E
L N O E X A Y T D R B D P T R
K M V Q Q C P E J O N K U R A
X I R A L I E A W A E Q S R T
P L T B K N G L F M W K K L E
Q E A F N G N D B G A H B O L
H S G M E T H O U O Q K O H Y
S G Z U Z T M A G P W X F Q P
```

037

R W O M L K G K H R B C O S K
H T M W R S T A J S X A G B U
M J O E C F C P V G Q S K K N
P T I H N X M P B Z O H A Q Z
P R J P N L E R N W M O R H R
D V X Q L M H O X R M T D A E
C X Y D E Z R P R I N Q O S P
O V K Z B T P R P P C J A D R
N C R E C F A I H Q R W I E E
C O X G Z X B A N S Q M S V S
E W F Y A Y D T R E S B Y E E
N F K N R Y M E U L E J P L N
T T L L E U Z T S U O V M O T
R J F J S D V F C H L X I P A
A W P N T Y Y T T W N R L M T
T L M I I X D A X Z B A K E I
I H T K N A I T R H O S B N V
O O I V G L R N F O D I R T E
N L K N Y W V H N N B U E S S
K H A P T W J O S O I L S Z J

038

S C A G N I X R T Y H S F I C
A M L C R A U P Z N R C S T O
Y W P N G S Z C L B Z R S X O
S S I R K K A Y D B A T N Y P
L L A F N T R I U L S Q R R E
V O H A W K F I L O V A V Q R
V G F F H P P I C C N W Z T A
G R O V Y Y P Z S O K M D U T
R F X V S R G A T H Z H Y H I
N Q U Z E H T T S H E C A R N
P G H T N E U J F T H S F G G
X C A I J L H W J C R J T M Q
B C D Y O Y I S W G Q Y W U O
G K V V Y G L T W J L J E F W
A M E N A S I F B L Y S B Q Q
U R R Z B V E W F U N D S M V
J F B A L L C F E Y I K T X S
V P S Y E O M N S L A N Y K S
B X H P R A R L O F M W I J S
Z K U W M U T S Y Q C G F T S

039

S Z X U R R P N A X J S E P E
T M D Z N A W D T T V Y T T R
R O A T U C P G T Y L N R O E
E I F Q V O B E V Q Y E R R P
A W G O Y X H V R G L R M L L
M G W Q J A D X T A Z M B X A
Y S F G C E B C R O B Q L K C
I M S I S W Q W A M T G T P E
N S R G Z E G Z N I D E A L M
H F Z U O J A M S B Y K S W E
A V T U Y I J S F S Z O E R N
B T W B N Q A Q O A G N G S T
I A M I M Y N Y R N T Z V A Y
T E Q R T U C D M H S V H P O
A I I D E X J B E W G T I L T
N O T S C S Y A D C L C R F T
T V X M T D P I S I W T H A D
S S J S H J V O K E Q P M A X
F X Z S Z Z Z O N B L B P S R
R U G Q P M Z K L D E J Q Z D

040

N A L E Q H G F B K Z Q Q G B
Z B N F U T V A G T A M I P E
X P R K F F F B W P Z K P O A
B Q O J O R X S W A M J O F T
Y H O R Q U T K P I Y A R V T
K H F R P N T A J J M Z L D I
O A S P E Q L T S T G C S G L
T A B T N L Q E J V J U L E A
O X N F O R N S Y R P V M S T
C O N G R A T U L A T E D G M
C O N T I N U O U S L Y N C G
Z I Z A G P L G Z Y I I W C F
Y S H A D E I S B K G W G I D
D K M D E A N C J N R U V Z O
L X O J W O D X E F G B D O S
R A O R I E N L T J R P D S T
Y J Y T U W L H G I O V U N U
C R C S P A C E S H I P T P N
V E O C H I M N E Y S C Z O T
S Y T C J P X H M M W I W X Y

041

R M A U W N V E W F P V Q B H
E X Z W U G F I T E U C J R B
Y B T L Z G N V B I H Y E W F
O I J A D P A U I C U P Z O V
H F U K C Q K J I W M L R L P
Q U L M Y P J A H E R D J U F
I N T R O D U C T I O N X N E
I N O D G D D F M H E Q C C L
Y E F B K S N Z M B Y M D O L
R L Y T B A T M J D L U U M W
B O M P J Q O O V C B T V F E
J S U W Q Z N I C X A A U O G
Q B U N C Y N U Y Z P G D R U
Z P T R A W S G U W N B H T N
D N A N E T H E D W S S G A S
Q J M R C B E L G F V I H B W
A E E O X E E M E I F E N L N
H G D G O P P I K L D B B E D
L L M E K C H X Y S C D C V I
G C S G U C J R U K S G Y C D

042

F N O Q V E R F B A B I E S U
F V S J A V G D I R E I S Y G
M X F U D T P V T N T I I N I
W D E Y X J S H H N O I G I P
L B N N O S S A J H R T I S N
O K L A W K Y P G R G R F W O
F S M J N H V S Z T A V O H K
L G G J E S Z E W K N I I U J
P I Q F F H D C P Y I I O R I
Z W W Q B N Z I C Z Z I N C L
V L K X O U F Z R R A M R A K
I V Y I P J E B I A T L A S S
Y O N W M K A Y L D I T Q Y D
W U I D O U R W O H O N W W K
F O X U S V M M L Q N D A J B
O M I H A J E X H B S Q B T A
A O I W I M S T A U H S U R I
Y I Y I E L D H B R O C W Q T
R X I Y E A V T I Y A V J B W
H Y K O J D G Z T P C B V O L

043

C P R O F E S S I O N A L S E
Y H F M E G P F E Q S T D R Q
M L H S U P Y L S J I K A W R
E K N G O M Y O E G T B Q P N
L A W Z T J A W F D C L S I D
M L R R N S V S V A N S R U S
I B D I O Z J T M Y M I S S H
L P W H A P P R O X I M A T E

044

F L A Q A U G J G P L K U E F
Z B M N E L I M I N A T E V D
Z A U B P Z Y Q L A I Y I G R
X F N Z S V J V B S T M W M A
K U N T U A Q W L Z M H Z D I
H A N W R J S A U S A G E S N
K J O P E R A D E L I V E I Q
C H E Q W W K A J F Z R W R O

045

D Y R F U K H W I Z L N A M L
N U G M D G T N D D X C K V X
F J R V I F V D I B U P G E C
A Z G K S J A I S D A M P U P
B T J C C H A P T E R S N R Z
F V L U O J G F I K T O J Z Z
B V S X V U L M N W G T B K C
S C K J E Y G W G G Q K L X A
H S F B R U B S U C A K F E E
J E R A I Y D U I Q H L N O N
Y A U T N O T Z S S B A P H G
L F I J G N R S H A R E S Z I
D W P M G D R C E G E Y S E N
J W D K N L A V D D N B K N E
R U W W G M C U Q E E F C H E
N U N N O D M W D I D I T N R
I N S T R U M E N T S R W P L
C D S Q D E S N P G Q B S A W
Q U V E Q A P F Z F S O O U K
E J F H Z X P P N I N J L P E

046

F I Y I Z Q L Y E N I A D X Z
K L R B F I N T J O S K K A C
N S A R K T Z J T R X U Q K D
Q H A P P O I N T M E N T K X
H O S I S K R M F A K E G K B
I E T N S W O O C L N Y J U N
L A A E W N N M D X J B Z M X
N P U U A H N D Z S E N E B K
S I Q E J H A G H J H W L O Y
H J G H J T J P G A R M N I K
J G O G N R N D O U M N A S K
N O U P T J P P N S I G B T A
T X G O Z K P L A N T S K R S
L K G C E X D J A K Q M X M M
Y A G R P U F R J N F H E C K
G G T A R R S V A I N O C N M
M A C A D F Y E R W B E X A T
V H G I C Q V Y C H N S D S I
I I Z B C U K A S F J H N K S
C S Q D E X P Q N X Y W S S D

047

Z Z L V L C R T S Q U A S H J
V O O E C Y K Y U V Z X N H M
I S E I J O Q C C P U G X H H
D C W D R N S C H O I R E G S
J N E A S K J D H T A X I Y V
D M U X N L O S D X G P W W A
W O R S E A E Z N R G X C A P
I U H Y O B A E H V N A C C P
C N H L U O A M S X M T S S A
E O T T J R P O B F X U Q T R
H H M I S A K F S Y H Y T L E
F V W P W T Z F Y X A S A D N
K S Q Z A O I L J H C E I E T
F S U X I R E C S A H N V I L
G L R C N I A O K R S Y H X Y
V Q E U U E S T G S E S Z A K
U X Z C B S Q V I I A K U V D
C Q P M G C K E T V T M A M P
B Q X P F Q X B K R E T U A E
Y P C O N T R I B U T I O N S

048

P Q V S X P K H D T G T B I V
M S O Y X V I R C O G M O A T
W V I M Q M E Z L H Z I I U Y
R M S Z J M S I V V L O Q A E
C W Z F H F K M N L N T I D L
A L V O W I K P A V O S G V L
Z H D N R Y B R I S C H Y E O
S T E W U P V O H V H G K R W
V O K A Y F O V I E A E S T X
P T Y S D D C E U H U G D I I
M T R W D M I D K N U M R S C
B P R M J J I M Q M O V I E Q
Y I V H X Z E S G H V V R M E
N A V M D J K Z T S O E Z E M
G P X D U V Q H Z R C N A N E
J K F U R L D X F R E E D T F
F K F E B H Q C O Z I S S S B
R U L G O U U M O M G Q S H P
Y U A Z U I Z D M H A N G S R
R G Y J D O P Z L Z D P R T F

049

```
I R T O U R G J P P A W I S E
W G U Y Z W F L A S K L S P W
S R O P E R S P I R A T I O N
M S G X Y H J I H S O A D P I
T M X Y F W Z U N E A S Y V B
U O J M T I Y D U D W L C R B
K J F L H L U M I E I J A G L
M P N C M D G K S X E M D D E
M S K E H E Z A S P T O J Y D
L R P S U R I F T L O G E H D
I K H Y F N K K S A P R C B Z
X I U S T E O E A N O E T H L
L R N F H S T T F A R P I I V
M B Z W Q S R O Q T O M V X C
M J I S L O H A X I J R E J B
I Z U Q P D S F D O A A S M E
G H N M D H I Y O N C P R O X
H J I P E Z P L E L X E R X T
T Q R T E W M S S D T V K Z R
G Z H P R A A G J V B O A K N
```

050

```
U A P P L I C A T I O N Z F S
N U O X A S T R U C T U R A L
Y U B L O P R Z F F W S S P I
P W O A G N E J T A L L E S T
Y W T X S S C R E W S H V R V
J C F E E C H Z T X Z J O K E
J R Q Z F T U M D U J Y F Y W
U H B M N H Q E P G H Z M Q L
E C Q X O D U T J P A Y X Q I
G N E C R U S T A Q K E Z K U
V M U D I L F R Q W F E T F I
L Q N K X J G B D Q U X U N T
A P G I R O Y S S T G J R I A
Z Y H R T Q N H E O R F U Y L
I E F O U K O G N W C E F W I
E P H T Y Y U Y J D I P E Y C
Z P L I X P T P A F T Q L W I
J L P I K D F K J A S K B S Z
V P R J P R I Z E K Q C Z D E
Q O Z H F S T N E U M B G T D
```

051

```
K X A C H I E V E M E N T S W
I C J R I G J H D W D E P I K
A O M A P L Y Z D D V Q H I T
X N E F G J X W M L S Y P L Z
I S Y G Q P X S G E T H Y X S
I E K Y K O X P M Y P E X L L
V R Q P E L C O R D T N R A J
F V G N E D H N F H Q C E T A
G A H F U F G J L I R E W H A
K T R N E A X R G K Z S U V N
K I N I V S F X U G P K U C M
N O T N S H Z N P U U W C O V
C N U A T I B L F E X E G N L
U G R C P O P G K S N N I F I
C I E F I N U Z G C K S L U Q
V V M X S E I G H T H L X S Y
C D W U C D Y X M Z L I S I V
E I I H A A E R Z Z U T N N K
C O O P E R A T I O N R F G S
A X L Y I W O F Y A G J D E W
```

052

```
Z O T A G L U V M V G B Q J F
O G D Q A T I P P M U M Q G I
V W I G B N J D D T M N L F R
A N N O U N C E M E N T C U E
A J Z N P A C T S C E M A R W
R U W Z N S A S M X G G W T O
V U K F Z T C P E X T P H H R
B W C M E Y R W F A S P E E K
S F V T R N S M B D X K R R S
S E G B X H I F N T F K E M F
W C L N R S O U P Z Y Z F O L
E A F E W V O L Z Q E R Q R E
H T E S D P G I D P G L E E N
S H U M E A S U R E M E N T S
C W H Z T B Z F X G X Z C P B
H C L W C A E R Z L E I B B T
A T G J X B U E U I O A T Y V
S W H H X Q I F S T Q O V S K
H Q A U T O M A T I C A L L Y
P K G P X U N L P N K B A X F
```

053

```
W A V E S A C A B I N S C V B
X B Z S R G E W E I I K J T S
H B W W N B J B K C D K S H Q
K J S G U L U M R I S E S S P
U P R M D J Y L R K J P U W Y
T W U J H E Q L I I W M L S B
A B T B C I S J D X M W X T B
F Y Q Q X X S T R O N G N V Y
H T O N V A T N I D E E T C Q
Y B K E L T B T T N T A M C M
V Z M D Y M P S B A A N Q E G
A D A D S S X A L D O T T Q C
S O R H Z P Z U V I Y R I I H
P B G T E R T P T P V V L O U
I X A X H A S I U J Z M Y H N
W K R Y R Y S M L N W K C T H
L J I G Q O Z T C W F T L D J
T H N Y P S O X W N I E O B F
R O E P E T Y D B W F J Q O T
C W O T N S T S K G Y F I Z Q
```

054

```
N F V A W U D S Y Q T O O W A
T R A N S F E R R E D H V V Y
B Y N C R O P L W R I T I N G
A M R D I S Q I S W Z A B K U
C R O A K N X D O E I X G C B
O U C H R X G E O U U U K M E
N G X J Y I J S Q S T B E N T
N L S E Q A T E I R J E H C S
```

055

```
J G B R T L Y G C D Z I S C H
X O F L I P S T I C K S L A L
Z J G P X F R A M E S M I R B
D P E C J T O Y W T N N G E R
A M R D E E I L V I L W H Y E
B P H E Q G S M D G J I T M A
E U F M P Q A C E E E L Y U D
D Z O U G G W I S R O L L E D
```

056

```
Y Y Y Q W C R E O H K U H I W
D F V N O Z T K C Q P F U M C
Q O T Y C M Y K I T I O T O R
Q R U W B R Q E E J E J R B H
O G L K A D X X Y W V O A X Y
L E L M F A U L T A O H N R T
A T F V E N P R H L T Z J V H
A A U A B Z W P F O F S Q D M
D X P L O E A E Q Q Y C C R N
B Y U C O T R U W O Z I W O J
W J V D L N D J N W C K I W T
G E Q U E B A X D Z J T F N S
N S D S D Q L S G P A P P S I
O D O D I U G L U Z S T T U K
X H E L P E R O I V N E C S V
I O M O A S B L K K U E S G B
H T X O H H I L O U E F Z T F
J I Z Y R V M Z E I P O C U P
F Z H D I P P E D W R P G N F
Z E V C C A T Y H L E O A E Z
```

057

```
G L N G Z D M B T T W A N T S
Q R E S O L U T I O N S Z Y U
T L A O D O I N J U R E S K P
U B F N Y S X W K P Y P K K W
N Y A O D Z R Y H T U F L Y V
B R Y T H M Z O V M U L D T K
E X W I Z J O E K Q V E G W K
L Q C C K L T T X O J R K G E
I E Z I I E B L H Z T P X D N
E F H N I E K N J E L S A L E
V O S G K G E O M N R C C K V
A R B T I Q H G V O E M I D E
B M G V Q L D U Z D H B A N R
L B F A X M G T P D A Z H R Y
E M C H O I C E B L O J E C H
P T F L V V V O V Y V N C Z S
Y M K E X E A X T U R K I S H
M B W V Q I O N E O J X T G Y
M N I W P W K L C B C V H B Z
A R E T U N Z W E S J W R G J
```

058

```
T F J D C W R T N F A I T H L
K J N F L U K K J D H P H M U
P B T A I I B A T A G D E P E
F Y Q Q N Y U O D P F K C A F
X Y G P G K Y G I K U A S P R
K Z P E R P D G S K N D V V V
X T N X E Z B T T I B Q Z Y M
L Z S P D B U D R L Q Z S P H
Y W I D I Z H I I O P T F Z K
W W A B E W C W C G A J P N C
L I F E N N Y V T R B T N E V
I W G C T A T R S A P R G T B
T I T T S K G A I M U N E H V
F U T U W B N X L S U G R E F
D F V W F P L R D I M B A R K
K D V I L L A G E R S A P L U
M V T H I R D D W Y Y E M A C
E L B Q C P S K N O W S Q N K
A C Z M I X E I U L L Z K D C
I G L E X E T A X X G V E S Q
```

059

```
X M B C S R K R F Z C X C P B
G J S I D W R Y H H K W L K D
N F H T V E E M S Q D E M B T
M P R C K O S I J D S R W S B
Q U D T O U L P L S N U L E T
D W H W T W X M E R F H H R T
Q P K H Y D K V I R K Q O V D
T X U E Y A X D R R A M D E W
I K J Z H B F Q A H R T D H M
C E L L A R V P Y A R N E A X
V O Q U N Y P S W N A K H L E
W N M H R O M K U P N P P E Y
G Y T F K D F L X Z G S K U R
B Z W Q O R E E R B E T G R B
I G H W F R Y E D H M V Q F Q
I L J Z H J T H S Z E V Z O I
E V F U Q I J A L H N S I M K
T V F E R H L P B D T M A O O
J W R W M C G O Y L S R O T F
H K Z B I C W Q T D Y L A B W
```

060

```
K A O U C X O K P G P I G S R
N V G D V S S X D S U B D R O
D O B J Y Z V T O R C S J V T
Y J I N Y W O R N N L D V P U
H G N N K B J Q I J D L E R N
O U K T E K I B O L T I R N D
F X Y U L D I P G D C Q Z E E
P A I W B L A Z E U E H O V R
M U L G F A Y F M X E E Z B S
B S A Q T G R N L N L M V J T
B H T J E R C B F Q P A M X A
P A Q Y A N U C U G N I A U N
C D O Q I N C R E A S I N G D
O E Y G W E Z I U Y Y U M O I
S S N W N T B N D T V O A S N
C A B I T O H O R G W A D R G
B V V L L S W I O C G I E F O
M A L G C B D U H U C S I C O
B N F T R A N S P A R E N T Z
D I S A P P O I N T M E N T V
```

061
C T K U C D Y U P G R P D X X
E P X E T H X E Y K I A Z O S
B U O D F E B G Q I F R F S D
E G J H C A Z A B D U E T E A
Q H P B O D J Y H I K N T A S
G M W O N T Z J U P I T E R E
S P W O W E X K W C O H X R C
Z O I S R A Y X X D T E M E Z
W L D N E C C U G W S S J L S
R P A M U H H E N P L E C A W
J O P H B E S E N E M S O T O
J J C N B R Z S S V L A I I R
G L C V N X B G X T H O G O L
H D Q H A Y P I N S R I G N D
D H J Z A K P H V S V A Z S G
A W U E X Q U S K I G Y S H M
S P K Q L O V R Q B V K T I O
H D P Z S N S M I E Y G T P U
S C H O O L G I R L S K I S S
C I G M U A V T M A X T M U K

062
M D P Z Y Q R C W S Q D A O E
H A W J G V J L U G J K L T Z
V H Q W R J R J N N F U A S V
P D F U B A N G S F X C S V Y
T P X G J X A F K X I U T S S
J Z B E T Z X F B N J B E B M
V K B N Y Y V S U I O O D V B
I O N O Z A L M N D Q I M S R
Z T G W O H M N X I X F A M I
X N V L D O L F G B U X C A C
N Z Q F C A X R S B I Y H S K
P Q C E N T U R I E S S X H S
U Z O Q X C Q I P B N V K R M
I T I B M H L H I P Q M U R U
U H S Z G U H B P S F A U S Y
I Z V W I I B Z E S Z E Z H C
Q N M Z F Z G I Z R U P L B O
C I K A M G D P G L I N K E D
O C L S F E S X A Z H I L K D
T E T O P J B V Y M D P L A Y

063
L K U K X G O Y Y K D U O W S
L A Y N R T V H O V C U B S D
X F Z L G R C A R G U E D V O
W G Y M I C D F C Q H R Q U A
N D I S T R I B U T I O N R P
Q X U K V Q K P M N I D S X X
P R O T E C T I V E G O X T S
I P D N F T Y Y V N D B N I S
P L T Q D O B G O I V H O S R
J A H T N R T M H N Q X X N E
O S Z T G S A Q Q E T V R V C
Y T J H E Y N R T T P W L U O
V E P G B Q H S K Y V I H E G
X R I M I M A G I N A T I O N
P F C Y V P F H Q K J G K B I
P A T N R U P S L Y C Y A J T
W Y U S W V R H A Z A N C A I
C K R S V I R U F U S Y R P O
K E E F E C N A R R O W S A N
K T Z H A B P D F P W Y K N K

064
D H K P A I P Y F K E N K S A
L T V S M W S U G P G Y L U A
F W M L U V G L X N L L W F Y
O V O L G N P I I T O E X F B
J K U U E L W C S D V K Z I E
R U N E R V O U S R U H H C L
O D T S F O M T Q L N A C I I
X F A Y G T I C A H Q O K E E
C K I R V B A U V K C T N N F
W P N O T I H C S P T E O T C
A D S S K N B E T L C D E L K
Q K I Z O Q E H K E N L O Y C
Y Q D M E A J M W O D W D M H
B I E Z E Y G C Q I B I A B I
R M Q K W T E J Z C L E B E L
Z Z R G E D L F X Y O Y S E D
W E E P H R D H A L I P E A H
Y L X O W Z D D G I K M F M O
P R A V I Z C S H A L V E D O
R E A D R U P T O F P J I M D

065
G J E I A J O V E S Z N F J W
O G U P L A N T E A E B V G B
E C E E Q O Z G P M F A R E S
S J H N U L A H S G D K T N A
W W M S Z S N R Z C S S X U M
N F R Q S D P S L T E A M I O
A N W A W B Z U E Z U F R N X
O P P O R T U N I T I E S E Y

066
T R U H E S K A D M R C P E G
F A A C E Y S Y R I N K V S R
I G K Y L H L T B F Z R N W E
E T E P H U G E O S W Y U Z T
L O E R Q G V F R R K E S N J
D W V M W X A U I W Y S L V T
B C Z S S T O I R X G Y J C S
X Y C U B F R M B G B W D U L

067
Q C E C K I F P M K C G Z I P
T O O I R R G F J T Z R W G I
P H R N Z F L D G E B L E Z B
L P C A S Q K D F I I N E E C
A R H W B T E Y H N D B G J P
I A A G H F I J V Q Q U Q G E
O C R U I X G T W K W C O S W
G T D I M F U T U H U G E C W
U I Q P Q P E R P T R N A O F
V C D X F L P T P A I K L N H
K I Y F S S J K C U S O L S H
J N M J I X Q B C H D A N T O
Y G W L K J B C J A F U Q P P
T T H S N D E K F Q R Q J U S
R M E S T R V V D N I T M C U
M A P A A A J H U A D D R T M
M A Z U K U M S S M A M Y I S
V O Q R J F X Q N D Y S M N T
T S B E O U Y M G S I N K G W
O G F C O V I P S J N I Z P G

068
P R E H I S T O R I C G N M M
U Y J J I U Z A F U G T Q O F
U Y P K L U M Q Y T Z M R Y B
Y M Q Y L K H A T S C B D Y M
J B X E N P X D T I C G E W I
O V E R S N J E P W L S M Q M
W Y R I T B E M P H A S I S P
P L J T R N E O C U T S T N R
Q J C W A T F N G C M A U S O
W L A Y W K L S E Z J R E A V
C T X L B Y N T Z F D C I P E
Q H B V E Y J R B M I S T S M
Z R M S R Y U A H W C T J F E
X E N K R P Z T B U T A M E N
G A R T I V F I H V I B L Z T
T T A D E X F O V N O Y J K B
E E I K S P C N H E N M U G Q
U N C R M F G J T B A L N L V
J F B E E V Z O F U R I U Q J
H Z G W X W X Z I Z Y G G M C

069
O C R T B H N E R Q Z Q B A L
N J Q U D E R F B P P H J L G
L A I J K Z L X C O U L A J M
J I N A B S W O D D Y S S Q G
A N F M W E B A W T L Z H Z G
Y E I O A L R R V A D B X U D
P Z Q D W E S S I Z E Y S A R
B E L C Y C U A W C W W E A A
Z H M U O T B K K J R R E R D
U P Y S U I K H N I B F S N A
A Z C P Y O D J C R M J D N R
Z G Q L X N I K E K L E D G E
M O K G A S U G K E G Q T P F
E Z M R P Z N K A P I K C A U
O N B D C I E U J I C W N C F
N K A N G N Z A C L S A G E C
K D G Y G J Q U U K G S K A H
H S U W C V V Z S O T H E R S
N J K B L G J V M P N G R P K
Q B K H O O B N U S E D B L X

070
C R C H E Y S M B Z H C H O E
E X C I T E M E N T D B M T A
D T N Z H O T R K C K X M O B
K D O L E V G U Z W G I Q S B
Z O F O C K R N Q U E K V E R
Z E U A J J Z G S K N D K A E
P M V Z W D C H F M E B E M V
V I J B G E B U V V R B I P I
L R M V N A Z P I V A F O U A
V B E M A S V J C O L D J O T
D O A O E E W T T Y L K I T I
C O L V T D D N B U Y K L C O
Q Z N R R E I T S O R F J I N
K U U E W A D A O K S L F D S
F Y U C K A W S T S B S K R V
L J N S O Y Y Q Y E V E Y I K
D V K O V C B I P S L S T N Y
D P T N V O O J N O U Y T G E
C M E G V R E V O L U T I O N
P Y P E E G L Z W C L G M L L

071
H F X E T E E X I V C Z Q L P
B F N M Y Y A X N L I N Z J X
G H L D C F G X H K M T V O U
C R F D U S T Y B P O U A E N
A Y U W J T K U X O D Q R X F
O O S K E O D C W S L J W O O
A S F A G C M O E S P A V R R
Q C W F H I C M X I O M G Z T
Y H Z E I E W M D B Z B D G U
N L K S J E B U Q I R K T N N
Y T I I A A F N U L N G O V A
N Y A Q A D T I B I D T L H T
X K S A P B A C K T H U Z P E
I L X F P I U A K I C J F S I
D H J Y M E I T Q E R C H U Y
A U N T C E H I H S X A U J E
K T G G A Y M O H F N I J U G
E A I Z C H M N R E U A R W L
E N R C X A I A M U R F I R E
N C L C S C B M P T C B C L E

072
Q W T S J S N M R L R B C R Y
I S U R C L N S J R W V O X S
M K I E D K N A R W Z U N F P
C O G M S T N U A O E D S G L
O E G E J X Y E T N E P I U S
N X P M F I D R O K A Q D A C
S P O B W Q E L V D T T E F Y
E E S E W R V B Y J K D R A G
Q R S R P L S J D O I Y A V M
U I I I P G X L E R F V B W I
E M B N C V G V Q F J M L P V
N E I G M K M A U U G Y E P F
C N L D P Y E R D T T C W J C
E T I Y G X M C N I U I O G L
S S T Y Q C I U P V R G N D G
H P Y J F Y O Q S M T L P I L
H Y Y N G C B Q X M Q E F M B
G V U X P D U O A E H C A A Q
I U Q I O U T E N S Z L O R C
Q K N F C G T P U D S S Q C V

073

T J T K K Y O N D J W K M J H
M O E P D A G X I H U L O N S
A J M O Y N N N P A A M U R B
N E B I I I N D I C A T I O N
U H O K Q O G S M C G A M Q K
F F O O H L T I F Y T H K A W
A O Y X J S L W E S O M W G D
C I N N I A G L N S G I B E B
T C F F Z V X W J H Z O T W B
U G R P M P O Q M A M S R Z V
R E V O Q D M N Y Y E A B I R
E H V L T N D F T R W H M E D
D S C F P I D K M O A K L H D
L G Z Y Z U C Z B D H Q Y O O
N O H Z R H K X W T L G F P N
Z Q H G T Z K K T X Y N H U T
O M S B M F V S X P U E A E O
K M L J N T C U B H O W L P N
E Y R O N H U G G W N E H L J
G T B D Y X E F U F J R Y N N

074

F V W B J C R A G P C M T I Z
X K B O J O W P V H O U R Z V
P S U P R M U G Z C S R A D P
X P B A E M N Q A K H J K Z O
P D H L I U Z A E V S V P S L
O E A T T N B C A T S H B M E
R C A T D I G I T S K F E N S
S W P K E C O R D G F S I L Y
N Q H O S A R W E Y K G E V F
X Q O A V T E O C Q D Y C P E
X L V V L I P S O P B G S W C
I M C M N O R H R Y E Y I B L
Y N V X E N E U A N H Z N W V
U F D F Q S S V T V P E B Z N
D R U K L E E L I F Y N O G B
C E O L D K N E O Z D A Q C I
Z C J K C C T M N I C A V O O
V E R A V U E R S H O O Y H R
D V R T Z T D S V H K Z W V D
D D A O Q R D J A R Z T E X T

075

X H K Z O H O H P Z Y P I N Z
Z E S T T E Q Y L L N N P V N
D B H Z S S O D F F Z K Q I V
I X A J J Q X B F E A R R O W
O X D S F H G T P X I I B P N
Y V L P G Z N R S Y F U S U A
K D E H E M M H O N E B F R B
A M P R J A N C H C A D K B X
C T G I W T S O I L N C V Y V
O C D P W H G M T M C T O W N
N W T E B F E P E U H B D R Q
S E K N P D F L C L Z I J E X
E S C R E W L I M X T I A D R
Q Q D I K S F C O I R E K P V
U A G K P D O A N W N Y W B E
E I U W K V W T L M X G R I A
N Z A M U F I E W K I G O N G
T S S I Y N M D C J A R Y G K
L E N T U K O F F C O A I R O
Y V G F M N G R A S O B Y I B

076

B G M X T G S E Y W V U G J N
A N H K S K Z E O Z Q A R N F
C H J W A I Y K B Q A T O M J
L N Z L C Q H H E O L T S E M
U L D V F H A E Y Q W E F A F
D S O S B C T R S J A N Z D O
A R G I P G E S U P Y D E G O
W C C U P Q R C B N S C M A D

077

A O L S O G Y Y N D O M P J V
X H P P V T R V O Z L I E B E
C B K M H T O M D K C L U K X
S A M W A K L I T L U X O S A
P J R R M F L A S H K R M Q M
B R X D M S S I U Z B L D W I
O I N S S A W F B F O O L S N
F X M I Q T F Q X M H E A X E

078

Z D O X G O X C O K Y O R G A
L Y D Y Y A T K R H M M M D I
J F R M C T P E N N L P E I N
B Q B Z R A V O I C Y M W S D
B U E V E E R P Y Q A L G A E
N M P V F M I X G N X P T P P
M L A Q A K D H B P S W E P E
G H O N N D Y V B I K Z M E N
A J U D T A N D Q I Y P P A D
G C G Z F M M T P T J T E R E
V O W F J I N L S L C L R I N
B N J U W Q N G U F O A A N T
P S E E X W C A G P T W T G L
R I G E M P Q W N S P S U C K
O D P G D Z J L K C W U R S K
M E U A X S M V A A I A E E Y
I R C K B E C I D S V A S U D
S I Z P H A Z E S E T L L O P
E N K E H P U F A W T D R B O
D G J F A O G D Y S G K V B V

079

S Z M G Y D T X P U F M R V V
K N N N O S O A Y F Z E M R A
V W A C L A D G D K K Y R I Y
F G O A T E N W O R L P Y G Q
Q Y E V D I V D T D I N L K Y
N D M H K Y F L Z V X W V I I
I O C C A S I O N A L L Y O T
B K I O V N W N N Z V N F H Q
Z K X M R I D A C O L J H R N
I K D P Q Z C K P I R A T E P
X J B O E K C J E L J Y F H X
L Q X S U L N P Q R C H K K E
A Y G I S G G Z W L C J B D A
N E U T M Y S X R R L H X W U
K Z V I X X S W I P E D I J E
L S K O Q E N O S S A U T E B
E W N N S K C T T U D T S N F
Z Y S S E X P E R I E N C E S
Z P A V F F T L B L R B I M M
C M G O R U C G B X I O T Y X

080

U G B X E L E C T R I C I T Y
E M P S M G X M E Q I Y M Y D
O N B A V L B V Z U E W Y G P
E L T M D L O I P X J Q U L D
C L O H X T W N T T J K D L D
V E G T U E X Q H A B P D P Z
W E L Z S S F A C P E O B E O
M D Y S I L I S Q S R V G D Q
Z X Q X L S T A N E N S E N W
Z L R F K P G T S A D N S H R
Z I Z O B E K W F T E M B F A
A H K U S Z W B O T I N N Q S
N I C R R E K Y H D X C P I W
Y U F S X X S G Q W H J M E L
L F W H K H I E U A Z T F Z K
F O Q I E A C E E Z N S L U Q
Y W I R R U M A E A T I E L O
Y L Z T A S I M R K O L E A W
I S S S V T P G Z K E L T P L
H Q G Y L W V M B X I Y W A Y

081

S N G J Z E Z S Y U B M E O T
A J T P I T E M O D R I E D B
O K J P A D J U F K A Y D X T
H U B B O E G E S J P D P U B
J B D G W F C A R R H E O B B
X I C R I B P P O M E P F N F
P A V O R H G C P L E S O L B
C W A U O P O L S O G C A X U
Y P B N T W L A W N H H Y Z D
G K F D C K R W C G E A Z R V
V X E Q Z I X R D L W K P F K
T V Z M O O Z W B D E G Q P M
G U O C R K J I B D W K P Z Y
Z D E E D S S P D W E F X H H
T R R Q F N D S E L Z T F F C
Z Z V U O A M L J A J P X F C
A T A P G P Z D Z Q K Y G M V
T V S D A P O X A Z X H O K P
I E G N E E O R A L T L D B I
R K Z M L D Q I E K J A Y T T

082

A L G E T S B L S N T A B Y K
O U N B H B W T B Y P N A L L
F E T V E A R A T U T Z L Y P
G C H O L A I V B W V W Y T I
Z T P D M B O R D E R A P M N
X U H I W A Y B I R B O H A H
N D A F X N T T W L U T T T I
H E B F K T P I F D R E S E T
Z X J I S X H T C R V T N J Z
J P W C K S R X O Z R H N D A
W L A U C E O T A S Z O G B I
L A K L L T A Q I H T R R A A
X N I T C U H C G E U N E R W
N A I I Q B S T Q O T G W B G
T T U E J G E A B P G V R E I
T I N S R T L F C D W K L C N
V O B Z Q P E M U E T X G U M
X N T J Z I X U O E O D W E P
Y S N V Z W N X U B Y A C S I
G Z Z I U P L D J I S L C D G

083

P A R T I C U L A R L Y U B Y
D K Q W F Y Y L O S H F K I U
D K W L I B Z I X U A C X W K
V J Z I A C O G C I M N K B L
G D I D N K C D C V Q X G M E
U F P L M D K L L U M X P G S
F I B K W G S O O E R B Q K N
V A A K U U X H M E A L A U Q
R O E F S I P A I V O D S H G
O V F E C Q Z L E E L N S W K
K I X G D R U D F P L M Q F L
Z T I I Y O I I I F Z D L A N
J W G Y S J T V I F H G R O E
Y I W A B P M X K A N A W D I
O L Q N H V R Z H B P X R J G
S I H V V R Y M C P R O D I I
E G R I Q I W O F G W N E E D
S H B H N Q D C I G I Z E O L
C T E B D X D S B T H U S I E
R M B V P E R M A N E N T L Y

084

E R R C D U S K W W O D Z O B
U U F S C O D E A T K C G Z M
S D O C T O R S O P J D K D H
M E O N N C G N Y L M P P R L
L L U S L K O U F V V A U Y C
L E L C I F R O N O P I H N C
I R K F O I T L C S P H E S R
L V G P B J A M W Z U D U E E
F Y E O I C B N G V Y C F L C
A V N Q L G Z T C H J E K E O
D C Y I R H Y Z X N K P P C M
C G O D B M U R C A K E J T M
T M Q T Y S T O T K F Q Y B E
V F L M A T P E B E S V J N N
M Z S H S P A C E C R A F T D
W M P B F J S C A R G A P L E
S J E S A X H K E N E R G Y D
X K A Z P M P I X Y M H A H L
K C R U S H E D K F P Z N D F
W F U L Z Z C J I E L M B I E

085

```
KDWMSNGGWNXRRFN
YCXHTUJKICTGRIP
RACESZYSERSFWAD
UULJHSHPUSBHLYY
KJMESFIUJPCFCQB
YDKUFCVDQILCLAE
DZPXMDGKOFXWUKN
EEWWDSOKALSREMT
HTKQEBOILDFASPE
MCONSIDERABLYER
JOAUCEIRKCWDDFT
SDMWRYAWYXLVUIA
NEYLINFORMALWPI
CJVYPYYEHGVTYRN
BTNWTTIUBAYSCUM
YYVOIPEQXHPPDSE
LPWLOBUIJLSIDSN
VEAMNEHBJQQPZIT
JEDCSJMYWROCZAG
RYPRCYDKTUSZONH
```

086

```
WTIABPGXLPDHDSI
NGFMUQFDBNTHXOF
TOMOPRECMGDGEEB
RBDHSMTPNMSNIRA
RBWDRRWEIYDLNCS
GTDORQLKIXABSPJ
MPFIBTCGURXGUDE
LOMFAFCMUDPCLYA
PHCAFWXTWRLJTVV
WNVBLALRZRAHSCP
XWSRSUAGCSAIMPJ
MHRWCMFBETRINAA
RADICSUBTRACTED
RNRNDZNRJNHWNND
DGAVIEJDMJHGWWS
AUTEEVTABTNMOVM
GAJSWLCXIIVZBUJ
MDRTQLODKLCIRLQ
ZHNNHKMUYEENTRY
QOMSAVNJSZJDQIR
```

087

```
KNEEDDHOTELUQOQ
MIPWZQZXINRWNMH
QYDSLYZBXOCWFAY
HMFPFPNWJVFKVNA
BSJOAPZXYEOOZWS
GLYTUEEVWLYINII
FZUSWFLAVFFNHND
VLSEZWOQKQITVGE
```

088

```
IKNFKWVHLKZHWIU
HWQUJIOSAGCGFAS
IWXVDWRUWIRMPKR
MBEWLBALYELNNSG
VXDEYEYRBGGRRCD
NMUEFLSECRCWRAV
TRTKJUCHXHVSLDR
CONTRIBUTIONRBC
```

089

```
GLZGZRVZJPBUYXE
VGMTMEDRDKONCRS
WELBBGDVXGOKADW
TNNJUQRCISTPFNC
NEJDNUBTEQSCELL
EBFVXELSZRZQQHY
XCEXYFHIKYQKRTC
TIWNXJIKSNXBEFN
RHEXGRHQJTSXEPE
AVKEIFETNREKALN
OZSNXLQXNRTDSZV
RFLTWNMOMUHBIKI
DVLOWFBTMAAALOR
ILUVJYLLOMTLYMO
NBBIYCRCHVULTZN
ASWRRTYROOLSCRM
RQKWPCAGBAOJTTE
YGODUEWGNSYKFEN
YDGGRKGCOMUASAT
NYXPSKHAXTMKHKR
```

090

```
TMQKMAZSKTFUMAX
ECQYHJOLOGQCDNK
EQKRUAEKNXDGZRI
EFDOQUBHIFJGPXI
RHUSXFXPTXQQFGS
NDDRQMTBFZXSDEI
NTAIGPCPNVHZSJU
IMZEZKUHXIUUNMN
UIVFSVMAEPCXLGF
ISRSUKNSOXASKRO
GCAPCATHEDRALUR
DEMOCACAFLRBHAT
ILTCEEQPZCZNXYU
PLCJSFXEFGFIZLN
YARSSCQXSIMWZVA
INBNFGPMMGBUFZT
KEYCUYRWKHRTTEE
HOBELATNCTVEVIL
MUJBLZUKILLSGON
XSPAYJGEAVSTACK
```

091

```
DVEHYGFFNUTZLNP
FORLFLGJUYENSPR
WQTLRMLSRIMARKS
WHJENHIASCMVEBY
FZVUFLICZCANOEE
HOFXSTUWZRCMXCW
LGGSXOVBWZRZIOR
SLYCEPQQBZPRQMT
ZIVPSQEMTCJRLIE
IGGEINTERESTING
GRANRQZTPLQAVGR
UXNLIAMFRQWQEYI
ZQQREFNISVYYRWN
SZRWKJIVIOTREAT
OVEDGMSCIZHVJSB
AHHDZIXBACLNETP
PLBLXPOOLNAZFRP
TLXEFWTGYCCLXEM
LVPGQYRQPQHEICD
SFRPERFECTIONYL
```

092

```
BKVDXBSTSQOONFA
OGSOREQHZBOODXE
JIIKMZPLOTIWPIN
PZECHGZUVTIXOFJ
NVVCVZYIALSJMLO
QTJHDIONFHEARSY
VHZUEAIZAQMVFUR
UKPJTBYKRKSZLFJ
MPWKMWKUVZAAXRV
ACKOZALJAJWGDVK
PWCGOTEYWHEREAS
ZYOAPJHUBYGIOCI
XLYKDJCIAOMCVRJ
OAOREWTKIPZUCAM
TVENHFFDIDULRWS
DAMJIJPAGEZTILN
LOKQNAJJADFUDEV
JAWUNGCQFYDRVLK
BNDGFVEFCFYELID
IEYERRITYVLPYGC
```

093

```
DWBDUFORMIDABLE
NRHIOPDFJBTYBHO
LGXFGSHFHXRLWPJ
AIHFUFLOETVEEIY
OKVENENHGUGVMPB
GTJRQXPSDEMANDN
VYMETZEUSLAPURJ
GNVNSNRYMFPOQGO
MCOCKVSVENRRFDE
CBLEYIOUMPSAJPM
QTHSTXNQAMATAMY
SOOKGGAANRAERKE
TZNUAVLXUTFWCAM
ABYYGXIUFBLILFY
BJHDWHTQAQRRGPY
QKHYNZYICTQKILE
RSRTOQVRTIKSDPK
BDNNXIYPUXGNMPE
UQUZEXURRYITKRX
OCBAZNTYEKROPED
```

094

```
TVFWYWDZADISEBN
USKSBNMDCATZFRW
HAQNOYJHIWFISVF
CDSPYSNFJDKZPPL
KRIUDAIWMBCGWAO
PNCLHIWVQAHHFMW
DUOTRXIWEHTNOBN
TMSSWWIDESPREAD
KJEEHIHNFEDGGYM
KSAZVATAGIBMANB
PRETENDEDCAMFAT
FUXYZUEEXFHBSHJ
NTCBFKLZUTRUSTT
UQHYLVHUKLUBGUJ
DDAOOLNQHHFPOBL
LMTROARMSZWTVNR
RQCDDSDARASTANE
AUHUIMRYAGUQRHJ
FNORZCRKAONLNZY
BCPNNWZOTVIOKFT
```

095

```
ASTONISHMENTIJL
CTSGLVPPWGCLCAR
XKIYCPKMOGNOTCA
SSKAOKZHOSNNTZE
VPUTOWXONMEUZYP
ENADLQIADMKTZWO
PSZDSLPFIKEPTWP
DKMNRXNRWZSJSQI
TVMQEJEFXHZNTNN
BRAHXPANWIIUOCC
RFORXYBZINPLQBR
LJFECBHUAREUEKE
DZNNELMQMJKSXCA
NUMSXBPJKQAHRDS
FDPWFRMYRVFMEFI
SQIDDYSFIIAAUAN
PHOEUIYLPNBORUG
WSXLOWZXKEPBTGL
DISNBIHEESTDSLY
MZAGZDZDRDNCHYP
```

096

```
ZAVHRLJSBAYYGTO
TUTRVCBBPPLUZEQ
RQCXBLFBAPXVQCZ
QOZGUIENKRFIZHT
DINRTKRUEOGDSNR
VXLUUHSCSAKAIIK
UJMANYAXHCXKAOG
CICAFLFWVHEFQUO
JBRIPYWKIICVYEU
MTFKIBNCHNXJDST
FGXCSPDMOGAEDDC
HNJJZAOFZOUEERT
BYIJUEUMBRNNEMA
QUFPJSITTARTFAN
HVMAFPORUUAVNND
CEVDEOFXTEASYXI
OVNNPDXEHULEHYN
ZWHFPARTQOZZOHG
SCVUJOQXKYXJJKO
VSTIRMREGULARLY
```

097

```
H A R E O Z X W P L K H G I Z
K K G O B S E R V A T I O N S
V C T Z K T F B E A C P P S E
X K B I P E P M I G N R O T C
L C J F A A G R V U B L E E U
U X Q A W D P O R Z C N G A R
X R U P N Y C I A D W L U D E
S X D Y K E O R T S T F A A X
A S X I F Z R E D E T I A S B
L E R G Z E R E U F J A W K S
A X A G W H E E L B A R R O W
J G O O Z N S G J Y X W E E Q
A Z L H Q L P A F A J N S C D
C F D A O E O C D L I P T T Y
F O P R G N N Z B Q K R R L M
W F L U Y Z D W A F A Z A O B
N Y F H W I I W Z T D J I A A
X E V F M N N Z W V V N N F Z
R G D A C V G G M H L R B Q O
K V S K M Y I P A N U M D L Z
```

098

```
C S W E A R L O R M D I G R H
I S T Y L D U I J Z D V B O M
R G H E E L N L R V D G A R L
Q Q F C R T A A U A A Y U L V
Y R A D K G R A N P F B T H S
C Q F I U Q W R F O W T R S B
O D A M W M O P H R J E S H E
S K N W N H Q U K R A D C S E
```

099

```
B L A S T K T J C K E X D S T
Z E D F W S J L Q H L B F W H
W G N R Y H A K A X U A I O R
S E G D O M Z L T U U B L H Q
M I I Z J V X O Y V H A M J H
P J P X K M E D Q Y D A D D Y
F D I S T I N C T I O N W U M
L T P N W I N S T I N C T B N
```

100

```
F K W U I J R J F I Y C F N Y
S O H W I B A Z L P B B O Z E
L U C K Y O I R Z M F P G R Z
T U H T Y X I E S E E P D W K
F N H R K E M I S Y S S F O N
P H R D Y W Y N W D E P C O I
V E A R U K B D Y S S U M E Q
F L O E C K J E K J H U F B J
E E H I T B W P M A R J M O C
B S T E E R J E Q U D C G G R
I S H H N O A N D Y S C U S P
H N N I I J D D R Y X I R R U
Q V A G G N J E T L V A C X E
T R Z I J P R N O S E S B N S
B T F P P F I C N P V N K S I
U F H W O A H E P R T B L N A
G K B O P I P A R J S O U N D
H J U R U G S I B U A C G K F
D F V D B I Q V W C P D Q Z C
M K A R D K R Z O X Y V Z D V
```

101

```
K W G S H Q T G E W B G H L Y
I D G N R V X C P F T K L W D
A L O W E R E D X T V M G E L
G J J X I F U B I Y O U W T V
T W B Z Q S J D Q W V O E H J
O C J P S X H P C D R U G K F
H X H D E S C E N D A N T S Y
W C E Y E P K X D Q S M D L H
A I K N G M E X D A S E N E E
C N S B S P B D A R K P S E E
O W M L S K Q L A R C R Y L D
N W B L M I D E O L R E P C L
U E H Z G S T W A E S J G R L
A D Y T O H M E T T N U H O B
T Y Y Y X A Q E H Y S D K W T
R S A Z K R J L U Y A I P N S
V S A N H K Q L G A F C I A Y
X B A Y B R N Z L R C E H B W
R L K M C J D O Q S J D V T J
B R V K H O J T C F A K E X S
```

102

```
Z W Z N Y R V O Q I W S H O L
E T P O H P G J V W N H X A G
U Z F J R N C N H X U O R R M
F J S Z I F A Y C L Z O G C U
C G M W K Y K G H A I T L H X
Q R E S T A U R A N T S J I H
B S M V F F Y Z G B R L S T N
M R L U B B E D T I M E I E I
Q Y V R A V F S I E A Y W C O
K B B A C O A T I P N Q V T Z
N S L D I V I D E P U Y C U F
M W P A X J V V E N F Z G R C
X Y K L S R R P R E A D Y E O
S X G U I B D B J S C Z Z D I
Z L F S F V L Q A T T G E X L
W F H B I Z Y B Y L U L L I P
H S G C A T V I V O R Z Y Z Z
W Q F L V G O Y E U E S X N E
Q O F V N H H S H O R T E S T
D H V T X B M H L Y A K A F A
```

103

```
K Q S G O G X P G T A K X C H
N P E E U V N T S R L A N C W
F L I Y U X M K T I W T K R X
V V N E T J E B R K I S E E M
S X K G S E K S A R J E E S Z
T Y A N R B D N V J D Z Y E W
F Z N G Q N W O D I C S J R D
U M U Q A H L F A Y C U U V F
X F J R U D H D O O J D I A B
S I B G A Q Q F D U S Q P T P
S E P C G S R Q E G N U U I Y
U X T S N G Q V N N H D S O U
O A N T X S K I I F K M V N W
R N L R L I R B D B R V A Q U
S C A R F E H E H A Z B F B D
Z Y R F V Z M M F B J H E B R
Z Q I I A J Y E S B I E U E R
Q L L J M Y C L N E O Q D H N
C E C Q S M T O E T M G Q R A
D E M A N D S E R S S F D A Q
```

104

```
Q G N U E S T B V E I U W Y R
B E K D P T F D X L Y I I Z F
T H S A S S O C I A T E D P W
S U M C V M R G I R Y U F Y Q
M U H P A V M N U B F U M D C
I D I S A P P O I N T E D H T
L V M N G U E X P V S X R B L
E Y E I I G S D R J C S P H L
D I O D I S A P P E A R E D J
K W G W N D Z M T S Z Q U V D
I L U Q F E T E A W V G U E W
B W E J A X S Q S Y D A L T B
V R M T N E J M F V V V H K N
N V J S T O E D V B T G W C E
H Q T W S E V W M D I F J L T
P O G E E V R X O V G W T O M
H O S E U F F S K N I T G L U
P B K T H C N A I S I K B N W
H T A S K Y U S E L E S S O H
Z T G W Q W V W J A I F W W Z
```

105

```
M Y H Z D S Y J C J V C R Z T
H O F R N A L Y X G Z O M O K
R P P A H Y J A D S P P T Y W
R Q F P V H J P W M H H W R G
W I S I O Z C E G U B W H M L
G M X D D R Q B O K T T B C K
B V D L E S T T O H X A G R A
X P Z Y T O E U V X A K E G S
S N C D Q H C Z N C Q J L E K
F J T E A G J P Z I Y J F M G
E D P J J X R L G Z T N X T T
F Q H N C H A P T E R Y E Z M
S Z U I T O G S V Q W Y W C Y
S W S A F E N I O F R K F E D
N A T Z L B C G G D O H Y F G
X I A Q B S P H R J S G O J M
I T R H Q V H H N E E O S Y Q
X S E C Y M W A A K S C K X Y
E G H S D S A K Y T P S F W J
O W S P Y K K Q R T H R U S T
```

106

```
U C T Z P D N A A X F B Q A G
V U T V E F Q V M G I T A N A
Q T U T T D I Z K Z O B I N Z
H J A U L O Y N L A A E A Y L
S E T M L H A F F G E N U K N
H L P A C S T U N S A Q O T D
X N N S O F T E R B L I D E S
K S I J M Q I P M P A Y S R G
I A R H F Y T I R Y I A E U K
I O Q X O B U M P X E T A L L
F O F X R V D B N C P E A F Y
Y W Q U T A E M N O W N X R N
X O L V A J S E C H O E S G V
U E P L B X U I K I Z G Y O U
R S F P L Q L L T F U N O S J
L Y U R E E A I K X L V J A N
B U P S H W D E N A P M N Y L
C V N P A A H Q H C T B I L D
F O L W R T H A J D L J E C B
C U H T V N V Z N Z X A A R M
```

107

```
M W B D N B N Q Y D I E N C H
E P F B Q R H M O R N B M G T
U T R C L V C L E H T C S L H
Z C G O P T O G M X E B Z A A
V F H W B M N H G K N D L O C
C P Z Y J A E P G N S P M C O
F N H U S H B L W N I L A O M
V F P C J K Y I O J T L K N M
E E N M N Q D I L C Y C I T U
P N L J X R S O Z I O F T E N
T C R C O S K C U T T T H M I
S E H B E G D D S J G Y E P T
X M R R A O E G S N P F J O I
G A P Z P L A M D V K S H R E
H M G U N Q K C M M T N O A S
I S H B F D T K K S L H H R I
V O W A A Q V Y K A I C I Y H
L Q S I G N G B N T Z N P Q G
U L S Y S A D T U Z X K C V V
D D E H S X Q S U I M L J E I
```

108

```
D Z H L V U F T U S H U M D Y
H A T S E K U G Y B X K U I V
G Z I D Y H H T R S X S V M I
N D O R O Q S K N S W H R P S
K P A S I R V H B R L A U R P
E C O N V E N I E N C E M O Q
S J U S A G G J A Q E M C V F
I R Z G E J G Q A L O N E E V
A A M Z G Y U W L E L X L M L
Z X T K P L I J S F Y U K E I
L V L R K U L O F Q O E L N F
R F U M G C A G F Q M B C T E
X E E J A I S N J B A I M S B
F W L G E R B H K S T L N S O
A Q U R V S S F U T F U B U A
T D C A C W J H A W M E N N T
H U K I K I A P R J R V Q O S
E I I N N I Q I G U U B K N W
R B L A C K B O A R D H F E D
W J Y C C B F O G X Y V H S Y
```

109

```
R I H G D L D F O T S B P H E
I L Z P S I E M L U Q A L K W
D N H J W P T C G J R Q Q O R
C D E T E R M I N A T I O N P
O U L Q D A C T I V I T Y O G
N W T X E A T E N W O O D B U
S H E T N A C O M B E T Q L Y
T E Q H T M D S T X E X E E I
```

110

```
R W I Z Y V D C D N I F J H D
I E N R V O S R Y R F J L P I
O K V T J L I T U I P E O A A
K L T H O U G H T F U L L Y G
E L A L X M H Z T G C U J I O
G O H W X E I G S E A S O N N
X R N M N V N H H I N I B G A
D Q I E K S G T W R E P G V L
```

111

```
A V S H R D P T J M N O T E N
G H T H E R M O M E T E R N M
I P I X O C W O R E V N K O L
B B L N R H K Q G F N W E A B
I R L D I T R I N C N L T I U
Q M G Q V J K Y Q K D I P Y S
U G K P U A Z T B W Q D L E I
X F J R I D J I F H E R O I N
D W S I L Q G V Q M E A S I E
R J X U I N P I D G H V M M S
L M B N X M C D A M K L I G S
I D J D Q V V E Q B M S C T M
V Y U E F U Z O M E J S R N E
E A J R B R L F H L K I O U N
D E K G E E G Q S C J G P A L
P D H R Z O P X L S P H H K S
Z U I O U O L H B D O T O X N
D U M U M M J U F I V S N J L
J Q X N J X L N J P M S E Q O
O N J D H C N G S Y S Y S P T
```

112

```
K O K Q E N H B M Z O T X S Z
G H Q F T M I Y K W W W C A P
U A S E B I N A T N E O P C Y
U Y M V I H H L G Z E E W H C
Z G F R E X E I S R H T W I N
I V K K Y S E O W W E T T E U
A I F O P R Z B I R J E C V F
R O F K D U P N T N M W D E J
W L F C U H M G Z E R F N J H
E X P M H B D I E P S H E E T
E Z B Y H C N E R R Z A E M S
U B B A W H X G L R Q R E S A
R L J Z C W Q M A D E O C C F
I O A O L M R F N O A F Z D Q
E W O K O U O I D G G T E Q E
M B S G W N L T W H U G F A W
P O Z T N B E D H H A K E L J
C A H U U B V I J S H S W T R
C J L O X N L S C F L K A O S
V J Y X W I T H D R A W N E B
```

113

```
K E Y F N E F V U Z T U K I S
Y N J R L W J J R V C M A L S
I K H I G D G O T K P T V Y B
I P T G F Y O M Y I A A O T R
C V G H V R T P L X P B E K N
T L U T S C E S E J W L M N U
Q H T E X U V F V O J E N N M
W B O N N P Z O C O B W E B S
Q Q A U V Q A U Y G B O E W Z
W L C N R H F K F O H U D J K
Z T F V P L I J D H E K U K K
B W D O F L Y B P O N Y T B N
M R E P U A A O R F W S B D X
G Q R L G B J C O E N Q B T W
V F I D C P F C E E Y D P Y S
J V V M D X E U D D W J A W S
S D E J D N V R E V O L T O E
N X D W O V A S K O D Q W C Q
X K E T S G T H U A O Q F X C
S U S E X P E R I E N C E D B
```

114

```
K T R W V I A L M O E G F I Q
U B S U X H V L B N Q L Z K S
H U A O E O G Y E B O T T L E
C B J D M E F M E G O A Y D V
T J A Z V V R V D J G M V I E
K G Z Z G E W P T S S N B S R
Y V E F H G N J U Z U U S C E
P K Y S Y T M T V I Y Q I O W
C D I E T W W J U K K N W V R
S F Z V G U L J P R D I Z E B
F A M N N I R Z R C O C T R L
A J O H D F B E A X C U T I V
I O N J U O W V C X T T S E T
K I T I Z R X Q I O U E I S C
N S H Q B A C X I U T S U F D
J U S F Q B N V C A W D O R H
Q A D I Z Z L L A C H G A P N
B N O R N J A E L E Z Y E P K
U F P N X P B D I E X C E S S
R E C T A N G U L A R V X I G
```

115

```
D O T H W D K C O P W A B U D
A P J G P C F G R C Y A K J K
E J H I U Z X D T X A J T W K
L D T L G L O W W S J W T C O
D I P I J S E K X D C C M E H
X Z D P J E A N S Q W L L A M
G F F J V C H W S U C H E N N
G S Q D N T T J S O X F Q A I
P X H Z R N N D Z P I B F D N
C B B L E R D D H C S H R Y S
Y O W P Q W P Z O D S Q O S T
G R S S R W O X N N F U A Z R
Q A S S O C I A T I O N J I U
H E F M I A T I A H D N B N C
I I K O E S U Y J P A H I Z T
Q E N D R H T Y G Q R E B V I
K Z O E R A B D V H M C F B O
Q R D A J M N P X Y T C G U N
V N Y S B E A E H P D X V U C
U R U T V D T T S K A Q Q P N
```

116

```
I P E P V C V B W R R L S B A
N N R J F S P Q Q S T A L K S
S I L Y I J H S U F H Y M P J
T Y L R P H S M I C U U K N L
R A Z S A G P R S K K O H E U
U E O I A Y D I I R S H B J T
C I H J D M C N N G H C K H E
T L M E N D A T V F K C P E N
I S L W R X Z E M I X O K T Y
O M N K B D B R X G T N P P S
N T M R O W S R S O M V N R U
V S H Q N X W I H H F E L A P
X O G W U P A P Q C C R T C E
I B T T T V D T X Q O S D T P
P E D Q Y S R E U I E A L I V
H G C J U B P D R N Q T R C I
S B V K D J H L V Y N I M A S
O U C S F E T T X M D O C L I
M F C F L E G S N V B N X L N
E K S R C F C D D B K J K Y G
```

117

```
P N N T V S L E D V R P L U M
N V C J S U R S P P N D P D D
Y L T O S O H A T K K I H I O
C A L A F T Z M S E J E S U S
A O S H N M O A C L Y P U Q O
A A M O V C P P A H U C P N Z
K B M E P T V K X V E C O Q A
J Q K Q Z H L S L V I E P J C
Q A C P W O H S I I S R R E C
C U T K V W X T S V U U N S O
X L E F T B C G S U G F B E M
I P K S M N D Z R I I Q H H P
K V S L I B G Q S S H T C F A
R L E T Q R C V A P H T R Q N
U W S C B J T S F O I A I W I
M I V V I C D M O D V L D W E
D U M F Q V Q Y F R J C E N D
O X I R H Y G V H I R I S H T
N F E S M H S E N U R S H I D
R C Q U N C C L O U D S R J D
```

118

```
V M W E L E C T R O N I C S P
G P E R F E C T L Y R A G A L
V M S N U J C G B N L A L G E
K W E F X H N Y C O F F I N A
B R Y F D I M L I I E M L W D
O B G T R K M B G H N B M I E
R I H A F C L T M X S Y Q N D
T L E E M H C D Y V X R N N V
M H L K G G N P P Y D G I V E
K E R W G R V Y B H T G O B D
P N O E C M Q R R R I J C J S
D K S O A C T E W R D N U G L
Q Y O Y N T L X O H D G J Y X
M B L F X H E N R Z W P T Z X
D G K H P V K N R Z D A G M Z
E M A K E B E L I E V E L G P
O E L R Y C Z H E N V V J P L
D Q N A K Q F T S Z G F L I R
C K A I W M Z O Y I C H I H S
P S J N K S L S P P X K G T X
```

119

```
A L A P L K W G K U G Y O G C
S P L P O I F L R X D E R V R
S L G M R I Q B C X L D R O Q
W U O U U P P S C V O Q D M J
J A R W Z R A C E C W U T J E
G L I V E S E V D B G W N O F
S W W P P R Y I C A M P R M G
W L E A R A B B X S D K R I D
O X D E S C R I P T I V E J O
S X R Z D O Z W V T E J S D V
J R U Y X R D V J K V C O L D
K R X P U A F I Z Y E H R S U
O P Y A D L B W U E V L T L Z
L O L E E Z T H S M Q I S Y C
I L S B L T P E L O K V N E W
V A W A L N U T H E X K B O I
E R L U F R U Y L P N I T U M
A J L N H A U N T U R M B Q S
D B Y K E R R O R B W S U X O
P U C U M S R D M L O X S B I
```

120

```
R L N C W M N G C X O M P L M
S A S I C X F N F U H Z D N N
P E A E B P E V I T A M I N O
D S J J O R S I K Z R X E X A
Z I L L A W V R U I D X O S Y
R Y S C I K O U A S E Y Y E V
P A S T I W Q H T R A V N X
L C V V G D V S T R E A K T V
```

121

I N C O M P L E T E U J W G L
Y S B O Y E Y N L Z A L T R R
Y R R B P E O R O E D N X U H
J P F R E M E R G E N C I E S
B G U T A E U B F S E N L E Z
N T V V U N Y A N R M W G A D
Y H L A Y T G O H I E A C H Y
L R B W V X H B G O P E Y C G

122

J I J S Z L N V Q V R T P R Q
H P L H D J H Q Y T E O C I E
G E S F C M D A X Q K G G T M
J Y P A L O J O C B M H A P Z
L M U M A R T D U H O G T U E
Z C V O B K Q T A I L S H B K
J Q R T C M L C O A L F E X F
Y W E D I T Z U U D O S R K V
H N Q S J G K Q J S E O I F D
D M I E U T E B H I I X N J I
N K U G J S S R R W E T G B N
L B O H P Q Q F S I A E M Y I
K B A G K U M J Q S R A D F N
B R E F R I G E R A T O R S G
C I Q W R E L U C T A N T L Y
W O M P U T C B C C I Q Z Z N
R Y O F R R V T Q A L Y F G Y
F C J L L Z Q G M S T R A W S
D P A R A C H U T E S J G K F
E D W I A Y S B E J E E T A P

123

O R J W W P S Z Z N X O P W T
X I M P A T I E N T L Y C K Q
C I A O J D T O A G R Y O F W
L N W H E K N H H D C P V O Q
O J E N M Z F O G Z N F Q N N
O I M Y L Y R B Z S U X T O N
S D D D O I O D Z D A B U C L
E R C R I S K O E W S E I Z E
N M I A G B Y E D L H N J L V
Q K Y R C R F M D D O A N R E
M D S U G G E S T I O N S W R
S E M F V S O D E L Z J J S Z
C M B U Q J Z Q Z H W B W S F
L U U Z Z Q Q G R I N S N E B
I G N R Z M D S E H N P T D A
N N Z V W C A A H G J O N W L
G R O W N O U I E I N T W N L
C T N R B U V E N C V N K Y G
C E L E B R A T I O N E O T P
Z W W O O T T H W A C I R P M

124

Y C Q S M B E H Q H O Y O W Z
P V M G D O U N C E S S Z Z M
I I Q V Z V N T A L E N T T U
D U Z F N E U Q D S D G D M L
E S K K I H U G S I M V E B T
R M R K T K R P K Y H R J W I
P Q K H S Z D B U P R S F I P
B H R H G J J X Y F N F O K L
T V T L G W P L V I F C T D Y
D Q G N R O C G K F E M S Y I
Z B D L S N F U Z G G F S L N
N B E A N S S L E E V E L R G
Q U N D Y X O S V B E D S K H
Y V O I X I W L Q E E D N S Z
U D U Z Y W S U K V T I O S N
X K N S A H H C L E W F D A B
H F C U P D O O L N X C E L R
Y B I V S O V C L T Q T L Q F
C M N Y C N E C G E I I E W O
C U G Q I M L M A S K E D V H

125

C Z G T D G T S E U P W A R Y
O S G Q B I V T S A W D B E V
M M X K M H M L G B E L L S J
I K F O I L L U S T R A T E D
A J A O P D I N N V B A J O F
A D F A P O F E S M J B M A L
Q W V A T C S V T R S I T B X
T E I E S E L E G T B V B K Y
X F W W R Y C N T S R E U A Q
U P M P X T M Z B Y J P M N V
T F A C M F I P V W W U C L K
Q C Y Y Q D S Z M F S Y X V A
U Y Q I L D H C I Z C U F V Y
Y A X R Y I A C N N C G N A V
U M X C H G G T H I G F W O J
O E B A O V G H E N O R M S S
T K J L I E Y E T S O S B Z W
O X W M D R I V I N G P L A N
M D U S O Y A R D S R S H L F
A A Y U F S C I E N T I S T S

126

Y Y M Z F F L N S E H O A G M
X D H J F S L R S G V N C C D
S G Y L N A F E A C I D C A U
P D J H U S F K M A U F O T W
J C E Q B S R L T K V L M C A
G T L W H I E K O O N V P H I
Y B W M G S G K T U C S A E L
H M A B V T D X E W R I N S H
M Z L M E A A B H H W N I C L
N C H W M N Q T Q R A K M E U
H K E T A C P V T T H S E P X
P B M M R E D V G Y M W N A R
A B U P D A T K D D U Y T I X
I A F C O L D I E L R V O N T
S A E S K G U I J D M L N L A
M Y T O J E L Z T I B H N G K
R E T L F P T W G I M N O J I
K O F A K V R S S S O A R H C
W D J R I A J L F U Y N V C U
F A S C I N A T I N G Y S V B

127

R H C U N W G E L E T N K L A
A N M R V W N C L W B B N I H
C U R I I N T E R P R E T E D
C H A R A C T E R I S T I C S
G K D U N I V E R S I T I E S
R X J I N Z N D D M V J G B J
E Q O U S R U E I H N J T S Y
E X T R A T P Y I Q L I G O B
N R X B N E R I Z P S Z R C Z
H D A L D Z F I M F U P A I F
O N W B I V M W B F Z L S A K
U T D F S A G V D U E L P L I
S B R Y C K T H Y A T D G E L
E A D C O U S D V Y V E C D O
B H I Y U G P Z E C A M D E G
P U W L R V N A I C M T J A R
W R U W A J X Z Y V I V H R A
G X S H G N G W C U A L R W M
Q E W F E Z M Z A S V V H K M
Q M E Y D H P X N N Z M D K E

128

T J K W B I L W V Y K T M S O
X K U Z X O K E C X G X K Y T
N N G S W O N D X Y V W X B V
Q S U N D I N U G L O V E S N
I N J L W L A D W F Y L A U K
H M H H T B X J R A L L Y R K
B E X M K A I E N F X B D H Y
U L T T J C K E H R M M Z E U
L I D E N R T W E L N O U O L
O C C B N T B R W J J M V A A
G A K J I D L C T A Y Y T E Y
U S K K I Y E L Z B D N R K S
T U L U D E J D E B O B V D V
I A J E P P B W W Z N W E F Q
M L R F Q U C J I Y U R N G J
F O J C H Q U R E M U U D E G
H A K Z R G O M S T N Q I N R
M U L D N H W P P K I T N F P
L Z P L Q P I A E G T R G C X
B F B A S O C R I N S G S Z B

129

R B L T E M Q X P U Z A U N F
L T H I S R G L C O Z H A D C
F K J S V V W E R Z M F Y Q U
L Z W W L I S A E P G B L M U
R K X B R J N P I T Y S U O Z
E F E B U P F G R H T S X M D
L D A J H P E Q Z J F E H L L
K E Y H X P K Q D G C R S F C
E P N I U W C K S A C K A P P
B A B D O Z W R W P Q N F I Z
V R L D Y F J V A L S L A M L
U T P I S F X B F E I O T R E
A M F N K P I C T U R E S A X
C E E L S E S M S P E L L U P
Z N V T Q T G P F D N L C W E
H T I D R J R Q I E T H U M B
K S T P N E X W X T J X T E Z
K A E K O W S S X Q S I E L O
N X Z W W X H N P W X R M L O
S U B S T I T U T E D U D K I

130

V A R G O G X Y R S V V R Q O
T T B N V I J D W S C S N W Q
W U V X E D P G T C E T G W A
P M H O A S V V I I K I N L G
P R Y M A V M T R K O S F B U
W C O P W H I T E F M E Z U D
N O O V N Y B F S A F W G K E
Q H R N E S Z T E N P D K V S
X R E R E S O T D V B F Y K C
A V A K Y S R I N K S O G L R
X E N P G D O T S V V V N T I
O Y G T O W D M H K D V I Y P
O Y X V C L S E N Q Q J R G T
W R U M X X O I F C V F L W I
D B C P B L P G B D D Z O H O
M A I A I U I E I H N O T O N
A E K R U X A P K Z W Q V Y F
G N V D F U R P W F I I J A I
Q J M U T P B V U D S N Y W R
S L K H B Y X Y G Y Q Y G N M

131

K V V Z P Y W U Y F L B S K P
L U H R I F P H E E Y R B I M
R H U A Q A P P E T I T E S W
U T R E P R A N L L E Y A S E
C F N R C H R B I G U Y N E P
P O H U M U R A S E E K P S T
L T I T B E J D F B Y M P O E
F G H Z U Q Q U N E X S W A N

132

L T P W E W Q T X O T O O H X
X B O A P P O I N T I N G Y J
J I J O E J K F F N O F C S I
E H P V T Y M A B D U M B T G
Z D L G U H I N V E N T O R S
I O H Z F O E C W K Y I J W A
S G H U Q I D Y K G R E Y S W
T F X Q B G C B D R S L D B X

133

```
Z Q T H T X G X O L K S V W O
S Q C E U H O Z Z S H E L L S
G R Z H E A D Q U A R T E R S
Z D R Y B T N P B A A O G L F
I X G I M Y H A O E Q U Y C L
E J P O M Y I Z H T L O P H A
F D I N T E L L I G E N T O Q
L J H F T H L Y V M L H I K C
O K E Q H J V V Y I N L A N D
Q R O Z M V I W P Q J D N L S
G S W K E U W D S N S X B N T
B E N D I N G I B B Z A V H R
L W V Y Y Z G S D O C G P D I
S F K J Z O C T P R Q K N Z P
H Q C C X X F I C D I A A A S
X X I G A M W N V G P K M W B
B D N B A X O C M X H N E V U
P U L B T V X T E C E A S B I
C O P A U B E L G S X V K O L
W I K T N R N Y Z R Q Z H U T
```

134

```
L Y G K M Y I X O K O K Q D V
J H R V J L O B I F A V Z S L
B E E Z X W B W I J H O O R Z
P K Q C P G X O Y B P D V D R
O T H R I H F J E F L W M B N
U N F E K O I U P H H E J G B
E M U S T N T L F W H T U X D
S E N T D D I S O D P S R V J
T N T R Z T X X M S Y Y E M Z
V N Y A T T P V N M O O A L X
A C I I L O R W O T O P C Y C
M J N N E O O N M F E M H J J
G T G I H L T D O H G S E E E
W M U N C M E L B N G U S G R
G V A G D V C G V R I A H L H
B C N E W H T C D I V I N E N
D O R L L M D G R I N D O S L
R O Y W O T D C S X P L N A Y
B K S F P C A U S E D B E J J
C M E D I T E R R A N E A N S
```

135

```
M F Z H Q P S N S B N B J F R
S A H A J C L A S S I F I E D
L Y Z P V O Z B Q M L P O E H
A T L J P E R F O R M A N C E
M D G L R S D Y U Y V V P M O
M Y W J Q U I L T F G W R X E
E O U I Y U M Y R I Y L K M S
D H U O M K A T P D M Z Y E Z
E C O N O Y P C D R O T U F P
W W Z I T B D H K E T H T F U
N A P L A A Q G O S R D A E R
L P S I D J I R M N P K L C X
Z A G C C I I N L A I W K T W
S G Y Z E P D D O K D N S I E
D I A B G N I E Z U Z E G V D
F H K D F I T Y N L S J Y E T
H Q V W L B U W L Z K V V L R
I L L U S T R A T E S O O Y A
E S P E C I A L L Y M O N G D
L N T G D B X U M J W K I L E
```

136

```
Y J T D M I B F S K S T B N N
J U M J Z T Q D D Z W F U Y P
I C I O R D N U K U K G U X C
Y K A Q Z U X B E C G I S K O
Z A I M O S Y J W S T A N D W
E J T R E Q U N K Y B D D G K
M Z R K X T T U L D C W S U S
H U F R H X H J Y R K J A R P
S J F T H K A O J I S L Z L A
Z Q Y G M C T V D Z R Q G I R
V S U B T R A C T I N G S D T
A A W I S G S G A R E E S O N
L J H B H S A W W D T P W R E
C T U I I W E I B U S I N G R
A U D W R L Q D N G Z R A F S
Y L S C T W R I L S O K D S H
L G B V S N M L G R A N D G I
N F F X N L Y A B T Y D N S P
L G C N T Y H F S T A T E S H
T R O A A K T S F Y C C Y L B
```

137

```
H C R I T S N G R T M Q L E F
N E G N L Q G N Q H Q L O I V
Z Y E L D P W W I D T H C V H
L H S F F H J V L E T S S J U
M W I B S J C W A V B O P H A
T G V M C X P F Y E Y L R A X
B H L P T T V Y U L M A E N L
D N W B S V H Y N O T B A D O
C U Q L B P J E J P N R D W O
L O D Q U R V X B H D O K R M
M L M A F E T G D R A W K I J
J X W P C A Q I N H G G N T E
M L K T E M L L D G C H V I X
V E Y C C T K T S W A J Q N P
Q E U B W F I T O P M E U G E
B L K D C X A T V D Y I N G C
G O G R K Y C J I F A M L M T
R Z X G P W Z I G O M Y I G I
T I Q Y K J B K A B N S K I N
U E S T A B L I S H E D E Y G
```

138

```
V A T E O U S X T B R U X K W
D G P H Z T S Q W G D A T I G
N C G G I I U B V S L J L C D
V G D U W T H S K R S V P F I
F H S H J G R L Y U X Y N S Z
L M U Y E C L W Z N H Q F N C
X Y C E R M S H T G O G W C O
K J O T E R Q E B J N N Y J N
S O U N P P H E M I C T Y I S
X D N K S V Q L B G Y C D M Z
N W T L U T R B Q I E H H L B
F V R L S K O A T H S Y O E S
U T Y H M R C R Q U D C R E F
D A S Z O P B R M P I B I D W
J R I F L H S O N S Z L Z W Y
A H D U G F X W I F F Z O S J
H Z E U B Q H S G L S R N Z I
Q Y S P R W A V I N G P X Q U
Y A S T R O N O M E R S U X K
Z F G F S A Y S X A B S E N T
```

139

```
B Q M R O K G H C W I P Z U N
P N S P G Y S F S P I N S X J
L F E R B R R H W R V E P F P
L M Q A M L O E D R N A I M S
I L B E E I V A H I K C F K Z
W L G G U R Y G N U D Z K X N
H W A P V U N M E E B I H H Z
I R H L H W J I A G D Y X J C
S C O H E I R H R M U N I V M
P M H O L A B S E J L R S X J
E W A Z J R S E R E P Q O Y R
N P P E W P T Y P H E N C U Q
I W I J L S P X A N M L K F T
N H F Y S H V V L L A S I T S
G F P H G E Y H D D P T F R Z
K O U V B F W S Q J E M I E S
I C I G P G G E K B R A R N I
S E D Y G Q O R D G Z K E D G
F J Q U M I N N A A V A D M H
M Y B X T U E V R H I Z W K T
```

140

```
W G L E J C L A B J P A D B Q
H G I V T J N T W U V T V E E
O S O S I E M G H G R M T V Y
I N I I H N Y W T T C J S B X
V H Q T A W M T R U V W S U C
G U R U F R A M V A V O H V U
Z S S A J Q H I L L S R L F B
K A R T B A Q U D T F L C S S
R F K I E Z R X I F Y D E H S
M A H O Y E Y A W L B S R R X
K T R N G F L G E F I O E O V
C U S S O M J T S J S V A O S
A A A N Y W A Y B L O O L H H
M Z K U A N M F A C E Y S F O
V P J X U C P E P N I T Q Q U
H G T T V Z K E Y P W X Y P T
T U R N I N G S R N O E W J W
F O V Y I H H D W I D D L M B
F K B W P O Z G X X O J C A R
M F R G A T H T W O N D E R Z
```

141

```
I H Y I H A N A D M I T T E D
H Z S V H E W T E P I W Q K W
I T G I D X A I S Y N M V Y M
J B D O N R U Z T Y G Y O Y J
T I O C I V P L R W F I D B X
Z W D O E R U T U E E B V R K
A T J Z O C P M C G A L Q E M
W M L T I F X J T V X W V T S
L P J F F O P D I N Y V I E O
C F F D W R O B O G O O G P T
V I O T K G I A N R Q O O Y B
D J I R T O E I B M J J R S D
U H Y Q T T D R V U O X O O C
N H G A U D Z B W H J J U P A
R J F J E N G E E L S F S E B
Y R F W N N W I K F D O L N I
U W E O O X G E X Q M R Y S N
R Q D M L T S B D X D M O R E
M C E J H D S L D A D S G M E
M N W I Y M S H G R W X D V U
```

142

```
F E W C L W B L U E B E R R Y
T I F R W W L K O X D H W R H
U X N D C K I S W E E T S J Y
L A T E A T S N D C L T R S L
A N W Z K Y M D F U D H I Z X
Y N A T U R A L S T E V M H M
T W Y Y G J C E M E N T F V A
Z L A J X D K Z W D U S Q L D
```

143

```
T R A I N S N E A R B Y E W O
Q I F F G I S J Q W P N U H B
W O C A E Y N E X T B I N X T
U H K K S L Y X H R W W P H Q
Q E A P L Z U F T G D B G H U
S B T R O Y A L T Y U U J U E
R J U N D E R S T O O D L H U
C O N T R A S T I N G S N A E
```

144

```
J B L K B A D V E N T U R E S
K K C R Y G Z I C L H M M S F
A Y F A F C M A E O O L E J B
T Z Q G G O O D T W S T P J W
J N Y S B S U U S W E P E E L
J Q D M R Q O C P O K R O O F
A F C A N B G T K U E E T M G
I S E S A X X S J V U Q K G F
H Y F D L N C Z E L L S V U F
F N K C C G I C T Z M V O J A
B E C S O V C I M J N C T U P
H P O Z U N Z U L L X D G Y P
T C U E E P N U P V L N F V R
Q Q I O Q Q O E S Y Q L I F O
Y W P V R Y P H C H F K D Z A
I F V V I E R Y H T P A W O C
P R I V I L E G E S I Q O R H
O R N P N M P E S Q I O U F E
D E P R E S S I O N V P N A S
M C X X C B Q W N T B V D A O
```

145

A I T J W H D W E M U P W T J
F P Q C O E W H C Y P M H V T
T F P Z K P G B L F L R A E V
E K Z R I O J L E C E G B D F
R A V M E E A E O G D P P F E
W M I K M C N D R W M A M U O
A P P C I C I A W G U F L S T
R S S S L J L A C C M X Q A B
D J Y N R F C J T Q B F Y T Y
X H W O Q M N M K E Z L C E S
P Q D Z O O S N I D E I P L T
H G Y E I F I E L N R J X L M
A Z A I R H R S O U A U L I H
O N W G T D R L G X S Q L T I
Z B G F N E Y V R E I B H E Q
V Q J B K B Y N A M N N A S S
H G Y A W K V L M I G X I N R
K V M R Q N Y E M Q R I Z R D
M P H K Q Z K Z E J O K H D L
N A J T L Q W N S S G K C A G

146

D N E D T M D U C I J N L B S
B S O L W O K K L L T W O T Z
F W E K L I G F B V S P I T A
O S F G O V G M W K U F E O Q
W Z U U O Y W A S N T E U K S
T A G A X O D H E I S R F N M
B M R Q S O R X P W I T O O F
C U C V D E X S C F X I O C E
X X L K U F C Z P X T L H K P
S G R B G B B V R A Y E A E L
X T W C U H T I N J S G M D A
R Y K C P U U I I H H S L S N
U F J N J B B N U X L U E W T
L S Q U C M P A T H S U K S A
E U Z S O Q R Y O T S E E E T
R V E C T S F O E S V Q J K I
S K J A S T O N I S H I N G O
Q Q C L E R A I C L V E O S N
I R G E R N W A L L S T N H S
V H G S Z X X O B V B H T O S

147

U I U W B F J M S L O R X R Q
A K U L E W Y V W F S Q G O Q
P X Y V U T Q L B N V A P X J
S T A E Y T M Y O Z I Z V Z M
U E K G N J D I K F U E G Z O
L F A F B C S P W S Q K J N F
S T N Z T S S C A T T E R E D
O L B H E Q H K P E H D A D V
K G D R S R Q U T W W R S Q V
H I P S I O C C A S I O N A L
I X Y R O M J X X E D J E L T
E Q J Z K R X S P P A T R O L
I S C O U T Z O S J V C T B A
R U H B U V C B U D J F U Y T
C N H U D S T R G D H R V E T
R W I B O Z U E H D P Q X V E
P I J R E R B A S T W N C P R
S O C K S A V S L D U K P E Q
G I Y T P R T T T G V I R O Y
M U L E A R X S F L Y U V F Z

148

G O V E R N M E N T E N C Z M
Z N W T G B S D K I D D W H F
L C G B E V L P Q Z O U H F S
Q A P E X M A K U J P I W B S
S C K P R X P Y E C E T J E W
X C J U F G P E U E L O S T Y
W O Q P C V E C R O P U T D A
C M K C L W D T Q A O I L E D
Z P R D H M F U K H T S J D A
H L K B P C S R N Q R U A X Y
Q I S N Y O V E A E K G R D J
N S R C G U E V N J J E P E S
G H L W B R G G U G C R A R E
S E G P G S I V N K Q X E R A
C D L O Y E Y S B L D N O H N
E J H K R F C E O C O E U O Y
C U C O T Y H F P S V I X M B
B A F N V T U Q I C N S R T O
U F W C T N X R E V E A L E D
W X U O C K P S S V O F H Y Y

149

C O N V E N T I O N A L U C W
O G T C O V X B I Z H L H L H
S R Q R X L H R U G S U F G O
W H I U R U S T L R C X P Q P
Q H O R I Z W G V M T N B P S
D I E E Y N T R D I X W U H B
B A C E P N O R T H E A S T G
M L L U U C O G T C Y D H Q G
B S S A N L L Y Z D K L E M K
M Z O R E Q U I R E M E N T S
K D S A U O W W L N J T I X Q
E T M L T T Y S N H G T D T I
V R O C K S Y O Y F R D C O P
D K K M Z N I D Y B V T N E Z
Z P E F K S E D M W R R L M G
C I H L U Q T U R W R F K Z O
L U S F S H Y S T J I R W E Z
I I N Z U H W C D R B W A Q Z
M O O Q H J U A E R Z X A T C
C O W B O Y K T Y J T S T S L

150

S U R R O U N D I N G T R Q S
D P E E Z P T U W O R R T L B
Q Y N M C N E S T C T J R S N
W U J L R G F V S S S G A U M
L N W S G D H T S E N K M M D
T D V S M B V I G Q H T P U L
Y B G S E Q C D Q T W H O O C
D B Q H U T E Q I R D Y L Y G
G K D A M B A V C A E M I D S
P H S D S V T J R I G E N Z P
J T K E Y U G R K L B R E Q H
H L W D I Z O U A S C O A C H
U U C W V W X P Z C H I P M L
M C U L C E J X V G T E K W S
B J Z W O Q I I N E W I S H F
L B D R T Z U I V E M R O P I
E G T E M Q V F U I A X I N G
V T N V V A L U E S T R J L R
H O R F S X E K R X Q G Z R J
G V V X I G Y J C X L J H J U

151

E K Y Z A X C C M H C U J K G
Y B M S A E T W Q S Y R F E L
C M K T O T F Y O L X R L O M
V A M E A S U R E M E N T W T
M B Y N W F F A N J E M F P K
W V K V L Q Z C I B N N I R H
N E W O C E J K C A D F D C G
I T A S B L X E H R S T N P M
N H S I F G Y T T R A I N P A
V W O Q D E F E P E N O S H O
E Z X O C L W J M L Z H K R W
S N T X A C L A S S I F Y R M
T W T H W C L F J A C U F R F
I R M I Y Q T I I Q K F E L V
G Z Q J D C P I C Q C P I G K
A L C Z Q R A J V E E U E I G
T F A B E A C K Y E Y E Q D E
E A S D W Q N G L E X O X Q A
X J E S D P L S B E L L Y A P
B B S W H N I O M K A B A O K

152

V N Q W N P V Z I J K R F V U
O D N G Q B E T X C I L Z H T
C Y D K V L Y R U A Y Y H Y I
A N N E G A O R F I T Q U P J
B K C G P Y T C Z O M N L O O
U L J Y H T C H C X R F O T G
L G A O M K B V S L J M E H S
A D O P T E D Y P T A D S E B
R B B U M Y L F R Y T N D S P
Y Z Q L O L D M G M S Q E I O
N I V K E L P P E O V A T S R
V H S W F Z R A T S Q H E C E
O K C O P Q Y O Q I C G R O W
R R T R S Y S H K J R D M F S
B U N K F C P R H P G I I Q L
N D G S B U U I Y Z I O N I X
U E N A B L E L A I L J I G D
R P S Z Z A E L R N U K N E K
S Z B F A L L E S S O F G I D
E K C L U A E D P U W L E N G

153

V X T R U S H D U X J Z P V R
I O L Y C H N P G Q U P M N X
C O C O A A E U R T M R H V S
I K A A L D G R S E X K D V A
O A S S L Y F J F L C T G K J
U N I N B I N W I T H I N P H
S M C H F G B C X E N A P U O
N E C O X Q A R E A S I T E M

154

P G S K H T J E I J T B U A Z
Q M H W U X O B R I E J O B S
C S K F H M X P N M A D H L R
H S T Z H Y J K D S C Y R U U
A M F E A W P C Y S H L Y N J
I I B V E E U L K L I R O T W
U W O F P P M K O O N R U I U
L F P E I W P T X W G B R M J

155

P K H K Y J O P A X I S I I R
R P M S X H J O F S W D V E E
O H R S T Q E S Q W U V V I A
P U K M G W Y I R D D L W J S
O H J G L P D T P O I W C S O
R K G M I E D I V S M X T V N
T O Q S U J E V V H F A L B J
I E T J I P M E W J P H N C O
O G V V M F O L R E J M A S K
N Q W I F Y N Y Q P J N I R I
S A L Z U X S U W H G I M E N
I J O B D Y T V B Y T X V V G
X H X F O C R P N S F W Z E D
Y Y T C C M A A E B W R F R F
M C R Y W W T D Y K A I L Y W
N V L P L V E C M G T O M T I
V J Z F C A A H G Z R V I H Y
U A U D L V H E W E A E D I B
I D Z X G P B S T U C K M N U
B E S N F J N N A W E S M G K

156

S O I T S P Z K F M W I K Q S
K A Q Z G M F L P G R D D U R
L W C K S G X A J V W P P Q K
B I O K P M X S Y G K A Y D F
X W M C S O P D N X R I Q N E
S I P C O N S C I E N C E J K
U E A E H N D F Z S J D G C M
B S R P K U T V J D R Z Q N W
S O A Z K I M R M Y C E T R X
T A T S P P T G A A U B Y G W
I B I W A U V X I C M O L X Q
T H V M K N X N H O T U Z R Q
U O E H U C C I R V A I G O O
T L L D D T T E T P G C O U V
E D Y W S U D X D I L K K N I
B S A E A A A R E K G X B D N
D C M O U T S U I L X I J P E
U I X U Y I C R N V V V T Z G
T I E S C O H W Z E E R I Y A
Y V D U O N I T R O G E N J R

157

```
G O D N W C N F M P W Q S J I
W Y W K F I B J F M Z I S T M
X K Y T N Q E Y P A E E P V S
S C L I N S P E C T I N G N S
I G T I Z R U W U S A Z S K Y
R I W B Q R S X I T M K R B M
E R O L J C E A C P T O A H P
P N M D H Y D O N R E B Y T H
I O R R R P M Y Y M U E C K O
F Y P H V A R P O X I N E G N
V E T U H T G T M H M C N R Y
J M E Z L T D Y C K S G T E A
Y H C G E A B H G G O Y I L R
E X P T E C R I W U R Q M V S
N B O L T H X I L U E G E A P
U Q P N L B U X T W V I T S L
X D R T W C O N Z Y Q U E E N
X Z F O J J E T S C H A R T S
L N Q Y Q C U G E M T H S B S
J R L N B I L J C X D G I H P
```

158

```
Z H I O M N S J G A W D E O E
R I W S R A P W D D Q M T L S
R J T T N U P G O X B A U M Q
B F F C R A C K S S X D R K G
I D G R A N D F A T H E R N K
N W A X I B C T R D G F Q U Z
O H A C E N U W B U R T J K Y
C O V P A D T G P G L F T M D
U K W K H W Q R S L Q R C D K
L C D J Y V Q L A C G R H C A
A W M A T H E M A T I C A L N
R R R E W T S C R H H P O D S
S O N Q E O J V T N Z Y H I F
G B U V R W A M B P G T A N I
D C D J C T V K D U I C N Y M
D A R R X E E E S W U D D C S
W U G F C S K M I X M M S J I
L S T N T O O W B N F E J A T
C E S X M A N A G E M E N T E
X S M S X J Y J E I N S E C T
```

159

```
F R E N C H F R I E S C O H G
M D E S I R E D J F Y U J N G
K L G C U U V R O G L S I O F
X A J M B Y S P Z W Z D T Y F
B X V N L T K C E O N A B Y A
Q W X Z V X I P M E M D H D T
R I N E G E M B P O V M I O C
R D G S L G P S T T S J I F Y
E T P X N Y U P I L D T B L X
E S Q J U S H K E D S M W Z H
N B X Z W W X A S S G O K U S
H P E L E N W W Q G L E W O J
Q C I E A R H A W S Q N S S I
H W Q Y S N Q D Y S S F T V H
P I A P H X D Y G I W F D J Y
J S U F L O W E D M L A N C Z
X Q C X M U V K D K F Z M P E
X O G J Z F N Q G L U E S P C
G L B Q B U I G K L N Y M V S
T U S Y S L M Q E T K N M N E
```

160

```
W A K X U R B S B B Y M K K C
X O J V Z Z N H F M X H A W U
P Q W P S R M A H P A A Q G L
D Z F D N C X A O M Y Y W K T
X C O A S B W F G C V H B O I
C O P P M B M E G R C P B E V
F V X S X E M M S R A Y U A A
E P Z Y O E O L W L A V P G T
E Y S M Y V J G D R U S E N E
L Z H D N D R D P O S T S L D
I F W A J K B W Q E E T C E E
N E J W L V C R L S G L N L S
G G L I C T N E A A P K Z X A
B M G T I N H E R I T E D Z P
E Y L A E T L T Y I C I R N D
H K I J R P G A Q F F B N G K
K G J E N G L A N D O A E Z C
E M V S X Z Y E T B Y N D C H
H E O T R A N S P O R T E D Z
N O X J R G A Z N H W A L C G
```

161

```
H W B V A A R O Y Z N W T X I
K I M X E D N S K O X M X X F
W T Q V E L D E R I O V R S B
R Y U I P I U I E B W N Q O X
V Q N S R B I C T I H R M R L
H V F Q B U J O K I E V Q E Z
Y D F M S I B J T T O E D U V
M C T B N Q T W W G E N R U L
J Q N M V Z K D S W U S O N K
W K D A C Q D N A O Q J T D X
P B X P H K Z N P N K J C O W
S X K F T Z H G O C C N Z U U
P W B V B V M I A O A E F B P
N W Z Z J N T R Z P D R R T O
S K H D O A L L O K U C E E S
F J D S T N W Z T T Z L O D S
O B D E K D S H F Y W O N L C
L I G H T H O U S E S E E Y A
K E E X O V D V F B S E I B R
V V P R D L B C H U H T T J S
```

162

```
C O N V E N T I O N R I L E T
U P T Q T C P I Q O S R M R I
U H H X R F Q O N K M E A T M
R U Q O R Q D L I Q T T P D I
N V P Q M W M K M Q V G N J D
B P S J Y E I K W D X L I T M
Y X R D X N O V W F E E D V L
D U Z Q S D Z P I R R Z H X E
T N J L S T L E P K I W K Y M
G R S R D C J O T L D S K B Y
C H D S Y S V B Y P X Z S A P
G K D S R U C P Z Z O O C N R
V Q N I L B O A C U B N Z K O
S Y C C E P M I J M B Y Y U T
Q A N N I V E R S A R Y A L E
V A K S S X U S X M C G W F C
E O N S U P P R E S S I N G T
H U O X R F U U X Z W F E B I
R M S Z E Q Z J F K N J D J N
B E A U T I F U L L Y I Q G G
```

163

```
U D N T X I P N S D E J E T X
Y E R F Z M K W F G Z K O J S
D N P E N B O U A L F D Z I K
X G R O J L W G A I D S K C N
G D V B S O T C L K T R F E B
F X Y W U K P G Q M T E K N H
N S D H U S H M T S S U D T B
B E K G W O I J J S I H X I A
Z Q Y D E E L N S R M G G M T
E Q F Q H N J G E D Y I W E S
D I B Y P V K A G S W D W T L
M E W Q U E Q M A F S L T E P
C O C Q L D C I W V M M Y R U
H M A I E F S I K G R Y A A R
X F U U D E F I N I T I O N S
G J V Y G E Q Q K F N C H D E
J E L V E L P C I U C S E L S
N X E J D Y K U B P K R U B F
G S K L D G K L O A S L T L N
U N C O N S C I O U S X N S T
```

164

```
M R Z F V D L Q B L S C K H I
A F K I G A P K G H W J M V P
L S Q Q U R L F M J G R E Q E
E A C D I Z M L T B B W E M D
J Z A C Y U P A S U N S T A C
U R M B O R E G I Y J O G N L
G Y B R P T L S J A R R G Y U
G P Q A C A C L A S H R L W E
```

165

```
E M B A R R A S S E D F W Y F
A B I L C I Q V B Z D T W U T
R A W Y O G H U R T D B W J J
N R B I N I N T U O C M D R Q
U E A I D D F A U Q F Q O Q S
Y G R K E E P A G G Y M C U S
X B F B M K R J O E N Q H Q X
E N G I N E E R I N G R D R Z
```

166

```
I E R T X H K L T V K S H A R
D E A L S Z G G E I D D G Y K
V Q V W F H X D M R Y Z D Y S
U S G L W A I M O Q J T Y R K
I R N S B H H L T G G V S H Y
G U O A M X U R P N S R I N S
W H G Y T N X E Z G W E R E C
I B B C O N C E N T R A T E R
M U V W B K X N V T N R U D A
J S A V E S T C V P W A F P P
J M H I F P R O B Z B G R O E
P B Y A D N Q U A N T P I V R
R O Z J A Z L R L S R M G D S
I N N U E F G A V S T Y H A Q
Z E N S S Q Y G R A N I T E L
E C U Y D O N I V M Y G E U U
S M Q M L F X N I U D F N P K
A P W S K G G G T O R K I B M
F N R S I S V B A D V R N G P
I J U B Z S C F C R A L G Q I
```

167

```
E E U R S M S N D Z L J H N L
Y I N U Q W U I Y H O T A A L
U P R O V I S I O N S L R A T
A E J W E W X T M I R C M R R
K D R Z Y X A M V K L I I R B
W W Y J S G P U S E C J N B O
B J Q Q J G P E Q E N R G E K
A D Q J N J L V D J X E O P U
Q P L Y A X O V T I I D J R O
X R I A K G W Y V Z T H N Q F
Z N D O N T S V I D R I M F B
B T C R A S C S L Q S Q O E Z
O M J O A L U G G I Z H R N A
V V G F H X R A A F Y W D O S
C F E E W I K A V M L O I E S
R Z K Q Q F B Q G L G A T S I
A P P J P P Y L H E V Z T S S
Z U H U M J M W U L X A R J T
Y K U N X C P A I N T A N V I
S F O L Z N Q H O F B L Q K M
```

168

```
U I X Q F B N U W T S X V C Q
F S Y V F W U J S W C B A S E
W A C D S U P E R M A R K E T
W G H L N I B Q N Q L R L P J
H D M L H F K B B S R J T U D
P C W Q S H I L K Y H Z Q T T
W X C W V U B E D U A W Y R T
V Y L Q W P O O R C Y Z C O Q
B E A V H K L X A L V E A U C
J E V Z D E V W L W N D F B C
T P A N M W R U P U F Q N L J
N X I B H P F O V T N Q Z E Z
D I F F E R E N T L Y J N S Y
O A F K E O H N P K S P O O N
E S M D H T G U V J S U P M C
U C N C X G T E F S A Y V E A
V O U Y Z R D C K V Z D G V X
W O L W J U I R I N J E C T S
T A V B R P A R T I C U L A R
R V Z F G B A I N D I A I H E
```

169

```
A Q Y G H S Y W K F F D Y S C
T A I C P N P N Z F N H J A Q
H O P O R B F A Z T H I R S T
B C X M O Z G N I W F E K F S
E Z P M D O J C K N B S C O H
N U O I U C Y D T G T B Q H E
Z M A T C A P E I W P O T Y K
I Y V T E I B D S Q L R E H Z
A A V E M A R I B W M R M U G
N O W D H R Z C G K U O P N Z
Y R G P I P G A G K E W O K R
T U L N H V G T R L P I C I R
J A C Z W U I E K M T N G N S
Q O A P M Q L D Y C X G R D P
B F K T O G X M E Q C T A L A
L D G E U I M F E D V R S Y D
T I N S T A N C E S R K S H E
P B X F P I K T G Q T T Y C S
K C F U I W V X G Y V M X L T
E I R D X F X S H G Y U P H R
```

170

```
M I L L S Z W G Y M I X E S P
Z X Q N F H M U B I G D K S Y
U G F I W D Z I G N H L B Y A
G X E C X W Y N Y E Y E H F W
E L V L G Z A E T D P F E M N
T J H T W G O J W T E Y W E W
F C Q K F N W O U N D S U K F
U P G X P S D S D I A L N R B
D P Q Y J E M S C I E N C E T
O U F F N S M B L O T O L J Q
P D Z W T H X J L S N B E L B
H R W R T Q P R H M U W S N M
D P O D Q L D P S S Q D K E F
E H Q C U H A H P F T V Q T O
S U V R E R Y E Q A L L O W X
C Q T P G S L N T Z X A J O E
X B A A V D S S Y S R K A R S
R D R P P T A I X H T F B K L
F A E F A A V K O H B D G T J
P J P O R M P V S N N B C Y T
```

171

```
L D V W B V L V O U H V U I M
L I Q U I D N R I R W T A U D
I S X J T U L Z P A S K P G J
A C K T Y W E X P D B L W Z Y
F U R V D H T U Y I A K K L T
Y S Z Z Z J H C L U M S Y I L
G S M G F Q P S T S P S A W Y
V I D Z Y H C A C Q U I R E D
G O L E N L I Q P I J N I G O
T N V Y V S T H M W I T M X A
Q S I R X E S C J M B E A K S
A C Q H J D L R Q G M N V J D
M G G Q O W T O V Q L T U K M
H X B O D C O K P G U A R D S
S T L A A W E C H M L E M F T
H F I O X G P S O B E Y B E F
O O K D M F C R O W D N E A M
E C L Q C K B V O P W M T S K
H F P V R P P H A T S G H T M
U L J R X Y D L Z I N O W T H
```

172

```
H S J S H V X N G P N Q M S S
D A Q H M N T N X S G J Q L O
Q B V K I B Z W Z S U R Q E B
V L T S O V E K E X R Y B A Z
S Z L W W O O D O S I O M K G
U R C H O C A A S Q K U F F L
P J Z X D E C O A S T N P A N
E T V O B U R L E L M G D M I
R R O B G C L A I M N S G T E
V Q H E A U W Z I T T T Q R E
I T P H K L Z R H N S E H A P
S A D E C N U U E G Y R T M K
E H B T H R S M N O H S K P X
D K P I A E E I A K V M J O A
H R A O P V S T S J I I L L N
O Z V E E O K I M Q O V O I Q
D N T I L M U U T O D R X N X
R H H O W E V E R A F P Y E F
M C Q Q J O L F P Q T C D S Y
A N B M P W F E A T H E R E D
```

173

```
C H U N K S A I A Z L T D J V
R C V N C P K N I R R T W I K
X U Z R R X F F U K I V C Z E
U R B V I V F R L A Q D O C H
O O C B T D J Q Y D S Y N C F
D S T Q I G F B H E S A T E Q
D B F N C I T B S D D I I P Y
A Y S K I B K N E P W X N I N
P N D X Z M E L Y S O D U L E
G O E S I T F R N H L Z A L I
E M V B N Z S W D E V I L S G
R R Z I G V P D E S E G L B H
C B Y S D R X C L E S D Y X B
O P X F T R C M M R R O F J O
I S N U R P J N W V E B J T R
Y S F B M E G W J E T E S A I
R O H H S P B H A D W I D A N
F I R V W P S O S N W N I B G
Q I C B X E W B E T Z Y M A L
E S M H D R B K T H M A J J O
```

174

```
R V Z S T J Z Z H W C Z L G D
D G Y I A S U Z U O U H G E X
O N M E J K E I L B F S R K R
Z Q T X F S I X A H T W Q O P
L G Q O O C I N U R W W H V P
Q Y O H G U T J A J R J M T R
O Y W M B N R T D R F N O U Q
H K U B O M R G Y S M O D J K
Y K E B I M B Y T X B A D P Q
K S C H L G V F I V P Y O X C
D T S S N O Z P H A P X U R V
F H E U V A R I A T I O N S E
J B Z A Z T S J Z N W M Q B N
U D Q X R S C A N A L S O G J
T Y F P N L P A F T E R N M O
P Q K K L M R M P I F I A L Y
E T U I N G E B I O C U E I E
G M R F F A I D W N P G R Y D
S H T O J D O C A I D K Q Y L
S I X L D I B D W L B E S H C
```

175

```
F S Q H N F I Y K H F N M A O
R Y E E O N E G K D B Q B E N
A B I K R L H U J W P V Y L J
M N H E Z T N T B U L B E L K
S H D G A Q Y B U M P S A D N
Z O H U B Z K S W U W N R E N
M A N D D D H N Q I M E L C I
W Y Y L M A N A G E P H Y K Q
```

176

```
F U N D A M E N T A L D T O W
N K Z W D M I L E L I P K R S
O W I G H Z S N O C C A X W K
B X T J R P O R B F E E S Q O
V Q I O R W Q F E B Q A I F M
K Q O D X W R S Y M P S L O Q
S D C T T P V P E B U M R K L
V U D G C Q A H D I E R P O L
```

177

```
A L I E V Q U Z P F N G B E U
N M O D L G B Y X V Z S P J K
N I C C T C V V H O Z L D I X
Z M C S A S K P T K P U D Q Q
I P E W M L S S R H L I Q F Z
X R E E D S T I S Z A W A J V
P E M I H Q A H Q J Y B L O Q
J S A U I J I N K V G E F C E
R S W G B G R B L S R Z L S O
G I J Q E G H G O H O A A Q H
Y V C D R R Q R V X U B Z H K
D E Y I N W U E E V N S Y O I
B T Z S A W E C D J D Y A N R
B Y Z S T R S R F A S T E N E
K W I Y E I T E H Z J E A K K
Y J Q G D T I A L F U D O R Y
J V N Y W L O T W O A C Q I K
B V U B F G N I V E R B S R A
S H U T S U E O Y G O I X K B
J T U I L E D N U K E G A N X
```

178

```
I L B C D C W F C G S X Z U L
S L Y A E X I S T U Z H A T B
A A C T M Q V Z C H I O Z N S
P P Q E O L V O M U M G G M W
D K Z R N D F U T H X U O F V
K R G P S C E X V E F O R T L
O D Q I T X Q Y K J R E P N T
U O B L R D X I Y U A S F R Y
M L O L A G G B G U L F I H O
O F P A T X T H E Y C S F A R
J D C R E E R G G H O S T I I
W K B F D S A M O X V Q Y L G
M C U C C W C R K I X K L N I
S B F E X R K D T O I A X X N
A K M K X W S Q C H N A U E A
R U Z T V S H F F R Q A X P L
R R Y P Q I R H E I A U F Q L
B W L Y C W L T K C D Y A V Y
L Z W S A X X K V B U U D K A
J E O F O E F V E N U S T Z E
```

179

```
M F F N F N F G B O X Y B W G
V W I P S V W R D D W O M V C
Y U O T O W D P I L D P Y T G
N I P R O F E S S O R P J K G
B F M I C X X N C Q I V K V B
R K I C K E D L R A Y M K H R
J J B K N I T T I N G E X X J
Y J N S U P J V P Q E P T Y B
A C B A Y H H N T U V W D N L
U B B D U O Q I R U P L E B Z
T Y Q I R T L I S X R P N S U
T O P S I O H O U W H R Y M T
B X W V R G S O I A J N H J S
O K T E F R Y X R Z H L U N N
H M S R R A K V K I Y J O B S
Y H O E U P U I A V T I T E Y
Y E U U Y H Q W T P L I N A M
A F U H S Q T B S L A R E C B
B I K E S E Y T I N U Q K S O
B P J K F U N M L L I N P H L
```

180

```
E F G U A V R V R A P D W U C
U N D E R S T A N D M S W D E
T T L D S R N O R U O S L M R
G S U C C E S S I V E W F U V
T L M F F G A P F R Q M O H L
E X P I O X E R Q P K F L L O
Z C R V P U E A T N S L J T T
G S A E C V L U A H B R P Y I
I S Z H S O P X S Y G A P M K
I N A F E T B P J I D M F J J
C T J N H A A E V A U Q P I B
E S J S E U F U O B R X R U P
O U N B Z H N Z R Z D S I W U
D U M O C J X E P A Y A N Z G
S Y W W H B E A T E N I C B K
P Q Y E I I F M R H B T I G Z
S B O D B V W T O O N A P L S
J J K Z W S L T P Y G B L T D
F T X V Q B U S Q U A R E S J
E V A P O R A T I N G S S R Z
```

181

```
M A C V Y N B D A A X K N A F
B V Z A W N N I I C P E A C E
N U Z R S P X N P E O T N V N
S Q I T W K X D V S B A Z U B
M G D K V W J I W I X I S T I
C B J J B V A V E R A G E T A
Q Q U U E N D I N G I R N V S
H O V P E I J D D N B X C P R
C V O U F I T U D P E P V R A
V X W A N V J A Y P Q B S O I
I K A C I N Z L U W Z X J N K
U B V C R I E S W K N T K O Q
U M E N G R D C I C L H D U B
R E V E R Y W H E R E W D N Z
T F T L Y V K T J S D S U C M
G Z B F V W N O R G S H C E C
F T R T R G Y D B K H A O D R
L H R X I J U N Z W E A R Y E
G A L I E N J C B C X E H Y W
T U C N M Y L I D R D D F I S
```

182

```
V S A F Y D N N B A J I P T X
P K T R P O K X Q V O R S F U
N H M R M W S S D H O O X L K
S E E E U S P F C D C W A J L
S E L T Z G G I L M E F G A Z
D N N C C K G G V D F H T H A
E D Y M A R D L E W U P H W O
S F D P U W R Q I R V C H C Y
P K X Z V S D D C N V Q F F D
A J Z E B T E M B V G X S N U
I P A D D R E S S E D R U N D
R V I C O U P R P O X O S D T
R T F L D L I W S P B A C E C
D Z O C W V L I P E E R B G L
R C T A H T E Y E W S E G T X
E I D Y T O S T E Q X P Q T U
O R W S H I K I D R J O C Y E
K C V X A S H I I V L R A F S
I U X C R C U I N E R T M D G
Q S L M D S R C G G Z R T A T
```

183

```
S Q C R C D C F L H B E E R J
U Y F C E B Q E T W Z X N H P
X U M K S A H S L A Z F F H E
Q I H V O E S L M L T T R A X
S W C B I B S R Y K K H R Q A
L M Y U W Q S X E Y N E K X M
S T E P P J W J S K I N N U I
E X Y M O Y T U I Z O N L L N
E I U J K D B C N Y O P C O A
U T G D Q Z C L D I U I F B T
S B D H F W M Q T N Q A N S I
U A H Q T W X A C F C U A E O
U H X L S Y M I V L H O E R N
D D T V P R P Y U U B T Y V M
P B Z M O J A M M E D P M A X
C W K F N I K T X N E S E T Z
I B N T M W Q A A C V Q T I G
N I D X Y G Q O P E G O E O L
N W B Y K X D O R D P U K N X
F O Z R V F M X Z A H K O A H
```

184

```
Y G N T U E M A R Y T Q S X L
Q K X Q D B I R E T H B E X B
F D S V G V U V C G U G P N L
H M X I J M O W S P G I C L S
F K P S W R S E B B Y W I S N
P X E U P D M O D Z V I V F M
O U T E R Y J Q R A R B Y R E
P V Z H R Q O K I T E M O I Q
U B W X Z I I K C Y U I C G R
L G H V F Y N U L Q G D F H P
A J Y P H V K M F L A W N T L
T D W C H J I B Y P I F E E U
I L J E V P R E S E N T I N G
O W V I H M Q X O A I J A E T
N K E G N U S T Q C N B R D X
M X C H A N N E L Z G K I V Z
M L A T G S T A C Y V M D N J
F X K O E Y M Q Z G Q G G P E
A X E O H Y R P K L M A E I D
F A D T N N V N Z P C V J V M
```

185

```
E F W D P Z S B C L Y C D C R
V H X R M E I H U E E P B H E
I T C J M L Q B G R I M O S L
S A Q P F I L R S J N U F F A
S U S P I C I O U S T E L X T
N R E A S O N A B L Y S D O I
J H U U T O A D O K Z H B I O
V S N I G Q G C W M V K L L N
G B K E Z E N M B D S H H G S
F D E E K X J Q E H J N S B H
K D H X G Z P L P F M M P M I
T P S R P N L A D B U J M I P
B D Q V A O R B Y B J E Z Q N
Y F V H R G R U A O T L A V J
Y E I T O F H T H T G O C B C
R J N T H P R T U V Q M G A L
J O O N I E J O J Z P I B Y O
C H S B F C G N F U N M Z I T
P J O K T X G C D D C Q Z F S
S A D L Y P M X P Q J M O L D
```

186

```
I N Z W B U T T E R F L I E S
I Y N F W G R V V E V E Q F C
Z B E E U E C D J C L A D P E
G P V O Q Z I L G E Z N M W N
B O W G L F N G X I J U Z T N
B P Z L I S T S H V J A X S E
K Y P E S L U B C E J Z R F V
O Z D G G J B M Q S H N S R S
```

187

```
G O K C Y O O M J H D U Q M C
G Y Q N X R K G S L R D T Q G
J T D O M L A K I C D G S V W
F X K U C O N W T O N E S D B
I J J N K I P C S S B W O E J
Y M H S L X Q N I J H T K L X
L J B S U K C E T O U T H T L
Z X W M P A T T R A C T I V E
```

188

```
W T J O F O N Y X T K A F T M
H L Z X L B F L K A E Z S H L
T P L A S T I C L D V K W B T
D E O L E Q J V D D C V Y O K
E T R D V A S H N Q A Z S H E
M Q I B E O C Y A I T I U W G
E R X B N V X V F U U G R Z E
B E S W T I I O E N J Z L Y M
B L A K H R V L L F B A P Z T
Y A C C J U Q P O A W G V D Q
J U N I N D U K J M K F B P S
C L R K Y F Y F O I P G W H T
K E F C F V A I B L E T M A I
V K X H S K P J I I G A V S T
L X L M C D O E Z A E U O E C
U O S J W M A R K R P Q W O H
T O J J K D C A T H P S E R I
I X X U Y B W S P M T U L U N
B I D L D T P E T R F W Z I G
R T N N T U D S F P O V E N M
```

189

```
J Z F J Y D G Z T R A I A R P
Z F R A D Q J R F H G I N G Q
H S V W K E C E S M P Z D K O
T W R P P S U J M C T V G B U
M P R S K A C K Q U A H R L S
R E D Z A I A A X F L P E Z I
I H A B T G K A U A A L D E G
U L F N G P P O E F D D Y P N
V W A X I A O R O B O T E O I
I R C Y A N Q X M S U P J C F
F H F N L W G Q E E G E V C I
P C K B D Y Y L N Q H B B U C
L S H J D E O U E I T Y R P A
L Q N U G H G C U S W F I A N
Q O O I P A C K S N S X G T T
G S V A M H Y I R A T D H I S
L W W E T A G E Q V F W T O V
B R K O L O S R W P S G E N H
J O M E V Y V E I B Y O L A T
I J J J Y A X O X L Z H Q O K
```

190

```
N V X L R D G K Y I B D M Q P
I F E I E J E E M O T Y U L I
Y J Y N M A V B M V L M M T F
W P R D B C A M E L D W M Y Y
Z U T I G N I S A Z B Z Y R L
T D W A C R F I H R F R V Y A
M S J N G G I D C T E C M P R
X E U S N N I I K S P N A R G
A K W O E Y H G B E D H N C E
R F Z S C R E G A R D L E S S
K Z S Q P K T E Q H S D R T F
U E T J O E D S S Y W W P X K
X J N R D S L T F J O L Q B F
Y B X T R M V B S Y F I U K L
G A R T W J Z H Z D S Z E N P
B R E L N U V Z O C M A S E N
T L Q Z K Z M Q Z W S R T S I
M E L A P X Y Q A Y N D I T C
U Y I B A R C M T W O S O W E
Y J H X A T V M Z J K R N V R
```

191

```
Y I F G G Z D O X U D V L I K
B D H F N F P E S H C S R J D
H Y E V C D W M D S K R C Z Y
T Q M W J M R B N E U I H A H
H M S D D N M O V X E P O I K
Z E Q V W A I A B D Q Z I F P
I F L A S T I N G W I V R Z D
Z C I P C L A M D D V A S E S
F E E E L L A W I N N E R M R
X U R W I E Y B C K Z D P K M
J I D H K M S E Z M Z E H H K
D J W T O X A S J K R X A L E
B Z X X K F X G L D A O U S D
X E X J S G R K I Y K F L C H
Y I A A F Y E I C N L X E K A
O K F X R Q Q S W K A I D P T
Q T M G J K U H M W P T I W R
G K N T Y Y E F O X Y I I A E
J U G C M E S C A P E B K V D
H Q Q L R I T M P R W M U E E
```

192

```
M A G N I F Y I N G C Q R M M
A U I X W C B D K A X K E T Z
R V V N D G O E G W D K S R W
K Q E P B K N S N A Y A P V K
I H N K O P U C M C R C E Y O
N V M N M P S R W J S O O C Y
G O O L B W S I I D W M T I U
R P A L O N G D I O G M A R F
U B X U N E E I V N E E B C M
I M K E F V Z N I T Y R L U V
X X R T T A M G S B A C E L N
X V I T S M A L I Y T I P A S
P I W G W C S Q T V I A T T Y
M H N Y R G K E S Y E L O I B
J Q I X A V E J M V Y Q Z O T
I X C R P W V B F W A X Y N U
U F F Y Y P U D J U L O G C I
X P X I U O W S Y L R P T M B
H X X K P I A P H C B X E W N
Z W G T R E M E N D O U S F O
```

193

```
F W F E O A G Y B G Z X M B N
W Y Y C N I V O O U H S B T Q
L Q R O E J C A D O E O W Y V
T G A N N J C E D V C P S F U
C M U O P I C N A S B E M J Z
E J A M H E J H B P T L I W I
F B A I I Z W X W A T N O B D
E E D C J B O O L D F E G E P
O G A S P C K O O T K B Y C J
D H R Q G G C C A K I A B N X
Y K E D F O B O F C R U C M F
O D S J H B U T T T G Z O G O
W H L C U B B O E H J I N Q M
H H R I O O S B R N B G S P N
J N U A U R G A N T F O I T R
V H B S B G D E O U Y N D C T
R W E D I B M S O N H O E R U
F Q E W R O I M N U H U R A L
A Y I U D G Y T S E U J E B I
D Y C O L L E C T I O N D I X
```

194

```
B I N G H X Q V Q O H F A Z V
X U G U H R H T I T L E S R B
C V K C B T E A N T N A P A X
Q I W P J C X E S T C R E F O
F H W M Q O Y E I H A L C S F
K R A C E D S K F J E Y T N N
J L A Z A U R X S N F S S O L
N M N I L D D M F O V C N W C
M D B P K F A A V O J O B M S
W T L Z E E M E Q F J N P A W
Y D J R S R Z B U C N C R N D
G C H I Q K C B Y Y S L E I M
K O K J K W N F D N A U V C I
L H H M L Q M X H H E S I H S
R Q P F A X N E O C Y I O E S
T F N Y M C V F E A P O U C I
W P R C T U T N T W J N S K N
D L E C O O N I J L P S L W G
S T A Y E D Y V O E E B Y O Q
Q G W J V J E S X N R R F T C
```

195

```
S Q J G E X K R R O J N T N G
K H K R R D A F N D S V T N Z
Q U E E N S U M E P S G I A E
V M Z L K X L S H T Y D B G Q
Z E K S V K S X C P N I U W U
K O G A C E P U R E N Q R A I
T Z N F R N S X T Z E W P N V
N Z H P G S Q E B N X E E T A
S N M B F A R Z C V P C U V L
K O B Q O P E Y Q V L B Y J E
C I P U Y T C Z Q X O R D Q N
V P Z Z L J H J N N R Z Y D T
B G R I T T E O M L A V S S W
Q X J K F N X K C N T J F C F
X T H I W Q Y M G O I Q O F Z
E X F Z J U S O I X O B R U D
A O C L D W P W U O N L B U P
I E B V O N T F E N V E I P M
K S O L A V V D G P G N A N U
W Z B J S L K W B U N K S F G
```

196

```
T V X I K F O A W X X S I G E
J V E G G V V T T J Q Z B N Z
Q X H X V H P H I V B M G N U
S T Z B L S Y I K B M E S F V
K H M I Z P A C K I N G A P E
J C X H X Y A K U G P Z K R P
K Z O L Y R L L X I Z L W O D
H P L H G G Q Y D P G Y L P E
C A M T T V O P E B V N L O M
L D Q S I M P L I F I E D R O
D O T N R R H D L B P D Y T C
F M G C Z M E S N Q H P S I R
U I A H H Y H O R E A Y T O A
O N E F A L D S C V A G E N T
I V H R I N C E O P E N E D I
M E P H C L D A Z S C D R X C
B S M G F E B L B F W X I J S
B T M R L K U X E S H E N B J
P S L X L Z F E Y D X Q G Q K
T K Q C O K G E X U B L A D E
```

197

```
A R R A N G E M E N T J A D T
N S M X G R P O L I T I C A L
O O S N G N B N W D V X R I R
F K A A K O S N Y D R F O O D
J U J M G K G O N P P F U R M
U Z D L R T X Y P M P I C K A
S H G A V N H R V Y B I X C T
T F P T Q Y W R E E Y H J M H
```

198

```
J Y O E G A Z T T K L O S H X
Z Q I R S C R U B B T O U K Q
R F F I B U B B L E S Q N U M
R O M Y J K I C V N N M G Q O
B M N D M C T P N E Z U I R D
F L D S K O E Y O S X G B T E
X G O K P X U Z O P B S W S L
T V Q W A D N U Q Z I C B C B
```

199

```
C M C R E A T U R E W Q N Y H
O W O D C N M P Y P Y U H S V
O G R F I I J K H B P E J Z C
P U N A I S B I B N X E Q Q O
E X F G A R M R D Q R Z S K N
R W Q D E X E I Y U E W N B C
A W D Z D C E M S J H U U Y L
T E M L N Q O E A S B J C L U
E I N E J C L N E N I N F J S
S P P S F G K E F G E N S F I
E H L Q Y R E H N I O A G R O
Q Z P E E H X I C O R M I B N
E D K C A W S I R O O M C G M
C L H S H S F M M S L Q I R U
D N Y E E F A O F R I B T N C
S Q C R E A I N E E B I G L G
H A D B W Q Q I T L L T N T H
F N N P T W A O X L Y S Q G O
U L W W C W C O A V Y L I O W
G L Y K Q T H Z D Q F H T F V
```

200

```
S U C C E S S F U L D A P M O
W F P O R G A N I Z I N G K M
S A L M P H A O F F N X C B O
K A U M A B U Y P J V Q U B S
C G L E F Q V M S Y E I R G D
D Q P F G G A U A V N E R L I
H B F Q G X U L F N T M E D M
L R Q Y J E A T O L S V N X E
A C P I F F R I M G V G T H N
E N W U H E O P Y J C Y Q D S
K V Q A L O R L R C Y F U N I
M M U C Z Z O I N I S Z E F O
U T E N T D B E A S T D N W N
H Z L S O L T S H J E J O C S
L N X U S W A A Y I O R I J D
Z C K Y S E I A T G V B S R P
U B S H C T N N O P J H E A D
U K V B J E U G P O X V K A O
U N G X H K K I E U I F H G K
D M L T O Y P T G R F B A D Z
```

201

```
V A S J L Z U Y S E T T E E B
P D T S Q G B T U F J A R W Y
E Y A V O Q X R O R F Z K Z U
L X T T U M W Z E B B V Y F C
X I E R I S D P A X O M Y G E
K I M A R H P E F T M L R D C
D F E D O U R G X A T Z A Z P
U R N E K W N Y I C G V S E R
H P T D X I O I E P N P Y O S
U Z S S U P E R V I S E S P H
X U P G Q G I Q A E U L L Q O
J B R I G D R D C C R V Q G C
O A G T N X J O T T A S I I K
Y D B U P R E P O S I T I O N
C H Z A A J L I X V M K M T L
N K N W R P P B B M E N N V Y
P V R X O G L C O P N E A T W
L C O A R E A M E U K U R C Z
W A T V N R T I I U Z P A W S
I F X F D F J C N T R L E D K
```

202

```
Y N I K T M E G T M E O V S O
A B Z H B F W H E V O W N M J
X L H K S K K J A U I F W I R
K S J J I K N C X P I B D G R
C J D W F Y S S X N H G J D M
M Z V T W N P O F G T L L Q P
J Q I K H O C H E A D E D W W
S Z E J R K C A S U P J V Z U
F V H D I S C O V E R E D X N
J P N E Z N Q A M M G N Y D T
N J Q F D A Z U Y A G L R T J
M W E V V U L X L A K Q R Y I
N O Z L H G I D S H F E N H L
J M S M L H O O C X N G N N F
V K X P L T V H K Q H O I H B
N V Q T O I Q K R L M M A V A
E C N D S E V E N L F I Z T E
C A J J E S H W A I G R U S H
K R Y N S T D S P E E C H M P
S D A Z J O J R N S I C O A D
```

203

```
O E I E R B H S P U G N C I I
K V H D K R L U Y N G H Y D M
P L J P O B G L I M M W K Q G
W J V U W Z K N R W R A I N F
I F H H B C E X S Y B Y I R D
H G B J I D S N Y Z Q R J D E
X M O S R J F P S H A K I I F
I U K A Y N Y A S C S W Q S D
U I G D K K D K E Z P F E E D
M Z L K Y R D J Y I G L H Y Z
T Z Z T A I R Y H U T C H A A
G S Q D U E G P W U A I Y M J
L G L E Y Z A D D O I U J D P
X C E A B R D M R L N Z R N F
W P S Z G R U P P Z G C K M T
S Q U E A K P S N V R C E B Z
F Y L W M A W A Y G A D H L K
N E O G K L V W D T B D I E S
T C J V N C F M T G X W V V W
X N A Z L Y Q A X W Y K V X D
```

204

```
D I C I S S L U L S Z G N E N
I A P Y X V W Z N H G V D W J
S H Q L Z D M U O I I Q X R H
C T B O U N D A R I E S B E V
U M Y S L S U C E A E M E A T
S O T M T C L P U J Q R K S F
S F D C J T G D Y E I V R O A
I D R K X F N A H A F U W N T
O A S Z T Q A M O I B C R A M
N S X P Z M A A Q E Y P P B O
N O R I A P O G F Z J J R L S
W Y P H A C P E A K X L E E P
P E M H F I E K D I Q C S J H
O V T D Z H D S Z H N E T T E
L P E Z I R R K H E G V R B R
L O X T R I V A L I I A A U E
E H J B O D J Y S V P J I N B
N H U C I I W O V E N S N E J
C W U N U W N Z D F U B E X E
Q H D T F G P X U P V M D N Q
```

205

```
D V S I W S K X L I S I F N S
S C I E N T I F I C L Z F F I
A S L N B K A L W I N J F Y I
E S F Y O E Z J L U D U C L F
W F K J D F P D N T P N N K Y
T S B I J U M P E R S J C L Q
F E K C N D I U K O C M A A H
P N C I A G C R E K K Z Q E K
B I S A D A R S R R F T G W S
W Y E D N Y O E O Z S L K M E
P M A Z K S P I Y E N Z X E X
S R T N V E H I C L E S C L R
V X I F F D O I K F T N C H L
Y L N W G O N D R P A R S T B
L P G H I X E S M T O A Y C Y
M T S H T N R T S O W B N M F
R I K K I Q D I E C P G P C T
X I K Z W B S O M R T K B A Y
J W H I C E F H W L X I O M M
G W H A R M F U L J A B E H U
```

206

```
X H Y D I V P R E G V A H S H
K C X T Q L V E T E V U V E W
U C O N D E M N I N G F B U S
W P V H I G E A B G G T M H S
S M C N H Y S W A G E S V R F
D I S G B T T X W L V E O H Y
F C L P G B A F F C T E S S M
Q R M K G N B Z Q R D U K O N
M O T I O N L E S S Z C Z F Q
P S S K S D E C O R A T E D S
E C U F I D P R P A M G O E L
C O M P R O M I S E P Y T U I
F P R U P N B X W D X A L A E
K E U B Q A Z K O L G T C U U
E S X H Z F H B Y Z A S W R T
W F X N F J J T X L W C A B E
T S Q C T W L G C O Y F K A N
N D T P V F X X H N C G E N A
H I I L B R O S W V L O A D N
M C K F I I T Q X E I O J W T
```

207

```
L V A R N I S H I N G O K L N
X Y D Y F B L F M F Y L H O L
Z K E I N M P L O F E D I H A
T G F J T P W Z U N O T M Q D
Q I G D L U J F T S A I L E D
W I I L B Z N G I I T E J G E
S O P K U Z C F R Z T R L K R
T J Q H K L R A R L K L A L I
N W D Y H E V T Y I H U R T Q
N H P Y Z Q O Q A Y E R O B E
Y N N H W C F O R E Y N L S T
T U F A H Q T R C Z F M D A S
C W Z H X J E A U J V I E L K
H P F D S B R J G D P B R N Y
U B K O W G H C L Y C S G I D
U P Y A R A Y Q P D A O G W M
T E R S O J A I N I L Y P G X
T T F X C A Q I B R B R I Y Z
S L Y Q K F F U A H J U M E K
H F O Z Y B M K I S I L L L H
```

208

```
H K N O Y Q P N T E E H O T T
D A L X H S V C X C S M R E N
O I T S W P K U N I J Y W T K
C C S E H A G I W R N C C A G
N T A C S K R J E Z U E A N N
Z A I J O P E U P D H D U K E
V J D Y E D H I I K T G S V C
J S J L Z R T L S Y D B E E F
```

209

```
T Z C T C U S V L Z E L D Q T
F Y S U R T I G C R M M N Q A
D X W E I G H T T O M K C I J
P J K M M E Y N D K L J P J R
V X I N E B N N G W A S T E S
I L N F D O A O J H I O P E O
F E D M A R T R R A D I O K R
H K S A I C O N N E C T I N G
```

210

```
D M W N I A C S D I N I L S C
Y X I E G V O Y K L I V F D B
L O C E Y G Z X G P O X P M T
C I I E L J A N O F G O O K T
F A T K Y H S I E Q K B S C R
U R K E W T H G A S T E G E O
E K E N R U D J C F Z H P R T
F U T V V A P U M I C I O W T
E S S Y I C T B R V Y N S B E
K I U F V D N U T Z C D S D D
O Z N R H E W F R V R K E W W
X P B M R L A I N E O L S B N
S K D X J O H O X I E S S Y E
T T Q X Y Q U F B R R O I D Q
E Z I E B D Y N U E G W O X B
R Q U G H Q H E D C H I N A O
M C B D C I I I S E R B Q A L
S U V W I D R O P A D D L E D
Z D N E L C T M F H C R I I R
G F V N M U P L W F R A M E G
```

211

```
F I N J Y Y F P N E X D W E W
R W O N T L W B J T O F A F G
I L L P E F G C A Y N S P Q K
E C J S A H U R M D B F M J O
N U T H L M S Q R M T W K Q L
D I X S Y O D Y U Z K I Z I O
S A R S A O H H L I S M F G B
T I L T E D T K A N N N I L M
W R J Q G S C L N X X S H F O
L O L B B L G J C B O R E M K
S X V I R R T K E S Q B N S H
R E Y O Z P R E S I G N C T J
V E V O V K L H Y I L A O X I
E C A M A G O R S D L B U J A
C E R E N S D X M T W S R Y N
Q V E I W Y V E G L L E A D A
R X R O S Z E B R A S Y G P R
Q U R C Z I S D T I J M E W E
D H C B B F N E O V V N D U N
T X S H I J P G X Q P K I M T
```

212

```
N L N O L E N L S J I O P S X
O F I Q C C K V E P S U T V V
G B M K J P B U G F F A N F E
E L I R R I G A T I O N V P K
C O I E H A R F K J I M H Q B
A W U S L U A X N T N R U X G
Z R S P F S N E I G H T S J K
O H D O H M D B A L L O T H W
W O S N B R M A Q M Q H W M K
Q R F S V B A F U H R F A C T
I I I I H U C S Z I Z R G Y G
Z G P B B X Y I E Y L M W Y Z
I I A I M P L B B F W D E B Y
W N S L E K B U V U O N E D Z
Z A Z I R T W J X M A V B P K
E T G T R J G R C H J J A S H
V E K I Y O U R S E L F E Q S
H D E E Q V B F L T P D A R J
Y F K S Q J M I T O S T U F F
N E W S P A P E R I Z Z V X Y
```

213

```
Y D U B G W L M R V S L Y C P
F I X S A C K K U P E D W H U
T Z J C V X F P J E K O P R G
R C L I M B L K H P L O D I I
D C O N T R I B U T E D V S Y
T G J W U B M N X T Q W I T P
D M Q Q I N I D H U T B U M I
E Y T V K U T O K F M L B A N
C O R R E C T I N G Z A X S D
A W N S V G Q R O J S L S S E
D Y Z C Q E V D C O L Q G T F
E I U I Y D R C K Y I B P O I
S M P P Z K W F S V V S H C N
D W R L M P U L D C U T H K I
S P N I A X T S Y B R W Y I T
T Q X Z G Y L X Y W W A R N E
A P P L E S I N U K E A P C E
N V U W E Y X N L I Y G I E Y
D P F N C S Z L G F C J X W D
S H S X P C S G X T E S C B Y
```

214

```
M Z D P B M M B S Z C K F F S
M S D O U K P S H B Z X K E Q
M N E S Z M X G Y V O M L A U
X Y F Q C X E X J E U O A U X
N S I A P C K J Y F M M K D A
T Z N O W D A Y K P Y X A C L
T I I R R U B G E V D Q C F J
Y Z T N Q R C F E V G C C E U
Z L E D W Z [illegible] [illegible] D D H A E V G
I U L E X L B O V X O T P A D
C C Y E B S H Y G U L E T S T
G T F Y D Y B E D I J O A S D
R I F D H A X G V R Q O N I T
L G I A B P Y M P E L R C G A
T D L N D F R V E O U I E N X
A P A I D I X Y S L B E H M E
L M V S E W Z H N W O S N E S
K E J H A R Z P L S I Z Q N B
E L V G U A R A N T E E D T E
D T P K V X O T K K B R I C K
```

215

```
T I B G O L L Y C M S K R G Y
Q R Z X R V M O G Q O G Z G W
X G F U M Q U S Q F Q X T F M
O M W A D I A L O G U L X P V
N L Y I N Q P S Q C F A A R J
V Z V P Z G N I T K C U H Q R
U G E H V I R X C C T U R Z V
K Y D L E S V I Y R Y O P M T
D N X V I T C F E F R U M Y J
F L G J A Y P A O R T I E O M
I O U P A R S W O F E A L E N
E A K A U G N D C Z D A T L C
I A P Y Q S D F A W N N E F H
Z P D N P T P O T I O N D W A
W Q Y B T F L J Z H F O G S X
I J K A U F E F G U O U U C M
L A T V S T A Y S L I N J R G
D J Y Y F V S M B I Q C W E A
E Z K G S V E R A R C E I A I
R X I I Z K S Z M W E K T M N
```

216

```
F R I E N D S H I P J P D L U
J Z U M K E Y F Y I U J I X Y
Q U Z O W P D N F K V V F P N
Q D C J S F K H W Y S U I F J
W C F D D P L K F W I Z O L P
I Y J V X L E O T F Y X H Z X
F H C O N S T R U C T S U T X
B B U Q X M I A F R S J G P T
G Y B I U I W D B O X N V B I
L H A R E Y E F B K R V X O L
E N E B O S O Z H K W M I H E
G S F N L S S N U C P E I G S
L W N Q U S U P Q J U G S N Y
M A Q K C I A T X J H Y X L G
U E C O K M H L H A A P A S I
Y B G C S T Z M C T C T D X F
N I S J J T Y K A V I S U A I
V B N F P C L I I N I T L W I
M F N Y U C J C C O R A L N T
U W Q O P C W F H O V E N S Q
```

217

E G W X R N M U C V C P X Z K
K D G H J C L F H N I T O L D
Q E K A O W M A E H K Q L S Z
L X X L Q T A K S X O I K H D
A N U M I Z L R C A T C G X I
E P E O S B E G I N N I N G S
X F Z S P D P L A N E T C P K
A Z K T A C D L C Z E Y L H I
O T M E P W H C S O R P A I C
W N L X K F M P P E W V S F O
Z R Q B X W S B C Y E N S C N
T S E F D A X N M U J E R F D
R N U C M A E P P A A H O H I
V O Z B W I C E Q P C R O S T
K Q L Z R N T R N N T M M D I
I H F E Y C A B U Y A U S I O
J R P H D H L P P E E T K Z N
Q X Y X Q E H W R S S T U C S
E X J M L S U C U O Y D H R K
S S J Q W T J M K P N L K F E

218

H T R W Q J Y F Z C H A I N K
J A F W O N R F I R V R V N D
W X N A K S Z B D N E T V S O
S N R U D Z L L I M S G T G L
W O Z M T A F H I A T N X S L
Q Q D N G R A F C Z E T B U J
Q J G H H P Y D T M H W O R T
C C K O T R A R N R K F P V H
G M P Z G O M R A I A U M I U
M E U E R H E O I S I G I V D
D K I B E V G E L W Q O W E Q
U V G I O S E J S C O J T R E
O Y E G O S F J H R E A E B B
Z J H M I G E U S D I V N B Y
V W B R A G P C D V A W T G T
B O N L U I C D E O S N S U O
Q U V D S U D R K I K K C Y U
S Z V E F J B S O I E R G E R
J K F S T B R X M N D V Z S S
S U T T A R S P O B O X B G R

219

D B K Z M A I N T E N A N C E
A S L A A Q W T R X S P A C E
N R D A N U Z A L E I P X H Q
H C Q E M F Q V I T L E A I S
B E T V N E P Y F V Y A Z G Q
S H M Y V V S I L Q F L X H H
R M S T R U G G L E N S Z E V
L G T R A G O C H O R E S R D

220

C H A L L E N G E D C C K B M
H N V I R T U A I L Y D C H A
A S L N K M C V J A Q E U O L
I S Y E P P L R O A R A S L W
N L J D G V E R D S R L H E O
S S Y U A T U Y P O X W E T D
X T R E L M S W B Y O B Q V P
D I S T I N G U I S H N L Q I

221

L I J R S X M T Z Z M A Y A O
M F E K F O G S I P M C Z I K
N U G D F L M H D V C F Y R V
R A S L D I O I S V D U X O K
X I T M O E K C T J L I A N Y
U I E T I Q A W W T P W C I H
R C E C Z L Z L H B E M C N M
Z Z W R X L I H I T S D U G Y
X E Q S S H N N T N Z E S L I
Q D O C L H D W G N G P T E P
X W G A Q A I J Z B T A O H C
C Q E T B T V Q D Y E R M B D
N E Z F U A I E H R N T E K Y
Y B E E W G D Q G N P M D J Z
C R Z X N E U Y F F H E M E B
B H D D S P A A S A I N R A O
H F H L J E L U Z F O T Y L O
W J A U Q B E O D A G G H O M
E F U I N T E R E S T E D U K
E P J Q A Y C J F T C C X S H

222

C O N T R I B U T E H X V R M
F N R O A R F S U N E D T M M
B E S I D E S E T Z L C H Y I
C U K O G H T Q T D I B Y S S
A Y J R Y I X Z J A C U O A T
N K Z E T M N W S P O I I C Y
A U Z E R E J S B P P I L W L
H E P H M H Z W H J T S T N J
Q P L S M D N P L U E Q Z F K
A G T V K L I L V S R M P G N
S T G Y E J W R N Z X C K Z I
V Q T V G S C O Q O B U I V N
A H A R S P I Y Q D O Z U M E
A S A C A N W R O G Z O D H T
N K K K A C C M B P P V M Z E
F Y O P R D T Z F G W F I G E
W L M T C R L I J V K S S L N
P O J B K T D J O P O Z E O T
C O L L E C T I O N S V R V H
N V P F Z N S X C L A W Y E F

223

L E V I E D U Q F O D V N S P
S O V D C I P O Q E D D O V V
U Q D I I O Y C L U M P U N S
A K V F P R M I Q D W E N L V
I E N F J V A P B O N V S K K
Y J O E I F Y N L I S M B O Z
E J U R H L L F X A W Z Q B S
J S E E E D P E W R I G O P J
O O Z N C E I H F V H N P M E
C Y S C T T G F M U Q P E L T
N A S E S N S L T C P R I D E
M E H Q I B Y W L Y V O B B F
D X D D D P A S S E N G E R S
U B N I U R H E A N I R O P H
G E L Z T M H W R V P E E R O
L V X S P O P A T T O S P U U
S J V Q G H R E E C R S K Y T
M I B Q A A X U D B D S K S S
Z W Y R R N K X X Q H O T R W
M F L X H G B M H F W S L M A

224

A D D I T I O N A L F O R R X
E C J E P P K G A G M F M H X
Y W T U N E S F B I O T V O E
S Z P O A O U H X W Z E B E D
Y L S S R C U Z A E J Q I K A
Z B H R L N U N K K H F E X T
C R M G G T B X C U E Z R B U
Z A N F P M H A X E B S X O Q
Y I B O C Z V D Z D D D B M Q
Q N N A R C O Z B S N V J H B
B I V D O Z H I U L E A I U E
I N Q G U E I K E Y C L K T H
U G H Z T S S E A M Z A L P D
Q V Z K E T T Y P M E J I F Z
P D G G R N Q R B C N Z V N N
A D C O K B D E I I X X F C L
S U F F E R I N G E D A D S V
T F U J R P H F H G S P Z Y Q
E U X A H T C S O U N D S W S
O P X D E U G D Y H Z E F C H

225

C Q O L Y B R A F N U M X G T
C R E M W L I K G B O R N R E
A V I V G H D F T G G U O J U
D T W T A X D X L X G G L P X
G W Y E I U E O R A D Z I F F
F T P U H C N V L H F K D I Z
B J C K F Q I H I W W E H S A
J F A H A U Z Z U D F L E H M
R I L M S V C E E E E O T E Q
D V L P N F N R T D I N H R R
X Y I J T Y J O J G J D T M E
C O N V I N C I N G C O R A M
X N G I U H T I N M X N J N E
H D S Y M J P Q Y Y Q Q E Z M
L G W B Z O M F K L R U X H B
L O R Y L M Y Y E G C M C I E
W K Q E T L G V T Z Y R A Y R
G M V N U E V C R H O P T S E
I E U W E I P C O T S H N P D
D H E V A P O R A T E D W N R

226

E X S W V Y L R W K R Z Z W S
L C O K D J Y P B G S P I V W
T D R D D U V F P N Q J W X D
D A E D S A P V O E N G I P H
N M S A L A M B S W X X N A C
K S T Q I L S Z I N C B D K I
F P R H J O P A N N D Y S Q A
E C A T D R U X F U E P H X Y
X Y I N A S B P L E Z R I H Q
C A N Q W L O R U G T A E P M
W V S B N C X J E R I Y L B Y
P Z O R Z U J A N I C L D C S
K X U L B P H C C C X N S H T
I U N S U M B U E U R H N I E
Y O Y S N N S S Z U N A H E R
L G T C J P T T T Y O C M F I
H A M N W P L E E E U S N N O
Q V C G O V R Y E M R K L C U
T O E E E T O C I R S N U P S
W Q L Y B F G O D B S L N A J

227

C A I F Y F A S Y D H P U L B
F R U E L H Z Q I W N T L C Y
B V U W J R C U I B R K Z N X
O V R Q F E B N A X U T H F F
G A C T I V I T I E S A Q N T
X O T D T O J G A Z E J C M S
D K I I G L E A Y B O V W Y G
P S U N T V V X L B P L T C R
H U E Q G E J R C D K U V Y O
S Y E Z M D Y C Z U A Y S N X
Z E V J J N W A Y B Y P Q J I
P S E R R O R S C P Y K V S W
T L I N M O H Y H U G H I X O
B H Q D R O L T O J Q L Z Y N
E X P E D I T I O N F P E S D
X I X T R A I L S G Q Q Z O E
H W F G E X T E E S B M G U R
M A N N E R A B S O R B Q P I
B A X Y J M X M M L K P S C N
D L M N I D O X H D V F G N G

228

Y T H T B L M A K N I T S A E
I G S E U H P U A P E L N M R
E E O C P I S O F V D N B Z K
W K R H X T S P P N Y S O P I
P J J N F K W L L E Y J W D T
R A M O C M M S A A N X L F E
K M V L R I L U Y H D I H M O
H F S O M R V C G M Y V N J C
W N A G J S J C R E Z S Z G I
T W Q Y N F O E O F E U S L S
Z V U C E N C S U D A Q G H P
I U E T I S P S N M G I E K M
O I G G O A X I D G E E S E D
Z B Y U E H O O S F V A C I F
I B N D A T P N E Q E O A Z C
D F S L O D A F W E S P L Q C
M D J Z P A I B R H U M A N M
X R R I T T U A L D M X T Y O
T J D B X A Q R R E U F O T T
S T A T I O N A R Y S I R A A

229

B P H K H L Y J X D A O B M K
J B Z H C L N F J V A B E Z Y
R X V P R Y O W N I N G P F C
B Z V L X N R A K J D N P D S
D W P Y G Y P K N J X K K Y T
A R R U T M E E Q H J B P Q O
Q S O A E A W R R I K D U Z R
A K O D B I K M K S J D N S E
H N Y U S I X V K T D I I H S
A R D K O X X E U O H P S O M
M U S O P V S L W R A C H P Y
M N L K X N O T M I B C M L Z
E Z H Y O C O M I C F C E L Y
R T T P N L T N F A M R N I M
H U S R X P Q B H L U A T S W
P E B K Z M T Y P S F D D T I
R P T F N J G E K H T L L I N
O H B C B S T G T L B E O N G
Q A O M V Q T L A N E S C G S
L K G A B R G E T F J D K G G

230

X D E F I N I T I O N X V B P
U F P H Y I E E H T Z J V G I
R E V Z R B E H A V E I Y A T
D Y R C I A Q U N E H T U C C
S K K W G E N N G O F X Y K H
X V O C H A T T E R I N G T D
P H U L T R W S L O B T Y S R
S I G H T E D P S J P Y Q U F

231

Z Q W M F A S O N T S L D T L
D W U O G E G O Y D S E S X S
T J V O C X I B H J T I W N M
T C C S C T I D D N A D E F M
D G G E A R D L I W O T G W C
W N E T T E D O M T T R S I W
I M O C O M P O S I T I O N V
H N I R Q E T X K C H O S E W

232

L W U M Y N T B T H F O A M J
W W M S H C C M X H D I N X F
J L F E X W A A Y B I Z T D H
Z Q S O M C A Z F L X M V X W
N H N S P B L A D M O I D A Z
U Y B Z S E E J C Y P V B J X
J U O E K R Y R R A W Y N Y U
B P R O P O S E S E U U C S O
P E V R S F F G N H H T E W Y
H T F F I R T R G D I G I F E
P Y H U U L X A M E E P P O X
Y S N T H R Z C A L H F A L N
D I N N E R J B L E N D S K S
P R U C D O K O P C G V Q S T
N E O Y O L C U U T I G Z B E
G K F O A W V L Z R F V E D A
Y H H I M V N U V O M D P P M
W R C F S E F M Y N I M Y R E
Y A O D J N K P Y I S W B B D
R Z T H C X Y S O C E X R P N

233

J J F T J K A R T H N E N T O
A S G X O P E M X Q E Q L V C
U V E R I S C S I R S V E J C
H K Z R O K O P H J X R G G D
G I H O V G M I A Z A Q E Q Y
I S E C E A I Z M R V B N N K
H G W Q H C N Z Q I A T D S S
T E F C V A K T M U C D V Z O
G E E D L U A P I L P E E A F
L E H G K V D Z L A C C E P T
C S P X O A M V T K H Y U S E
E X P D H N H P O N W M Q E S
Z L X V M U B E A A V A Q Z T
V A M I L P P Q I V W P L P R
Z O U G C L T I G H T V F Z B
S A T R O U B L E L A R A Q E
N H C C U L W P P J O K W I N
J F O V L H D A J E S O E F N
U B N B D A H E Y Q C B K R G
I D Q W B B Y K N R F V E S I

234

K S A A Q H G J I A Z E M X J
R U I Z K O F U T A G A W T D
R B O Z R C Z U A T D C D E J
R S D F B X R E A R H I G Z M
V T H O R N E D J V D T G C Z
W A D S M A Z Q Z H L I O O S
P N I C W D N Q O B U R R Z S
O C S H J D X A L H I W I F E
P E Y N J L O R Q B I F G R A
E S S L A V G W S I D W V Q N
R F H D X T E C Y A R X R S D
A I J F I J P R J Q P R T U J
T H E I R S G B Z P L N O C U
I N Q F H J L O R E A L L Y D
O H M L E U R W I T C H E S G
N V A N Q I Y S S S Z A T A E
S C I J D Y L I E F K S E E M
Z Q H W F S S D N A W Z J V E
H Z I J Z S P O C C A I G R N
H Z Y P A W T G B J X N E X T

235

P U P A P V J M F G A E G Z T
R D G X A N E W I O Y T E Y S
M J M E A V Y X C X Q X L H J
V C I T I Z E N B R S I J M E
H K Q U C M Y S G S R F C C T
A O A Q G T P O Y A Z T N C R
A C O I J G D O N W E U H M J
Z L T K I J B I R P O Y N Z P
E C R Y T L D O D T E O G W U
O I J L O R A E I Q A V D I X
R J L O O H M C R L W N V S S
Q O H C Q N I N C Y S E C E X
Q C W I M L O L S A V E H E X
S L S V S N U I O F G D Y M S
Q V L F Q B E X E A I I N S L
S E A C A I R W U F H N N L M
C P P S J D O G L U N G U A N
X F S H R I N K P E T G R E W
C W M H E A V I L Y H Z A Z U
N F R A L L I E S P A W Z F Z

236

S C W S Y K M A P F K Q E S Z
Z P I C B N O J X R X S E V E
G D W I P M K P U K L L N G B
U F U D O S Y A Q A B L W I E
A K M D R T L T V A K D E G A
W Q C R I A Y I N U T R A J B
A G H N A G T E C H G N R S N
T T U E V S X N F M J L S J Q
N L R Z E N U T L L R R B M L
P B C F U I M N F T G V L U R
R Q H R C I T Y B D B K V F E
K R N E C E S S A R I L Y I P
S W F I F T F G Z G U N Z N R
T P V S P E C T A T O R S S E
O N L M C Y L Y F E Z O E U S
O M G I N C O R R E C T L L E
H S M L T U C Q X Y P O P T N
U E B E A A K O Z V S X U I T
K C Q S X T E F B E K H F N S
V S L C B K M A K I N G F G V

237

B O B Y F Q N N Z V H L A M E
T J D S V N X Y H S L Y N G F
Y O D E R O R A N G E E P R O
O T G A L T P V X V I S A E C
E R D W B I Z W O W V C I A H
O L C S X C B P O V R A N G A
I W H T M E E E Q H F P T E N
F A A F H A S K R T Q I S X G
L I R Q U B H R F A L N X Z I
L T A M M L X V N N T G O J N
F D C D F E L P D S E E M Z G
H H T P E C L C W A D W O W V
E D E H W S W F J I F H L C S
N D R M Z Y U Z K R R W L Y B
D H S S X C Z T B E X W A G X
E W P N P Y C J O B N D O G M
D Q H A B A D B F E I O J Z O
M I C O N V E N I E N T O J I
R V G K Z T A L Q E C B X Q S
X Q F S O V D C X P V H T L T

238

D I V P F V A E Y V D I K O W
E M T Y W E P M F V S C I C W
T W E J F B I P R K A I L I Q
E J R P K H I H B L G J D I X
R W O A A P L A B C W H E X P
M R P R V Z F S R V W B T S O
I D S D O K O I B O G R E E N
N A Y C Y G A Z E D C A C Z R
E Y K R Z G N E T Q E Q T C L
S H R Y W H I D H V L U I F Z
M M C I Q N G Q V B E A V V Z
R U Z N B D O G E P B R E J A
B U E G J V E N V I R I S U W
O G O I K P U Q C W A U N S O
M P A X T H P U I E T M K R T
C E W R P H V J H K F S D A R
G L J S U I E T U W D E E I R
R X H K Q G L R T I M H S D F
O K T H I L J B Z I M Y K M M
B X V F M C O B L B C P S Y S

239

Y J S G U I B V Y D O S W Y J
K B M C Y V A H E V X E X T S
L L S M O O T H D X A F L E V
I V Q O D S P A D E T V Z Y A
A C Y I R N Z B T A V I R Z L
G Z O R E P L I E D G G N G L
X E N U W E L F D O T U T C R
A B S O L U T E L Y O A I N T
Y E S O C N A O H B B A H O X
Z F Z I C H P O C E I R P L R
Q K N I F A O E B M M Y A Y U
Y Q A F L P S U J H P S F S V
T P W C V P T H P X R P V U S
N W I O Z Y R R O I I Z M B D
H Z E W X S O B T T S R K E H
P R A Y A U P W S F O T T Y Y
H E H H J N H K G V N E R H P
Y I Y W Y D E C Z R E K V I D
A Y G H S E L G G R D P H D L
P F R G O R V C G C B W P E Y

240

P G O T Z B L S G L W R I D M
M K F P Q I L R I R G U I D E
S D M B K Q K O S X E N L J X
Y U A H K Y J Z G H X K H L F
D J G M E Q D P X W E N Y X Z
Q V N A V Z Z S S G O O D Y S
O Q I Q R F U V N H W W O Z T
K R H O J D O I W O W N W D R
L M I J E J H W B Y U N H O G
M Y C W O L Q L N X L D D K V
R P E C F O U N D A T I O N K
O I N T U I A D A D Q I O L X
V P T A W N M W K U T S E A U
U N Z M A T D W T L N K Z G S
T K F V Y M I M I T A T I O N
Q O M F A E O A L T S W O Y Z
L E D X Q N T A S C N Z A C R
I O S D X T U W I R V E R R T
X I V D R S O I F Z I K S T D
W P T E L H V M N F M I I S H

241

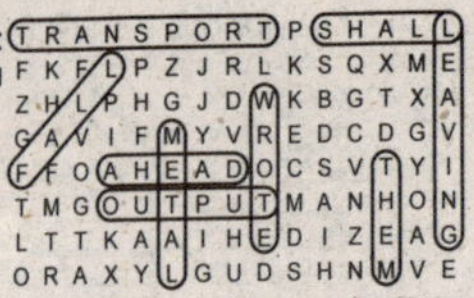

242

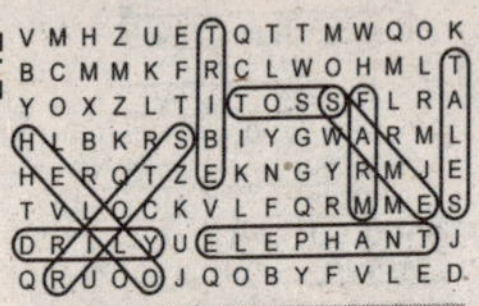

243

244

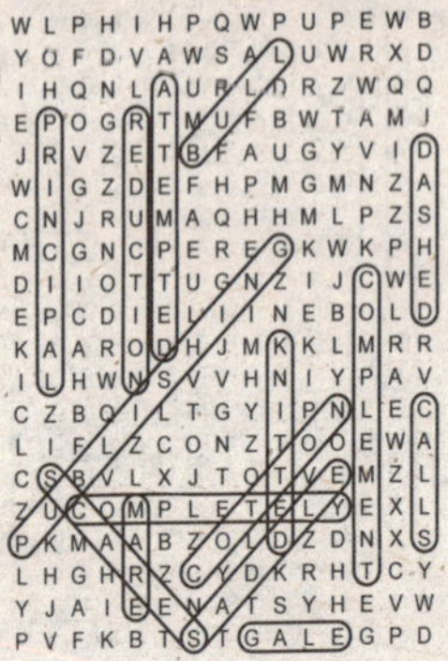

245

246

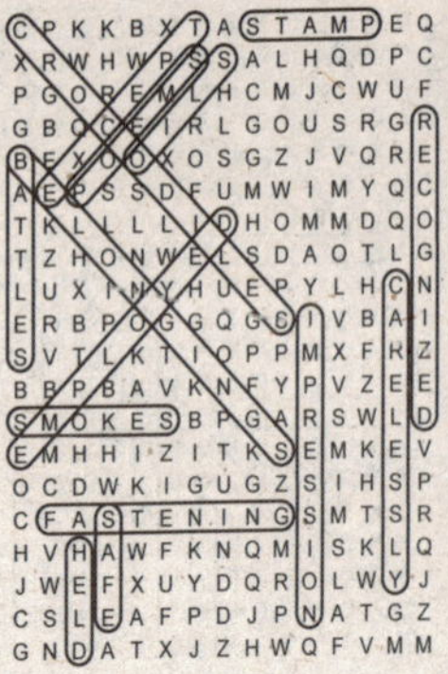

247

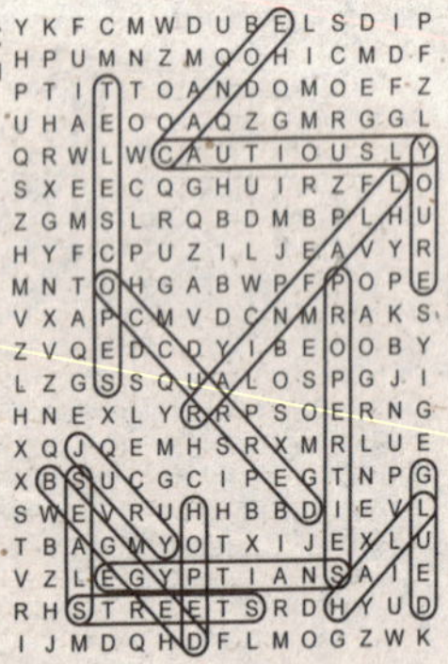

248

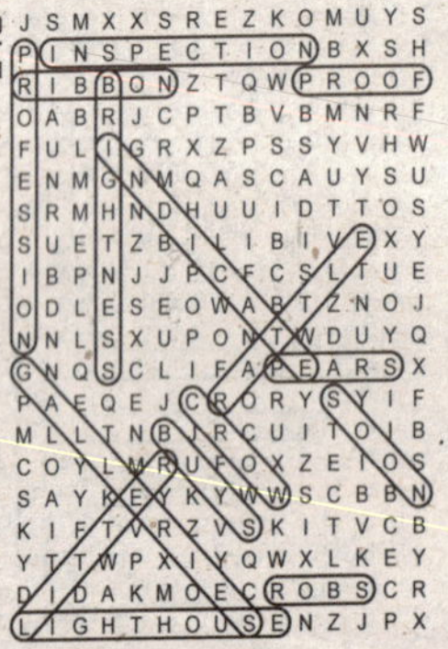

249

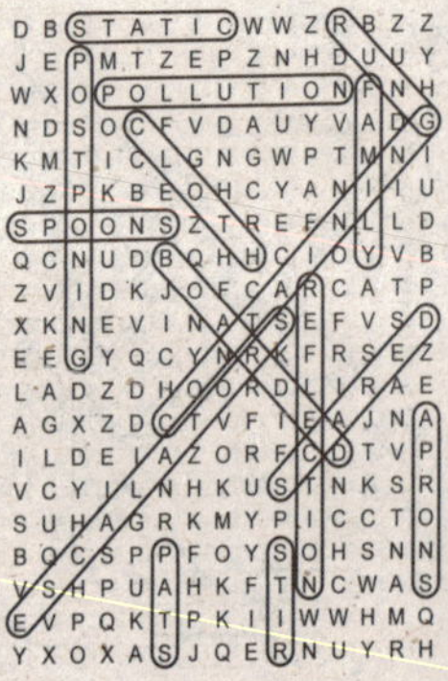

250

251

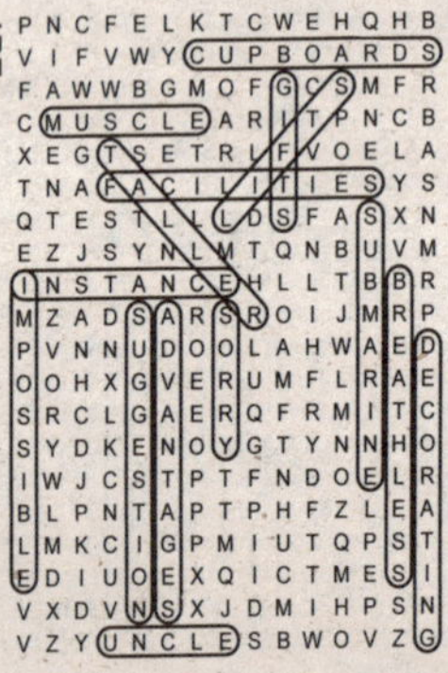

252

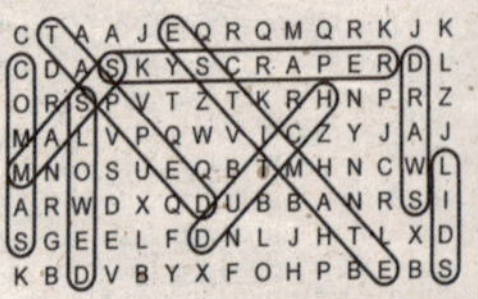

253
```
L E Y U O S L R D U W L D Y X
J V Y M S L H E V U K P G T R
P R I N T E D R A W K W F B U
G I E T M E A X Y V O S R M A
A K C S E H R T M Q E H O E L
S O L N Q L S M I K O R S A I
E K E Y I I T O A N G V T N V
S R M G D C L W C I G K P S E
```

254
```
H H A M B U R G E R S Z I E K
B E N E F Z S N T S Q U B M T
O G J E T H A W I P S G Q I G
F K C Y W J Q Q E O T B N G H
Q C I T D S U N I N T H W H N
I I Y W N S P W I K L T E T E
G O N H W D B A V O T E D Y F
J T F A T O E U P W C K N M D
Q H D P Q D U M F E D Y E S R
J N M G L V T Y V M R K S I E
Z W I L N L F A S F O S D M M
R H Q U Q W T B B I L B A P I
E J G S A H I N R L A S Y L N
V M F G X W E F E S E T S I D
E P C S U E N C K Q J S D C F
A H P I T M O X S T L C M I A
L S N E E N S U R J L C A T G
V H N H F Z J V I K R U K Y R
F I B Q N A M H Z E A D E V A
N I D L A K U D T D V Z S P Y
```

255
```
R U N T I D Y G V A Z J H M J
H V N Y L O W L A N D S D V R
J W O U S D P B P X D F M W E
C Q O W V B S P R I D Q U L Q
Z W E I E M W O V U E H V J U
X I U X Y L R R E S C U E D I
V W H S I R S H Z O C S C N R
N R D G E F B B G M R F K J E
F M R T U X W R J B B F V T S
J L W D S C E A Y C A Q P W E
O P X O O Z I Z F M H F A E E
Z E P I V X H I S I Q F R O G
K P P E C N I L H X F T L N Y
G X J Q C F L I B R A R I E S
W C G V U X I S K V P N A B I
H G V Q C C M T S H R V M O U
V E Y M A J U M D A U K E J G
A T P L D U Y R W L H H N K A
U T Y Y O S T M V E R E T L U
A C C E P T A B L E I A X A V
```

256
```
S B I U M U U O N A D U F O S
L A X N D K Y H Z S I R V P G
S T R E T C H I N G E M L L B
Y Q N X I V A L V E S E E I Q
T W M P N S H E X Y H A B D P
Y W X E R R Q S L I O L G D A
J R L C W M F S Y E S S E A N
Z Z R T Y Q L O R T H H A X E
R Z P E Z D B N G Z C L W Y L
S F G D O E J S R T O H L Q X
F X F A V I V J A T X E M N C
P U X L A V T M G O Y D I M A
L L H C I J V N E P R Z C C L
R Q S R C E I U P F P O B T C
H N A J D H U Q B A K L M H U
J E I C S J W Z I N Q X Q E L
A O F A C Q U A I N T E D R A
G V L A K E S O R Q S H G D T
U P M L Q W J U W Z Z G T K E
S X L B Q B S K D I U K T Z D
```

257
```
H A S W P M G K U N C D I P B
M G U W J I Q M O A O C C E T
T N R X T F L N V P O Y R T N
R L D I T R K S D E P K I H R
A U Y G Q P O Q G E E L T E X
N V D U U Q Z A P A R Q I X C
S Y R P A V K V D P A E C M F
L P U Z N A Q V D S T R I W B
A H B C T Q S L C K E O Z O B
T K T A I R N B S L D H E F Y
E Z D O T R X S T P S A S P X
D Y C R I W K K Z Q U E O S D
Y E J T E T P F Q A O S E E T
A U E Y S P L O H O P E H G T
M L K C S U D Y G C W S W E I
X P K K F K F Q S D I C R V D
C H C E T C H B H N Z G J C R
Q O S E M B T B I K A K A C X
L U M P T D A F D Q R K L G E
L R N S X D P Q F K D G E S Z
```

258
```
S B V D H A T X S J F Z Z O T
E C K N A V I T X K J U R T E
P W X A W F P L O S S E S R Q
E T U Z F N P E H T H O P E N
S Y R U B C E L O T A O U A Y
N A S O V C R D E C Q L W T X
R B X F L O S G R I Q O N E K
U J I T O E O Z C N U X J D D
X V A J B T N H Z Y F W B W Q
P S D Y L J A O Z F B O U A Q
W A T A R D L S F X W V L O B
G A A C E F L J R D J B V D R
K R E X Z Z Y A C F I I X E G
K H X V Q C G W W T W E V N G
I O K J T B B K H F N I T L W
A U K L D F U X R E D Y S N W
W S K O U R C C L C R H S I R
F E Q Y B O M A W F W E N G T
M S G I Q W M W S V B L U H J
W Y R M B N F T U M C P A T F
```

259
```
Z M E O L C V D X F H E A T S
T M N I T H O K Y M R J Y A W
W E R M A O C C W Y F I L U J
P P L P G R A S S L A N D S V
Q R R E J D U D A F C F N F B
R I O X V S R C N O O L C S I
T J S C D I Z G V C K N K Z E
H P E O E Q S X W B V T D F A
A S A N R S H I W A C I Z L V
M P H F R U S E O I H O N O R
U X F E A Q G I M N T E L N B
Q O V R S Z Y G N N T D E U K
I H K E V N T Z S G S H D S J
Q N P N T J M V L O T Z E L T
W H U C C E P H O G S H B Y R
D Q B E D D E Z N G C H Q F O
U C L K B R C E F T D P O Y U
G V I C U C R N A T X N W N J
C N C M Y T F M D F F A T E E
F P O S S E S S I V E D T N F
```

260
```
P T T I Y M M D A C T I N G X
X E O W L S B U L X V P A S F
A M R L Y E N T H N X K S H B
E I F C D P X F R E L A Y T N
V O F Y U R H P V I L M S U P
K N A D T S N M R G Z J B Q E
Q J D M T F S L T E T J Y T C
L J G F E U E I S A S M L Q K
L Y P G R Y W H O Q V S J P O
F M X V Z K O B D N K Z I E K
D Q E L D S H Y Z Z P J L N Z
S F U O M R K N O R Z D D N G
X R E L K U S I E P L S P I V
B O G A O U T D N X Z Y K E C
Z M C O N T I N E N T S I S H
I C H E E R F U L L Y H F K T
X X T Z H Z H L Q U P G E E U
Y J L T B O U N Q F V Y R O J
L Q B D D N W D A O C A N J W
X V D X N E J P N S C I T Y O
```

261
```
V B T I Y L D N O A I R S M H
B Q F Z A U T P D R H L W O D
C Z J P F N H I R O V L H F I
X H Z S M C O M M I S S I O N
C O M P A R I S O N P H P S N
D Y P Y M A P B L V L J W T E
E W C A Y S B X X M B Y S A R
P U S L X H Y M D O B J A T S
E O I K E E T F J F C Y T I E
N A Y I P S W O C U F L I O D
D E Q A E D D F P H I V S N M
A K X J M M V B K L R P F E A
B W E M W D X K Q P S S Y R G
L W I H O F U Y H G T E I Y N
E Q Z R M A E R O P L A N E I
G J D V C Z K Y G N G Y G D F
R B S D Q Y E V Z Y E C A R I
I T J D S Q E N B L U A F G E
H I H K D U N B T F U A C X D
I M G C F G D Q O X Y G E N Q
```

262
```
F P P B B R E A Y Y D O L A F
V I G E B Y E N C B A U K U Z
B O M B S R N Q O O E E L S Q
J T O E D U T C S S W J C D X
X O M O S H H N R T G C O O U
O I D K T U R Z R P O X N M P
M L U B L V E C Z W C M T X R
W N Y V C A E C B O X N I M O
G H V Q H Z S F E I D Y N N T
G K U L O V E S L S K K U C R
L Y V Q D X C O T L L X E I A
A X K J Z G W N S A Y S D G C
M X Y W W O A C P N J H F A I
R C J S J N W C O U W E E R O
L L D R O P P E D S O L Z E R
I Y O S H A R E M Q V F W T T
C O N A I L E D F V I O E T X
I O U F T N D S X Z V D L E G
C W P L A Z S L E E P S L S T
K X Z K X N M L A M H O S V P
```

263
```
C H A S E S N Q H F P L O B W
T U M U K O Q H L J E U P P A
K K I N S T R U M E N T A B D
E V Y I X T S H F N A D R Y J
B I O I X N R N L W C J D Q U
Q P T J O J E I D H B K O B S
K B M R N S A H A Y V R N B T
P R I N C E S S I G R E A S Y
```

264
```
W M C U M I G F E V O D K R R
D W A U Z B N N F B Y R F E I
R Q K B R L V D E F E N D V R
G M S S T V T G E A R Q L I H
C T T H R Q E Z Z E F A R E U
K I Z Y O O D D W X D R I W T
W S Q R B W U O N V P Q T N S
O W K N X E N Q R E F Q S G S
```

265

```
L T W X V E Z H M T A W A G E
O Y Q Z E X L G Q Z G C A K E
R G S L Z P E E A M H N K I F
C V O H A E T U C C Q P B E L
E A T T H R T M L T O D S A F
U Y S Y G T U K O N R E N W K
O E K G T S C T F E V I A J Y
R V N L B E E T L E F E C I S
R I A P J E A D G Y N F F A O
D F X Y N H M N H A F P O S L
I D U E P U I T L X V N Q R U
G Z J P O G S B N V W L J E T
B N S H A V X W Q I I Z C N I
E Z Q R S H W S L F E N I V O
W N P F Z O G U T C E W G B N
U J L D M F D R X U V T I U S
P L I I V F B E Q U A L I T Y
T Q A O I N N E C T A R S T T
R H G V N M S V H G B W Z E N
R X H D D M W Y P N K J Q R P
```

266

```
C L N I I E Z K T S Y G C Y X
R P B Y C J N U E K U M T I E
A T U U C G F N H X R Q T V S
F B K Q F M O S S H V X A I T
T U F D G H I D Y K P E F J A
S C Q L P N K L J E W K Z K T
M R B E I F Z D Y O H J K P I
E I L F T O H L Q Z O Z L M S
N E B C S P R E A D I N G E T
T D K F E A F S I B X H K K I
Y B V Y E I N X X H E W K F C
K G L D G M Z E J F P W T D S
R E P T Z V A G S K Q H X T R
J O V R H G N Q D M J W K A D
Q E G L O I T B R U M M C U H
T M J U N X R A E V E T X G E
R P L W N D O T V I J D Q H R
I T A Q O N O F Y P N L R T E
E Y K S K S E F H S N J A H U
D B E Z M J X D F K C F E Z Q
```

267

```
W C I S X D P S X F E T V F A
Y H E Y Y C O A H L U R R Y J
O W H I S T L E N I A B X A C
G C A R T S L R V N R J U L Y
P X X N I Z U H U T B I D G T
G D X G G D T I S B W T V E Q
I A N B L P I O A S S W R R G
C D C S Q N N N C V M P V A G
D M Q X K R G C G M R Q T E I
F K X R X T S A X E C J D O J
V N Y L F N J G T S R E J B K
Z K R W Z F H N Y S L M M H V
X P J G F Y I F E L B P I U W
J G H N E Z Z C E J V I O Y N
X E B D K S S P D P F R U Q F
O M N G E M S D K U B E X D U
D V U N K S I E V I H A R G R
J V O Q I Z M G D K J O M O S
H C R M O T I O N S H O W L P
T K Q X B X P L X C V L X V S
```

268

```
A P L N V Z V Z Z D O M S R P
C O N S I S T I N G E E H J Z
Y H F Y B G X F Q F F H E A P
F L Z I R Y O I C G V O L N R
T U S W A W N A E F K Y T X F
B B W M T I J B L X C M E I X
S N I D I N S I S T T E R O Q
H A G D O F P R K A O C I U B
V R B H N L D A X K P H N S D
M J O R S Y J K C S I A G Q D
O Z A N M O G L C M C N H H D
O B Q H T W G I K F O I R Y V
R O B U S A T N O E E C I Y X
F J H K F S Q R G V T A P L Y
F Q V Z A S E I V A S L G T H
C B V N C T P T M P R X O A J
Z D M B T S M H E Z Q R Y S T
G Y W I S G O E A W A K E O W
G H B M Z G P K T W Z T D S B
B J Q K I U W O S F W D I F T
```

269

```
O N M D W H O E I E X O D P G
I N R V L A B O R A T O R Y S
B U T T E R F L Y C S I Z U Q
U X O X F Y S W M G D U K A C
E M N A W P I M H L M H A O N
A T A K I U O K R I N F O R M
C I C T A S D S D T J F T I I
E L E A D Z K E J T Z R V K B
X Z F M W H P N R E Y A I H J
T P L G J B D D F R Z R H X S
E X A F A S E C S I K I S V Q
V M S X Q L S U I N Q T A U T
L V H Z T O L S E G Y H V K R
I G L S H T R O B O Y M A W A
V R I U G H B D N B V E G H D
A H G U X R G H U G S T E E I
W E H J P O G S J L E I R T T
V S T M S W Y P J O E C J H I
O J E D W L M K W H A L E E O
W U O X G G V S G S V A Z R N
```

270

```
X B D J K O W X L L Q X N B E
B F L Y C U T L H D C Z J N I
P P U Y E T S O N Y U W I T Y
C V B P A I Z F C X R H G E G
M F X N R E S G N K S V F R E
A V Z A J E T O J U Q W A M Q
N D C W G T K E T S D I S M R
S Q V U S X O V F H P R C W D
J U P T Z L X A H C R I I B C
U J K W U D U P H D A N N F A
T L Q N T U J O O V M G A E L
H B N D C K M R F X T E T X C
U K S L L T W A H Y L A E E U
P E H S U G W T G F K W D Z L
A H O N C M P E U S J X K P A
F R E A N R J S N Z R W U A T
G P S I C L A J Z P W O E R O
M D D J S O A P R X U K W T R
F M C T E M H D N C A A V S W
N I U V N N U Q Y R K Q R Y J
```

271

```
O Y H U P L D F S C M F K Q T
W R J T N N A O K I A N X R I
F B P K E O M M H L Z Y V M D
Y Q S M U Q Q X M Z B E I A E
T M S C X H A X G W T E S T S
L Y G N D C G O R W Q Z I P F
R B V H N B O M S Q N I O R J
E X K U J L C Z D A X H N O I
L W L V Z M H G V R B Y I T A
A A A F Z Q M A G A Z I N E S
T K O Y Q Z O S Y P A Q Q C S
I R O P N Z G N O G U T A T E
V W C A F N R D K Q P R O I M
E X P R I K N O U R G Z U O B
L K H T V J R M L I W A Q N L
Y T E E P R V Y M P J U O D E
V E V D A T H Y R D K R F W S
M X L R C R J E K T D Z W S A
P O K L C J S O H D H Y Q Q N
A P O L O G I Z E D V N P D D
```

272

```
I O C C O N T I N U I N G O V
P N I F V A J R T X P U Y B J
Y M G M P Z R O Q U X L I M P
Q I F J A H L N G N H T Z X Q
B C L J Y G X E T G H O C Q M
U N K I N D R D I I M R F B P
S G R H O U M H J W B U Z P T
I K L V W R S Y H E Q K W T C
N Z H I O L E V E R P F K R O
E Z Z B E I H D I W I X Q S L
S P O K E S I L G X J C X Z B
S X K B O V T E H J S O H R X
E G U W H T K L T N W T V E T
S W N J N W G V R U B B E D R
V Z K Y K Z G C Y O Q V C E D
K R G E D E D V P J B X P D R
Y W Q E H W P P O S O B J N H
B T T B D J B B E G I N E D Q
M C G Y B E R Q T F A S R D N
O S U R P R I S I N G F J J O
```

273

```
L D L D A K P E O D K W A W P
G U G I B M X U J O W Q V T E
M V C G X T E R O Z H P A I R
V F F Y C K E L H Q A A M H M
Z X T E J H I W X Q P Y W U I
H X P A T T I N G L A S O R S
M X O A A Q B Z D A M Z A R S
E S G Q X Z N X K U N O C I I
H U L E R X E G R N P S C C O
P I K H O W M D P G H R U A N
J S C S T I M W N M H I R N D
I L N D E L D I I P G L A E E
I A Q Y D O N Q C Y I O T M D
P B O P O R W S R Q Y S E O B
B N A N E W V P Q M I W L I P
S Y H C O T O H Z X G B Y V H
M U N T N I R F E F K D O G S
H O E F Y W B A M R V F U K F
C R I A W T E D I U Z W G U K
V P E A C E F U L L Y R R F W
```

274

```
P R N W N H K S R N P K Z X M
I W R D G A T O N N C Q P C B
B J H P E S I R J A R R O N K
X H E W E N E J N U R S E S G
Q J R T U I S S K B G W J E B
E A S J S G R E T U R N I N G
G A O A W K Y D Z B S O V X R
F L E C O N T I N U O U S H T
```

275

```
G L M T E L C L S B U N N Y B
A J U R V E O P T M P I X X W
S U U I T F E R B O Y J Y Z H
U L M I D D A Y F T N P U H J
Y I Q E G P H C L O T H I N G
U S D K A L Q I Q R R V L R U
H A P P E N I N G S M T Z B Q
W H I N J E C T I N G N H O K
```

276

```
D O W M W I O P L A I T F V T
Q F B Y E I B X D P M K R V Y
A G N X D V D V C I T X T T N
O X W C N C W O Z F D J U C A
B D M E E B S Q W L P V H Z Y
J Z X Q S W P R E F E R T X N
A D T F D I P U B K F T Z J C
R Z G R A D U A L L Y F Y W F
V V V A Y P P R A K Z U M B V
W P H I L O S O P H Y D T B N
P E E I Q U X X D E G T M O P
X D X G I L C E L A X L I Q F
B W C D I S C S H S L T W U A
B J E T U A U D I G A V A Q N
T L L M L A V M T U R S V X O
S T L P D E R A T E S R E F W
B V E P S D N I O W F K D L M
G R N R W R S S S T O R E E B
I X T C Z Q H Y G L A R E T G
J W U O H E X K B V P F M S S
```

277

T P S N G Z S R H M D L C T W
T E B G H O S S L Z L M O I S
M R W E O R U A K N B O K W D
Q F Y M U Z P B N E F S E N L
U O S O W W P G Y I F O R J D
P R Y O Y Z R L P A Z U I W A
S M D M O W E I W H B I A U I
I E J I D E S A G N A T T K B
D R F L R F S L U K F O P M Q
E S W F Q G E S U Z L E V N I
D B E I E S D M Y O K S L F N
O P K J R C U G I G G D H E D
W R B N F B T M I V A W H Z P
N N Y K V F R S R V G Z D T P
Z R V W Y U Y M A S L G L N R
J N B K B Q S H R T D L Y S R
L O L E U A C U H I A N K H P
K E Z D S D S H N N R F O O O
E P O A V E M E R G E D U O P
H G C P K Q O P D E M S G K N

278

Q D U L E X P V D B Y X B F T
E V C Q M Q A T S E E R Z T N
R P R O D U C T I O N E N L K
B E O R A E M U K T K J S K R
R A B U D S E P D Z T A J I T
Y U I Y J S X U Z D R U A C Y
A J N U V P V F F R W H J S P
R E M A R K A B L E C M V M E
P H J S I M I L A R I T Y S W
F T T E K N I O D M J E S S R
J A Q F H F Y H H S L Y M S I
G K R O C H K X E C T R O U T
X Y U G F R B I K O U U H H E
Q L Y G M C L M M H S C Y M R
E Y E Y C B I P H Q A E A F P
A K L I M H O O K E D T S G R
S M I E P B C S T J B A P B P
H B S G F D N G T W O M A N U
U S H F U C O M P L E T I N G
A C U R I O S I T Y W R I A C

279

V K J C Q N A L Y J E D L X P
B I B Q X A E S Y I L M K F M
M Y Z J S C U O T F T O M R V
H Z Z F D W Y C N R J J J M S
A S C Y H I E W K Q O F N R Q
D Q C O Y V K W B T T N B P N
P R E T T I E S T N Z K O X J
P K J I V T J A W E O Q R M T
F C Y S Q C E O G R A D R O Y
X G X C N G Q Q Z L Y H O V P
X K Y X H I D K M O E R W F Y
L K R L R F D E L H Q F I L E
A A D U W O K E Z X P T R O P
F Y X Y E H M M N B D I Z C Y
W A Q Y M W R S P T A U N K M
M S M G A T N G E F I T A T O
U D Y S Y A O D C W A C M D N
P F E Q G D O G A I X O A Z E
U E M R M T N V F O L R G L Y
S H O U L D E R S Y M E N Q N

280

S A C K Z M S L H X F G T A S
T H R O U G H O U T N C H P Y
Z S I O N U E D B I X S R P N
K Y B I E T P B M O T C I E T
Q W R Z V Y A R M A S R L A H
F T N E L J A I F Z S E L R E
S G W B X S V G N N O P X A T
S C K J I C Y F O E V R Z N I
U C R D Y I T I M M R E H C C
D S D A E Y T R K G U S J E A
K C M F T P A A O T C E O O H
W B Y P E C Q L R X N N N V D
Z H H C C I H S R I S T N E E
K Z X S L V D I K T H P T X Q
I E Z W X I H U N E O O L U S
P L Q I U B N A T G V B L F R
V T A Q W R C C W I F E O A S
X M L W H Z X X A G E N C Y O
J O Z X Q S T H L V U S V Q L
S G Q Z L F N S L D N Y R P B

281

I T G V D J C R I L X Y P T V
W Q Z J R E S O L U T I O N S
J I V F B T T R O F I N K N L
W A V R S L H W C J A C I U S
W W Y E R Q O X O J A R Q X U
Q C R C S D R Z A R L E I N N
L O R X R M O A C X Q A O Y B
F P S W O V U X W C X S L F U
S Z S Q E F G X V B I E Y L R
Y N D K Z L H H M I M D H B N
W B N Z X J L X E E S T A T E
X P I L O T Y K R T X I H K D
K B X M E T C T N H E C B R G
U Z J R S G X D R O J B I L T
M F R H Q L U L P L W W P S E
R T X W B K N Y D Y B N S B E
T K U J V E I A K K X G A P Y
M T E N G R L H B L N A K E D
F D J M E R D F U U T T E G T
T J J J Q V H K J Q I Z C H T

282

Q N K S W O H E V I O E O J F
P M I K O G K O D M B A I E L
R E M X U N I C V I J V M W R
B J M L F T G X X Y S I D D E
B K I N B D D S S D S E C F P
A L G B Q U W S P H C X A L Z
O C R L O M S U T U I Y U S A
F G A C U O C E D P T W B U E
S S N W K G T O B I T S Y R O
H S T R H F R S R T M W H N F
S S S L T T O O F M F O E A W
U Q W Z N F H F M I R O O M S
T J P I W T Q F W J N X I E D
O X A V U K Z I U Y L M T S W
F H B A F L G C P A O N L V A
S Y P Y M W X I S S T O B N K
Y S W Y S W U A Z E Q M L R I
W T H A N U A L I K L N O Q N
D F I L L O R Y P V G F Z J G
I F J X Q P P F S T B R W G X

283

F C P Z O O J E A R X G V U S
G G T J Y F L M L D E I T O C
M M F I O H D Z U R I O M U A
K P E M F E F Q N X H I X Z S
Z U A B U G K Y C K K B D Z S
C H E W E D M C H S K R A T E
G E X P E R I M E N T I X F T
P B P O M D O K S A B J D J T
O K L P I C O N F I D E N C E
H U O U D J D C Y O B I M Y S
V C R L V J X R R I T O U B U
Z C I A Q B D D W R S H A K E
X P N T C Q P U U U Y L E C M
Z X G E G K K O D L H X Y R K
J U N D P U S I N X O U N H K
Q X Z S G A O B T S W O H Z V
H T T J U D D H O Q B A E V Y
B W Z R G Z W O A V N G T O E
U T T E S I Q L G H I N O Y M
R R F Y P Y W Y I P J D V B D

284

A F R E Q U E N T L Y I F M X
R N Z D A P F E D V Q J B S N
C B J T A A T F D N W E Y E B
E I Y N T A G G O B G W M V K
Z Z S P L T G M L F T P K M Z
M R L E F G A J J E L J U P U
Q C R P Q W C I D X A O D S A
P R O D U C T I V E P J S W C
I H Y M N Z Z N G F F Y J W C
S S A N D S C Z Q M S T A J O
Y T L R R S K P J S T H M B R
H F I B E R W J U F Q Z D J D
L H M R S C I O V G R E M A I
K H A Q S X E J Y E D A Q U N
R R M Z K G X N R U Q D N D G
X Q T L A V P O X U I X A C C
T V R R O F F I C I A L L Y E
T R U L O E E G O T M C O R J
R O T G B B Q E I C J O U B J
C P H Y D C G M L F V D D E Y

285

C Y V E E G B H P E F D C J T
Y P N R D T R I B P L G V Y L
D O P Z F U T U I M S F S F Z
M E L P L A C P B C B G L Z K
J T A A E S V A P Y A O O R E
E S T F I N M H T R E P L Y F
A L E W Z U N P L E A S A N T
V D R O Z L X Y M N D K B I S

286

I A D Q Q U Q Y J B I R T H E
G I U W O O S G R G H N M R O
F P V A Y E N J X X V U U F B
I Q H R U I K A A T D S F L F
R Q I S N C X W A H S T F B T
E A S I E R N F H A N D D G I
S I L C R H S J O W X D R H W
T R C O M U F X S C O U T S D

287

B X V Q N Y Z J Z E S W O Q U
S X K I E P B C P W O O L E N
U T E N D S I P O N R I X J R
O T A U J I L C L X D R F R E
L X X M N B A Q R J D E U Z M
S R E D P F B G N C V O R S A
D F J A U I Y J R H D A T E R
Z W A C H G N U T A D T U P K
K H O S A T U G D W M B N Y E
Z U L C L H J E E G D B A P D
I S I C T X S D T U U B T L G
D T K R J S V J E J Q M E A C
I A E V I W C I R Z Y K C N E
L R W K Q E D Q M J Z V Y T R
U V I V Q A W D I L V W U A T
L A S A D S E U N Y E W C T A
X T E Y Y Z I W E U Q D F I I
D I D N N V A S D Y L I T O N
I O R E F L E C T E D X R N L
C N S K P E A C L H B I N G Y

288

S T A G L N S E U B D R A F T
L U N D E R W A T E R O H B N
I X F I U B P C A S J J Z R M
O X F U W T R A E D G T U C P
H M U Y I E O I T O U H I X P
T O U L A U T K S I Z R M L L
F H O N W I S P D Q M E S H K
S K W B C K F Q P I U A O F W
T Q U E N O C E Q P V T M O P
Y C M L H I V P W L E E E R F
U I O O A C F E A M L N T G E
O N X N R E C I R Z M E I E N
D D I G E I R X R F V D M T A
B O M O Y T N J S O V I E T W
U I P X S R J Y K Z Y D S I L
L R J U M P I N G C U D T N N
H Z D R K P E M O L S E E G X
F N J G U L G V J I N X I K N
I I F E J K Q Y W J O I N T F
T M F D P E J N K C Y C L E D

289
L C I C H A M P I O N S V P L
S O W X S F E M B Z H M L B Z
E D I V I D I N G W Q K H E C
T I O E L W W T Z I L V X D O
A V L M I J F X N S Y G D R L
S I K Q I N S I Y J J Z E O L
J S S E E N V A K C D H R O E
M I L M K Y A I F Q I Y F M C
U O X K V W S N T U B H I T T
Z N I J B N G X T A W V H V I
L S Y V S W C T A R T Z X L N
F E I G H T E E N R I I W Q G
V W K D H P Z T L E W N O H M
S J G D D O Q E F L P M L N S
S H C E N W G O F I S C N B M
C T T L A D F J F N I S C R A
E O K T I E S L V G S L A E R
N P U H V R D A A B W H G O T
E S V H B B O L X L B Y D A S
X H N M X X K W K X H J C T Z

290
Q H F T J I R U P T R O A D X
L V I H E H H K E A D C K Z M
V J W K L Z Q D G R D U I H T
O Q C C M G A J J Y U G Z M M
D L O H H D C U P B V E D K M
G V N C Q F Z H V A O X E Q Q
D V S R M Y D N T W E A Q L S
J V T I G K E C R U D E T G U
M U A X S O I H I D F G R S P
A G N G Y M S C A D G M C V P
M S T X N E I M N W T O O A O
M G L S A K X N G E U A K N R
W W Y H W W X R U T F N Q I T
B X G T C U W O L T R U G S I
L L D Q U A C K A X E G R H N
P A Q C P K W W R B S R E E G
K N Q M W T K R H Y J A M D H
S Y F A O T E O R B Q D O V Y
H U B Z Q D E E P L Y E V Y X
R W V I M G E K H S I S E U O

291
X T B D Q S G G Z C W P A T H
B F M L E E V J L I P O I B T
R A L G T P D G R P S V Q F P
D I S P L A Y E D D G K I A H
B R A I I R H A N E T W M Z Q
N P S O S A M G T F S U Y C M
R O W B D T N M U L X R R F T
B R F B K I G A V O V U B C K
D T U X T N P R A O A D E K F
Q S H R H G L N O D R R Z N W
T E O C I D U A E E I I I R U
V S X K H V K I H D E X E H X
E J S J Y B F G N A D M Y K R
B N T U J I X I Z X M B Y N K
Q D D C T Y F Q M U N I Y L Y
G V O N L A B A S I C A L L Y
G F E H N B S D X Z M O O N U
Z D N V E G L O B E S M M G R
I Z W O L Y P K L L N J Z E D
M Y T Q D S E Z K E S I T Y S

292
M F P S Q F E Y U K S K T F G
X N N P B S B D E M F C U V G
B I N W A W F N N F B E A D S
P R G R G T I W D V T G R W B
I R E Y L L Q J H F V A G U E
F D F E R X N P P A E N S U V
H W W E D Z V T P G Z T A F E
X P D A F I G I M U L R Z I N
D N Y F N Z N E R C F J H B T
U F N G E S V G Q S G A L H U
W V I N Q R O E U X J F O C A
Q T N V E V Y F W X B D Q J L
F H S D U O M G H B K Q H B L
Q R K L C U Y N S Z B G Z H Y
S D I V M H E A L T H Y D D U
T X E I D U A F R S X S O K R
V O X V M T D I K F K P U T L
C A B D D A T D R C U R B Q K
M G Y L C U G N Y S A W L I Z
S W V K P P X E P P R U E K P

293
E E V C F V S V N E Y L M J L
F X O F P G O J S X P N T C P
K R P J E L M L H C L J S M A
D Z A A C Y A P V O I P A L S
A Z C O N T U I C M Y V N O T
B F U V I D K I N B Z W D S R
U F G P F T I G S S S N W E O
N F S W Z A N N G P G N I R N
C O S N U F M B G P E B C K O
H V F F P X O V H F I G H T M
S L A V E S Z A O O K P E R E
T N E G M N Z C H P U U S E R
F A U G F N M C A M E R A A T
S U Y Q Y F N O M N L S S S C
M Z F U I R X M I G A U S U S
R J G V P V B P X Q S I F R T
N I Y J J M I L B B C T O E E
M N G F C S F I P R I U V D A
T Q V U P K J S F K Q Y M D L
F I N Q K E C H V M H D Z C S

294
T X R H E E T E O A D U U B N
C C L R R H T E V N R N G Y K
W O Q X I N V P M V N X G E V
H N T B R H E W E A P O N S E
P C T Z B P D H R L Y E D A V
V I Z C D N O R U E H Z U W Q
B B P K M W Z F E R R D V G F
C R K E X O T L W S V D U A D
O O T D S H L D O G S P H V T
N O P B G U Z P L N D S D X N
T K H U N W N X J E P I Z B D
E D O K T Y C U N O O G D D E
N H V I U E H Q H A P G E P L
T L H O O S L S N T V T I Q I
E K X M Z A P E F B A M K Q G
D U G J F H Y K S O I Y F B H
T Z M H U Q B O L C O Y N H T
H O Y D R Y G F E X O V X K F
F L O U R I S H E D I P Q O U
S N B K Y T U D P O S M E L L

295
E F B U E H N I G R O P N B L
A X I J S C R E A M E D P R O
E U P E C W F E N C P G V L C
A T E E R G P I A O M Z R O O
J X T L N P G S R Z E F B V M
U F B J A S A K O I K W Z M O
Z Z J S E W I X G P N E F T T
A U I X E M S V M O W G W H I
K D C E L Y F N E D I Z M O V
Q C W A K Z O J A T B I A U E
H O X Y M S A W L X V B R G E
Q I A R O M Q G Z V C H I H X
Y F A R R I V I N G B A N K F
Y T D J E R L M L Z Q K E Y T
Y U J I T Q H X Z K J I N I D
V O Y L B V V N H Y V H S E U
Q A S J E N B K B E I I E D R
E P S A J W X F V V V R V R E
C J W T B M B Q F T A E Z O N
B E G I N N I N G R L D D P T

296
Z E Y C H M V T E F P A R Q X
R H U Q N O C B A Y L E R G P
I K L U I A Y I T O D E U H R
B M M F X L F H D I W C A E O
J M A E C Y K C P A S H V R M
O T G Y L O E S R V M E P O I
Y Z F O O L E D F M N E C E S
M X X U O R C Q R H Y M E S E

297
K B B B X C F R A M J C L W C
R U C C C U T W C M U O F K S
M K S U U D Q I D H A U D D O
E T Y Q R D G Y R C C N M D N
K O I O E L S I M L T T T R T
I S L I Y E E W T U U S N A A
C J D H P S M D D N A E J N L
K U C W O A J F O G L J G K E

298
E X A S I K Z T Y F B Y Q S F
A B A T A M T E S V A M P B E
D G D Y J U I G Y O T O V L T
L J K I A N K O B O T T L E S
T U I U G T E R D I L G X L R
D I H T M H Y W U O E F I D E
C Y O U N G S T E R M A L E S
A M B U L A N C E Y M B Z D C
K J S T C V S W H Z E S F N D
L F W Q T G B E I E T Z Q C A
F C I Y T B R J E N E G S B V
T V M J W A G T I R U S R T G
A T S U D S T R X J B W S E Z
S U X J N E P O F B V E M E Z
S C O U R T S A J B S J X Q K
O Z E A O C O M M A N D E D X
Z E G O Q K O U P L Q S U I D
X I F G S W Q S E S M J F G I
C D D S A U B E S U X Q Q Y V
A V C P D O I D B U O D G I E

299
E N Y L J X S T U T H I Y Q U
Q G D W B A T T E N D I N G Q
K V Z K N S C N Z O B Z G P E
R D C C Z Y L D S J L I O W D
E N Q I L G M R G J O N V D M
A P M E U W J W A O W E C D V
S N X Q W V B R R T N K E V N
O T P M Z B P W K M I M E S N
N D X T T A J E I V A O B P Q
I G O A R V C Q E N R E N X M
N R O B G A M A Z L T N E A O
G K F B L Y U P P F I K E F L
I I M A W P H V S I S S K H T
A O P I N I O N H V T W X E R
F R I L H E U K T R I A G X C
T Z L O A D K H E F C V L S S
Q V M X T C T S U D G P D S X
J D S Q O M E Z Y R I B P O U
I S S U E D L S Q K K W E M Y
M T W F H T V L V X S P C A W

300
O T O W M K S B Z P Z U A S C
S L I A Y N H O T L J E K D I
X B E Z D Q M C G T C L H R F
E T K Z R D P N R U A L K S W
S E A V C W I X J H M N P U T
R Q J S A D O A C X Q Z K F X
Y P R T N B U D U D K Q U S L
W Z Y E I Y J U E Z Q E S R W
Y E T G T G O I I A M S C E F
H X S S E A F G U L A E N X Y
E Z S D D I N X G W V A T C B
Y S A Q N K Y P O W E R A E W
I Z W G H C D A C T L R I O R
X S I B K Q Z N A O C A R K L
K D K X Y E X I T O O R B Y V
U M R C Y V D C M A O L B O P
X K O E S E T E F S C M E D R
Z Y W D M L D F F S U H I R R
N A M M K L O R N A M E N T S
Z F I F Z R E X P A N S I O N

301

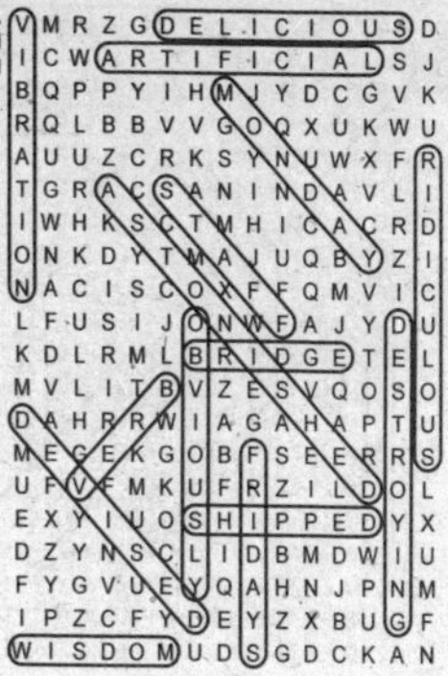

302

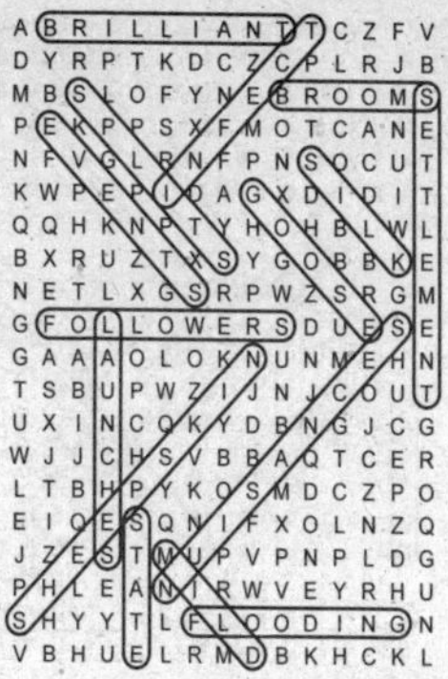

303

304

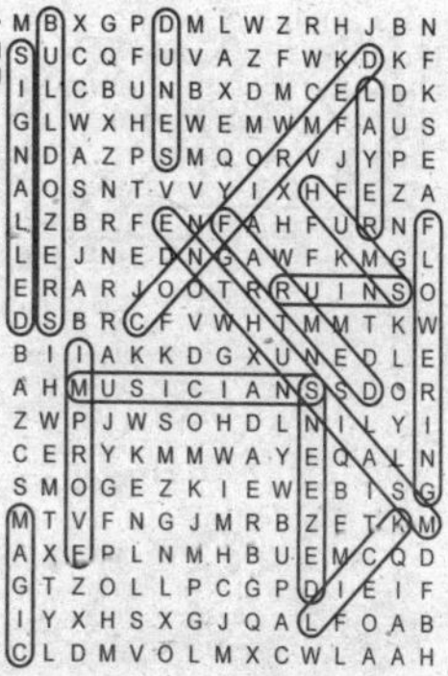

305

306

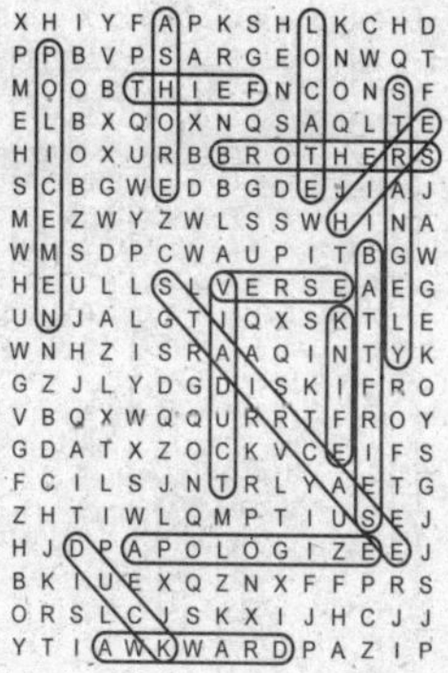

307

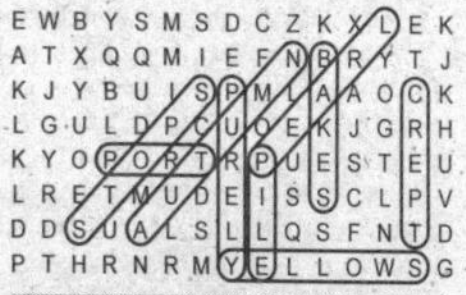

308

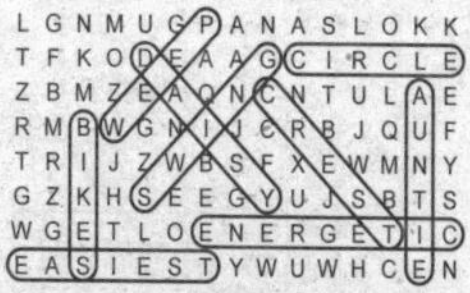

309

310

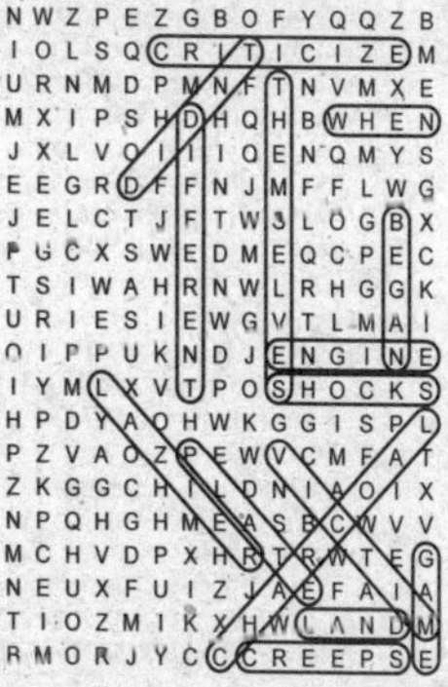

311

312

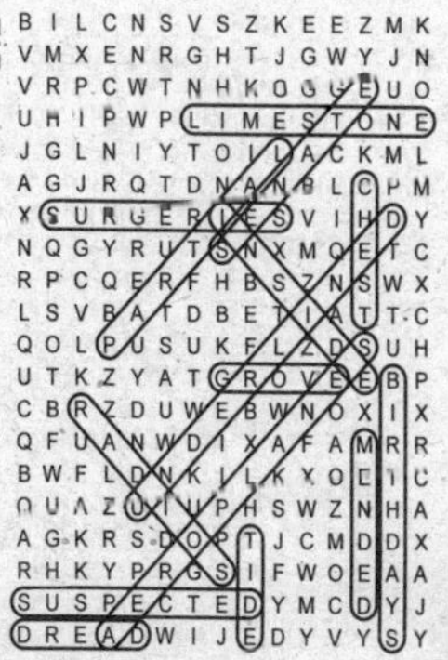

313

```
A G O C R V B A V Y A S Y S W
P T W G Z X V Q G C V D E I B
P A Q Q A A T J S A O F M Q G
O F T W L J E E E B C E N I G
I I K T H P L C Y I E S T B T
N S J O E B U R T T C J C T G
T K Y G R N E R T X V G T U C
E Z L A E V T I E F Y G D L K
D E M T E B M I R K Z Y A A D
Q I Q U M M S T O N L M H N K
D I P A O Y L Q I N V U D D X
S S X C O P K U Z W K X N S I
D C X U G D Z M E P C K J C H
Q N O K N M S L L Z B U U A H
D G I L I I O Q S F R C I P G
Y D R E A T O T Z R P H C E C
N U Z A J S L N H S D A Y X A
N J T N Z J V O S S K J B M X
X Y V E I O W T C P M K Y Z E
N L T D K A K R M Z S G H T Z
```

314

```
G K A S T H B A G P O J R P J
W L O V N R S L D J E O S C D
M F L N X T A N Z S Z T U G A
D E H H K D C D H O O A E M J
V T N F V C U L E L I L R K Q
T K P T K W R Y I R K E C N W
D E L G I G G P R O P P Q B T
W J Z W I O E R F S S O V I S
X P O L O S N X V D D V X Z I
C W I S U N T E P X H S U U Y
I N Y D T I D N D L Z D L R Q
A T W H C R I E I X O V A S V
B T Z V O N I W R S U R E D C
O C W I M O B P Y F E D E T U
A E S C E Y G C S T U P E R S
R V W G R W I M I L J L E N Q
D U J Z Q C I L C M O P G P L
V U I H S B N N X F M V X U E
T E R R I F I E D G S Y D A R
P X B L C G H P N S H R U B S
```

315

```
U S M W Z T G E N T L E M A N
D Y Z R X I S I Y U K O V U J
G E S E U T J H J S S J R B N
T C B J N V V N A S P I C E S
C N S A C K X L O V R J X V X
A F A A T Q X L Z Y E O D N L
E Q E O W E B M F N N N E S G
U Q D W H P G U O U S Z T V D
S A U J P L H L O B I P I N N
C S L E D E Y T C I C U A T Q
R S D H S N T N O N R P U W I
B I M Q I T U X N Y I E U I A
Z S R T Z I I J T C V C W C U
T T F L G F Y O E C O O E E Z
V A B H O U K P N C O U P L E
A N T U U L Z D T S H H G E Y
E T W H N C K J P V Y X Z H C
X Q J O T U D Y T W C S Y P P
T E B X I X D L H P D V G C P
A Z D E L P X I H T G X S B L
```

316

```
X Q N K Y R Q B P J O X D B B
R V K E R P N H Z U H V H A C
A H U T S U B M A R I N E S O
W K M H W C T O E F C P A N N
F L A T T E N E D T X F D P C
U N S E E N O X V L R A L R L
L L D I J L P L M O U E I O U
L K D W P H N E I N U V N P D
Y I K B A W W D V G Y L E O E
F J X C E Z M N D O I D S S D
P L N O Q J R K F A I D G I W
G N W C M P C G A D H X X N X
I C H G C W R H A V U N X G I
C V E W W W S J S I Z M U R Z
E V P A S R R H Z S E S P B L
B Y S P U Q B T A E I S L S F
E A C H Q P L Z P D X V J W P
R U J V F W E F R O O L V O C
G B D P J T N L I B A W Z T C
S S J F L B D J L F M S N G R
```

317

```
H K P L J Y C S V X P E U H E
Y O I K N F G P A L T M T E M
D G R P I W B L B A K E R Y O
Z P I S E I K M L Y C K L P V
L O D W E N C O M Z A O N E E
H S L D D B C L Q C P W B R M
O S T Z T O A I X T M J U C E
R M O L H G U C L G U L Y E N
R R B C I P X H K A T Y N N T
U H A U M C J T T V F E R T S
M A C B G C P P S A N P S A J
W B C D T H I Y J I O Z K G J
K Y O G G U N D L L X R K E M
C R S F H P N Y K A S E U Z A
P N F L Y E E W T B F X S G A
N Q K R R T D D A L F F W N S
O B Q P O S J H E E F P A L S
L S U D D Z N B T A Z M Z I J
A G B M Z Q E X F P U H Q D R
Q J V D F V Q N F H K N C U I
```

318

```
S J M K S S O T A W G V X O W
I B N R S N C V K S S M X P C
X N U R S W E R K S C U I V T
T G M T F V Q I I I O R B N Q
H W B D D E J M X M A D A I E
P E W K G Z S X A L E L U P X
D D C Y L I N D E R S S O R E
G H Q O D V E U R O P E A N S
```

319

```
N C S N J G F Y Y O S A I L S
V O P V E B L O C A T I O N S
K F E D D H B L R S U N S E T
B U A W C L I O E P D C X R A
N C K X D Y N G A E I L D V T
O A S N S S N L T C E U M E A
L X K S R B X M E T S D H P Z
B K E A L I L J B L Y E A H P
```

320

```
N B F W F I R S I A J I S H T
Y N E T Z G B U E O S Z Y L B
T T Q C U R I W A L D E E L P
E I V O O A N N L J Y U F X T
P Z Y V A D X I V A C S Q L Z
N N F D E U F Z L E S J X I U
Q A V P Y A X T W E N T Y B A
M I A D P T W Z U Z P T O O D
I E F M A E O G J R D J O R S
L A V O I D W P F A G G D R B
L B L Y T S I V M X U U C O S
M I N R R B J G F L Z A Z W V
X S S U N Y I U C W U N R E A
U B P J I E Q Y G R W K S D T
V M X P J E D B A N S B U Y R
B U L J E M D E S A B I L Y P
M B G Z H A L L O W E E N X A
I U T H I C K N E S S D N P P
M M S P U M A D V E R B M D L
B O U N C E T F Z C U R L Y S
```

321

```
S P M V S X Y N N A Q R P A Z
P W X E U M P O P B S R L M N
G W T L D G N F M K S V F Z F
U E E E Z H F E C H C G Q V V
A F V U L S H O Q Q P O E P A
R I S X F K L N Q C P O C Q B
D J R T W B N I K G K E P N A
I X Q V U M D A S I Z A O E N
N Y H E X N E R I I E N R R D
G P R W M O A G I H H U U E O
M O S T O D R U N V G D X X N
K L E C N M V M U I E Q C E E
I H W E N A C E F R I R G S D
A J L Z I K J N E S H R S M X
T A X P B A W T Q E I H P E T
C B J T H I N S N B N N Q L Q
R M Z D M E A N I N G F U L V
L M U F R V N Q H F S A F E R
B N A U G H T I E R G X E D X
V E C F A R M H O U S E M S T
```

322

```
Y U K Q M A D D S U W V B X Y
X H A Z D G L H O S T I L E F
I H W Q V V C L J X T A R A L
K V T I D V A U L W N A F I O
X P U D P R G G F O G B U E X
K Q C U J B E B I M V Z R K A
A U B J E G S T B T S S N V M
G T I X C X O W I X E C I F P
C H O L R M T A J R J Y S J P
W J C A E T W P D Q E N H R D
S B B R E A K F A S T S E E U
Y E E U E N O Y L X A K D D S
J F L K S P H E Q K E E E D D
J E A W D R L X T Y H H R N E
S K B F E L Z H I K S O L Z L
T H O E A T P I V U W Y H Q A
A O R R Y L Y B R S R O H P Y
J A A R S B R I F S H A R E S
C P T N Y X X T A E S H I A J
N Y E X E Q L E W O H L Y D C
```

323

```
C C K M V C O M P A R I N G H
C R O H L C Y I F S X U H V C
C O W N S P G B N R Y O K M P
V G R E F U V F T D O A Z P X
E J Z T U I E R P D S Y W E R
X T W Z G W N T Z J P L S R X
O R W B R S D E X T E N D S F
V E U B D G C L D R M I N U S
F C V L J E B E W A U C X A O
F O X L Y Q Q C Z C Y K J D K
F R W C M Z U T Q T W E F E Q
J D S E T A K R C O V L U J Y
R E E R R P I O A R A B S Q M
X R K X U X A N C H O R E D T
T S H M L O L S T O M S S U X
V Q N M X M W N J A I R E M T
P V H L Y S P L I T I S E U U
S E D H O U J E P V I N M V R
E S J V L N U A S M W C E A X
G R H S J I S O T Z R Y D D Y
```

324

```
B N G Y C S G J Y Q Q I C H F
K P X L W Y Y Z W Z R L I C O
U Y Q S X K C I B U Q G N X R
F Q W D R U O X T C G D D M B
R O C K E T M B V L R X I N I
F F O U A V P B Y S V Q C Z D
Y K J R G P L E N Y Y B A G D
G D N M A C E E S I Y J T B E
P H H Z G S T Z J S Z F E E N
O U U E P A E J G D F I D A V
A B S M E R S C B I J R P U V
W A U R O V G M C B Y C A T P
D J H G B R W X J I W L M I C
N T B B H P N W R E O Y I F C
L J A S M J Q H T P A I L U T
U C C K C Z J J Z O O N L L O
W P K V B A W C E D I G I S L
E Q E E G E W E B Q N I O C A
E N D J U X S P E E D X N J M
D P S V L L O E A T B H D J B
```

325

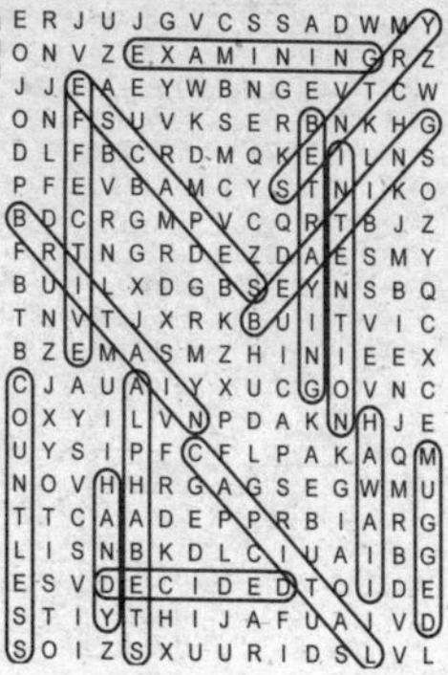

326

327

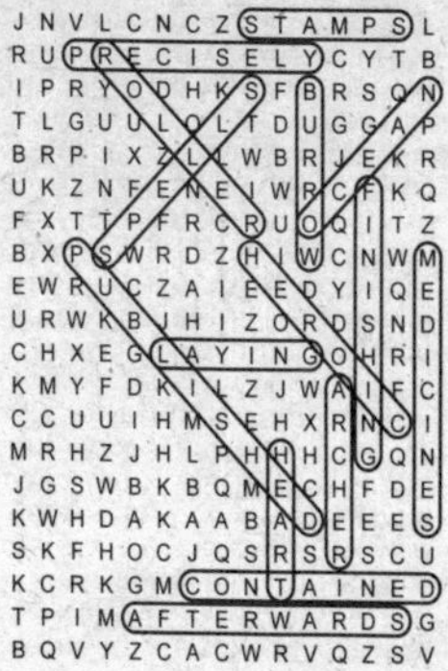

328

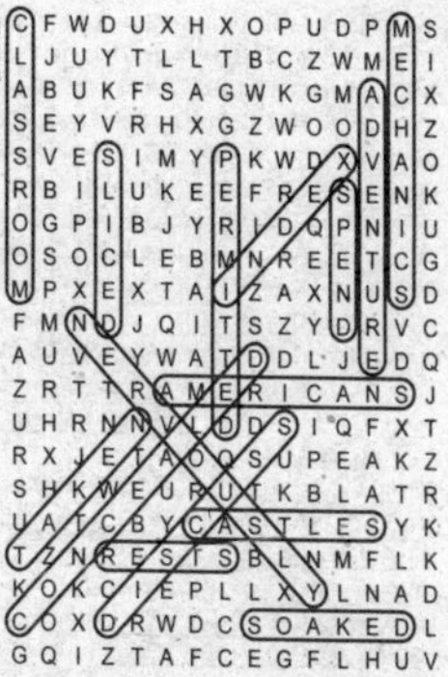

329

330

331

332

333

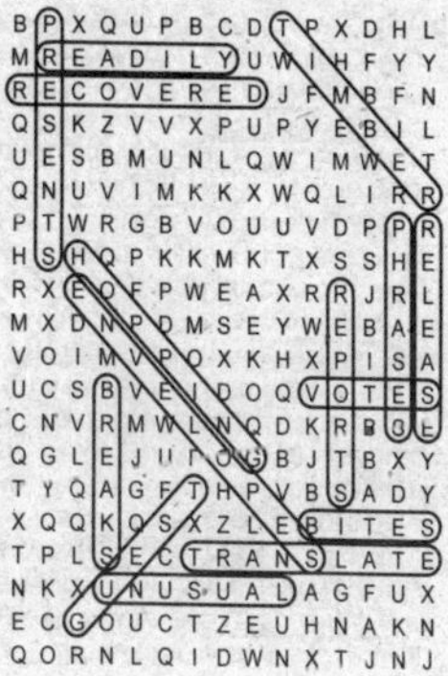

334

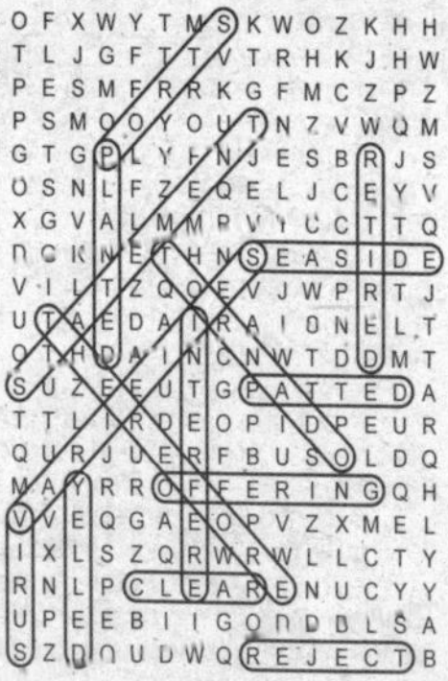

335

336

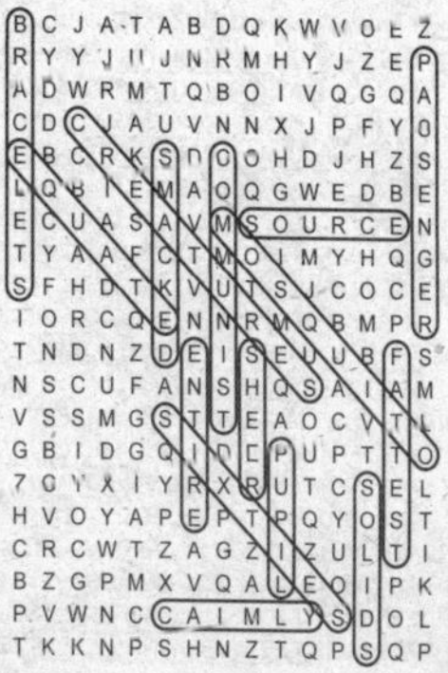

337

D E S C E N D E D R A H M R L
T M R K I W Z X O Q J F Z U L
V J Z S W U S M D T F E E D S
B I N F Q O Z Q O S H R W M E
Y Z F Q V B R E E Z E A O E L
V R I F T Q D S B N R S X G E
G I R W L A U W M E P E V S S
J F Q W G P Z A E I A D G Y S
P G O D O X Q L U L Y N F A E
O C E T K W P L R G I I D C R
S C C X N G R O P E T N B I J
T O D Q Y A S W B N U T M C C
P Y M W D O A E E L I X X J R
O C V C S R I D E R K W P U I
N Z E F T O I R A X D W C D T
E L R D S J K F Q M P S P G E
S W X F N C D R T Q V T S E R
K V K H G P U Y N I B X Q T I
Y X U P R E P A R I N G X I O
C K T L T V X D B V G G U P N

338

W X Z W D I U C X D J E S C S
S D F Z E Y O L A P M R E I T
E F G I S C E P M O E U Z U A
N Q F V T R H O F H J F I P G
S O U Z R Z A D T Y X U E G R
I K N K O E T I P D G O Q F G
T Y L L Y L E O S T H N J J N
I O R T E N N I S E O U U S C
V S X Q D P P M M I S C S E I
E M A P U P L O T E V G D K P
M E I H R Z O A C Z N D K Y R
J L U D F Z V N G I S T U N G
K T C V D E A P T U D H P P U
L N R C L H S N G Q O T W V M
O B J E C T I V E N J B L G W
O H O F D A S D V L L L L I F
Y H D E P U M A Z F M O I V E
H C P W R E C Z R B L C L H E
O H B M E N Y Z R P E K Q X L
T Y P E S R L A N G U A G E S

339

Q E X E R C I S E S J B R L N
O T U G H P X O R W S A H D N
N P B X E E D U C A T I O N T
B C B H Q B O E S Q R N E X D
J C N R V Z U P F Y T E Q E V
Y X Y L O L G I E D D Y N D I
Z J Y O E W H P I E G R W V Q
F Y T M X I N I T I A L C D Z
A X F J H C H R F W S T E I K
E Q K Q J X O L M T J N X P U
F S J C W P N X H X I Y C G T
L G K A P T H M U A U E V B L
Z I E U F I B T T I S Y Z P A
X G S R S C V B V J K L Z P R
H I C O M P O U N D S W I S B
Z W J X S A E R Q Y Z B G D F
U P X E C Q N E Z A P R X R E
H X P D A K Y S D C L O V E R
P O P R Z O U E W S G O Z E T
H H Z T Z P E B B D E M E C A

340

E B F S D A U F E S S I L K S
S K O X S A M K F P X L N U I
R E S I D E N C E O H O C V K
D L E Q N Y K R B V S K V L Q
M A T R A V E L S S H V W J W
U X D H M F O A E W H I I Z W
K Z R V U L L L Y Z B P U N C
T S I H A N U X V B U V H W H
O X N U E N Q G S I Z W P Q J
O N K W F C C X S R N A U D D
I N S D K C J I A S F G E K A
O V Y O Z D I X N D Y R X Y B
L L H D Z R F T E G U T T W G
Q X R H S A N D Q O M T E S P
Y S V G D A N N P L K I N T H
B H O B C O V A F T B M S A S
R M E A P I V I U V I E I T K
E E V S D X Q R U T D R V U I
P B E O O A P R S I J V E E L
T R A Y P P I B W C H N O G L

341

Z D C H O W F F A I C A B S H
B A N X I O U S L Y X P X E J
C U A D B N O B R V X R P L N
G D E T I F J O U V J R A O C
K O G M J I T R E K E V I Y B
O T S C E C T Q H N A T W O S
N P Q E E P C M N X A D O U N
L C U L V L G I R R B H V Y H
M X L S Q H M T G E U L I D F
H O P I N G Q I Y I N I B S E
C B K V W N M S X U J Q D T X
E N Y M M B A R K E D D E R P
G O O Q C P B Q V I D I X E L
A R B H J N C K L C N S P T O
Z B L P C X R B C Z Z S L C R
Q N E V N A A X C P K O O H E
P B I L L S D K T O O L D E R
N L C T D I L R F V C V I R S
A D F S C H E D U L E E N N A
F L S I N S T A L L E D G X K

342

Q L K R M Z L S G S A H X R D
C R U E L C Q H Y H L L Y Y E
W V M J O L T R Z A S Y C C F
Y A B E M E E I G H M F O A I
E E R M H J D N C T X T R N N
H E E Q F E O K O P J M R N E
T Q L I G D Y I K O U E E E D
E F L G G T N N J M H C C S H
L F A E N M P G O K I F T J P
X R S X C L B E R R Y D L U R
D B M C Z X H Z G F P W Y L A
S C I X R B T J V F S C N M C
A I G P R M N D I P L O M A T
I I G W L X Z A E S Z I Z Y I
O Y L N U G T T U W Z P R X C
N L Y T A O S P G F A I R Y E
G A L E S T O F F I C I A L S
M N C V O T U V L S Z W Y S F
E K H O C R J R R T F K K V S
G H F O C E N T E R S T J M R

343

A C G G O Z U S O I W M H N J
D N G O J F R G S O V C M E E
Q M C O M G N N W X A S Z D D
H C R E A T E S B E H E E C G
I R I N S E R T B I A D C M D
G R R O W T J N I C I X R G K
V S P I Y J O T R O L L Y E R
J A U S R J G R V F O L S E W
A Q S C M D D A S O P J T G A
B R G O X G B O U P R I A A K
I R E G R E T H U Y L J L U U
L Z J S R J B S Q L D H M T L
I W E C B I J W P F O P O K O
T K N H S K P F N N K O I F G
I B P O D J U W A W Q E B T V
E Y S O C G Q Z H O E S R N A
S G W L S T E A D I L Y W A T
G R U I U N P A T H V X X M S
S F I N E S T G R V Y M H P J
T Y N G R K H T X S R Q V I N

344

R L B H O E Z U V M G U L N F
Q O B P A X I T N W B B V V B
J W O R S P K G B L I D T S Y
Y R K H C J P V P Q E R R T O
J Z H Q W M H E Z G J S R A P
O Q V D Y N M B N M F O S T H
B W Z B Q M J A O I E W V U Y
Y P P A I N H O P K N T I S W
R L N P K C I L V T Z G L M B
D T F P X K G A G Z R R V T H
N G V E K E P G C D L A Y P S
T T O A Q Y N Q R U C M N D G
G R A R R I V A L M H M B B X
M B R I T P I A E A R A H U O
L L H N J C N V I K F R P P J
D B A G D H O W N E R S H I P
P L U M P D S T H R H W F J W
P Q H K U W O V P E A Q Z W F
T A U D I Q A T T R A C T E D
I N V E N T I O N U C T Y T A

345

Y O O C Z A I S J D M U A Q Q
R B T O X L M F E S H J A N A
P I S J H O I T M O V I E S T
W G G U T V N E H Q G J L M P
C M S A P A F C L C Z B A L G
D A J A L Z E H H L D I X Q Y
O X I S C E C N W T B T V N Y
T C L T L V T I E O S M A L L
R B V R Y B I C G S R C K H S
C M F O E Z N A P A G S W Y P
E Y V N N D G L R F R U T X E
C H H A M I U S A W E V D X Y
Z U R U H S J C Y M D V D F T
C S I T H Y C O E Q U A L L Y
H S S X D R L W R J G M E K I
G P P J J G H X S S Q R F Q I
Q F Z R Q G R O W L P E A Z S
W W E B I E W E E E Z I L V C
U V O M F N K D S A D D T H E
W B X T B A G R E S W M K E A

346

A N I O I X G D Z X O Q W V B
U T T G I L C C B Y Q W H F A
E Z Q J A C H U C K S K S E P
D R C E R X Y W A D S O S V R
I L E O U R S E L V E S N M F
M V B C A G E L B V J Q O F Y
L O X C O V P U V S K J O M Q
Y R G N I R X E Z D H A D Y V
A E L S O X D G J Q H V L D G
N E S R W F F I O O R S R Q E
R A Z T X E A Y N A T O W N S
M C H E E R E D J G L A I I V
D J N F V R A T L F S S F Y P
R E P X J D D G E Y J E E Y A
P K K M E U N A G E L O A D S
O K P O L I V Q Y B P I O I A
C M H L D F O M A V C V C Q A
A C M A E A E C I W J S S V K
E H F P S O P X J X H N U S U
F P K H T S T R A N G E S T S

347

R A O R P S C N W R L H S I K
I Z F O R G O T T E N U P Q D
X W F R L F K L F L I G H T O
A M E Z Y N W O A D P L E X D
L M R Y V L C G S H A I R U S
F M E H A Z W Q Y M R E E N E
F L D V O A Y P I C T R I L L
S O B V R O P M I E Y B E W B
Q N U V X E M P E R O R J T F
X M L S Z F R O A R E D B S D
I V W E J L C S T V R Y I J H
X D N V P D E W O Y D H M T P
S X H E F R Z X B I G G A S D
X J R N O O I W N A R C N W J
H C J T Z T N V E M R I A B G
J K S E N F I P A I W E G D U
I E M E F J Y H C T H T E P M
R K O N K J B M A V E J R C M
B O G Z K T D R L P C L K Q E
Y Q J M W Q E Z P U I J Y J D

348

U L S N E F S U Q L O C Q E L
N F U G A L O S Y S T E M S E
C T R Y S X Y U S Y X L A X A
O E T V N Q E C S T Z E O L V
V N L H N X A C U T E M P Q H
E J P W I Z W E S G F E V W J
R O Y L L N X E P C N N T X T
E Y N O E Y G D E X N T H H R
D M N F U N O E N F A O C N F
F E U I M T T D D H G A D F F
V N C C P R H Y E N Y Y I S O
X T L Q L L C O D X L S S G F
L D M Q N E C C M D I E G B P
R Z V W T C O N K V N L U U P
B P U Y K S T C E I F Z I S J
V I U L N D M I P Z E U S I S
D Q O P T J V P G P C P E L Y
J L C I U C A X D P T U S Y M
O M X V D H P W R R S F T Z C
M Q P Y U E Z O V L C R L E H

349

S B Y X F P Z I F V R D T A T
P E B O M S N Y L Y Z H R C O
T X P Z F H L T C D B P A F X
V Y A A O T A I Z Q E I N G G
P B U A R Z W N P W C Q G E S
W L A O U A N P G S S K E X D
Z R H T K B T X I L T R L C R
S S C N D E T E R G E N T L A
G L B S S B K X D A X U H A D
V G I D W R W G R A P H C I I
Q A O P M M Y K B K I V M M A
N X U S P Z G S X Q C H B E T
L E Z P B E M H D R B R G D I
I T T Q A V D G F S G H H W O
Q Y M M A A I B H R H Z S L N
Z R A F L I J L Y R N E L P C
A R C Z T D R D Y L P V A B E
D W L I W G R T B A R U S T Y
W X K Z M P L T H S J R T U X
X S E R I O U S L Y G I S A O

350

F C M H S G H S X M E D S G T
B E J O A C V M B B B G F J W
E R S M T Y O R N H N T Z S P
G A C H S U S K Y U L I J A U
N E I G I O K U R K D O N C T
Y Y E N L N M T B O P C L O C
S G N Z Y T E M H S U R P N O
C N T D A W P S T Y W A Q V P
D I I J L D R J L A T O S I Y
Q W S H F E V A F U E E W N I
Y Y T Q F L B A M D T R A C N
F U Y J K I Y C N I Q P S E G
Q D Z O R G Y C R T M Q S D D
H R X T L H A O T O A S U E N
S Y A U F T V S C B D G R R X
F D Y M L A T C S K M O E B H
X W D M F W A Y D V C E D L Z
L T B Y O D F R W S R N Y U D
K B O U E M B A S S I E S E D
M U L W Z M M J Y Z Q D N S T

351

J F O E R R B N P X R D O Z Y
F P Q N B H S H R U N P E R D
S Z E T K H U I P H O C R E X
O G A R S F P S O P A E N A S
N B I A S Z L M U L H J O D X
K C B N Y U I N P C Q O L S P
A Y L C A P A E L O K E N E L
D S Q E D X R D S X I I H E N
I W C O L I J T E F K N N C S
G U R J F H O Z V D Z B F G T
Z K K N T A S T E H S F D Z N
S O O E F D L E R L B Z G Y N
E D K I W A S A E E M X J E M
K Y P H V Q D R L E L X V F I
L M F W X K R I Y B G S Y W Q
A S D F B I T N C M U F G E R
T U B Y U X M G J H Q Q J A H
E I B Q E J Q U J R I J B P X
D I S T A N C E S X Z M K O Z
Z Y G N X K E G M Y W N X N A

352

H K F D E M N I W D Y O X H T
D P A H F R A B R V E X T I G
I Q Q G Z Y B R X D X D V D D
V Y J C V C E R T N P L Q L W
Z T S E D X P F N D O K Z S S
A H P Q C O P G Y B R E A K O
T S O R P D L R C V T R Z Y U
G J M R U K T I L W S C P Z T
X S F S R N M J Z Y T Q E W H
R U T L V O J X G A E D N Z W
E R Y S T Q R N B T R H I E A
J F K A K G D Y H F Y D N M R
E A Y D N B U W D L Q M S P D
C C I D M O W L A F A W U H S
T E B L U R P C N L I H L A Q
I S B E E F I F Z U S R A S C
N V G D V D X L Z B U E B I H
G A F G E P E V M G U L D Z P
P H D M T Y A N N O U N C E D
T G R X D Q I M P O R T A N T

353

C E N T R A L S K I E X E K Y
A T J U J E E L H I N C S O O
P R L T A D P Z R W W L H K Q
J N M R O S K E Y H O P O H T
H K Y I Q L Y N A O Q O I C Z
S B T C N I R R P T E R U R A
U W L E P G E S G A I M K R D
B Q D J E D F S F F H N T E M
S J L T N R Y T G R R B G S I
T C H A S I N G G S U Z I E S
A D W I E L K N L K H C D M S
N M C F P L I Z S H O O W B I
C C H Z R P Y O V W T M R L O
E J O H P O H F U B M P Q E N
V H A O Z R A R Q V J U X S S
S L R C B I J D I A P T R E Q
Y D P L D S T R I P G E X C K
O L D O J H U G N O D R F L F
M V H C H U Q R Q S A S A T G
H O H K O H D C I B U G I F F

354

Q B H O E V N Y M J V M N H D
U O Z T O R F F K S T B J D W
N G U F O S Z M D E C L A M S
B W W R I F S T K P A T C Y V
Z Q E T N N R R F V H R K I C
E H A I N M A W A O Z A F R Z
M S F A O M H N D S N V Y E F
M B M S C L W U C K L E V T P
T O I K E G L T H E R L S X A
R Y N G N P L N Y A K E F P P
V K C U T Q T T P Z D R E R B
L K P L V K W E D O V S M S Y
N T H R Q J R E M U P D R A E
C B E H W P Y A V B I A B B I
A L I S T E N I N G E X O H P
X S M O Y T C X X H B R I W R
I C O L E X C I T I N G L F I
Q U T W I O J C G J O M E V X
A R Q A M F N W F O S W D H G
O C H M V R F D M A T F A X H

355

N U P T Q F U R I O U S L Y A
S F O V V H R K R A W L B F P
F A D R V I V I D S C E I L H
Y T W N S H X X N N F X B P B
N T E S C H A O B C V G N T T
H E E M A F I X Z I M R O U D
O R H H R T M Q S P O E N I F
P I X M C B G B R K Q A G G X
E K A A E I O V K J E T L M P
C F E T L G N O K P W N T E U
G R N T Y P D S H L S E E S R
R U I N A Y L G P E I S W T C
M G Z H Z N D O G U W S B I H
U T E M P O R A R Y D L T M A
X K P A S K B F I F U O H A S
S Y O F C R J K D Q C N X I E
H N T S A A T O C Z O X G E D
H O T C H S R B Q F U J O D N
N W E W U I S I F R R K M N K
D D D U C N M F S A E U A L G

356

Q D X N B V Y M Y J E K L I H
P Q Y M U W V G J H Z Q I U R
N V T K F U Y D J T E V V G Y
K W T E C X D A M P E N N G G
S T R U G G L E D Y O I B N V
M Q B C O J W A R G T E I V T
P Y X X X U A J N S C C Y I O
Y G I P W E B L I C R V U K X
I D Y J H D M X H O H X W N B
T L S G F A E W F O H O U X F
O V Q W E U J N I T L R R Q S
B B J R L A E E S E B R C D B
X O C U W N K B F R L W X H Y
H S N U U F A I L U R E H D C
T H G F M A L R G K F I T I L
A U F Q I O J O O R N X Z V A
K K V S P R Y T A R S T F Z I
E F S A Z S E P Z T S B S J M
S U E U R E M A I N D E R Q S
R X Y O A C O M M U N I T Y D

357

C O L L E C T E D Z P J C U G
Z H F Z J B K N F E C C W R M
X Y W R C G W D I K T I F K E
Z R S N K T L A N X J A U S A
P X Y D K T T U P U A Q I A S
Z P E R K R C J R S Q A Y L U
Y W G U B I Q B O C W M F Y R
J H N E O A N N C R R Z J I I
J X X G B N V U E V D A L N N
B O J V S G E Q D E H T Y D G
C D M F T L K F U T D Y L O O
S A E K R E C O R D S L I O N
J H N N P S Q F E F E B E R V
T A K N Y C B K P K Z O X S X
X P Q N E N M Q U C Z A M H B
Z L D F S D Q F G A Y O I D E
E H H T W Y B J P L A I N O F
F O L L O W I N G V Z Z E U O
A C S Y C N S L R E H X R B C
Q P W N D C G M Z S C U S T U

358

C Y R E O K T J A E D M V A U
A C W Z E J L Z R L Q V C G M
L O V U K H U U R C A O U E I
C P D M D I T S Z P D X C N V
U D L F D C L O F L D H O C U
L Y A A U F V R H A T L N I H
A E K R V X P T U U A K Q E Z
T D T A L Z S Y O D O B U S L
E S N W H O U S E W I F E E I
L F R A G V W P N T N Z R D T
M D W Y M C S P V L W D E I S
R E C Z S T R I K E S J D S I
G V S W E N F O R C E S D C T
R B T L U Q S M P K U D R U A
O B L H S Q K D G Q G G N S M
T U Z Q D K W P U E Y U O S U
B A R B E C U E D B W M B E O
U F T C W F R E P P P C O D N
G I W N V T S L C R Z J D H S
P F Z C Z C A Q V B W C Y T M

359

Z I T O X I U X J N W V E U G
H K B K M A R P N O M D N N D
E J R H I A E D D I A V U E V
E T J U M C M I E K W B R V P
U Z S P Y J K F W U B U Y E U
P N Q D R O I S M A I E N Y J
L Q P F W E V C R N D E X S T
R F H V X Q D G I G A N T I C
Q L D I C F W I Y U C H F R S
Z E I M I V Y M C W G X E X A
X C Q X P L Y B T A R M O R C
T B J O G D F V G K T V U L M
C G C N F S N A Z E J E R R F
R O O V E G V L O M E O O O F
O R M C T D T G J G R S S P I
W Z I X D Y F S D Q U R G E L
D L N P F J A O R A I L N S P
S R G A W A L S X A T J L V W
X A G T W B A T H I N G X S U
W H G G J X C B Z N F C U L S

360

G V V S A P T Z H I L U J D U
W V B X Y O U Y W H Q O L C H
S Y Y T Q I W M Y Y T T I G V
K R Z Q C S T A A E O N U K P
O E V C U O J E K R Y O H C M
Z F Q I L N I N Z J R S F P T
J J P Q S O J H J G Z Y C R I
R O F Y E U S S Z Z G F N E D
P G E B H S Z E V V N Z C C Z
K C Z R Z M N C S D L N Q I C
E U H E O O O X J D U W V S N
C K B A I A G S K O F D V I S
B D N T N Y P H N F E L L O W
J V O H H Z I O K R V D N N C
J N D I V E R S E Y B C U B P
R C B N R P P T P N R O B G I
L W D G W Z T B A W G H F J A
Y R L G V A M E R I C A N S N
Y G S Z H N B R X C D S G K O
A D I S G U I S E D R N H E S

361

A R T S V W S E F M U X B K H
P R J W T L X V H Q Q D M I Z
R E F E R R I N G Q M H P P I
I O W V L F M R Y I F I W I S
J Y K Y U W E N I B P T R P M
I I X Z H G C B M R O S M T N
M K T C U V R A K A X G T J D
O F H N H P I E A V D G V J J
M W O R K I N G A Z T Y F D F
N O R D E R I N G T G J C X B
S W M B K L T W I S V T C U U
L T H E T N O F L O O R S T I
S E A B N E N H K A B N C R L
U M S G D T O O Y J O E I B D
Y Z A J E D I L A I J A C O I
L Z Q I B S S S J B W T E L N
C U B J E M E T O R C L B M G
R P D P E J S E L W Z Y S A S
W H H W N S U R P R I S E D G
V L O M Y F P R I N C I P L E

362

Y X Q W Q S E P A R A T E S A
Z J M O H A T L V S G B Z H R
L P F Q R K E T A C J Q X D N
M N A E H E A R Y U H B S S D
J E D W W I W U R Q X R X X R
P G K I J E L S I F L I D R V
E L X R N O R T H W E S T E Y
H E T H Y W G E G X J D H L D
M C G W O E U D Z Y G U E A X
U T G U P O U C R L B C R T A
G E X R M D Q M N M N F E E W
D D A M A D U D E E X O B D L
U C F Y W S C T R F S S Y G P
C M H C A U S E T P O T L G S
U B O I C O F Y D A U Z S I N
B Z L K M E X P E R T E J V C
C O L O R F U L T O X C T I B
V D A A Y L O P E R A T I N G
K I N N G H Q Z V K L Y Z G R
G I D Y F E A T U W U U S P L

363

R N Y K G D J J G Z Q G K D C
E Y J T K K Q K Q B M D S M U
Z G G I J G N M K E N D S Q J
N I G A E I T I A O N C B T Y
H Q L D R Q D V Q A R D O I C
L T A D M P P V P C J C U R O
E Z M A L A Q X Q U D F G E N
X H T N K S E V C Z J V H D S
P P S U P L D N W W A W T R I
R X E W O S O K O I N T E N D
E Z R U E U V W Y O H E H J E
S Q L Z T D S L I D N H T L R
S U I C R Y E T W I S M E T O
E L E O Y F P G G W X E W M L
D N O E A E Y N D K H U L A S
Y G T S C H E M E W X H I I X
P Q I X M C G D E P Z L Q D Y
W T E I X G L A E N Q Z C E B
X U K U N U S U A L L Y F N H
W N J H T M Z R D R S D N J Q

364

S S V T H A T C B O A N T E B
M E V G T A Z M P T U V R C F
U D L F O D S S P L P Y H O E
L S H E M E P W B O A R X N E
T P B X C R K X L Q Z N I F A
I K T P L T P S S P O D E U Z
P L D H R G I X B S Y H Z S Z
L T N N J L S N L E W V S E G
E L P N S V H X G Q P R Z D B
S G Q A B N R E M A R K R O T
A W E L T B K E Q R Z Q S R M
H V H A N D L E F R S K I J Q
Z U J V H H C B Q U X K K O G
G Y H G Y X D X H I S I L K Y
L P V L T Y O C E W V E Z E X
C R P A E G N I N C L O S E T
V M O W K A A G E F A N P L I
O K L I R M O N S T E R A A J
P X Z B R E K Z V T Z E B R A
H D F Z F S S H W L A P V W E

365

X Q N M Y V B P F K R I H T Z
Y K R H M E C Q W T E J H X T
F B Z E S Z D Y O V K G D A E
Q Q W E M M B J I J I O Z O C
B Q H L S F E E M R L V K S H
X N G S X S C F P G B R S E N
K J C E M E V U A I U G P E I
E T E W R C L B T H P A F D Q
K F V H K E M A I B E W V S U
J D R E C Y G P E T T P K S E
B I E R W K Y J N Q R B X P Y
G S Z E P J Y C T Z O X S A I
T S E P M X M J N P L B T T X
A O P V R A J I K N E L U T A
V L L D J O C J K O U F C E H
E V J O B E F A C S M A O R D
T E E Q W T E L E R K B L N R
L S G M J T B R T A E L L E O
P F N E S B S G Y P M E A D W
G J J U Y W B N F S C S R F N